川南经济区城镇联系及发展研究

陈一君　韩　兵　王俊翔　毕　欢　张朝孝　著

科学出版社

北　京

内容简介

本书经过近 5 年的调查研究，深刻把握新时代治蜀兴川的第一要务，大力实施"一干多支"发展战略，构建"一干多支、五区协同"区域发展新格局，运用 DMSP/OLS 城市夜间灯光数据提取不同行政层级的城镇信息，间接反映城镇联系的经济区位、空间结构联系变化和城镇扩展格局，探寻不同行政层级下川南经济区城镇的区位强度、空间联系、空间形态扩展趋势，揭示其城镇化发展趋势及城镇联系差异性特点，重点研究川南经济区有效管控区域城镇发展，整体把握城镇间联系及其层级化进程。在此基础上，分别对川南经济区人力资源发展战略、宜宾市产业结构优化、泸州市物流需求预测、自贡市与成渝地区产业合作与创新合作路径、宜宾临港经济技术开发区发展战略五大方面进行了实证研究。

本书可供从事城市群战略、区域经济、产业发展研究与管理的各级政府、研究机构、专家学者阅读参考。同时，本书可供高等院校相关专业研究生参考。

图书在版编目(CIP)数据

川南经济区城镇联系及发展研究 / 陈一君等著. —北京：科学出版社，2020.4
ISBN 978-7-03-063617-1

Ⅰ.①川…　Ⅱ.①陈…　Ⅲ.①区域经济发展-经济发展战略-研究-川南地区
Ⅳ.①F127.71

中国版本图书馆 CIP 数据核字(2019)第 273311 号

责任编辑：孟　锐 / 责任校对：彭　映
责任印制：罗　科 / 封面设计：墨创文化

科 学 出 版 社 出版

北京东黄城根北街16号
邮政编码：100717
http://www.sciencep.com

成都锦瑞印刷有限责任公司印刷

科学出版社发行　各地新华书店经销

*

2020 年 4 月第　一　版　　开本：787×1092 1/16
2020 年 4 月第一次印刷　　印张：17 1/4
字数：410 000

定价：118.00 元
（如有印装质量问题，我社负责调换）

本书撰稿人

陈一君　韩　兵　王俊翔　毕　欢　张朝孝

前　言

　　川南经济区位于长江上游，成都经济区和重庆周边经济区的南侧，由四川盆地南部的内江、自贡、宜宾和泸州四市构成多核心经济区，还包括乐山市的犍为县、井研县、沐川县、峨边彝族自治县、马边彝族自治县，面积约为 4.42 万 km^2。川南经济区是四川省"十三五"规划的五大经济板块之一、四川第二大经济区、重要的支撑战略发展地区，区位优势独特，位于成渝经济区腹地，是川、滇、黔、渝三省一市交会地带，是四川通江达海的主要通道；产业优势明显，宜宾、泸州、内江、自贡都是老工业城市，有能源、化工、装备制造、食品饮料等优势产业；资源能源富集，有煤炭、水电、天然气、盐卤等。川南经济区是四川境内经济区发展条件优越、发展基础良好、发展潜力较大的重点开发区域，2016 年常住人口为 1644.22 万人。其中，城市中心城区常住人口约为 344.8 万人，建成区面积约为 369.12km^2，城镇化率约为 44.88%，地区生产总值为 5667.19 亿元。

　　2018 年 5 月 2 日和 5 月 3 日，四川省委副书记、省长尹力赴宜宾市调研，并主持召开川南经济区工作座谈会，传达学习习近平总书记在深入推动长江经济带发展座谈会上的重要讲话精神，强调要坚持和落实新发展理念，加强统筹谋划，强化协同发展，推进川南经济区高质量发展，为治蜀兴川再上新台阶贡献更大力量。他指出，川南地区处于长江流域的重要位置，在全省区域发展格局中地位十分重要，要进一步解放思想、深化认识，全面把握发展所处方位，加快推动川南经济区高质量发展、协同化发展。①强化生态环保主体责任，全面落实河长制，扎实抓好沿江生态保护修复和重点生态工程建设，筑牢长江上游生态屏障；②强化公路、铁路、水运、航空等交通基础设施互联互通，着力打造现代立体交通体系；③强化产业转型升级，做强做优传统产业，培育壮大新兴产业，加快新旧动能接续转换；④加快新型城镇化进程，大力实施乡村振兴战略，促进城乡融合发展、同步发展；⑤强化统筹协调和改革创新，深化"放管服"改革，强化担当、真抓实干，让中央和省委的各项部署要求落到实处、见到实效。

　　2018 年 6 月 29 日和 6 月 30 日，中国共产党四川省第十一届委员会第三次全体会议在成都举行，会议指出，学习贯彻习近平总书记关于"四川在全国发展大局中具有重要的地位""站在了新的起点上"等重要指示，深刻把握新时代治蜀兴川的历史方位，紧扣新时代新的实践要求，围绕建设经济强省，加快推动质量变革、效率变革、动力变革，建立经济高质量发展新体系；围绕促进区域协调发展，实施"一干多支"发展战略，构建"一干多支、五区协同"区域发展新格局；围绕全方位提升开放型经济水平，推动"四向拓展、全域开放"，形成立体全面开放新态势；围绕激发改革创新动力活力，推动政策环境、市场环境、法治环境、人文环境、生态环境全面优化，打造发展环境新优势；围绕增强群众获得感、幸福感、安全感，推进治理体系和治理能力现代化，开创共建、共治、共享新局面。学习贯彻习近平总书记关于"牢牢扭住经济建设这个中心""推动城乡区域协调发展"等重要指示，要发展"多支"，打造各具特色的区域经济板块，推动环成都经济圈、川南经济区、川东北经济区、攀西经济区竞相发展，形成四川区域发展多个支点支撑的局面。

针对川南经济区区域经济发展的研究已有一定基础，学者们从管理学、经济学、社会学等学科视角形成了一批研究成果，尚存在一些不足之处。①交叉集成研究不够。由于研究力量分散于不同的单位，学术交流、沟通不易，难以形成多学科交叉研究的态势，如工学、理学与管理学、经济学、社会学、教育学等融合、交叉研究。②研究内容比较单一。覆盖川南区域的主导产业、社会事业、公共服务、政府职能和绩效、生态环境保护、川渝滇黔跨区域竞合发展等方面的全方位、系统化研究还不够扎实、深入，形成的研究成果的层次和学术影响力尚有较大提升空间。③研究的应用性尚需加强。自《川南经济区"十三五"发展规划》出台后，作为成渝经济区和四川省重要的经济增长极，川南经济区在其快速发展中必将面临许多新的问题，对研究成果转化和推广应用提出了新的要求。但由于研究人员空间阻隔的限制，以问题为导向的应有研究还不够，研究成果的转化、推广应用、追踪研究和服务等方面尚需加强。

本课题组长期跟踪川南经济区区域经济发展，在结合我国其他城市群的建设经验及国内外最新研究成果的基础上，于 2018 年出版《川南经济区发展战略研究》，随后重点研究了川南经济区城镇联系，并实证研究宜宾产业结构优化调整、泸州市物流问题、自贡市与成渝经济区产业对接、川南临港经济技术开发区战略及川南经济区人力资源与产业的支撑关系，力争为川南经济区发展和四川省"一干多支"发展战略提供决策参考。

陈一君、韩兵、王俊翔、毕欢、张朝孝参与了项目的研究和本书撰写工作，在此感谢本书团队成员的共同努力。

本书受到四川省社科规划项目"川南临港经济技术开发区发展战略研究"（SC16XK061）、四川省统计局重点项目"川南经济区发展战略研究"（2016JGX04）、"川南经济区与成都经济区差异化发展路径研究：基于人力资源视角"（2017WJ03）、四川省科技厅科学项目"川南经济区科技人才聚集环境及效应研究"（2016ZR0120）、"川南经济区人力资源战略研究：基于动态竞争视角"（2015ZR0085）、自贡市决策咨询委员会项目"自贡对接成渝产业合作和创新合作路径研究"（2017JZW01），四川社科联重点研究基地川酒发展研究中心以及川南发展研究中心的资助，在此表示感谢！

本书在写作过程中参考和引用了大量的国内外相关文献，进一步丰富了本书的内容，在此向相关文献的作者表示由衷的感谢！

目　　录

第1章　川南经济区城镇联系研究

1.1　绪　　论

1.1.1　研究背景

城镇联系研究是研究城市及区县层次间的内在经济空间联系，从空间尺度上来探寻城市扩展的趋势和城镇结构的联系特点。经济全球化使得城市间的竞争主体由单体城市演化为区域性群体城市。群体性的城市经济区已成为加快城镇化进程的重要引擎(方创琳等，2016)。近些年来，经济社会的发展推动着城镇的迅速扩展，但由于行政区划的限制和地方保护主义的影响，城市、县镇间联系较少，城市间协作意识不强，由此出现了城镇分布不平衡、城乡差距拉大和耕地流失等多种问题，并对城市的可持续发展造成影响(蔡凌雁，2017)。同时，群体城市区域的拓展在一定程度上存在空间扩展失控的现象(方创琳，2009)。因此，对目前区域城镇化发展的进程和城镇联系必须进行长时间深入的了解(李娜，2016)。运用城市夜间灯光影像提取不同行政层级的城镇信息能间接反映城镇联系的经济区位、空间结构变化和形态上的扩展格局。研究经济区的城镇联系及其变化格局对于更好地整体把握、有效管控群体性城市经济区发展方向，构建合理的内部发展机制，以及从时间尺度上客观把握城市间联系及城镇发展的层级化进程都具有深远的意义。

在研究方法上，遥感影像数据能够实现区域大尺度或全球尺度的同步观测，可以用于城镇信息的快速提取和城镇联系的研究。DMSP/OLS 灯光影像数据是遥感影像的一种类型，DMSP(defense meteorological satellite program) 指的是美国"国防气象卫星计划"，OLS(operational linescan system) 是指 DMSP 搭载的传感器扫描系统。全球范围的 DMSP/OLS 灯光影像数据由于年际的类比性明显，故广泛用于监测城镇化发展、人口估计、能源消耗、环境评估和经济发展状况等人类活动。因此，作为本书研究的数据源，其时效性与实用性较好。在城镇发展中，客观把握城市发展的特征规律，是政府进行科学规划与制定政策的重要基础。在城镇发展的理论研究中，以单一主城区用地的范围变化探寻城镇空间的扩展规律(李全林 等，2007；李保杰 等，2012；陈东湘 等，2017)，忽视了城市的内部差异化。运用灯光影像数据的相关分析则解决了单一用地变化无法描述城市内部差异性的问题，同时从区域微观尺度上，利用具备时间尺度的遥感影像对城市经济区的城镇联系及变化过程进行定性定量研究，能够更好地优化城市内部空间功能，有效推动区域经济的协同发展。

目前群体城市经济区的研究中，在宏观尺度的城市经济区(如京津冀、珠三角)以及宏观尺度的土地利用、城市体系空间结构、空间拓展格局分析等方面，以往学者已对其研究得比较系统透彻，而且研究层级偏向国家及省域层次。对于微观尺度的经济区域，特别是地级市和县级层次，其定量研究还不够全面，尤其是对城镇经济区的区位差异、空间联系与扩展格局的研究相对比较缺乏。2016 年"十三五"规划关于优化城镇化布局和形态的系列政策表明：相关城市经济区的发展日益成为政府决策和科学界所重视的问题。规划明确强调要构建新兴区域性经济区。近期，四川省出台了《成渝经济区南部城市群发展规划(2014—2020 年)》，规划强调要构建新兴区域性经济区，尤其是川南经济区。

川南经济区主要包括内江、自贡、泸州、宜宾四个地级市及乐山五县(井研县、犍为县、沐川县、马边彝族自治县、峨边彝族自治县)。该经济区资源禀赋好，工业基础雄厚，人口聚集优势突出，发展潜力很大。此外，它承接成渝，辐射云贵北部地区，是联动成渝地区和重庆物流运输的中转枢纽。但其城镇发展和格局体系存在不均衡的问题。研究其城镇联系与发展对于区域协调发展、推进西部大开发新格局具有标志性的意义。基于上述缘由，本章从微观尺度选取川南经济区作为研究区域，提取中国西部地区的 DMSP/OLS 灯光影像数据，利用灯光影像图、引力模型、灯光指数和城镇密集区面积开展城镇联系的相关研究。

1.1.2　研究目的及意义

通过文献梳理发现，近年来国内城镇发展的研究偏重宏观领域，对于微观城镇区县层级的空间结构联系研究相对较少。目前，川南经济区正处在快速城镇化的进程中，面对人口众多、建成区土地有限和资源环境变差的压力，提高区域城镇发展水平、加强分工协作、推进区域合作显得尤为重要。从城镇化发展来看，选择区域优化发展重点，推进区域协作，是合理推进城镇化的路径。

本章以城市经济学和经济地理学为原理，重点选取川南经济区作为研究区。采用 DMSP/OLS 灯光影像数据可在一定程度上避免统计数据与实际地域情况不相符的情况。首先分析川南区域的城镇发展总体概况、经济区位与联系强度以及空间联系扩展与格局；再分析内部联系间的拓展差异性，并以统计数据辅助进行区位强度的验证对比；同时在区县层次上也做相似探讨，以期探寻其城镇化发展的总体重点趋势及城镇联系特点；在此基础上分析川南区域的城镇扩展与格局趋势，以期为川南经济区的建设发展提供理论与实践指导。

川南经济区作为成渝地区和重庆物流运输的中转枢纽，其各市县不同行政层级是区域经济运行地域格局的底盘，而且是促进城镇化和区域城乡一体化统筹发展的有效保证。因此，研究不同行政层级对川南经济区的城镇经济区位、空间结构联系及拓展意义重大。研究川南经济区及其城镇联系是整合城市优势资源、克服城市盲目扩张并促进城乡一体化区域统筹发展的要求，是加强区域协作、消除地区行政分割、推进城镇化建设及互利共赢的要求，是挖掘工业基础优势、改善城市交通环境、优化城市空间功能、促进城镇现代化建设的要求，是形成合理的区域空间格局、健全区域发展机制的要求，也是应对全球化、构建新兴区域增长极并响应党的十九大关于实施区域协调发展战略，强化举措推进西部大开发形成新格局的政策要求。此外，提高群体城市的竞争力，可为政府规划和城市现代化提供理论指导。

本章通过系统梳理川南城镇结构联系和空间形态等相关发展理论，分析川南区域不同行政层级下的城镇经济区位影响力、城镇空间联系、城镇化趋势、城镇空间格局变化与形态拓展特点，并探讨不同城镇背景下区域发展战略和城镇发展的有效途径，推进不同区域在城镇发展战略背景下城市化理论研究的深化，拓展中国西部区域川南经济区城镇化道路的理论内涵。通过对川南城市体系下的区域城镇实力进行分析，探讨川南城市空间的联系强度，并分析城市发展潜力；研究城市群体空间结构特征和演化过程，分析川南经济区不同行政层级下的城镇联系及空间扩展格局差异，探寻城镇之间的结构联系、空间经济联系及空间聚散联系发展相关内容，以期更好地为川南经济区的发展服务。因此，深入研究川南经济区的城镇联系差异，对于区域协同发展具有重要的理论意义。

1.1.3　研究方法与创新点

1.研究方法与思路

本章从区域微观尺度选取川南经济区作为研究区域，基于长时间尺度的城市灯光影像数据，运用不变目标法进行数据预处理，运用引力模型对不同行政层级下川南经济区城镇的区位强度和空间联系进行系列分析；并运用灯光影像图提取灯光建成区面积，通过灯光指数和城镇面积指标对城镇空间形态扩展趋势进行研究，以期探寻城镇化发展趋势及城镇联系差异性特点。

1) 研究方法

(1) 针对不同时期不同卫星的数据存在非连续性和像元饱和的问题，本章应用不变目标法确定了校正参数，并对不同时期的灯光影像数据进行校正处理。

(2) 城镇发展方面，基于城市区位理论和经济地理学的原理，通过应用 DMSP/OLS 灯光影像数据及相关指标，分析川南经济区的城镇发展总体概况。

(3) 对于川南城镇分布不平衡的问题，本章借助 GIS (geographic information system，地理信息系统)、SPSS (statistical product and service solutions，统计产品与服务解决方案软件)、引力模型，根据城市区位理论，利用城镇引力 I_{ij} 和经济区位强度 R_i 分析川南地区的区位差异性和空间分布特征，并以统计数据辅助进行区位强度的验证对比，以此分析川南经济区的城镇区位强度，探究其地理区位影响及区位联系。利用引力模型计算距离时，运用 GIS 技术的路网数据矢量化处理，根据分级路网图(https://www.geofabrik.de/)把高速公路、一般公路、铁路矢量化再进行计算。

(4) 对于在行政区划限制与地方保护主义影响下，城市、县镇间联系较少的现象，本书依据空间联系理论，通过引力模型的灯光数据计算分析，利用城镇引力线和灯光分布图分析不同行政层级下川南城镇空间结构联系强度特征、空间演化过程、内部空间层级差异以及城市发展潜力，以探讨其空间联系特点和演化趋势。

(5) 针对城乡差距过大和耕地流失的现象，本章根据城市扩展理论，利用城镇灯光影像建成区分布图、灯光亮度指数(domestic night light index，DNLI)和城镇密集区面积指标，共同分析城镇联系的空间形态拓展格局及其差异性，同时区县层次上也做相似探讨，以此提出相关城镇发展建议。

综上，本书力求探寻其城镇化发展的总体重点趋势、城镇空间联系特点及城镇联系的空间形态扩展格局趋势，以期为川南经济区的建设发展提供理论与实践指导。

模型数据创新上，通过引力模型对灯光影像数据进行处理，克服了统计数据搜集难度大、种类多，难以大范围地分析城镇区位及空间联系的弱点，同时可在一定程度上避免统计数据与实际地域情况不相符的情况。

理论与实践创新上，通过运用灯光影像分布图、灯光强度、灯光亮度指数、城镇密集区面积等空间联系与空间形态拓展相结合的方法，分析城镇联系，更真实地反映城镇的经济区位、空间结构变化和城镇扩展的格局。区县领域的分析丰富了区域性微观尺度的定量研究。

2) 研究思路

(1) 理论综述。通过文献综述总结以往研究成果，提出研究内容和方法。

(2) 城镇联系发展的理论基础、城市经济区及理论模型的分析。

(3) 数据收集。介绍川南经济区城镇的形成状况，收集 DMSP/OLS 灯光影像数据，并用 GIS 软件对数据进行处理，提取川南地区的影像图，借以计算不同行政层级的城镇规模，分析川南城镇发展的整体概况。

(4) 川南城镇的区位与空间结构联系。以灯光数据的引力模型理论推算区位强度，并计算不同行政层级的城镇空间结构联系强度，分析城镇演化特征及内部空间层级的差异。

(5) 川南城镇的空间形态拓展联系。根据 DMSP/OLS 灯光影像数据提取城镇建成区信息，利用建成区的城镇灯光影像分布图、灯光亮度指数和城镇密集区面积共同分析川南经济区市、县层次城镇扩张格局和城镇形态发展均衡度。并根据川南不同层级的城镇区位强度、空间联系特点及格局拓展趋势，提出不同行政层级下川南经济区城镇发展的建议。

(6) 总结研究结论、明确研究意义并提出未来研究的改进方向。

2. 创新点解析

(1) 研究数据方面：通过引力模型对 DMSP/OLS 灯光影像数据进行处理，克服了统计数据搜集难度大，数量多，种类多，时间长，难以大范围分析城镇区位、空间联系及城镇扩展的弱点；同时 DMSP/OLS 灯光数据能较好地描述城市规模、经济发展状况及人口状况。

(2) 研究方法方面：运用灯光影像分布图与灯光强度(DN)及灯光面积的空间联系相结合的方法，多角度分析城镇联系，克服了传统单一指标的片面性。

(3) 实践实证方面：区县领域的城镇联系分析，丰富了区域性微观尺度的定量研究。

(4) 研究内容方面：川南经济区是成渝城市群的新兴区域经济区，研究较少，而且多集中于铁路布局、资源配置等方面，基于行政层级城镇联系的研究较少。本书研究拓展了川南经济区的研究范围。

(5) 研究视角方面：运用灯光影像数据分析城镇经济及联系，将理论与实践紧密结合，可为研究区域经济及国家经济提供一定的支撑。

1.1.4　研究内容与本章框架

1.研究内容

本章通过梳理城镇联系的发展理论，基于行政层级的差异，根据 DMSP/OLS 灯光影像数据分析川南经济区区位强度、经济空间联系、城镇扩展空间聚散形态联系及拓展差异性，以期探寻城镇化发展趋势及城镇联系特点，为川南经济区的建设及发展提供理论指导。本书以 2002 年、2007 年和 2013 年的 DMSP/OLS 灯光影像数据表征城市发展规模，基于夜间灯光数据的引力模型进行理论推算，探讨川南区域空间演变结构联系及演化过程，探索区域空间形态和内部空间联系；同时以灯光亮度指数、城镇密集区面积来辅助分析川南经济区城镇扩展空间集聚与扩散联系，从城镇体系发展的角度进行川南区域城镇发展的研究，最后提出研究的局限性及未来研究的改进方向。

(1)对不同时期的灯光影像数据进行处理。应用不变目标区域法确定 2002 年、2007年、2013 年的校正参数，对年际数据进行了校正。

(2)基于 DMSP/OLS 灯光影像数据和统计数据分析川南经济区的城镇经济区位强度。区位强度衡量了单体城市在群体城市中的区位影响度及优劣性，表征了城镇内部的区位联系强度。

(3)运用引力模型，根据提取的城市灯光强度值对城镇行政市级、区县级的空间引力进行计算，通过绘制引力线，探讨川南经济区的城镇空间联系特点和城镇化趋势。

(4)分析川南经济区城镇联系格局变化和城镇拓展的趋势。根据统计显示的城市建成区面积，设定适度 DN 阈值提取灯光建成区分布图，通过灯光亮度指数和城镇面积指标分析城镇行政市级、区县级的扩展格局和空间发展均衡度。

(5)根据川南不同层级的城镇区位强度、空间联系特点及格局拓展趋势，提出不同行政层级下川南经济区城镇发展的策略。

2.框架结构

本章主要分为 6 节，具体如下。

1.1 节是绪论，主要对研究背景与意义、国内外文献综述、研究内容与框架结构进行论述。

1.2 节为国内外研究现状与理论基础研究，主要阐述城镇联系的理论基础与设计步骤，行政层级与城市经济区的理论内涵以及城镇联系理论模型。

1.3 节为川南经济区概况与数据处理，主要介绍了川南经济区的城镇化形成情况、DMSP/OLS 灯光影像数据产品以及数据的校正预处理。

1.4 节为川南经济区城镇区位与空间联系强度研究，基于灯光影像详细论述了川南地区的整体分布情况；并从城镇区位与空间结构上，基于 DMSP/OLS 灯光影像数据和统计数据，运用引力模型分析川南经济区区位强度，川南经济区的城市、区县联系强度特点。

1.5 节为川南经济区城镇联系的空间扩展格局研究，根据 DMSP/OLS 灯光影像数据提取建成区，然后结合灯光亮度指数和城镇密集区面积指标共同分析川南经济区市、县层次城镇扩张格局和城镇形态发展均衡度。

1.6 节为结论与展望。总结全文并重点介绍本章涉及的研究内容、不足之处及后续深入研究的方向。

1.2　国内外研究现状与理论基础研究

1.2.1　城镇联系与城市经济区的内涵界定

1.城镇联系的内涵界定

城镇联系研究的是城市之间、区县之间内在经济空间的联系，从空间尺度和经济尺度上来探寻城市发展的趋势和内部的联系特点。它是城镇区域发展中存在的各种错综复杂的联系网络，其范围包括自然、经济、人口、运动、行政组织、空间相互作用(spatial interaction)及信息传输等联系。城市和城市群体的形成与发展是生产力发展到一定高级阶段的必然产物。由于认知能力有限，城市出现后的很长时期内，人们并未能对城市的形成与发展机理进行理论分析或形成较为系统化的城市发展理论。第一次工业革命后，资本主义国家城市化得到高速发展，人们开始关注并研究城市的形成与发展，但直到 19 世纪初才形成较为系统化的探讨氛围。此后，各种学派如区域科学、城市经济学、空间经济学等从学科性的视角进行深入的理论分析与实证研究，最后形成系统化的城市发展理论。总体上讲，城市发展是经济活动在地理空间上的一种集聚过程。

起初，城镇只是以个体形式存在，城市之间的联系较弱。一方面，随着社会经济与城市化的发展，城镇人口规模日益扩大，资源信息等经济要素也不断集聚，城市间的空间集聚得到强化，城市间的交通与时间成本不断缩小，从而改变了城市间经济活动的空间运输速度和频率，增强了城市的扩张辐射功能。另一方面，城市间空间联系的进一步提升，使得城镇空间的联系强度更高。如此循环使城市间的联系程度越来越紧密。当城镇内部空间联系发展到一定程度时，城市群体的整体向外辐射与扩散能力也得到了进一步提升，这样就带动了城镇周边区域的飞速发展。因此，只有深入分析总结城镇内部各城市间的空间联系，探寻其发展及其制约因素，才能通过城镇的扩张辐射功能逐步实现区域的协同发展。

2.城市经济区的内涵界定

从地理学角度讲，城市经济区是地域范围内具有区域中心且城市分布较为密集的区域。经济区和城市群的定义类似，它的特征是规模较大、范围广阔、城际空间联系密切。随着城市化的推进，城市经济区的规模结构与空间分布、城际职能分工、城际要素流的相互作用和时空演化都在不断发生变化。从经济学角度来说，经济区也属于区域空间的经济组织，通过点、轴、网络来实现空间结构的演变，并通过空间资源要素的优化配置来增强城市的空间聚集和扩散功能，最终形成城市间社会经济和网络结构的一体化。因此，经济区和城市群一样兼有地理和经济的双重属性，不仅使得城市群的区域性和群集性明显,中心性和网络性也相对突出。概括来讲,经济区具有以下四个特征:①人口规模和密度大、面积范围广阔、城市化水平高;②城市等级规模明显,由具有较强集聚、辐射和扩散作用的超大城市或大城市以及大量的中小城市构成;③城市职能分工和协作突出,通过合理的产业分工与资源配置形成有效的空间经济组织,实现城市经济效益的最大化,并带动外围区域的发展,从而形成区域经济区位联系的枢纽;④城市区域空间交通网络发达,可快速形成城市空间网络的联系体系,合理促进资源与人口、资金与信息的流动,加快城乡的一体化发展。

国外研究城市经济区的历史最早要追溯到 19 世纪末,研究团体主要是地理学家和城市规划师,如戈特曼、弗雷德曼、霍华德、格迪斯、麦吉、霍尔等,并侧重大都市区、城镇集群、城乡混合区、城市地域结构和巨型城市区域的研究。他们阐述了城市经济区辐射的影响和城乡交通网络的功能作用;并提出了巨型城市区域的城市受经济全球化的影响具有空间结构网络化、功能分工型的特点。从工业化时代、发展中国家和全球化三个视角研究,城市经济区的发展主要经历了集中化、中心城郊区城化及多中心城市带扩展的阶段变化。其城市化发展趋势是功能全球化、规模巨型化、交流快速化和联盟一体化。国外这些对城市经济区群体发展趋势的研究为中国西部川南城市城镇空间联系的研究提供了重要的参考价值。

国内城市经济区的早期研究学者也是城市地理学家,如宋家泰、崔功豪、姚士谋、胡序威、朱英明、周一星、顾朝林、李浩等。他们主要对城市区域、城市带、城市群、城市群主要特征和作用、城镇体系空间结构、城镇群落的地域生态特征、城市经济区的地域划分等进行了初步研究(于涛方 等,2011)。其中,姚士谋等(2014)从地理空间与资源保护的角度探索了中国新型城镇化的新路径与创新模式等理论与实践问题。顾朝林主要研究中国城镇体系空间结构影响,并将城市群体经济区按空间形态结构分为块状、条状和大城市化三种(李震 等,2006)。总之,国内城市群体研究起步较晚,理论研究缺乏城镇化结构及其空间形态扩展布局等系统性论述分析,实证研究也有待进一步深化。

1.2.2　城镇联系的理论基础

1.城镇联系的理论基础

关于城镇联系及发展方面的理论研究,以往单纯从主城区用地的范围变化探寻城镇的扩展特点,忽视了城市的内部差异化;而且近年来的研究重点偏向于宏观尺度上国家和省域级别的土地利用、城市等级体系及空间拓展等城市经济区领域,相对缺乏微观尺度上城镇经济区域特别是地级市、区县层次的区位差异,城镇体系空间联系与扩展格局的定量研究(吴健生 等,2014a,2014b)。对城市联系的研究多采用数学模型和计量方法(张仲元,2008),综观文献资料,可以发现在以往的研究中,多采用引力模型分析联系紧密且经济水平高的东部地区,而对于联系松散且经济水平低的西南地区研究比较缺乏(顾朝林 等,2008;张陆 等,2014;刘建朝 等,2013)。而本章在选取川南经济区研究时,利用长时间尺度的灯光影像数据进行系列分析,解决了单一用地变化无法描述城市内部差异性的问题,在充分考虑城市内部差异性的前提下,从区域层次的微观尺度上,对城镇经济区的城镇区位强度差异、城镇空间联系及总体变化趋势进行了定性定量研究。目前，川南经济区正处在快速城镇化的进程中，面对人口众多、建成区土地有限和资源环境变差的压力，在掌握城镇区位差异与空间联系及形态扩展的变化趋势条件下，能够明确区域城镇发展重点，更好地优化城市内部空间功能，推进区域合作将显得尤为重要。

城镇联系及发展早期理论是对西方城镇空间经济联系方面理论的引进和转述，主要有中心地理论、增长极理论、生产轴理论、点-轴系统理论、网络开发模式、空间相互作用理论(Ullman，1957)。其中，网络开发模式是在区域经济发展达到较高程度情况下的空间结构，主要受益于互联网与交通运输的影响。城镇联系后期理论主要有区域科学理论、空间联系理论、城市经济学理论、空间经济学理论。区域科学理论与城市经济学渊源深厚，主要对农业区位和工业区位进行详细论述，经典理论代表是冯·杜能的农业区位论和阿尔弗雷德·韦伯的工业区位论。空间经济学理论是关于城市产生与发展中资源空间配置和经济活动的空间区位问题的研究，阐述了城市与城市体系形成的微观经济机制。空间经济学中有三个主体模型：区域模型、城市体系模型和国际模型，它的提出与形成使城市形成与发展理论研究进入全新的阶段。基于上述分析，本章主要基于以下三个理论开展研究。

1) 区位理论

区位是人们日常活动的地理空间，包括空间位置、各种空间要素与经济活动相互联系与作用在空间位置上的反映。区位是地理区位、交通区位及经济区位的空间综合表现。经济活动在空间地理区位中的相互联系影响着区位的选择，并倾向于运输成本较低的经济区。

区位理论是研究人们活动中有关空间分布及空间关系，并对经济活动进行优化组合和合理区位选择的理论。工业区位理论主要通过对运输、劳动力及集聚因素相互作用的分析和计算，找出工业产品的生产成本最低点，作为配置工业企业的理想区位。中心地理论主要从城市规模等级理论层面阐述了城市空间结构及经济客体的空间聚集与扩散过程。城市区位理论研究土地利用方式、土地利用程度和利用效果，其结果反映城市空间的基本结构形态、城市区域内各功能的地域差异及中心商务区土地利用模式。

2) 空间联系理论

空间联系理论主张空间中邻近物质间都存在着各种联系，通过物质交换形成区域城市体系。在经济学与地理学领域扩展为引力模型、潜能模型、规模模型、经济影响区模型、一般相互作用模型、市场概率模型、购物模型以及营业收入等模型，并用来测度城镇联系的强度影响。空间联系理论即空间相互作用理论，它借用万有引力在经济学与地理学领域扩展成系列空间相互作用模型，以预测区域、城市、乡村间的联系强度。

3) 城市扩展理论

城市扩展理论按研究主体主要分为内部结构理论、群体城市发展理论和城市扩展模式。

内部结构理论是关于单体城市的同心圆理论、扇形理论、多核心理论和城区-边缘区-影响区三地带理论。

　　群体城市发展理论主要是对区域经济的发展进行整体论述，包括增长极理论、发展轴理论、大都市理论。增长极理论是佩鲁(F.Perroux)于 1950 年提出的，强调社会生产集聚存在于经济发展区域吸引力最强的地区。它对区域经济产生辐射、乘数和极化扩散效应，并对产业空间分布与城市结构产生影响。发展轴理论是沃纳·松巴特(Werner Sombart)等提出的，主要阐述了产业、居民点依据交通线聚集而成的观点。它是经济客体长时间形成的有关城市体系及其空间结构的理论体系，是生产力布局和区域发展的理论模式。通过生产要素流动和交通通信设施相通，实现城市空间的优化格局。大都市理论是对大都市进行解释的理论。大都市是由中心城市与周边区域组成，内部联系紧密、分工合理且高度一体化的城市群体区域。

　　城市扩展模式包括单核同心蔓延式扩展、点轴向带状式扩展、多核生长式扩展和网络式扩展几种模式。单核同心蔓延式扩展是单个城市中心以同心圆形式向外扩展，它主要受中心城市的规模、功能和周边区域连接方式所影响。点轴向带状式扩展是城市沿着交通干线的几个节点呈带状扩展，从而引起城市空间形态的变化。多核生长式扩展是城市在扩张过程中根据城市的功能需求，在外围选取多个生长点以推动空间扩展。网络式扩展是城市中心区外形成很多新型副中心区或新的卫星城镇，并成为城市的主要扩展生长点。各新型副中心区或卫星城镇与中心区联系紧密，进而形成一个网络式的空间体系。各个功能区相对独立发展并通过多种快速交通方式相互联系。

　　本章城镇联系的研究设计步骤具体如下。

　　(1)依托不变目标区域法对不同时期的城市夜间灯光影像数据进行处理。确定校正参数，并对年际数据进行校正，以解决灯光影像的非连续性、异常波动及像元饱和现象。

　　(2)基于 DMSP/OLS 灯光影像数据和统计数据，分析川南经济区的城镇区位强度，以探究其地理区位的影响及区位联系强弱。区位强度衡量了单体城市在群体城市区中占有的区位影响度及优劣性，表征了城镇内部的区位联系强弱。根据川南行政区划裁剪的灯光影像分布图，对影像进行系统研究，分析川南城镇的总体区位分布情况，以此从时间尺度上对城镇体系发展过程进行整体客观把握。

　　(3)运用引力模型，基于 DMSP/OLS 灯光影像数据，根据提取的城市灯光强度值对市级、区县级的空间引力进行计算，通过绘制引力线，探讨川南经济区的城镇空间联系特点和城镇化趋势。

　　(4)根据统计显示的城市建成区面积，设定适度灯光强度阈值提取灯光建成区分布图，通过灯光亮度指数和城镇面积指标分析城镇行政市级、区县级的扩展格局和空间发展均衡度，以期分析川南经济区城镇联系格局变化和城镇拓展的趋势。

　　(5)根据川南不同层级的城镇区位强度、空间联系特点及格局拓展趋势，综述提出不同行政层级下川南经济区城镇发展的建议。

　　2.引力模型

　　在现有研究中，多数学者选用城际间的功能流向用于分析城市间的联系，一般用人口、经济、信息、物流等指标(徐慧超 等，2013)。关于城镇联系引力模型的研究，采用传统的统计数据建立模型分析城市间相互联系，这种方式整体上是比较准确的，并且实际操作性比实地调查相对简便些。但是借助引力模型，基于夜间灯光影像的定量研究则相对较少。

引力模型是现有模型中最常用的一种，通常用来研究城市间的作用联系。引力模型的含义是城市作用联系与经济规模成正比，而与城市距离成反比。引力模型以万有引力公式为基础，Tinbergen 在 1962 年提出了一个比较完整且简便的经济学引力模型 [式(1.1)]。随着经济地理学的不断发展，引力模型被广泛应用于城市间经济联系以及相互作用等方面的分析，经济联系与空间结构的计算分析对于划分城市经济区及区域发展都具有重要意义。

$$F_{ij} = \frac{P_i \times P_j}{D_{ij}^2} \qquad (i \neq j) \tag{1.1}$$

式中，F_{ij} 表示联系强度；P_i、P_j 表示经济规模；D_{ij} 表示城市距离。模型的形式一般不变，不同的经济问题可用对应的参数来定义。对于表示区域城市规模的变量，考虑到部分数据难以获取，在选择变量和参数时，一般选取与经济活动直接相关的变量，如地区GDP、人口等。关于城市距离 D_{ij} 的研究，数据主要源于 GEO FABRIK 网 (https://www.geofabrik.de/)，初步将道路分为铁路、高速公路、一般公路等，利用分级路网数据建立网络数据集，用 GIS 进行路网数据的矢量化处理。

整体而言，引力模型在一定的范围内可使城镇结构精确化，在城镇联系及发展的研究中，应用广泛。它能够精确刻画城市联系的强弱，从管理学意义上讲，具有重要的区域经济价值。本章根据 DMSP/OLS 灯光影像数据，运用引力模型分析川南经济区的城镇区位强度、空间联系；在空间联系分析上，主要通过绘制引力分布图来分析川南经济区城镇联系扩展规律和变化特征。

本章主要以引力模型为原型，同时应用灯光数据和统计数据计算城市之间的联系强度引力值，进而计算三年间各城市的经济联系强度，通过绘制引力分布图来分析川南经济区城镇联系强度扩展规律。

1.2.3　城镇联系的国内外研究进展

针对城镇联系及其发展的研究最早源自城市规划学的发展，主要经历了城市疏散理论、区域规划理论、城市美化运动、城市规模化蔓延、高密度城市理论五个阶段(魏广龙等，2014)。后期研究范畴主要是城市布局选址、空间分布格局和演化探讨、空间形态和空间结构研究、城市评价体系、城市发展均衡性等方面。

1.城镇联系的空间分布与区位选择研究进展

关于城镇联系及发展的早期研究，从城市规划的空间分布角度出发，国外学者们详细探讨了一系列发展理论：城市由田园化向卫星城市化的疏散理论；促进优势发达城市率先发展以带动区域经济的区域规划理论；主张城市化中进行公共绿地规划的美化理论；由单一城市中心向多中心城市及大都市绵延区的规模化蔓延理论；主张利用紧凑公共交通分散中心城市区以调整城市内部密度的高密度城市理论。

城市空间分布的发展经历了一个规模扩展、公共绿地美化和土地紧凑型的发展历程。疏散理论能促进郊区城市化,逐步缩小城郊差别以实现城乡一体化,解决了中心城市土地利用的问题,但却易引起城市边缘化和盲目蔓延造成的中心城市郊区化与土地浪费的问题。区域规划理论从增长极角度提出了区域经济的发展模式。美化理论从环境的角度解决了城市环境的问题。规模化蔓延理论是现代城市群体发展的一种运行模式。高密度城市理论解决了土地浪费的问题,但一定程度上增加了公共交通网络布置的难度。总体来讲,这些研究为中国城镇区域的发展提供了重要的参考价值。

城镇联系及发展的后期研究,从城市区位选择的角度出发,国内学者们详细探讨了城市布局的选址、空间分布格局及其演化的历程。在布局选址方面,受全球化的影响,经济体制的转型使城市规划能够独立配置辖区的公共资源,学者主要探讨公共资源配置和规划问题,这些研究已较为成熟,此处不再赘述。在城市体系空间分布格局和演化方面,顾朝林等(2015)从区域发展的角度,展开京津冀地区协同发展和城镇空间布局的研究。周一星等(2003)通过"京津唐""珠三角"和"长三角"经济区空间分布格局的研究,提出了城市经济区分等级划分的观点。顾朝林(2011)提出按"三纵两横"的国家城市发展轴为基线布局的城市群体系思想。董青等(2010)通过分形理论描述了中国城市群体经济区在地理空间范围轴线化分布的发展特征。空间分布格局是特定环境下城市中心、居住区、工业区及功能区交通的空间组合。蓝悦明等(2010)提出在特定城市规模下,空间格局影响着城市经济发展的经济和社会效益。还有些学者通过定性与定量结合的方法提出了优化分布格局的建议。

从城市区位的选择来看,其经历了公共资源配置布局、经济区空间分级布局、地理轴线分布及优化分布格局的发展历程。整体来看,城镇区位选择的要点在于城市经济区及其分等级轴带化布局的相关问题研究。但目前城镇经济区的内部资源配置、区域协同发展以及空间轴带化的功能组合仍存在很多问题。这些领域都需要大量的实证定量分析,才能对整体城市分布格局进行有效布置。

2.城镇联系的空间结构与形态扩张研究进展

城镇联系及发展的现代研究,主要从城市结构联系方面的空间结构和形态扩张角度进行,方创琳等(2005)从城市群体结构体系的分级上,提出城市经济区空间结构具有不平衡性和空间分异性的特征。"新型城镇化的规划"明确指出,未来城镇化发展的主要形态将是城市经济区,区域协同的发展需要优化空间形态,而空间形态的优化也依赖空间结构的研究(赫胜彬 等,2015)。近年来,城市结构体系的研究也产生很多对体系进行有效评价的方法,如模糊综合分析、AHP(analytic hierarchy process,层次分析法)评价、DEA(data envelopment analysis,数据包络分析)、灰色综合评估和人工神经网络评价等(杜栋 等,2005;Wang et al.,2008)。这些方法能通过评价因素与等级、评判矩阵、权重或函数曲线分析来确定城镇结构体系的最可行方案。从城市结构联系的研究进展来看,城镇空间结构和形态扩张多以空间点分布集聚和分散的定性研究为主,忽视了城市经济体的空间联系效应;而且在地理经济空间上,城镇联系发展仍存在很多不均衡发展的问题。这些需要学者们通过实证定量分析来进行探讨。

3.川南经济区发展的研究进展

川南经济区的早期研究文献较少，多结合中西部地区的城市发展进行分析探索，主要是发展道路探索、发展困境对策及区域实证的研究。城市道路探索与对策方面侧重于可持续发展对策、空间结构优先发展的主体及城市产业转型发展的相关研究；区域实证方面主要是成渝产业带空间关系发展、西部城镇化推进战略、城镇等级规模结构（孙继琼，2006）以及通过增长轴促进成渝结构转型的新型城市化论述。

从川南经济区的进展来看，现有研究主要是对川南地区、西部及成渝的宏观城市结构、产业与空间结构转型及新型城市化的论述；学者们也提出了城市产业转型、产业带空间协调发展，空间结构上优先发展大城市、大中城市与城镇均衡发展，组合城市联盟、政府合作和走城市化发展的系列战略；此外还有城镇化推进的城乡结构转型与成渝一体化的巨型增长轴等发展路线。但对于城市区位及空间布局的发展、空间结构特征及形态演化过程的城镇联系分析、功能组合布局的理论探索与实证分析研究却比较少。而这些正是中西部特别是川南区域发展中需要解决的核心问题。

4. DMSP/OLS 灯光影像数据的研究进展

随着城市夜间灯光数据研究的日渐成熟，区域经济领域对空间型经济数据需求增加，学者开始用相关回归分析方法，探讨灯光数据与统计型经济数据的空间关系。DMSP/OLS 灯光影像数据是遥感影像的一种类型，主要用于灯光亮度值的记录（董晨炜等，2017）。全球范围的灯光影像，其亮斑灯光区域代表经济活动较强的城镇区域，而黑暗区域则代表经济活动较弱的乡村区域，可有效区分城镇区和非城镇区（王晓慧，2013）。灯光数据在时间尺度上的时效性与实用性很好，年际区对比性强，可实现区域大尺度或全球尺度的同步观测，可以用于城镇信息的快速提取和城镇联系的研究，因此广泛用于宏观大尺度的城市空间拓展、经济发展（Richard et al.，2010；Henderson et al.，2012；Liu H et al.，2017；Qi et al.，2017）和人口估计（Sutton et al.，2010；Huang et al.，2016；Xie et al.，2016；Tripathy et al.，2017）、城镇用电与能源消耗统计（Zhang et al.，2017）、碳排放（邹进贵 等，2014）及光学污染等环境评估（Li et al.，2017）。目前，在城市化（杨眉 等，2011；Jia et al.，2017）研究中，灯光数据能够监测城镇化发展水平、人口密度和经济状况等，是人类活动的综合表示。国内外研究者常用灯光数据与经济活动的诸多因子进行回归分析，通过区域空间的经济规模变化来预测人类的各种经济活动，其应用前景很广阔（Sutton et al.，2001）。从灯光数据的研究进展看，其经济应用范围很广，但目前在城镇建成区影像提取中，灯光数据阈值（临界值）设定仍存在主观性和不同区域的不确定性问题。2013 年以后的 DMSP/OLS 灯光影像数据尚待遥感卫星的开发提取和经济应用。

5.现有文献研究的不足之处

纵观国内外学者的研究现状发现，运用统计数据进行大范围的城镇研究，城镇区位与空间分布上仍存在城市盲目蔓延的弊端，缺乏微观领域的有效空间定量分析支撑；城镇经济区的内部资源配置、区域协同发展以及空间轴带化的功能组合仍存在很多问题。城镇空间结构与形态扩张研究缺少区域经济体的空间联系效应分析，因此需要以川南经济区为例详细探讨微观上城镇的区位及空间布局、空间结构特征及形态演化的城镇联系、城镇功能组合的理论探索与实证分析，并寻找一个适合进行长时间序列的城镇化信息提取的方法。为此，需要对城镇联系的内涵理论及相关模型做进一步分析。

1.2.4　小结

1.2 节主要阐述了国内外研究综述、城市经济区和城镇联系的基础理论，在把握国内外研究理论基础上，为川南经济区的不同市、县行政层级下城镇空间联系研究、经济区位联系、空间扩展扩散辐射能力提供理论支撑和指导。以往学者们研究多偏向于国家及省域层次的城市体系、空间结构、空间用地拓展等宏观尺度上的城市经济区领域，缺乏区域层次上地级市及区县的城镇体系、区位差异和空间联系等微观尺度上的城镇经济区定量研究。为此，本章详细论述了在区域层次的微观尺度上，城镇经济区的城镇体系、区位强度差异、城镇空间联系的相关理论研究。由于水平有限，理论基础论述难免出现个人主观性判断，希望以后的学者能够寻找更丰富的理论学科来支撑相关理论阐述。

1.3　川南经济区概况与数据处理

1.3.1　川南经济区的城镇化发展概况

川南经济区地处长江上游，承接成渝，辐射云贵北部地区，是四川地区的商贸中心，也是联动成渝地区和重庆物流运输的中转枢纽，还是承接成渝地区产业转移的最佳地点。此外，川南经济区资源禀赋好、工业基础雄厚、人口聚集优势突出、特色产业竞争力强、有交通支持，可以推动区域产业结构调整和升级，这将是良好的发展机遇，但其城镇和格局体系存在很多发展不均衡的问题。目前，川南经济区的城镇化率尚未达到 50%，城市基础建设还不够完善。受行政区划的影响，存在城镇发展及其分布不平衡、城乡差距较大、土地利用率低和城乡两极化等多种问题，距离发达经济区还有很大差距。本书以川南经济区为研究区(图 1.1)，包括内江、自贡、泸州、宜宾四个地级市及乐山五县[①]。

对于乐山五县，市级层次上，为了不影响地级市的精度计算，将其单独处理成一个独立的行政单元，因此本书研究中，川南经济区包括 5 个单元；县级层次上，将市辖区和下辖各县级行政区作为独立的研究单元，共计 26 个单元。行政区边界方面，中国省市县级行政区划图来自国家基础地理信息中心(http://ngcc.sbsm.gov.cn/)，比例尺为 1∶400万，坐标系为 WGS-84。社会经济统计数据方面，本节用到的 2002 年、2007 年、2013

---

① 乐山五县(井研县、犍为县、沐川县、马边彝族自治县、峨边彝族自治县)属于川南经济区；乐山其他区县(市中区、五通桥区、沙湾区、金口河区、夹江县等)属于成都经济区。

年川南经济区统计数据来源于四川省历年统计年鉴、各地市统计年鉴，并根据地方政府统计公报进行插补完善。

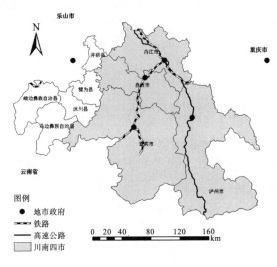

图 1.1　川南经济区区位图

1.3.2　城镇灯光数据产品介绍

1.DMSP 卫星与 OLS 传感器

美国军事气象卫星 DMSP 发射于 1976 年，运行在近极地太阳同步轨道，扫描带宽为 3000km，周期为 101 分钟，DMSP 卫星每天可绕地球 14 圈。卫星上使用的 OLS 传感器每天可获取全球范围的黎明、白天、黄昏、夜晚时段的影像，并探测到城市灯光、车流、火光、渔船灯光等表征人类活动的信息。

2.夜间灯光数据

DMSP/OLS 灯光影像数据，由美国 NOAA（National Oceanic and Atmospheric Administration，国家海洋和大气管理局）下属的 NGDC（National Geophysical Data Center，国家地球物理数据中心）发布。已有数据主要包括六代 DMSP 卫星 F10（1992～1994 年）、F12（1994～1999 年）、F14（1997～2003 年）、F15（2000～2007 年）、F16（2004～2009 年）、F18（2010～2013 年），涉及 1992～2013 年共 22 年 34 期的影像，该系列影像可在 NGDC 官方网站中下载（http://ngdc.noaa.gov/eog/dmsp/downloadV4composites.html）。全年的平均灯光影像主要包含无云观测的频数状态、稳定状态和平均状态 3 种类型，其中的像元 DN（灰度值）表示灯光强度，范围为 0～63，该值与灯光强度成正比。稳定状态的影像排除了背景噪声的影响，它包括城市、县镇和其余持久发光的光源区域。大部分学者研究采用的是稳定灯光产品数据，因为这套数据对于一些偶然噪声做了一定的处理，并且对于城市与乡村地区的区别也进行了较为明显的区分，而另外几种数据由于在一些方面有些欠缺，较少被采用。对于稳定灯光产品，可以通过对灯光强度、灯光面积等的分析和建模,应用在估算城市经济发展、能源消耗等方面。

根据研究时段选取 F142002、F162007、F182013 共 3 期影像。

1.3.3 统计数据及灯光数据处理

1.研究区灯光数据

目前,NGDC 官方网站中已发布 1992~2013 年共 22 年的 34 期影像(表 1.1),DMSP/OLS 灯光影像数据包括很多栅格影像,影像幅宽为 3000km,空间分辨率为 1km,光谱分辨率为 6bit,起始于经度 104°、纬度 28°。由于不同卫星、不同年际的影像数据具有差异性,并存在非连续和像元中心饱和的现象,使得年际数据无可比性,所以要进行数据校正(曹子阳 等,2015)。本节应用不变目标法,选用鹤岗市作为不变目标区,并以无饱和的 F162006 数据为参考对象,构建校正模型进行校正。考虑到川南经济区的地理行政位置,并减小地理变形误差,故采用 WGS-84 的地理坐标系,投影方式是兰勃特投影。同时,为了避免中心城市灯光影像的溢出效应,这里采取经验阈值法进行 *DN* 的提取。

表 1.1 DMSP/OLS 灯光影像数据卫星年份对照表

年份	卫星					
	F10	F12	F14	F15	F16	F18
1992	<u>F101992</u>	—	—	—	—	—
1993	<u>F101993</u>	—	—	—	—	—
1994	<u>F101994</u>	F121994	—	—	—	—
1995	—	<u>F121995</u>	—	—	—	—
1996	—	<u>F121996</u>	—	—	—	—
1997	—	F121997	<u>F141997</u>	—	—	—
1998	—	F121998	<u>F141998</u>	—	—	—
1999	—	F121999	<u>F141999</u>	—	—	—
2000	—	—	<u>F142000</u>	F152000	—	—
2001	—	—	<u>F142001</u>	F152001	—	—
2002	—	—	<u>F142002</u>	F152002	—	—
2003	—	—	F142003	<u>F152003</u>	—	—
2004	—	—	—	<u>F152004</u>	F162004	—
2005	—	—	—	<u>F152005</u>	F162005	—
2006	—	—	—	<u>F152006</u>	F162006	—
2007	—	—	—	F152007	<u>F162007</u>	—
2008	—	—	—	—	<u>F162008</u>	—
2009	—	—	—	—	<u>F162009</u>	—

年份	卫星					
	F10	F12	F14	F15	F16	F18
2010	—	—	—	—	—	<u>F182010</u>
2011	—	—	—	—	—	<u>F182011</u>
2012	—	—	—	—	—	<u>F182012</u>
2013	—	—	—	—	—	<u>F182013</u>

注：表中下划线标注部分为选择数据处理源。

根据 DMSP/OLS 灯光影像数据在中国范围内的已有统计研究可知，不同卫星所得数据间存在明显差异(图 1.2)。图 1.2(a) 和图 1.2(b) 分别表示各个年份的 DN 平均值和像元总数。研究发现，灯光数据中 F101994 和 F121994 的 DN 及像元总数存在明显差异，通过图 1.2 中其他年份的数据比较，F121994 灯光数据存在较大的突变性；而 F101994 数据跟其他年份比照在长时间的序列中具有较强的连续性。根据图 1.2 显示，类似的突变年份数据还有很多，这里不再列举。因此，在数据选择方面，本节用突变较少的 F10、F12、F14、F15、F16 作为研究的数据源，由于 2009 年及以后最新数据每年只有 1 期，因此均可作为数据参考，选取结果如表 1.1 中下划线标注数据。

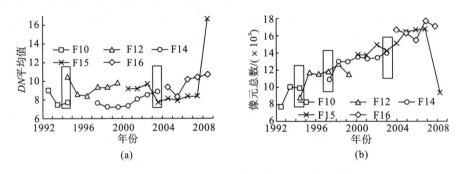

图 1.2   灯光数据的 DN 平均值与像元总数趋势图

根据本节的研究内容和方向，影像的选取时段应该便于分析研究区的城镇差异性，而连续年份的影像变化不明显，以往学者们多采用间隔五年左右的影像，因此本节选用 2002 年(F14 卫星)、2007 年(F16 卫星)、2013 年(F18 卫星)3 期数据，在 GIS 软件支持下提取，选定阈值提取川南地区 5 年左右的区域城市空间格局信息，并探讨了川南地区 20 年来的城市发展方向和城镇间的内外联系。

中国行政区边界方面，中国省级、市级、县级行政区划图来自国家基础地理信息中心(http://ngcc.sbsm.gov.cn/)，比例尺为 1∶400 万，坐标系为 WGS-84。

社会经济统计数据方面，2002 年、2007 年、2013 年四川省各地级市统计数据来源于中华人民共和国国家统计局网站(http://www.stats.gov.cn/)。

2.数据及预处理流程

DMSP/OLS 灯光影像数据能够监测城镇化发展、人口估计、能源消耗、环境评估和经济发展状况等多种人类活动，作为本书研究的数据源，其时效性与实用性较好。但由于不同卫星不同年际得到的每期影像数据具有差异性，并存在非连续性和像元饱和的现象，年际数据无可比性。因此，网站下载的影像数据不能直接使用，需要对影像数据进行校正。

目前，影像校正的方法随着区域城市的发展差异而不断变化。最早的全球夜间灯光数据相互校正是由 Elvidge 等(2009)提出，国内学者根据 Elvidge 等的研究，结合中国城市发展情况提出了一种校正方法。首先，根据年际统计数据变化小的原则，选取城镇发展较弱、经济水平较低的城市作为参考区；这样的城镇对应的同时期灯光影像变化较小，所以可作为相对稳定的目标区域。这里主要根据 GDP、人口和建成区面积等统计数据对城镇发展的经济进行分析。其次，根据 DN 在动态范围内分布范围广的原则，选取累积值最高的数据集作为参考的基准数据。再次，构建回归模型：通过校正年份的灯光影像与基准影像数据的 DN 对比，建立回归模型，确定参数。最后利用此模型对年数据进行相互校正。曹子阳等(2015)在 Elvidge 等、Wu 等(2013)的研究基础上基于中国城镇的实际发展状况对1992～2012 年中国主要城市市辖区的部分社会经济统计数据(GDP、城镇人口、城镇建成区面积等)进行分析，选择了黑龙江省鹤岗市市辖区作为不变目标区域，鹤岗市的社会经济发展较稳定，且鹤岗市市辖区的稳定夜间灯光影像中包含从低到高且范围很广的 DN 范围，保证了相互校正模型的精确性。因此选取鹤岗市作为参考区，并选取 F16 卫星 2006 年的灯光数据作为基准数据集。最后，通过待校正灯光影像和 F162006 年鹤岗市 DN 进行对比，确定参数并建立幂数回归模型，最后利用此模型对年度数据进行相互校正。

具体校正方法处理步骤主要包含两个部分。

1)影像图的裁剪与提取

在 ArcGIS 软件中读取从 NOAA 网站上下载的非辐射定标的全球夜间稳定灯光数据，根据研究区域的行政边界进行裁剪，并对校正年份的 DMSP/OLS 灯光影像数据及研究区的行政区划进行地理投影，转换为直角坐标系，然后用行政区边界对 DMSP/OLS 灯光影像进行裁剪，经过投影变换和重采样后，就可以初步得到研究区域行政区划内空间分辨率为 1km 的非辐射定标夜间稳定灯光强度数据。

简单来讲，关于川南经济区范围的灯光影像数据处理，首先用下载的全球 2002 年、2007 年、2013 年的 DMSP/OLS 非辐射定标夜间稳定灯光影像数据对川南经济区行政区边界分别进行投影，考虑到研究区的范围以及所处的地理位置，这里选择兰勃特投影，将其转换为直角坐标，影像重采样为 1km 的分辨率。然后用行政区划对 3 个年份的DMSP/OLS 非辐射定标夜间稳定灯光影像数据进行裁剪，得到 2002 年、2007 年、2013年间隔 6～7 年、空间分辨率为 1km 的川南经济区范围内的 DMSP/OLS 非辐射定标夜间稳定灯光影像数据。

2)影像的相互校正

DMSP/OLS 灯光影像数据是由六代卫星提取组成的，不同卫星、不同年度的灯光影像数据具有差异性，并存在非连续和像元中心饱和的现象，使得年际影像数据缺少可比性。因此，网站下载的影像数据不能直接使用，需要进行校正。

本节参考 Wu 等(2013)、曹子阳等(2015)提出的不变目标法，对每期灯光影像进行校正(Wu et al.，2013)；从而能有效降低数据间的差异性，并削弱像元饱和的现象。需要特别注意的是，参照曹子阳等(2015)校正研究结果：幂数回归的相关系数在对数、指数、线性、二次函数等模型回归对比中相关程度最高，一元二次模型次之，即幂数>二次多项式>指数>线性>对数。所以，本节选择幂数校正模型。同时，在参考区与基准数据影像的选择方面，本节选择鹤岗市的灯光数据作为参考区的基准数据；然后将待校正影像数据和鹤岗市 DN 进行幂数回归，以确定模型参数和相关系数；最后利用此模型对年度数据进行相互校正，并提取相关影像数据。

具体校正方法如下。

(1)确定参考区。年际统计数据变化小且 DN 在动态范围内分布范围广，城镇发展较弱，经济水平较低，以往学者主要选取中国鸡西市与鹤岗市、日本冲绳岛、意大利西西里岛等几个社会发展较慢的区域作为参考区；故这里选定鹤岗市。

(2)选取参考基准数据集。一般选取累积值最高的数据集，本节根据 DN 累积最高的原则，选取F162006 年数据作为参考数据。

(3)建立校正模型[幂数如式(1.2)所示，二次式如式(1.3)所示]。由于幂数的回归效果好，这里采取幂数式分析。以参考影像数据值为准，与待校正的影像数据回归求得相关参数(表 1.2)。

$$DN_{\text{correct}} = a \times DN^b \tag{1.2}$$

或

$$DN_{\text{correct}} = a \times DN^2 + b \times DN + c \tag{1.3}$$

式中，DN_{correct} 表示校正后的稳定灯光影像中的像元 DN 值；DN 表示待校正的稳定灯光影像中的像元 DN 值；a、b、c 表示不同的回归参数。

(4)根据校正模型对影像数据进行校正。

表 1.2 　夜间灯光数据幂数模型的参数

卫星	年份	a	b	R^2
F14	2002	0.9894	1.1583	0.9153
F16	2007	0.7314	1.2132	0.9369
F18	2013	0.5925	1.2876	0.8913

此外，为了有效发挥多个卫星传感器单独获得的相同年份灯光影像，并解决相互校正后灯光影像间的不连续性，不同卫星传感器获取的相同年份影像数据校正一般采取平均值的做法：

$$DN_{(n,i)} = \left(DN^x_{(n,i)} + DN^y_{(n,i)} \right) / 2 \qquad (n=1994,1995,\cdots,2007) \tag{1.4}$$

式中，$DN^x_{(n,i)}$，$DN^y_{(n,i)}$ 分别表示第 n 年相互校正后的 2 个不同传感器获取的夜间灯光影像中的 i 像元的 DN 值；$DN_{(n,i)}$ 表示校正后的第 n 年影像中 i 像元的 DN 值。

同时，还需解决像元 DN 异常波动的现象。因此，多个卫星传感器提取的不同年份影像数据间的校正依据如下：当后一年的影像像元 DN 为零时，前一年影像相同位置的

像元 DN 也应该为零；当后一年的影像像元 DN 不为零时，前一年的影像像元 DN 应不大于后一年的影像相同位置的像元 DN，如式(1.5)所示，具体校正后的最终灯光强度如图 1.3～图 1.5 所示。

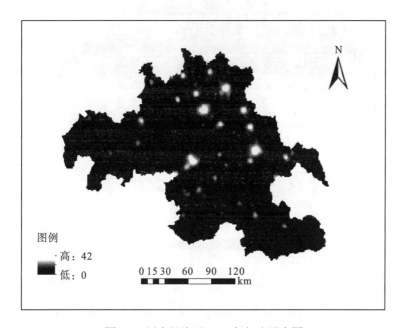

图 1.3 川南经济区 2002 年灯光强度图

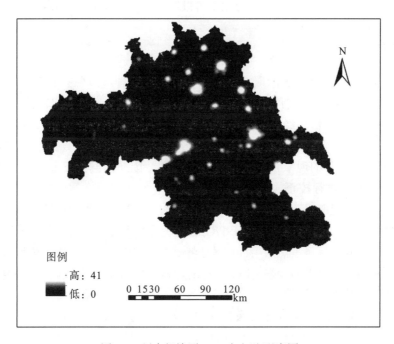

图 1.4 川南经济区 2007 年灯光强度图

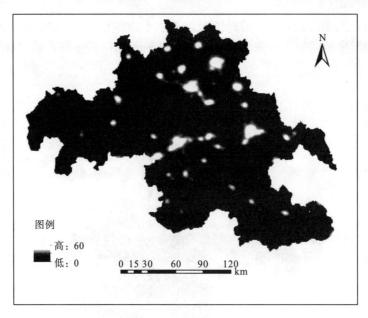

图 1.5　川南经济区 2013 年灯光强度图

$$DN_{(n,i)} \leqslant DN_{(n+1,i)}, \qquad DN_{(n,i)} = \max\left(DN_{(n,i)}, DN_{(n-1,i)}\right) \qquad (n=1992,1993,\cdots,2012) \qquad (1.5)$$

从调整后的图像可以看出，2002 年、2007 年、2013 年的影像中，随着时间的推移，灯光亮度有所增强，面积逐渐扩大，非连续性的问题得到解决；同时，像元中心的饱和现象也得到了很大的削弱。校正后的影像完全可以用于社会活动的估算及相关经济应用。

1.3.4　小结

1.3 节主要对川南经济区的研究概况和灯光影像数据处理进行了详细论述，并对DMSP/OLS 灯光影像数据进行了详细处理。灯光影像数据能够监测城镇化发展、人口增长、能源消耗、环境评估和经济发展状况等多种人类活动，作为本书研究的数据源，其时效性与实用性较好。但由于不同卫星不同年际得到的每期影像数据具有差异性，并存在非连续性和像元饱和的现象，年际数据无可比性。因此，网站下载的影像数据不能直接使用，需要对数据进行校正。

针对灯光影像的提取问题，本节根据研究区域的行政边界对影像进行裁剪，采用 WGS-84 的地理坐标系，并对校正年份的 DMSP/OLS 灯光影像数据及研究区的行政区划进行兰勃特投影，转换为直角坐标系，然后用行政区边界对 DMSP/OLS 灯光影像进行裁剪，经过投影变换和重采样后，就可以初步得到研究区域行政划内的非辐射定标夜间稳定灯光强度数据。同时，为了避免中心城市灯光影像的溢出效应，这里采取经验阈值法进行 DN 提取。

针对长时间 DMSP/OLS 灯光影像数据的差异性问题，本节运用不变目标法对灯光影像进行系列校正，选用鹤岗市作为不变目标区，并以无饱和的 F162006 数据为参考对象，构建幂数校正模型；然后以参考影像数据为准，与待校正的影像数据进行回归求得相关参数，根据校正模型来对影像数据进行校正。对于不同卫星相同年度的影像进行连续性校正，一般取平均值。校正好的影像数据能较为客观反映地区发展的经济差异。不过，本节的相互校正虽然在一定程度上解决了灯光影像的非连续性和异常波动的现象，同时消弱了灯光影像中像元饱和的现象，但这种方法尚未完全解决像元饱和的问题，这或许是以后学界研究的一个方向。

1.4　川南经济区城镇区位与空间联系强度研究

川南经济区目前在快速城镇化的进程中，面对人口众多、建成区土地有限和资源环境的压力，在掌握城镇区位差异与空间联系及形态扩展的变化趋势条件下，能够明确区域城镇发展重点，更好地优化城市内部空间功能，推进区域合作将显得尤为重要。区位强度衡量了单体城市在群体城市中的区位影响度及优劣性，表征了城镇内部的区位联系强度。而城镇联系强度能测量城际间的空间集聚度、功能效率和整体向外辐射能力，这些都与城镇发展密切相关。因此，只有深入分析和总结城镇内部各市间的区位强度与空间联系，探寻其发展及制约因素，才能通过城镇的扩张辐射和功能优化逐步实现区域的协同发展。

本章根据城市区位与空间联系理论，主要对川南经济区城镇联系的区位及结构强度进行研究。基于 DMSP/OLS 灯光影像数据详细论述川南地区的整体分布情况；然后基于灯光数据和统计数据从城镇区位上分析川南经济区的城镇经济区位强度。同时基于 DMSP/OLS 灯光影像数据运用引力模型，根据提取的城市灯光强度值对城镇行政市级、区县级的空间引力进行计算，绘制引力线，通过分析川南经济区的城市、区县联系强度特点，探讨川南经济区的城镇空间联系特点和城镇化趋势。

1.4.1　川南经济区的灯光影像整体分析

城镇总体分布：以川南四市为"核心"的多中心网络格局基本形成(图 1.6、图 1.7)。

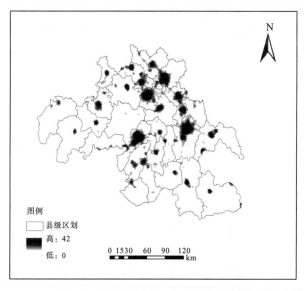

图 1.6　川南经济区 2002 年灯光分布图

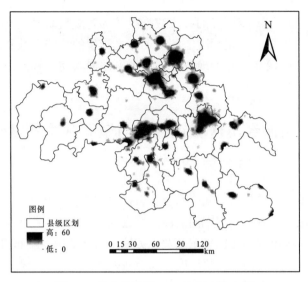

图 1.7 川南经济区 2013 年灯光分布图

从上述灯光分布图来看，川南经济区总体形成以内江、自贡、宜宾和泸州为核心的多中心星状结构。从 2002 年和 2013 年的灯光分布图可以看出，川南经济区整体上形成以内江、泸州、自贡、宜宾为 "核心"，以其周边县镇区域为"网络连接点"的 M-CN（multi-center network，多中心网络）结构。区域内的灯光密度呈现出显著的差异性，按照四川省的行政地区边界范围，2013 年自贡、内江、宜宾、泸州的灯光密度分别为 $4.75 \mathrm{km}^{-2}$、$6.49 \mathrm{km}^{-2}$、$2.64 \mathrm{km}^{-2}$、$2.34 \mathrm{km}^{-2}$，是典型的密集区，而诸如乐山五县，其灯光密度仅为 $0.9 \mathrm{km}^{-2}$，是明显的低密度区，川南区域整体的灯光密度约为 $2.91 \mathrm{km}^{-2}$。从近年来的灯光数据看（表 1.3），川南四市区域 DN 占比达 94.1%，乐山五县区域 DN 占比仅为 5.9%。尽管泸州、内江两市占比有些下降，但仍然不影响川南四市的主体地位。

表 1.3   川南经济区域灯光数据

指标	川南区域	自贡	内江	泸州	宜宾	乐山五县
DN 总值	127000	20824	34967	28636	35082	7491
DN 密度	2.91	4.75	6.49	2.34	2.64	0.9
DN 密度变化	1.84	3.12	3.94	1.33	1.89	0.52
DN 占比/%	100	16.4	27.53	22.55	27.62	5.9
DN 占比变化/%	0.00	0.99	-2.07	-4.12	6.13	-0.93

从 2002 年、2013 年川南经济区灯光分布图可知，目前该区域呈现显著的城镇经济区集群特征，以荣县—自贡市辖区（自流井区、贡井区、大安区、沿滩区）—富顺县、内江市辖区（市中、东兴区）、叙州区—翠屏区—南溪和泸州市区为核心，以绵遂内宜铁路（银昆高速）、渝昆铁路（成渝环线高速）的长江段与蓉遵高速公路为主轴发展线的"点轴格局"特征显著。点轴外的灯光密集区仅有隆昌、资中、威远和犍为等地。泸州市辖区（市中区）、叙州区—翠屏区—南溪区域即成渝环线高速公路及渝昆铁路川内区

域为长江上游经济区的"核心"，该地为连接滇黔渝的主要交通物流中转枢纽，并承担川南经济区的港口运输和白酒基地的物流经济功能。

1.4.2　基于统计数据和 DMSP/OLS 灯光影像数据的川南区位强度分析

1.基于统计数据的引力模型和城市引力矩阵

引力模型在一定的范围内，可使城镇结构精确化，在城镇联系及发展的研究中应用广泛，它能比较城市间经济联系的密切程度，对经济区域的划分和区域经济发展问题研究具有深刻的实际意义。根据研究问题的不同和模型基本形式较为固定的特点，引力模型中的基本变量参数根据研究的具体问题都会做出一定的调整，这些基本变量参数能够精确刻画城市联系的强度，从管理学意义上讲，具有重要的区域经济研究价值。

本节根据 DMSP/OLS 灯光影像数据，主要以引力模型为原型，通过计算灯光数据和统计数据得到城市之间的联系强度引力值，进而分析各城市的经济联系强度，并通过画出的引力分布图，分析川南经济区城镇联系强度规律和变化特征。

在区位强度的统计数据引力计算方面，本节以经济区中城市为研究对象，需要注意的是，对于乐山五县，在研究市级层次时，为了方便计算，这里将其单独处理成一个独立的区域。为了验证灯光影像的准确性，首先用统计数据进行区位强度的估算，并和灯光数据进行对比，具体如下。首先参考顾朝林等(2008)已有的研究成果，引力模型公式为

$$F_{ij} = \frac{\sqrt{P_i G_i} \times \sqrt{P_j G_j}}{D_{ij}^2} \qquad (i \neq j) \tag{1.6}$$

式中，F_{ij} 为城市引力；G_i、G_j 分别为两个城市的 GDP；P_i、P_j 分别为两个城市的非农业人口；D_{ij} 为城市间距离。

川南经济区各城市地区 GDP 和非农业人口如表 1.4～表 1.6 所示。

表 1.4　川南经济区 2002 年各城市 GDP 与非农业人口数据

城市	自贡	内江	泸州	宜宾	乐山五县
GDP/亿元	181.23	178.22	192.22	258.3	57.77
人口/万人	74.8	75.2	74.0	85.0	21.89

注：数据来源于 2003 年的《四川省统计年鉴》和川南经济区各城市统计年鉴。

表 1.5　川南经济区 2007 年各城市 GDP 与非农业人口数据

城市	自贡	内江	泸州	宜宾	乐山五县
GDP/亿元	394.15	374.61	403.90	529.05	121.95
人口/万人	99.1	82.1	84.9	94.5	25.0

注：数据来源于 2008 年的《四川省统计年鉴》和川南经济区各城市统计年鉴。

表 1.6　川南经济区 2013 年各城市 GDP 与非农业人口数据

城市	自贡	内江	泸州	宜宾	乐山五县
GDP/亿元	1001.6	1069.34	1140.48	1342.89	290.73
人口/万人	112.52	96.4	152.3	106.2	36.42

注：数据来源于 2014 年的《四川省统计年鉴》和川南经济区各城市统计年鉴。

根据川南经济区区位图，用 ArcGIS 软件测算各城市的距离，计算结果如表 1.7 所示。

表 1.7　川南经济区各城市间直线距离　　　　　　　　　（单位：km）

	自贡	内江	泸州	宜宾	乐山五县
自贡	0	38.2	82.9	66.7	81.8
内江	38.2	0	87.3	100.7	115.3
泸州	82.9	87.3	0	79.1	150
宜宾	66.7	100.7	79.1	0	84.5
乐山五县	81.8	115.3	150	84.5	0

将表 1.4～表 1.6 中的 GDP 和非农业人口统计数据与表 1.7 中的各城市距离代入公式(1.6)，可计算得到各城市的引力值，最后得到的引力值矩阵如表 1.8～表 1.10 所示。

表 1.8　川南经济区 2002 年各城市间引力值矩阵（统计数据）

	自贡	内江	泸州	宜宾	乐山五县
自贡	0	9.24	2.02	3.88	0.62
内江	9.24	0	1.81	1.69	0.31
泸州	2.02	1.81	0	2.82	0.19
宜宾	3.88	1.69	2.82	0	0.74
乐山五县	0.62	0.31	0.19	0.74	0

表 1.9　川南经济区 2007 年各城市间引力值矩阵（统计数据）

	自贡	内江	泸州	宜宾	乐山五县
自贡	0	23.76	5.33	9.93	1.63
内江	23.76	0	4.26	3.87	0.73
泸州	5.33	4.26	0	6.62	0.45
宜宾	9.93	3.87	6.62	0	1.73
乐山五县	1.63	0.73	0.45	1.73	0

表 1.10　川南经济区 2013 年各城市间引力值矩阵（统计数据）

	自贡	内江	泸州	宜宾	乐山五县
自贡	0	73.86	20.36	28.50	5.16
内江	73.86	0	17.56	11.96	2.49

续表

	自贡	内江	泸州	宜宾	乐山五县
泸州	20.36	17.56	0	25.15	1.91
宜宾	28.50	11.96	25.15	0	5.44
乐山五县	5.16	2.49	1.91	5.44	0

2.基于 DMSP/OLS 灯光影像数据的引力模型和城市引力矩阵

通过对行政边界范围内灯光影像的像元 DN 进行统计，加权求和即得到整个区域的灯光强度，2002 年、2007 年、2013 年各城市灯光强度如表 1.11 所示。

表 1.11　川南经济区各城市区域灯光强度统计表

区域	2002 年	2007 年	2013 年
自贡	7160	12918	20824
内江	13752	23127	34967
泸州	12390	21183	28636
宜宾	9983	26190	35082
乐山五县	3176	8263	7491

为了进一步验证灯光强度与社会经济参数的相关性(主要是非农业人口或 GDP)，使用表 1.4～表 1.6 的非农业人口或 GDP 统计数据，利用 SPSS 分别对这些数据同表 1.11 的灯光强度统计数据建立如式(1.7)的线性回归关系：

$$Y = \alpha X_1 + \beta \tag{1.7}$$

式中，Y 为历年各城市非农业人口或 GDP 统计数据；X_1 为各城市市区灯光强度的统计值；α、β 为拟合系数。具体的经调整后的线性拟合度 R^2 如表 1.12 所示。

表 1.12　部分经济相关统计数据与 DMSP 灯光强度总量线性拟合度

统计指标	R^2		
	2002 年	2007 年	2013 年
非农业人口/万人	0.464	0.242	0.245
GDP/亿元	0.273	0.608	0.804

注：以上回归分析均通过 $P=0.05$ 的显著性检验。

根据表 1.12 的数据拟合情况来看，各经济统计数据与 DMSP 数据之间，都存在着一定的线性相关性，线性拟合度基本为 0.2～0.8，可以看到这三期数据的拟合度都是相对比较高的。尤其是对于 GDP，随着时间的推进，其拟合度越来越高。由此可以得出的一个结论是随着地区经济水平的发展，以及城市化进程的不断加快，夜间稳定灯光数据与社会各经济参数之间的相关性会逐渐增强，同时这也与前人的一些研究成果相符合。

计算地区引力值时，参考已有的研究成果，建立城市间空间联系强度。引力模型公式如下：

$$I_{ij} = \frac{\sqrt{P_i} \times \sqrt{P_j}}{D_{ij}^2} \qquad (i \neq j) \tag{1.8}$$

式中，I_{ij} 为该地区的引力值；D_{ij} 为两城市间的距离；P_i、P_j 分别为两个城市的灯光强度（张雨晨，2016）。通过统计年鉴中获取的统计数据，使用模型计算出川南经济区各城市之间的引力值。其中，城市灯光强度 P_i 的计算如下：

$$P_i = SL_i = \sum_i DN_i \times C_i \tag{1.9}$$

式中，P_i 为灯光强度，它可以一定程度上表征区域的城市规模（崔和瑞，2008）；SL_i 为经济区 i 的 DN 总值；DN_i 为第 i 级的灰度值；C_i 为第 i 级的栅格数。

将表 1.11 中的灯光强度数据与表 1.7 中的各城市间直线距离（吴茵 等，2006）使用公式（1.8）计算各城市之间的引力值，得到的引力值矩阵如表 1.13～表 1.15 所示。

表 1.13　川南经济区 2002 年各城市间引力值矩阵（灯光数据）

	自贡	内江	泸州	宜宾	乐山五县
自贡	0	6.80	1.37	1.90	0.71
内江	6.80	0	1.71	1.16	0.50
泸州	1.37	1.71	0	1.78	0.28
宜宾	1.90	1.16	1.78	0	0.79
乐山五县	0.71	0.50	0.28	0.79	0

表 1.14　川南经济区 2007 年各城市间引力值矩阵（灯光数据）

	自贡	内江	泸州	宜宾	乐山五县
自贡	0	11.84	2.41	4.13	1.54
内江	11.84	0	2.90	2.43	1.04
泸州	2.41	2.90	0	3.76	0.59
宜宾	4.13	2.43	3.76	0	2.06
乐山五县	1.54	1.04	0.59	2.06	0

表 1.15　川南经济区 2013 年各城市间引力值矩阵（灯光数据）

	自贡	内江	泸州	宜宾	乐山五县
自贡	0	18.49	3.55	6.08	1.87
内江	18.49	0	4.15	3.45	1.22
泸州	3.55	4.15	0	5.07	0.65
宜宾	6.08	3.45	5.07	0	2.27
乐山五县	1.87	1.22	0.65	2.27	0

3.川南经济区的区位强度分析

区位强度的综合计算方面，通过计算各城市引力值矩阵，即可求得区位强度。区位强度（R_i）的含义是单体城市与领域内其他所有城市引力总和 F_{ij} 占领域内全部城市引力总和 $F_{总}$ 的百分比。计算方法如下：

$$R_i = \frac{\sum_{1}^{i} F_{ij}}{F_{总}} \qquad (i \neq j; i \in [1,n]; j = n) \tag{1.10}$$

$$F_{总} = \sum F_{ij} \qquad (i \in [1, n-1]; \ j \in [i+1, n]) \tag{1.11}$$

式中，R_i 为城市 i 的区位强度；n 为区域内的城市数量。

根据式(1.10)与式(1.11)，分别对表 1.8～表 1.10 中的引力值(根据统计数据计算得到)和表 1.13～表 1.15 的引力值(根据灯光数据计算得到)进行计算，结果如表 1.16 和表 1.17 所示。

表 1.16 川南经济区各城市间区位强度统计表(统计数据)

城市	2002 年	2007 年	2013 年
自贡	0.6758	0.6971	0.6647
内江	0.5596	0.5594	0.5503
泸州	0.2933	0.2857	0.3378
宜宾	0.3915	0.3799	0.3693
乐山五县	0.0798	0.0779	0.0780

表 1.17 川南经济区各城市间区位强度统计表(灯光数据)

城市	2002 年	2007 年	2013 年
自贡	0.6341	0.6092	0.6408
内江	0.5982	0.5569	0.5835
泸州	0.3024	0.2954	0.2868
宜宾	0.3312	0.3786	0.3605
乐山五县	0.1341	0.1599	0.1284

为便于分析，将上述表格 2002 年、2007 年和 2013 年的具体结果制作成柱状图(图 1.8～图 1.10)。通过对比传统统计数据和灯光数据的区位强度，可看出二者整体上都维持着一致的总体趋势，误差比较小。这表明：夜间灯光数据在一定程度上与经济活动方面的参数有着较高的相关性，可定量研究城市发展、城镇化进程、城镇联系、空间结构演变等领域。

自贡、内江在三个年份中利用灯光数据和统计数据计算的值相较其他城市而言，有较小的偏差，变化范围分别为 0.6～0.7、0.5～0.6，偏差都在 0.1 以内。自贡、宜宾的灯光数据始终比统计数据偏小一些，内江和泸州的灯光数据与统计数据相比时高时低，而乐山五县的灯光数据始终比统计数据偏大一些。从整体上而言，近十年中，各个城市之间的区位强度变化不大，相对都比较稳定。按数值可分为三级：自贡、内江的区位强度始终处在第一级(都在 0.5 以上)，而处在第二级(0.2～0.4)的城市为泸州和宜宾，第三级(0～0.2)为乐山五县。综上可知，川南地区整体上形成以自贡、内江为核心，宜宾、泸州为次级，乐山五县为三等级的区位特征。

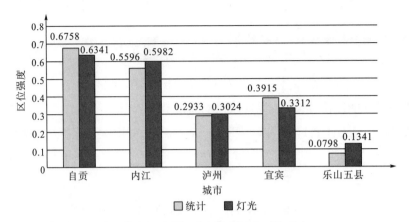

图1.8   2002年川南经济区城市区位强度

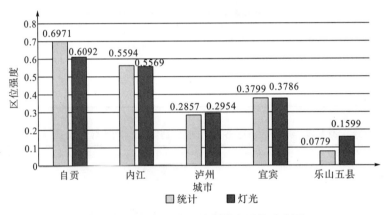

图1.9   2007年川南经济区城市区位强度图

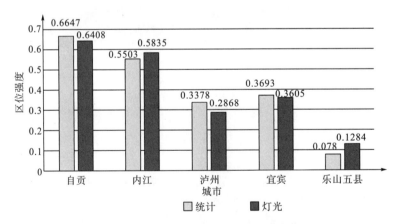

图1.10   2013年川南经济区城市区位强度图

上述川南经济区的三个等级划分，主要是受地理上城市距离分布的影响。虽然从GDP、人口和灯光强度总值上，自贡、内江、泸州、宜宾相差不大，且泸州、宜宾的总量大于自贡、内江，但是从引力模型上分析，自贡和内江的较近距离对两个城市的区位强度起着决定性作用。而泸州、宜宾的城市地理分布上较为偏远，因此区位强度相对较低。

大部分城市近十年的影响强度都有略微下降，但自贡和内江的区位强度始终保持较高的水平，分别占 60%～70%、50%～60%，表明自贡和内江处于经济区的中心位置，在地理上对经济区中其他城市的总体联系影响较大。宜宾在近十年中略有波动，其区位强度占 30%～40%，但距离周边城市相对较远，地理上与自贡和内江的联系受到一定程度的影响，且南部有较多山区，对其他地区的辐射影响强度有所阻碍。泸州在近十年中经济区位强度比较稳定，其占比为 25%～35%。与宜宾不同，泸州距离周边城市都很远，地理上与其他城市的联系受到很大程度的影响，对其他地区的辐射影响强度阻碍较大。乐山五县是从乐山分出来的几个县城，与川南四市相比而言，区域面积、经济总量和人口规模都很小，而且地理分布呈现由南向北发展的现象，其区位强度占 7%～16%。虽然距离自贡、内江、宜宾相对较近，但经济总量和人口规模的劣势，使得乐山五县对其他地区的辐射影响强度最弱。

1.4.3　川南经济区的城市层级联系强度特点分析

1.城市体系节点结构图和引力线分布图的绘制

城镇空间联系的分析主要包括城市最大引力线和引力线分布图的绘制、经济扩展的趋势分析两部分，本节在研究时，从城市和区县两个层次上进行分析。

首先画最大引力连接线，根据两两城市的引力画出最大引力的连接线 $I_i^{\max}$：

$$I_i^{\max} = \left(I_{i1}, I_{i2}, \cdots, I_{in} \right) \tag{1.12}$$

然后根据画出的引力分布图，就可以观察其演变规律，并归纳总结空间联系特征及联系分布图，分析经济扩展的趋势。画最大引力连接线：计算城市 i 和其他各个城市的引力值，选择最大引力连接线 $I_i^{\max}$，根据 $I_i^{\max}$ 即可得到整个城镇体系的引力分布图，如图 1.11～图 1.13 所示；根据引力图，即可得出川南城市联系分布图(图 1.14)。

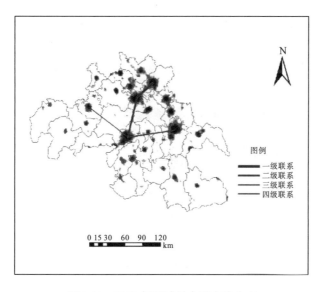

图 1.11　2002 年区域最大引力线分布

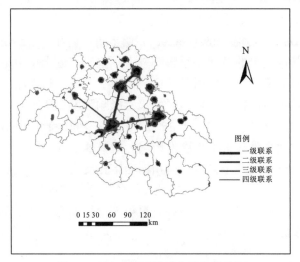

图 1.12   2007 年区域最大引力线分布

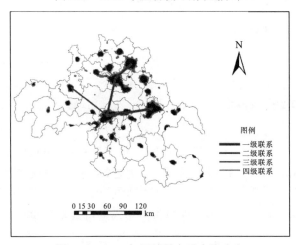

图 1.13   2013 年区域最大引力线分布

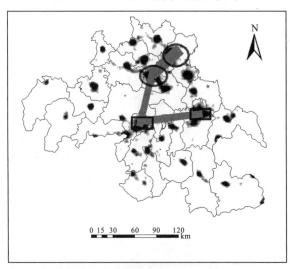

图 1.14   区域城市联系分布

2.川南经济区城市联系强度及城市发展趋势分析

将城市联系的引力分布图按联系强度划分等级，引力值的总和越大，联系越强；城市的引力线越粗、数目越多，该城市的引力和联系就越强。从城市联系分布图看，川南地区城市一直保持"双核双副"的多中心城市团体系，城际联系已形成特殊的点轴状结构(图 1.14)，在各时间节点均显著；内江、自贡、宜宾、泸州始终是川南经济区的多核心群团。随着城市规模的拓展，城市的结构联系轴带化趋势十分明显。

从最大引力分布图看，2002 年的"双核双副"城市团结构已经凸显，其中自贡和内江引力值最强，城市联系最为紧密，其次是宜宾和自贡，泸州和宜宾、乐山五县和宜宾联系较小。2007 年，除原有的自贡和内江引力最强、联系最为紧密外，宜宾和自贡的联系逐渐加强并升级为一级联系，泸州和宜宾之间的联系、乐山五县和宜宾之间的联系也不断增强和升级，轴带化趋势开始显现。2013 年，自贡和内江两市的影响范围继续扩大，各市的辐射能力均有增强，其中泸州和宜宾的联系已升级为一级，辐射能力明显增强，乐山五县的总体影响范围也略有显现。

从灯光斑块分布来看，2002 年，川南四市只是点状发展，城市联系较少，川南各县以四市为核心发展。2007 年，川南四市点状发展不断增强，其中宜宾市辖区开始向西南叙州区与屏山县交界处发展，泸州市辖区也沿着长江一带向西南延伸，泸州、宜宾的长江沿岸轴带化趋势加深。2013 年，四市斑块有显著的扩张发展，其中自贡市辖区向东南延伸，并和富顺连成片；内江市辖区开始向自贡方向延伸；宜宾市辖区向西南叙州区和屏山县交界处延伸，宜宾市辖区东部也有所扩张，轴带化趋势增强；泸州市辖区分别向西南和东部延伸，这和宜宾的趋势相同。从自然环境、交通通道和区位条件看，自贡市区向东南发展，主要是得益于成泸高速和省道的交通优势；内江向自贡方向延伸则凸显两市联系紧密、经济一体化的利益需求；宜宾和泸州的轴带化趋势主要是得益于两市依附于长江一带临港产业，并且有成渝环线高速和渝昆铁路的物流区位优势。

1.4.4　川南经济区的区县层级联系强度特点分析

区县层级联系强度引力计算可类比区位强度计算，参考式(1.8)，灯光强度如表 1.18 所示。

表 1.18　川南经济区各区县区域灯光强度统计表

编号	区县	2002 年	2007 年	2013 年
1	自贡市辖区	2410	3041	7998
2	富顺县	594	610	2627
3	荣县	483	617	1676
4	内江市辖区	2138	2651	7520
5	资中县	519	825	2168
6	威远县	1837	1847	4699
7	隆昌市	1011	1469	3942
8	泸州市辖区	2884	3446	9374

编号	区县	2002 年	2007 年	2013 年
9	泸县	629	871	1555
10	合江县	637	906	2258
11	叙永县	269	475	792
12	古蔺县	165	468	1603
13	宜宾市辖区(此处指翠屏区和南溪区)	2186	4561	9431
14	叙州区	560	1111	2867
15	江安县	186	407	952
16	长宁县	186	405	900
17	高县	153	349	946
18	筠连县	263	369	805
19	珙县	229	483	1041
20	兴文县	115	341	817
21	屏山县	159	369	529
22	犍为县	524	862	1678
23	井研县	135	336	848
24	沐川县	224	330	956
25	峨边彝族自治县	55	180	274
26	马边彝族自治县	86	175	282

注：区县间的直线距离根据川南经济区区位图，用 ArcGIS 软件直接测算，由于数据较多，区县间的直线距离及引力矩阵此处不再赘述。

1.区县体系节点结构图和引力线分布图的绘制

各区县空间联系分析主要包括区县最大引力线和引力线分布图的绘制及经济扩展的趋势分析两部分。类比城市空间联系的方法，区县的引力分布图如图 1.15～图 1.17 所示；根据引力图即可得到区县层级的城镇联系分布图(图 1.18)；此外还得到川南区县层级的城镇带分布图(图 1.19)。

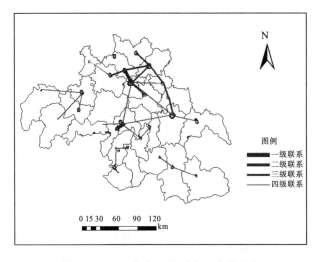

图 1.15　2002 年各区县最大引力线分布

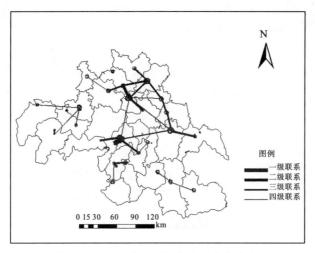

图 1.16　2007 年各区县最大引力线分布

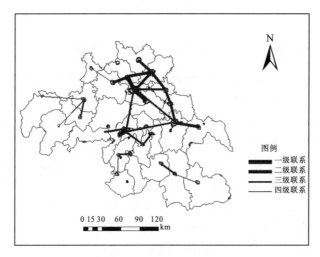

图 1.17　2013 年各区县最大引力线分布

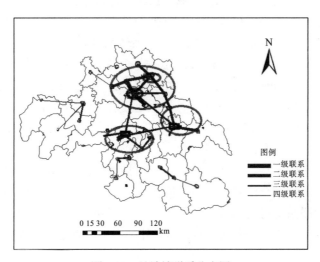

图 1.18　县城镇联系分布图

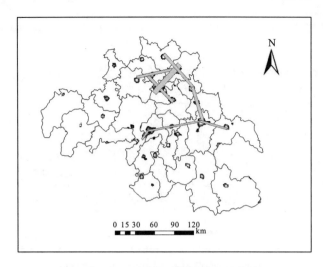

图 1.19　川南区县城镇带分布图

2.川南经济区区县联系强度及区县发展趋势分析

从区县的最大引力分布图看，川南经济区城镇内部空间形成了以自贡、内江市辖区为核心，泸州、宜宾市辖区为副核心的"双核双副"的网络化圈层结构体系，川南区县内部分化为以自贡—内江市辖区、泸州市辖区和宜宾市辖区为中心的 3 个城镇联系经济圈(图 1.18)。在城镇带联系发展中形成"一轴四带"的结构体系，在各时间节点均显著。其中内江、自贡、宜宾与泸州市区始终是川南经济区内的多核心团体。随着城镇规模的扩张，区县结构网络化趋势明显。2002 年的自贡市辖区和内江市辖区的网络化辐射已比较明显，泸州市辖区—泸县—隆昌市开始轴带化，宜宾市辖区开始呈星状辐射发展，其中自贡市辖区—威远县、宜宾市辖区的引力值最强，区县联系最为紧密；其次是自贡市辖区—内江市辖区、自贡市辖区—富顺县、内江市辖区—资中县、内江市辖区—威远县、内江市辖区—隆昌市、荣县—威远县，泸州市辖区—泸县、泸县—隆昌市。乐山五县与其他地区联系较少，内部联系则以犍为县为中心。自贡、宜宾、泸州市辖区间联系较弱。2007 年，在 2002 年原有的区县联系体系基础上，宜宾市辖区之间联系逐渐加强并升级为一级联系；此外，泸州市辖区—合江县、高县—珙县、宜宾市辖区—长宁县/屏山县的联系也逐步加强；川南区县网络化趋势开始显现出来。但是，自贡、宜宾、泸州市辖区间联系依然较弱；乐山五县与其他地区联系依然较少，内部联系没有变化。2013 年与 2007 年相比，川南四市城区的影响范围继续扩大，各市的辐射能力均有增强，自贡市辖区和威远县升级为一级联系，自贡市辖区—富顺县、自贡市辖区—内江市辖区、内江市辖区—资中县、内江市辖区—威远县、内江市辖区—隆昌市、荣县—威远县、泸州市辖区—泸县—合江县、泸县—隆昌市、长宁县—江安县、兴文县—叙永县、犍为县—沐川县的联系均得到增强；自贡、宜宾、泸州市区间联系增强，川南区县网络化趋势已十分明显。不过，乐山五县的总体对外联系仍没有显现出来。

1.4.5　小结

1.4 节主要根据灯光影像详细论述了川南地区的整体分布情况，并根据 DMSP/OLS 灯光影像数据，通过传统统计数据的辅助验证，运用引力模型对川南经济区的城镇区位强度、空间联系进行了研究，并探讨了城镇化发展趋势及城镇联系特点。通过计算分析发现，川南经济区总体形成以自贡、内江为核心，以泸州、宜宾为副核心的"双核双副"多中心网络结构。受地理影响，自贡、内江的经济区位强度最强，川南内部分化为三个区位等级。空间联系方面，整体而言，川南经济区空间内部长期保持着"双核双副"的城市团体系，城际联系则形成特殊的点轴状结构，城际轴带化趋势明显，在各时间节点均显著；区县联系层次上，川南经济区内形成了"双核双副一轴四带"的区县团体系，随着城镇规模的扩张，城镇联系不断深化，各县镇围绕中心城区发展，区县间结构网络化趋势明显。

值得一提的是，运用引力模型分析城市空间联系时，以夜间灯光亮度替代传统统计数据的研究方法还有很多细节值得商榷，如提取灯光数据的阈值选取，以欧式空间距离表述城市通达性的实效程度，不同地区利用引力模型所达到的实际效果。还有，目前学者们多数侧重于省级大尺度城市联系的定量及定性分析，而缺乏小尺度区县层次的定量分析，这方面以后可进行深入研究。

1.5　川南经济区城镇联系的空间扩展格局研究

根据上述川南经济区城镇区位强度及空间结构联系强度的计算分析，我们可以得出长时间尺度上川南城镇空间结构联系强度特征、空间演化过程、内部空间层级差异。为了更好地分析城镇联系，需要在城镇区位与空间分布基础上，依托城市空间扩展理论继续分析城镇内部的空间形态扩张格局特点，借以了解城镇发展及区县层级经济发展的特点，更好地优化城市内部空间功能，从而有效推动经济区经济的协同发展。因此，可利用已研究的灯光影像及空间引力联系强度图，结合遥感影像建成区城镇扩张数据，进一步研究城镇联系的空间扩展格局。

具体讲，川南经济区城镇联系的空间形态扩展格局研究，首先根据 DMSP/OLS 影像提取城市建成区面积，设定适度 DN 阈值（临界值）以提取灯光影像建成区分布图，并通过结合灯光亮度指数 DNLI 和城镇密集区面积指标共同分析城镇行政市级、区县级的空间形态扩展格局趋势，分析城镇形态发展均衡度，同时在区县层次上也做相似探讨，借以分析川南经济区城镇格局变化和城镇拓展的趋势。

1.5.1　基于 DMSP/OLS 灯光影像数据与城市用地信息提取

1.川南城镇建成区城市用地信息提取

根据前文对 DMSP/OLS 灯光影像数据产品的介绍可知，某地区灯光强度越强，其影像的亮度值就越高,该地区是城市用地的机率就越大。因此,本节根据川南经济区的城镇情况,采用统计数据来确定灯光影像的阈值,根据 DMSP/OLS 灯光影像图与统计的城市建设用地面积对比,以提取城市用地信息。

研究表明,利用 DMSP/OLS 灯光影像数据提取大范围内的城市用地信息不能用一个阈值,不然会使得部分区域的城镇信息与实际情况不符,从而导致数据的不精确。故本节采用分区域设定阈值的方法,对每个城市分别设定阈值以提取城市用地,通过汇总获得川南经济区的城市用地信息。

根据已有研究,后续研究需要在假设前提条件下,才能进行有效提取和研究,因此这里需要进行前提假设:即目前的城市用地统计年鉴信息能够准确地表述出川南经济区城镇的建成区特点,这样才能利用 DMSP/OLS 灯光影像数据提取到无限接近于城市统计年鉴中的城市与区县用地统计信息。同时,笔者注意到,根据影像的连续性和社会发展的不可逆性,1992~2013 年城市土地整体上应是一个持续上升趋势,即前一年已经出现的斑块用地在后一年的影像中不会消失。所以在设定阈值计算川南城镇的用地面积时,通过不断地与年鉴统计的城市用地面积对比,最终可提取到基于 DMSP/OLS 灯光影像数据的川南地区城镇用地信息建成区面积。

根据 DMSP/OLS 灯光影像数据获取城镇用地面积图像时,在提取结果和统计数据的基础上,对于每个城市、区县的城市用地面积进行筛选时应该临近或达到统计数据的下界,即灯光影像数据图提取的城镇用地面积应在特定阈值下无限靠近统计数据的建成区面积。

具体提取操作如下。

(1)利用前文处理好的 DMSP/OLS 灯光影像数据提取 1992 年、2002 年与 2013 年的川南经济区城镇灯光影像数据。

(2)在 ArcGIS 中通过结合城市年鉴统计数据的建成区面积 S_0,对川南城镇的不同城市、县设定初始的阈值 DN_0 以提取精确的城市用地面积 S 对应的灯光影像图。阈值的设定可参考经验阈值法,地级市、区县 DN 阈值取该市县最大 DN 与最小 DN 的算术平均数,由 DN_0 到最大 DN 间的影像区域即为所求的城镇用地面积灯光影像图。

(3)通过比较城镇用地灯光影像面积 S 与统计数据的用地面积 S_0 的差异,不断调整 DN_0,直到两者十分接近为止,此时满足式(1.13)条件的 DN_0 对应的城镇用地灯光影像面积 S 即为所求。

$$\left|(S-S_0)_{DN_0-1}\right| \geqslant \left|(S-S_0)_{DN_0}\right| \leqslant \left|(S-S_0)_{DN_0+1}\right| \tag{1.13}$$

按照上述步骤可提取整个川南经济区的城镇用地影像分布图。

(4)绘制川南经济区城镇建成区的空间分布图。将上述步骤通过比较城镇用地灯光影像面积 S 与统计数据的用地面积 S_0 得到川南灯光影像获取的各市建成区的空间分布图进行汇总,即可得到整个年度区域的川南经济区城市、区县建成区空间分布图(图 1.20~图 1.25)。这里规定,小于 DN_0 的影像(DN 灰度值为 0)即为非建成区,其余的影像即为建成区。

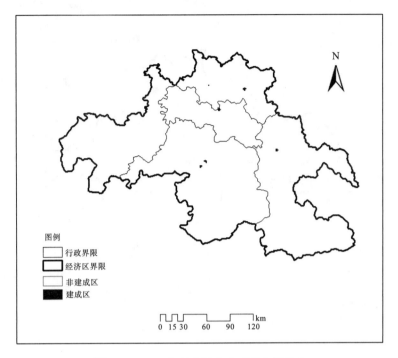

图 1.20　1992 年川南城市建成区空间分布

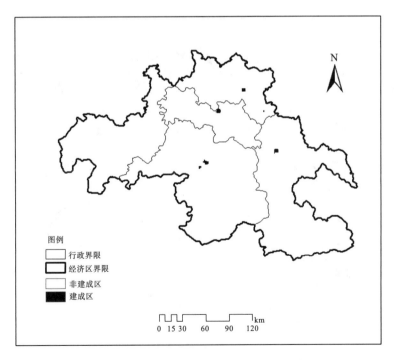

图 1.21　2002 年川南城市建成区空间分布

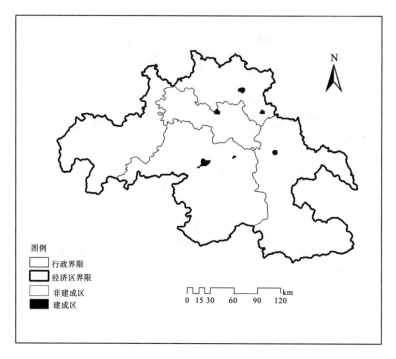

图 1.22　2013 年城市建成区空间分布

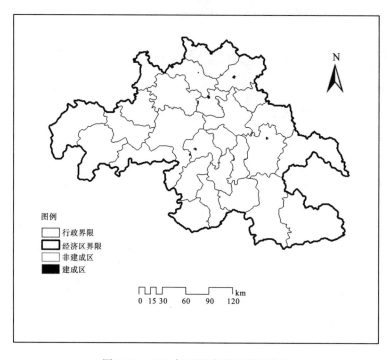

图 1.23　1992 年区县建成区空间分布

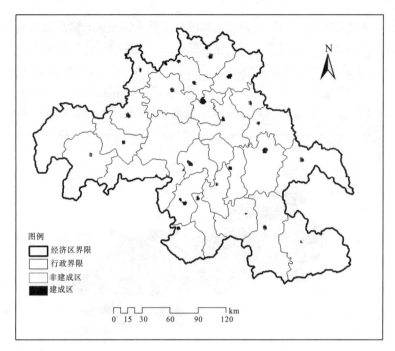

图 1.24 2002 年建成区空间分布图

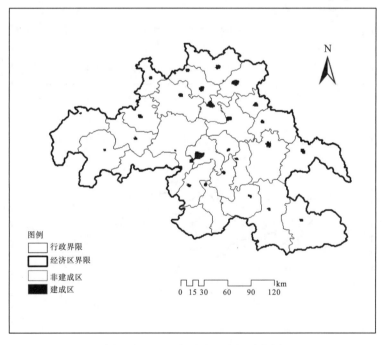

图 1.25 2013 年建成区空间分布图

2.川南城镇建成区空间形态分布分析

从川南经济区的整个城市、区县建成区空间分布图(图 1.20~图 1.25)来看,1992~2013年,整体上川南经济区核心城市区的空间形态扩展比较缓慢;扩展较快的主要是宜宾市辖区与内江市辖区；其次是自贡市辖区与泸州市辖区；最后是叙州区、隆昌县和南溪区。其中，宜宾围绕着渝昆铁路的长江沿线及蓉遵高速呈现东北—西南的轴带型发展态势。

　　由于自贡市和宜宾市的城市发展速度较快，本节在分析整个川南地区城市用地空间分布格局时，需要对自贡市和宜宾市城市建成区的空间形态特征进行分析与探讨。1992年、2002年、2013年自贡市和宜宾市建成区分布图如图 1.26～图 1.31 所示。

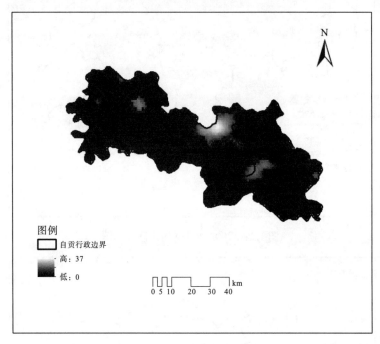

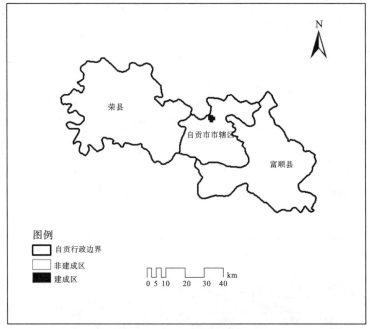

图 1.26　1992 年自贡市夜间灯光数据及基于该数据的建成区分布图

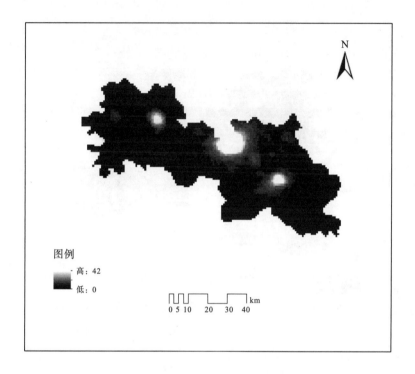

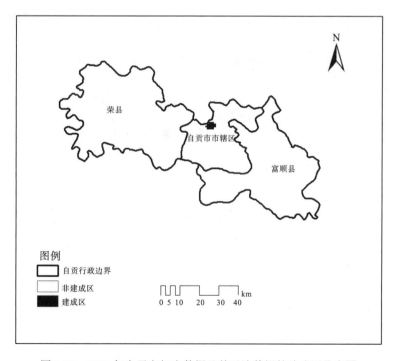

图 1.27　2002 年自贡市灯光数据及基于该数据的建成区分布图

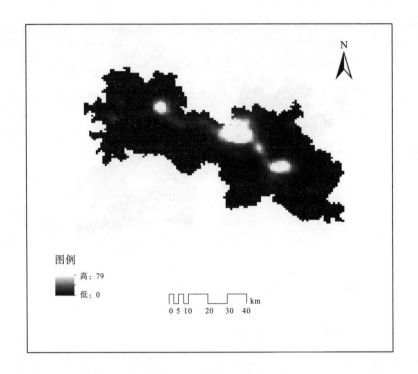

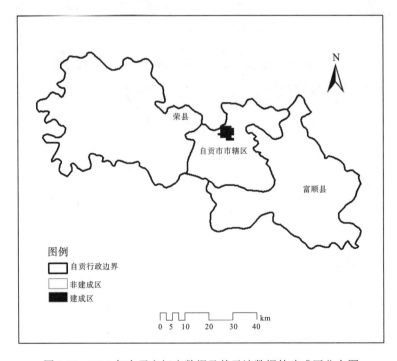

图 1.28　2013 年自贡市灯光数据及基于该数据的建成区分布图

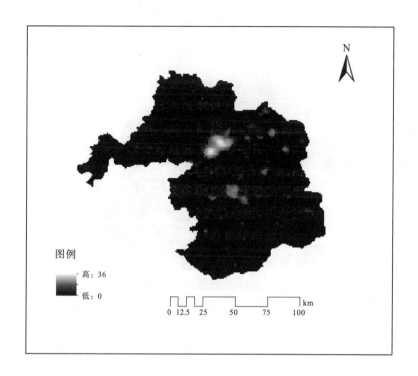

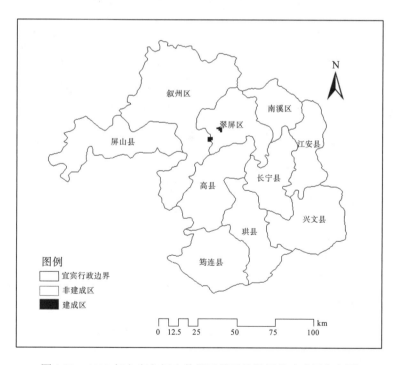

图 1.29　1992 年宜宾市灯光数据及基于该数据的建成区分布图

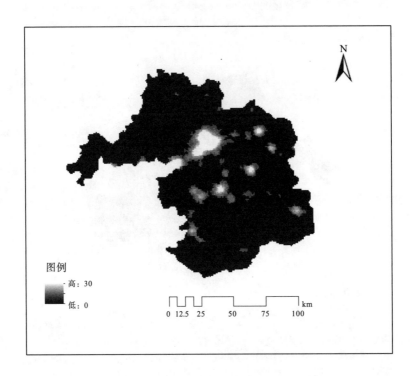

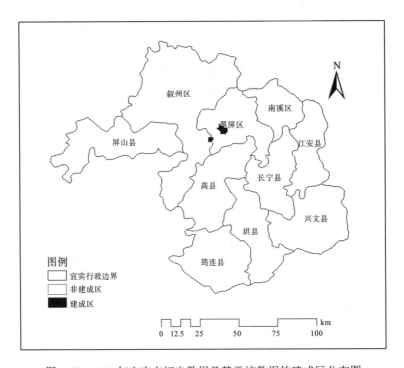

图 1.30   2002 年宜宾市灯光数据及基于该数据的建成区分布图

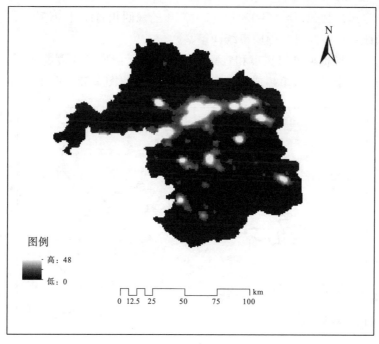

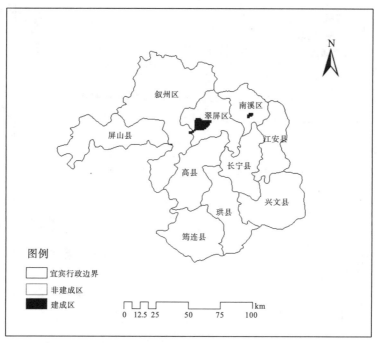

图 1.31   2013 年宜宾市灯光数据及基于该数据的建成区分布图

利用 1992 年、2002 年、2013 年各市县统计数据建成区面积对 DMSP/OLS 灯光影像数据图获取的城市建成区用地面积进行精度计算，结果显示：单体城镇尺度的绝对误差与相对误差都较小，相对误差都保持在 10%以下。这表明提取的结果能够对川南经济区的城镇化空间联系形态扩张进行实际描述。

　　相关数据来源：1992 年、2002 年、2013 年的《四川省统计年鉴》《自贡市统计年鉴》《宜宾市统计年签》《中国城市统计年鉴》。

　　对通过灯光影像提取的自贡市和宜宾市建成区进行纵向跨年度叠加即可得到对应的自贡市与宜宾市二十年来城市建成区的空间形态扩张图(图 1.32、图 1.33)，从图中我们

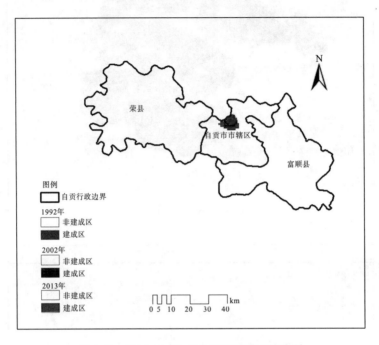

图 1.32　1992～2013 年自贡市建成区扩张图

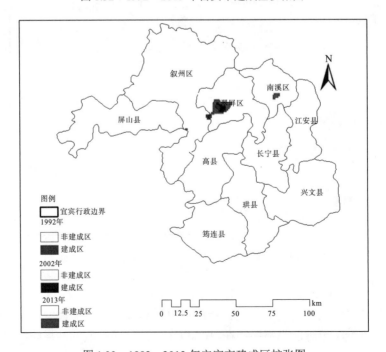

图 1.33　1992～2013 年宜宾市建成区扩张图

可以看出，自贡市在 1992～2013 年的近二十年中城市的建设主要向东、南部发展，即往富顺县和市辖区南部方向发展；宜宾市在 1992～2013 年城市主要向西南、东北方向建设扩张，即往翠屏区的南部、叙州区、南溪区方向发展。图 1.32 和图 1.33 中的分析结果基本上与自贡市、宜宾市的实际发展情况相吻合。同时，我们还可以看出，自贡与宜宾的灯光影像周边区域比城市建成区扩展得更为迅速，自贡主要沿着荣县和富顺县的方向扩散，宜宾则沿着南溪区、叙州区的长江沿线轴向扩散。

　　本节除了对川南城镇的空间形态扩张进行分析研究，也为城市建设用地统计数据中缺少空间位置数据、无法满足城镇空间信息需求时提供一种可靠的统计方法。这种方法需要借助 DMSP/OLS 灯光影像数据图，并结合统计数据求得川南地区的各市县阈值，从而提取整个区域的年度城市空间用地信息。由于单体城镇的误差都在 10%以下，本节提取的结果可以对川南经济区城镇形态扩张进行有效分析。

1.5.2　基于 DMSP/OLS 灯光影像数据的川南城镇空间扩张变化指标分析

1.灯光亮度变化指标分析

各市县灯光总亮度指数 $DNLI_j$：

$$DNLI_j = \sum_{i=\min(DN)}^{\max(DN)} p_i \times n_i = DN_{总值} \tag{1.14}$$

各市县平均灯光亮度指数 $\overline{DNLI}$：

$$\overline{DNLI} = \frac{DNLI_j}{N_j} = DN_{均值} \tag{1.15}$$

川南经济区的行政区划平均灯光亮度指数 $\overline{DNLI}'$：

$$\overline{DNLI}' = \frac{\sum_{j=1}^{26} DNLI_j}{N_{0总}} = DN_{区域均值} \tag{1.16}$$

式中，p_i 为像元亮度；n_i 代表亮度为 p_i 的像元个数；N_j、$N_{0总}$ 分别为各市县及川南的总像元数。

　　根据式(1.14)～式(1.16)，对川南各市县的 DMSP/OLS 灯光影像数据进行逐步推算并重采样汇总，即可得到整个年度的川南城镇 DNLI 等级变化图(图 1.34～图 1.36)。从川南经济区各市县级的灯光亮度指数 DNLI 变化图可以发现下述结论。

　　宜宾市区、内江市区、自贡市区和泸州市区一直保持着高亮度区的空间形态，整个经济区围绕着四个主城区发展。1992～2002 年，自贡市围绕着市辖区呈空间集聚的形态发展，荣县与富顺县单独发展，经济活动与市辖区联系较少；宜宾市翠屏区的高密度区域减少，而翠屏区及叙州区周边区域的中低亮度逐步增加，表明宜宾市呈现空间扩散的形态。内江市和泸州市各城镇既围绕着中心城区集聚发展，同时也形成了隆昌市和泸县的扩散区域，表现为中心城区集聚、周边区县扩散的空间集散均衡形态。需要注意的是，威远县的高亮度区减少，呈现空间扩散的状态，这可能是受自贡市城区的辐射能力所影响。2002～2013 年，宜宾市和自贡市既围绕着中心城区集聚发展，同时也形成了叙州区与南溪区、富顺县与荣县的扩散区域，表现为中心城区集聚、周边区县扩散的空间集散均衡形态。泸州市也呈现类似的空间集散均衡特点，同时泸州市辖区也在向东向南扩散。内江市一直保持着围绕市辖区呈空间集聚的形态发展，而周边的资中县与隆昌市各自独立发展，经济活动与市辖区联系不强。

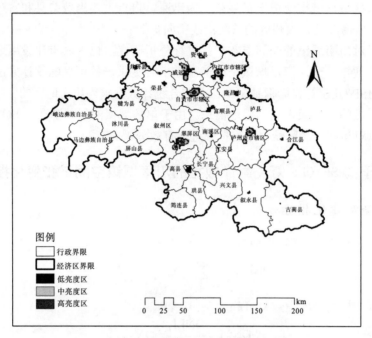

图 1.34　1992 年川南各市县灯光亮度等级变化图

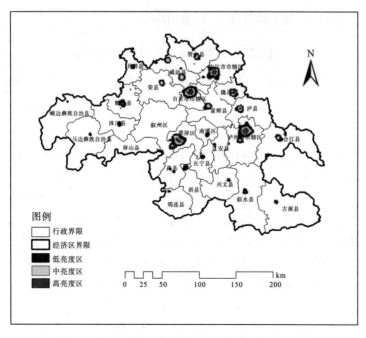

图 1.35　2002 年川南各市县灯光亮度等级变化图

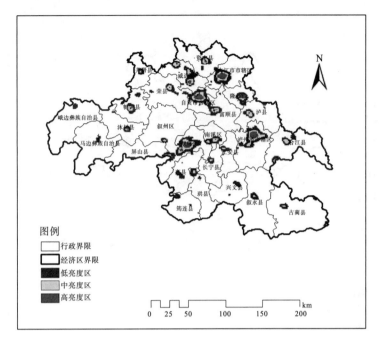

图 1.36　2013 年川南各市县灯光亮度等级变化图

从城市经济学和区域科学的理论角度来讲，1992~2013 年川南经济区中，自贡呈现先集聚再到集散均衡的城镇空间形态，城镇联系度逐步增强，表明自贡正向中心城市化与区域化进展。宜宾城镇呈现先扩散再集散均衡的空间形态，城镇联系度渐渐增强，表明宜宾也在走中心区域化与城市化的道路。内江呈现先集散均衡再到集聚的城镇空间形态，城镇联系度降低，表明内江正向中心城市化发展。泸州一直呈现集散均衡的空间形态，城镇联系度较少增加，表明泸州正向中心城市化与区域化发展。总体来看，川南城镇的空间形态拓展都具有轴线性、中心城市化集聚的特点。其中，自贡和宜宾市表现为城镇拓展与交通网紧密关联的特点。

2.城镇密集区面积扩张变化指标分析

$$各市县城镇密集区面积= \sum_{DN \geqslant DN_t} p_i \times n_i \qquad (1.17)$$

$$各县城镇密集区面积比=各县城镇密集区面积/各县县城总面积 \qquad (1.18)$$

式中，p_i 为像元亮度；n_i 代表亮度为 p_i 的像元个数。运用前文建成区的提取方法对 DMSP/OLS 灯光影像数据进行处理，在 ArcGIS 软件下将满足 DN 不小于阈值的影像像元数进行累加统计，并参考式(1.17)和式(1.18)求得城镇密集区的面积，即可得到各市县的城镇密集区面积分布图。再将川南灯光影像提取的各市县城镇密集分布图进行汇总，即可得到整个年度范围内川南经济区城镇密集区分布图(图 1.37)。这里规定，城镇密集区的 DN 大于等于 8 且不小于阈值 DN_0。

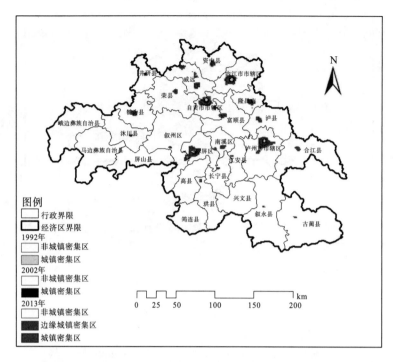

图 1.37   1992~2013 年川南各市县城镇密集区面积扩张变化图

从城镇密集区面积扩张变化图来看,可以发现:

(1)川南经济区各市县城镇密集区的面积都呈现持续增长的趋势,且增长率也呈不断上涨的态势;

(2)川南各城镇区 1992~2002 年密集区面积增速明显不如 2002~2013 年的增速;

(3)川南经济区的城镇密集区主要集中在宜宾、自贡、泸州和内江四个市辖区及威远县、资中县、隆昌市、富顺县及泸县等,其中宜宾市辖区远远领先于其他地区。

(注意:本节结论为笔者根据 DMSP/OLS 灯光影像数据自行进行统计得出。)

1.5.3   川南经济区城镇时空扩展与格局分析

1.川南经济区城镇时空格局分析

由川南经济区灯光亮度等级变化图(图 1.34~图 1.36)及 1992~2013 年川南各市县城镇密集区面积扩张变化图(图 1.37)可以得出以下结论。

(1)1992~2002 年,川南经济区城镇灯光亮度区呈现稀疏的星散状分布形态。而且对于高亮度的影响层级区域,宜宾市区、自贡市区、泸州市区和内江市区最为明显,其次是隆昌市、泸县、叙州区、威远县等影响层级范围比较明显,其他城镇县城灯光亮度都比较低。总体来看,自贡市、泸州市虽有点状或线状蔓延扩散特征,但是蔓延程度较弱,同时沿交通线的城镇空间联系也不强,相邻城镇间灯光融合较小,影响的范围变化不大。

(2)2002~2013 年,川南经济区城镇灯光亮度区以点轴式与轴线蔓延式扩散特征为主,特别是威远县—自贡市区—富顺县、内江市区—隆昌市、宜宾市区(翠屏区—南溪区)—叙州区—屏山县。泸州市区的空间形态扩张呈现出以轴线蔓延式扩散为主的特征。与 1992~2002 年相比,上面的几个主轴线区的灯光影响范围呈现以高亮度的城镇密集区为中心,沿铁路、省道及高速路轴线分布,周边点状区横向扩散最后融合的特点,在图中表现出明显的空间扩展,这与实际中行政层级空间联系的增加是相吻合的。

2.川南经济区城镇空间发展均衡度分析

根据上述灯光亮度及城镇密集区变化分析,可以得出以下结论。

(1)城镇密集区及城市快速发展区域集中在泸州市—宜宾市、威远县—自贡市—富顺县、内江市—隆昌市经济区域及彼此相互连接的城市间轴线中。其中,宜宾市位于川南经济区的西南部,是区内第一大现代港口城市,它和泸州、内江、自贡都是区域的综合交通枢纽、金融经济及物流商贸的中心。自贡市是川南区域中心城市,拥有高新技术的产业基地与科技创新基地。内江是川南区域的现代产业基地及商贸物流中心,同时是西部成都与重庆的最重要交通要道。

(2)不同县区的城镇空间形态扩展度差距明显。多数城镇县区处于川南区域平均水平之下,且城镇集聚效应明显;川南的城镇形态扩张区,主要是四市市辖区向外扩散并和彼此间轴线相互联系形成。其他地区的城镇化空间联系和形态扩张的规模与速度,都远不及宜宾市区、泸州市区、自贡市区这些中心城区。

(3)地形因素十分明显。从经济地理学的角度分析,川南经济区发展最快的区域几乎都是市区的平原区,而整个川南经济区南部与云贵交界处,多是山地和丘陵地形,并且包含大面积的喀斯特地貌地形。相似的还有川南经济区的西部区域,如乐山五县。这样的地形地貌由于交通不便,其工业和其他产业都难以发展,进而也就缺乏经济与人口的聚集,城镇化发展与经济活动联系就难以完成。

1.5.4　小结

1.5 节借助统计数据的城市用地信息,通过提取 1992~2013 年川南城市化空间信息对 1992~2013 年川南 26 个县级行政区的城市化空间扩展进行监测,分析川南城市化空间扩展的时空特征、扩展方向、开发利用的强度和过程,分析结果表明,1992~2013 年川南地区夜间灯光聚集区域出现由稀疏的星散状分布到点轴式与轴线蔓延式扩散的特点。川南城镇的空间形态拓展都具有轴线性、中心城市化集聚的特点。其中,自贡和宜宾市表现为城镇拓展与交通网紧密关联的关系。同时,城镇密集区及城市快速发展区域集中在泸州市—宜宾市,威远县—自贡市—富顺县,内江市—隆昌市经济区域及其彼此相互连接的城市间轴线。另外,不同县区的城镇空间形态扩展度差距明显,这主要是多数城镇县区处于川南区域平均水平下且城镇集聚效应突出所致。

(1)在城镇建成区的研究方面,川南经济区的核心城市区的空间形态扩展整体比较缓慢;扩展较快的主要是翠屏区与内江市辖区;其次是自贡市辖区与泸州市辖区;最后是叙州区、隆昌市和南溪区;其中,宜宾围绕着渝昆铁路的长江沿线及蓉遵高速呈现东北—西南的轴带型发展态势。

(2)在城镇灯光亮度等级研究方面，1992～2013 年川南经济区中，自贡呈现先集聚再到集散均衡的城镇空间形态；城镇联系度逐步增强，表明自贡正向中心城市化与区域化发展。宜宾城镇呈现先扩散再集散均衡的空间形态；城镇联系度渐渐增强，表明宜宾也在走中心区域化与城市化的道路。内江呈现先集散均衡再到集聚的城镇空间形态；城镇联系度降低，表明内江正向中心城市化发展。泸州一直呈现集散均衡的空间形态；城镇联系度增加较少，表明泸州正向中心城市化与区域化发展。总体来看，川南城镇的空间形态拓展都具有轴线性、中心城市化集聚的特点。其中，自贡和宜宾表现为城镇拓展与交通网紧密关联的关系。

(3)在城镇密集区面积研究方面，川南经济区各市县城镇密集区的面积都呈现持续增长的趋势，且增长率也呈不断上涨的态势，但川南各城镇在 1992～2002 年的密集区面积增速明显不如 2002～2013 年。

(4)除了对川南城镇的空间形态扩张进行分析研究，城市建成区的灯光影像提取也为城市建设用地统计数据中缺少空间位置数据、无法满足城镇空间信息需求的情况提供一种可靠的统计方法。这种方法需要借助 DMSP/OLS 灯光影像数据图，并结合统计数据求得川南地区的各市县阈值，从而提取整个区域的年度城市空间用地信息。

1.6　结论与展望

1.6.1　研究结论

本章基于 DMSP/OLS 灯光影像数据，从区域微观尺度上，运用引力模型分析川南经济区不同层级城镇的总体分布特征和区位强度、城镇空间结构联系及其演化趋势，并根据灯光指数与城镇密集区面积探讨不同层级城镇联系与发展的空间形态扩展格局趋势及城镇差异性情况。

(1)在城镇区位与空间分布上，川南经济区整体上形成了以内江与自贡为核心，以宜宾与泸州为副核心的"双核双副"多中心网络结构。受地理条件影响，自贡、内江的经济区位强度最强，川南内部分化为三个区位等级。

(2)在城镇空间结构联系与演化趋势方面，整体而言，川南经济区空间内部长期保持着"双核双副"的城市团体系，城际轴带化趋势明显；在区县联系层次上，川南经济区内形成了"双核双副一轴四带"的区县团体系；自贡与内江、宜宾、泸州已形成三个城镇联系经济圈，周边区县与中心市区联系十分紧密，川南城镇化正在城市范畴内扩散，微观尺度的区县领域分析丰富了城镇联系的定量研究。

(3)在城镇联系的空间形态扩展格局趋势方面，1992～2013 年川南地区灯光聚集区域出现由稀疏的星散状分布到点轴式与轴线蔓延式扩散的特点。川南城镇空间形态拓展上都具有轴线性、中心城市化集聚的特点。不同县区的城镇空间形态扩展度差距明显。同时，城市建成区的灯光影像提取也为城市建设空间信息与空间扩展的研究提出一种科学的统计解决方法。

1.6.2　川南经济区城镇发展的建议

(1)川南城镇区位分布不平衡，在行政区划限制与地方保护主义影响下，城市、县镇间空间联系较少，城市规模经济的增强导致了原有层级体制的弊端日益突出，行政区划必须通过经济区的影响进行合理的区域划分。因此，在市级层级方面，地方政府在规划时可着手以区域的发展理念指导城市规划，适时地突破行政区划的限制，为区域协同合作营造良好的政治环境，从政策上给予自贡和内江合作的环境，并增强泸州、宜宾与自贡、内江的经济与政策联系，加快形成内江—自贡、泸州、宜宾等区域性城市团，促进城镇一体化的发展。在县级层级方面，加快区域城市中心的组建，努力促进隆昌市、荣县、威远县、资中县、犍为县等区域副中心的经济增长，促进隆昌市、威远县、犍为县撤县划市，以及叙州区与宜宾市的融合。

(2)针对城镇盲目扩张导致城乡差距过大和耕地流失的问题，在城市功能建设发展方面，促进泸州市—宜宾市、内江市—隆昌市、威远县—自贡市区—富顺县的道路等级提速，努力构建长江沿线与交通轴带化的经济发展带。加强城市建成区的环境管理，促进中心城区化与郊区边缘城市化功能互补作用。

(3)对于川南城镇整体区域发展方面，打造自贡与内江、宜宾、泸州三个城镇规模经济圈，通过产业分工与区域合作促进产城融合。

1.6.3　目前研究工作不足之处

(1)区县领域，提取建成区的灯光影像 DN 阈值存在主观性和不确定性。

(2)在地级市统计数据方面缺少 1992～2000 年的《四川省统计年鉴》，在灯光影像数据方面缺少 2013 年之后最新的 DMSP/OLS 灯光影像数据，城镇联系的研究与探讨需要进一步进行实证研究。

(3)目前，微观领域的研究缺乏足够的城镇区县行政层级空间结构及经济联系的定量实证研究进行对比检验。

(4)引力模型中以欧式空间距离表述城市联系的通达性，实效性不强；部分学者提出以铁路、公路里程作为权重计算得到最短交通时间距离，这种时间距离分析可相对更贴近城市间的实际可达性。

(5)由于文中用到的 DMSP/OLS 灯光影像数据来自城市地理信息学科，在和城镇联系研究对接时有待加强。

1.6.4　下一步研究工作展望

引力模型分析城市空间联系时，以夜间灯光亮度替代统计数据的研究方法有很多细节值得商榷，如提取灯光数据的阈值选取，以欧式空间距离表述城市通达性的实效程度，不同地区利用引力模型所达到的实际效果。并且，目前学者们多数侧重于省级大尺度城市联系的定量及定性分析，缺乏小尺度区县层次的定量分析，以后可进行深入研究。

第2章 宜宾产业结构优化研究

在以合理利用资源为导向进行产业调整时，产业结构优化往往会被市场失灵所影响。为了规避这种负面影响，政府需要出台相应的产业发展政策。由于我国市场经济体制仍然不够完善，因此在产业结构升级优化过程中，市场调节和政策引导缺一不可。为了让政府所制定的产业政策能够更有效地促进产业结构优化，首先需要明确产业结构优化的影响因素及各因素的影响程度，再据此制定具有针对性和高效性的产业扶持政策，从而引导区域产业结构优化，促进地区经济增长。

本节以 2001～2015 年《宜宾统计年鉴》《四川统计年鉴》和其他相关资料为依据，首先对宜宾市产业现状进行梳理，在此基础上运用主成分分析法构建产业结构综合评价指标体系；之后运用熵值法和优劣距离法筛选宜宾市主导产业，并求出各年主导产业比例；最后应用向量自回归模型，以主导产业比例倒数、固定资产投资额和研究与开发经费支出总额为自变量对宜宾市产业结构优化的影响因素进行实证研究。

2.1 绪 论

2.1.1 研究背景

国民经济不断发展的基础是持续扩大的产业规模，地区经济增长依赖产业结构的持续优化——国民经济增长和产业结构优化是互相促进、互相依赖、相互作用的关系。经济部门和产业结构持续的变化是地区经济在中长期保持增长的一个显著特征。

库兹涅茨和钱纳里等学者提出，产业结构优化是一个地区经济总量增长的重要保障。在现阶段，地区经济总量增速的提高和产业结构优化效率的提升存在相应的因果关系。然而不可忽视的一个问题是，产业规模的扩张速度不尽相同。但是在地区经济蓬勃发展的背景下，产业结构优化需要合理高效利用先进的科学技术加以引导，使产业规模更加符合市场需求。产业结构优化是促进经济快速发展、资源合理利用不可或缺的方法之一，所以在经济处于"新常态"下的当今社会，产业结构优化这一问题，成为政府部门和专家学者的重点研究对象。

宜宾市位于四川省南部，是攀西经济区、川南经济区以及成渝经济区的交汇点。作为四川历史悠久、产业发达的城市，宜宾市虽然在积极提倡"工业强市"，研究者也在经济转型这一关键时刻对其产业结构优化进行了相关研究，但并没有在理论上研究如何利用地理区位优势，及时地优化相应的产业结构，也没有在实践上构建有效的产业优化发展模式。在改革开放以后，宜宾经济快速增长、产业蓬勃发展，但是产业结构在高度化与合理化等方面仍需改善。第一产业从业人口较多、第二产业和第三产业生产效率较低、产业附加值较低、过分依赖自然资源、产业布局不够合理等问题直接限制了宜宾的经济发展。部分产业虽然做到了规模的扩大，但是在质量的提高方面仍有待加强。产业结构的高度化与合理化处于全省平均水平之下，致使产业结构不合理，制约了经济发展。为了给宜宾相关政府部门在产业结构的调整过程中制定有效措施提供依据，就要认真梳理、研究影响产业结构优化的关键因素。因此，对产业结构优化的影响因素进行研究，会进一步增强宜宾产业核心竞争力。

2.1.2 研究目的和意义

产业结构优化，就是在生态文明的前提下，以资源有效配置为目的，使宜宾市产业结构趋于较优水平的高度化与合理化。为了改变宜宾市资源配置效率较低的局面，本节在我国经济转型的大背景下，研究影响宜宾产业结构优化的相关因素，期望可以找到一条能够进一步促进宜宾市经济水平稳定提高、产业竞争力不断增强的发展道路。本节旨在通过对产业结构优化影响因素的分析，为宜宾市产业结构优化提供相关建议，在短期内使得该地区三次产业占比、产能消耗、第三产业增速等指标优于全省平均水平，使得产业结构高度化和合理化处于全国先进水平。

我国经济正处于新常态，而经济增长和环境保护的矛盾日益凸显。我国各个城市如何在产业集聚、产业扩散、产业同构的现实下，以及政府、市民对环保日益密切关注的背景下获得经济增长，并且扩大自己的影响力、竞争力，是对政府执政能力和企业管理能力的重要考验。产业发展的重点在于高效配置产业结构，所以合理、正确地分析产业结构优化的影响因素，便是促进经济发展的前提。因此，本节对影响宜宾市产业结构优化的因素进行分析具有重要意义。

2.1.3 产业结构优化的国内外研究现状

1.国外研究现状

国外对产业结构优化基本理论与数学模型的研究已经较为成熟，本节主要对产业结构优化影响因素的相关文献进行分析。

(1)技术创新的影响。Abernathy 等(1978)、Adner 等(2001)分别从 A-U 模型和市场异质性角度出发，认为不同时期产业的发展得益于与其相对应的技术创新。Witt(2001)认为正是由于消费者不同的需求导致技术不断创新，从而淘汰较为落后的产业、促使新兴产业诞生和发展，最终使产业结构得到优化。Porter(2000)和 Arthur(1989)分别从产业竞争和市场竞争的角度，肯定了技术创新对产业结构优化的正向影响。但也同时提出，竞争会使得该产业或该市场对技术创新形成过度依赖。

(2) 外商直接投资的影响。随着全球的一体化进程，外商直接投资(foreign direct investment，FDI)对发达国家/地区和发展中国家/地区的产业结构优化有着不同影响。①对产业结构优化有正向效应。Kippenberg(2005)通过对捷克的研究发现，FDI 和产业关联程度越高，越能促进产业结构优化。Blomstrom 等(1994)通过对墨西哥制造业的分析、Branstetter(2001)通过对美国和日本的分析，均发现 FDI 的技术创新外溢效应可以促进本地区产业结构优化。②对产业结构优化的负向效应。Reuber(1973)通过分析发现，如果外商希望利用某地区的廉价劳动力来进行产品加工，那么此 FDI 对该地区产业结构优化的影响很小，甚至阻碍该地区的产业结构优化。Haddad(1993)等通过对摩洛哥制造业的研究，得出了与 Reuber 相似的结论。

(3)对外贸易的影响。对外贸易可以使企业以提高经济效益为目的，扩大规模、降低成本，促进该产业结构优化。Mazumdar(1996)通过研究发现，以资本进口、消费出口为主的对外贸易模式极大促进了该地区的产业结构优化。而 Matsuyama(2009)认为，对外贸易会使该产业成为本地区的优势产业，在通过比较优势的积累和扩散后，可促进产业结构优化。

2.国内研究现状

关于产业结构优化的研究国内起步较晚，主要围绕三个方面。

(1)关于产业结构优化影响因素的研究。白云朴等(2015)从科技创新、资源保护、人力成本投入三个角度出发，提出产业结构优化的基本研究框架。高天跃(2015)以新结构经济学理论为依据，分析了贵州省的要素禀赋、产业结构现状等，提出了其产业结构调整与优化的战略建议。周韬等(2015)通过对长三角城市群的实证研究，从外商投资、人力资本投入、交通运输条件、以服务业聚集为主的空间演化等方面进行分析，认为城市空间演化有效地促进了制造业的结构优化。吴福象等(2015)通过对长三角城市群相关行业的实证分析，认为城市群在经济发展中，龙头城市的技术和产业结构都应该处于较高水平。

(2)关于产业结构优化模型方法的研究。以下三个产业结构优化模型被应用得比较多。①城市流强度模型。李慧玲等(2016)、柯文前等(2014)通过在城市流强度模型的基础上适当修改参数，再结合其他数学方法，分别对不同区域经济体的具体问题进行分析，并提出相关产业结构优化建议。②投入-产出模型。通过对投入-产出模型的部分参数修正，再结合多目标优化模型，张捷等(2015)研究了广东省产业结构优化与碳排放的关联；李秀婷等(2014)则通过该模型，测算了房地产产业结构优化的宏观经济效应。③面板数据模型。张阳等(2016)将面板数据模型和杜宾模型相结合，分析了人力资本对产业结构高度化、合理化的影响；曾昭法等(2013)则是结合 Moran's I 指数研究基于城镇化水平的空间集聚模式对产业结构优化的影响。

(3)对宜宾市产业发展的研究。①对白酒产业的研究。孟宝等(2015)在分析了白酒文化旅游现状的基础上，提出相关措施促进宜宾白酒产业不断发展。②对农产品的研究。朱穆君等(2016)通过对宜宾市花生产业进行调查研究，提出以因地制宜的发展思路，期望花生产业可以成为宜宾市的优势产业。徐菲等(2017)通过和浙江、福建等地对比研究发现，宜宾市竹业近些年虽然发展迅速，但为了解决其中存在的问题仍然要向其他地区学习。为了保证茶产业能继续作为宜宾市的特色支柱产业，刘俊(2017)认为只有以创新驱动为手段，产业优化转型为途径，才能使茶产业保持市场竞争力。③对其他方面的研究。卢毅等(2013)应用情景分析方法，在空间、交通等因素的基础上提出宜宾市空间产业布局新策略。韩兵等(2017)从科技创新的视角出发，认为宜宾市要通过引进 R&D(research and development，研究与开发)人员、加大教育投入等提高该地科技创新能力。

3.国内外研究现状评述

现阶段国内外关于产业优化的研究存在以下问题和不足。①从已有文献来看，国外的专家主要围绕技术创新、外商直接投资和对外贸易等因素去分析对产业结构优化的影响。对于宜宾市来说，外商直接投资额和对外贸易额相对较少。因此，在数据指标或影响因素的选取上要考虑研究对象的实际发展情况。②产业结构评价体系中的某些指标在实际操作中可能存在一些障碍，选择的一些指标虽然能很好地反映产业结构的具体情况，但相关数据获取存在一定困难。所以，评价指标体系构建时，要注意指标的可获得性，并且也要具有新颖性，通过不断更新指标体系弥补这一不足。③现阶段产业结构优化的指标较为固化，没有很好地反映时代发展的具体情况。我国目前大力推进新型工业化与城镇化，该过程的外在表现就是产业结构趋于高度化与合理化，而衡量产业发展情况的一个重要指标就是产业结构水平。在产业处于自身不同阶段的生命周期时，产业结构发展所需要的具体条件也不尽相同，使得由产业结构所形成的经济带动作用随之改变。所以，各级政府针对不同生命周期的不同产业，要制定相应的发展扶持政策促进整个产业结构进行优化。因此，在对产业结构进行评价时，选取的指标要能较为准确地反映产业结构发展情况。④有关宜宾市产业结构优化的文献数量较少，而且已有文献较为集中地研究了宜宾市白酒业和农业发展情况。

所以，在接下来有关分析指标的选取、数学模型的构建、影响因素的筛选等实证部分，要在既有文献的基础上，充分考虑宜宾市的实际发展情况。①在确定分析指标时，既要选择能够体现创新性、动态性的数据，又不能忽视宜宾市数据样本较小、统计时间较短的实际情况。②在筛选影响因素时，同样要考虑宜宾市的具体情况。外商直接投资或对外投资以及其他因素可能对宜宾市的产业结构优化影响不显著，这主要取决于宜宾市的地理位置、资源禀赋等客观条件。

2.1.4　研究的主要内容、重难点及技术路线

1.研究的主要内容

国家或者地区经济发展，与其产业结构的高度化与合理化程度有着较强的相关性。在此背景下，本节希望通过研究城市产业结构优化的影响因素，为宜宾市的经济发展提供一些建议。前期通过文献梳理总结了产业结构优化的国内外现状，明确数据指标、影响因素、分析模型的选择依据。然后运用因子分析法对宜宾市产业结构进行综合评价，对宜宾市产业结构合理化和高度化程度进行判断。在对宜宾市产业结构进行综合评价之后，分析其产业发展现状。运用熵值法和 TOPSIS 法找出宜宾市的主导产业并得出主导产业占比。确定了产业结构优化为因变量、主导产业占比为其中一个自变量后，再筛选其余自变量。将自变量和因变量带入 VAR(vector auto-regression，向量自回归)模型进行

运算，从而明确自变量对产业结构优化的影响程度以及变量之间的相互联系。最后，在结合产业发展情况、产业结构以及相关实证结果的基础上，提出产业结构优化的相关建议，促进宜宾市经济平稳发展。

2.研究的重难点及创新点

在市场经济地位确定之后，越来越多的专家学者提出要以资源合理配置为导向调整产业结构，从而促进地区经济发展。然而，产业结构优化是一个漫长且曲折的过程。必须认识到，在不同时期需要不同的政策来为产业结构优化提供外在支持。在经济处于新常态的情况下，正确、客观地认识产业结构优化的影响因素，是制定产业发展政策、研究产业布局方案的重要前提。

本章拟将以下问题作为重点、难点进行研究。

（1）选取评价指标不易。已有文献对产业结构的研究，更多地是从产业高度化或者产业合理化某一层面去筛选具体指标。根据这些指标所构建的评价体系，通常只能反映产业结构某一个维度的发展情况。因此在所构建的评价体系中，相应指标的选取要在反映产业结构高度化与合理化基本含义的同时，也要有能够体现创新性和动态性的部分指标。

（2）确定产业结构优化影响因素较为困难。影响产业结构优化的因素较多，如何针对宜宾市的发展现状选择合适的因素进行分析，是本节第二个重难点。合理的选择影响因素，才能更好地研究每个因素在不同时期对产业结构优化的影响，同时也能厘清各个因素之间的相互作用。在既有统计年鉴、数据资料中，结合国内外研究现状，提取出能够较为准确反映宜宾市产业结构的影响因素，能使运算出来的结构更为可靠。

（3）数据指标口径难以统一。在经济发展的不同阶段，同一数据的统计口径可能不一样，这会造成指标选取的困难。在取舍部分指标的同时，可能会使模型运算出来的结果与实际情况存在一定的偏差。因此要选取统计口径较为统一、能比较准确反映经济发展与产业发展情况的数据指标。而且在数据处理时，不能忽视通货膨胀对经济数据的影响。

在对国内外文献进行梳理的基础上，结合宜宾市具体发展情况，以及前期调研所获得的数据资料，本章拟在如下方面做出创新。

（1）指标体系的创新。评价指标体系的构建，需要的是全面且客观的数据，尽量使构建的指标体系具有全面性、动态性以及创新性。在构建宜宾市产业结构综合评价体系时，除了选取合理化、高度化等指标外，还对近年来的热点环境因素有所考虑。在对主导产业进行筛选时，不仅选取了传统的 GDP 指标，还增加了财政、进出口等方面的数据。

（2）研究方法的创新。影响产业结构优化的因素很多，如何将一些因素反映到评价指标的构建、主导产业的筛选中，又如何确定 VAR 模型的自变量，怎样分析变量之间的内在联系，需要进行深入研究。已有的文献比较侧重于研究单一因素对产业结构优化的影响，如 R&D 投资、技术进步率或者外商投资额，而对多因素的考虑比较少。因此，本节将采用多因素的研究方法对产业结构优化的影响进行重点分析，不仅要探究多因素对因变量的具体影响情况，也要着重分析变量之间的相互作用情况。

2.2　宜宾产业结构综合评价

在研究影响宜宾市产业结构优化的因素之前，一定要厘清产业结构的内涵。在此基础上，才能构建一个较为全面、客观、真实的综合评价体系。本节的目标层为产业结构，二级指标以产业高度化、产业合理化为主，之后将二级指标分解为基础性产业占比、产能消耗水平、森林覆盖率、城镇化率等 10 个三级指标进行量化分析，构建关于产业结构的三级综合评价体系。在该评价体系下，用主成分分析法进行模型构建，再进行定量分析。根据产业结构综合得分，对宜宾市产业结构发展现状进行评价。

2.2.1　产业结构的理论内涵

产业结构优化的最终目的是让产业基于满足市场需求的前提，实现自身的高度化与合理化，通过利用最少的资源获取最大的产出。具体表现是通过不断调整各个产业部门之间的生产要素，从而让整个产业实现资源有效配置。其中的关键点就是让产业结构趋于高度化、合理化。产业的高度化和合理化是相互独立但又相互作用的两个方面：高度化是合理化的目标，而合理化是高度化的基础。国内外对于产业合理化和高度化的研究，主要围绕以下两个方面开展。

(1)产业高度化。部分学者认为：人口、地价(周霞等，2016)对产业耦合、技术创新等和经济增长相关的因素有促进作用。另一部分学者则认为：外商直接投资(刘利，2015)、全要素投入(林勇 等，2016)等因素对产业结构高度化有促进作用。根据这些研究，可以认为在经济增长这一过程中，产业高度化和产业结构优化有密不可分的关系。

(2)产业合理化。对于产业合理化的研究，李春宵等(2017)采用面板数据、杨艳琳等(2017)采用主成分分析等方法对经济区域进行研究，认为产业合理化对能源利用率、减少碳排放(苏方林 等，2015)等有正向作用，同时也普遍认为随着我国经济发展，产业合理化趋势也不断上升。张红霞等(2016)认为在制定产业结构调整政策时，要因地制宜地对待产业合理化与高度化的关系。

学术界对于产业高度化的测定方法比较统一，如用第二产业和第三产业生产总值的比值或者第二产业与第三产业就业人数的比值。但是有关产业合理化的指标选取、研究方法有较大的分歧，有用变异泰尔指数的，也有用结构偏离度的，还有用回归模型的。因此，在选择产业合理化测度指标时，要综合考虑宜宾市的具体情况，以求能较为精确地反映地区产业合理化。

2.2.2　构建产业结构综合评价体系

1.构建评价指标体系原则

任何评价指标体系的构建，关键在于三点。①指标体系的适用性。如果一个指标体系仅仅只能分析某个地区的产业结构情况，那么这个指标体系的适用性将大打折扣。

②指标的创新性。指标体系中的指标如果太陈旧，就不能很好地反映当下飞速发展的经济情况。③指标的可量化性。体系中的各个指标只有通过可靠的数据支撑，才能发挥其作用。如果找不到相应数据，或者数据缺失严重，那么该指标便丧失了应有的含义。

指标构建的基本原则如下。

(1)系统性原则。产业结构评价是一个复杂的问题，因此指标体系应该能综合、系统地反映各个指标间的作用关系。

(2)动态性原则。经济在不断发展，科技在不断进步，因此对产业结构评价指标体系的构建，要基于经济动态发展这一实际。

(3)区域性原则。指标体系要具有适用性，但是也要具有能够反映本地区、本企业特殊性的相关指标，从而体现该地区的差异性。

(4)科学性原则。构建指标体系，目的是客观、真实地反映产业结构。因此，每个指标的选取必须用科学的方法，从而做出真实有效的评价和建议。

(5)可比性原则。每个指标具有不同的量纲，每个地区具有不同的发展水平。指标的选取要在不同数据、不同地区差异性的基础上，反映其共有特征。

2.构建产业结构综合评价体系

本节是对宜宾市产业结构进行综合评价，因此将产业结构作为一级指标。产业结构优化的主要内容是通过制定相关发展扶持政策去引导产业趋于高度化与合理化，进而优化资源配置。因此，选取产业高度化和产业合理化作为二级指标。

在经济发展过程中，环境问题已经成为不可忽视并且和产业发展息息相关的重要因素之一。在提倡绿色发展、低碳经济的新常态下，产业结构变动是朝着能耗更低、资源利用率更高的方向前进。在产业结构保持稳定时，森林覆盖率越高，环境就会越好，人民幸福指数就会越高。通过黄河东等(2017)对城镇化与环境污染的相关研究，可以认为在我国目前阶段，空间城镇化和环境污染呈正相关关系。因此，将城镇化率和森林覆盖率纳入该综合评价体系。

在已有文献的基础上，再将两个二级指标分别细化为相应的三级指标。

根据文献梳理情况和评价体系构建原则，确定指标体系如表2.1所示。

该评价体系一共分为三级。

第一级：产业结构(A)。

第二级：产业高度化(B1)、产业合理化(B2)。

第三级：将每个二级指标分解为可量化的三级指标(C11～C25)。

表2.1　产业结构优化指标表

一级指标名称	二级指标名称	三级指标名称
产业结构(A)	产业高度化(B1)	基础性产业占比(C11)
		产能消耗水平(C12)
		进出口总额(C13)/万元

续表

一级指标名称	二级指标名称	三级指标名称
产业结构(A)	产业高度化(B1)	人均 GDP(C14)/元
		城镇化率(C15)/%
	产业合理化(B2)	第三产业和第二产业 GDP 比值(C21)
		第三产业和第一产业 GDP 比值(C22)
		规模以上工业增加值增长速度(C23)
		第三产业和第二产业就业人数比值(C24)
		森林覆盖率(C25)/%

具体解释如下。

产业高度化(B1)：产业高度化是产业结构整体向更高水平演进的过程。由于没有统一的分析指标，因此本节选取基础性产业占比(C11)、产能消耗水平(C12)、进出口总额(C13)、人均 GDP(C14)和城镇化率(C15)作为其三级指标。随着产业趋于高度化，基础产业的占比会逐渐上升、产能消耗水平会逐渐降低、进出口总额会逐渐升高、人均 GDP 也会慢慢增长。本章将采矿业、电力、热力、燃气及水生产和供应业、非金属矿物制造业、金属制品业、通用设备制造业、交通运输业等作为基础性产业。

产业合理化(B2)：产业合理化是通过一系列的调整，使原本不合理的产业生产要素趋于合理。在参考既有文献的基础上，本节选定第三产业和第二产业、第一产业 GDP 比值(C21、C22)，规模以上工业增加值增长速度(C23)，第三产业和第二产业就业人数比值(C24)，森林覆盖率(C25)作为产业合理化的三级指标。从全国水平来看，第三产业的 GDP 已经高于第二产业；从长远角度来看，在第二产业占比趋于稳定后，第一产业占比减少、第三产业占比增加，并且第三产业将会成为经济绿色发展的驱动力。所以，在宜宾产业结构合理化的同时，规模工业增加值增速会逐渐降低，第三产业就业人数和生产总值占比均会逐渐增加。

以上数据均直接或间接来自 2001～2015 年《宜宾统计年鉴》《四川统计年鉴》，省、市政府工作报告以及相关单位发布的文件；部分数据通过到宜宾市相关单位进行调研获得。将各年份原始数据做不变价处理，结果如下(表 2.2)：

表 2.2　产业结构优化原始数据

年份	C11	C12	C13	C14	C15	C21	C22	C23	C24	C25
2001	0.16	1.48	130826.26	4087	22.78	0.74	1.25	13.08	2.19	34.85
2002	0.18	1.44	158496.27	4589	24.22	0.73	1.35	12.60	2.09	35.43
2003	0.16	1.41	223909.40	5250	25.77	0.69	1.41	17.67	2.24	36.40
2004	0.17	1.38	251118.11	6456	26.80	0.57	1.16	23.86	1.92	37.36
2005	0.20	1.14	272529.67	7811	28.30	0.65	1.41	17.26	1.20	37.91
2006	0.23	1.40	349292.39	9469	29.80	0.61	1.54	21.10	1.17	38.40

年份	C11	C12	C13	C14	C15	C21	C22	C23	C24	C25
2007	0.25	1.34	488131.18	11758	32.00	0.57	1.45	25.00	1.23	38.90
2008	0.33	1.27	383043.10	14221	34.00	0.52	1.43	21.41	1.04	39.56
2009	0.35	1.20	342506.34	16163	36.56	0.49	1.58	24.10	0.98	40.21
2010	0.44	1.15	441872.34	19499	38.00	0.42	1.63	23.40	0.96	40.71
2011	0.54	1.16	524654.78	24433	39.35	0.37	1.54	23.50	0.98	41.11
2012	0.44	1.26	490443.38	27865	41.08	0.37	1.58	17.30	1.11	41.74
2013	0.36	1.08	503203.69	30093	42.45	0.40	1.66	7.60	1.12	42.74
2014	0.37	0.81	546641.63	32318	43.85	0.44	1.83	8.20	1.14	43.62
2015	0.37	0.73	592787.97	34060	45.10	0.47	1.94	9.00	1.17	44.17

2.2.3 基于主成分分析法的产业结构综合评价

本节实证研究采用主成分分析法，运用正交变换将上一节的各指标变换为不相关的变量。通过降维后形成的主成分，可用于构建主成分表达式，进而获得不同时期宜宾产业结构优化得分情况。

本节通过 SPSS 22.0 进行主成分分析。在进行主成分分析之前，为了消除量纲对结果的影响，先将已经不相关的变量标准化。本节采取 Z-score（标准分数）标准化法，具体公式为

$$Z(x) = (x - \mu)/\sigma \tag{2.1}$$

式中，$Z(x)$ 是标准化后的数据；μ 为数据样本的均值；σ 是数据样本的标准差。通过 Z-score 标准化后的数据均值为 0，标准差为 1，符合标准正态分布。

1.进行相关性检验

在数据进行主成分分析之前，为了检验数据之间是否相关，验证是否可以进行公因子的提取，首先要进行 KMO（Kaiser-Meyer-Olkin）检验和 Bartlett's 球状检验（表 2.3、表 2.4）。表 2.3 是相关系数矩阵，表 2.4 是 KMO 和 Bartlett's 球状检验的结果。

表 2.3 相关系数

		Z(C11)	Z(C12)	Z(C13)	Z(C14)	Z(C15)	Z(C21)	Z(C22)	Z(C23)	Z(C24)	Z(C25)
	Z(C11)	1.000	-0.575	0.800	0.852	0.810	-0.925	0.652	0.057	-0.776	0.795
	Z(C12)	-0.575	1.000	-0.769	-0.844	-0.853	0.622	-0.874	0.470	0.590	-0.879
	Z(C13)	0.800	-0.769	1.000	0.935	0.905	-0.864	0.821	-0.120	-0.790	0.942
相关	Z(C14)	0.810	-0.853	0.905	0.981	1.000	-0.863	0.878	-0.418	-0.667	0.971
	Z(C21)	-0.925	0.622	-0.864	-0.911	-0.863	1.000	-0.641	-0.038	0.796	-0.884
	Z(C22)	0.652	-0.874	0.821	0.883	0.878	-0.641	1.000	-0.438	-0.645	0.890
	Z(C23)	0.057	0.470	-0.120	-0.271	-0.418	-0.038	-0.438	1.000	-0.178	-0.283

续表

		Z(C11)	Z(C12)	Z(C13)	Z(C14)	Z(C15)	Z(C21)	Z(C22)	Z(C23)	Z(C24)	Z(C25)
相关	Z(C24)	-0.776	0.590	-0.790	-0.774	-0.667	0.796	-0.645	-0.178	1.000	-0.776
	Z(C31)	0.795	-0.879	0.942	0.991	0.971	-0.884	0.890	-0.283	-0.776	1.000
	Z(C32)	0.852	-0.844	0.935	1.000	0.981	-0.911	0.883	-0.271	-0.774	0.991

表 2.4　KMO 和 Bartlett's 球状检验

取样足够度的 Kaiser-Meyer-Olkin 度量		0.677
Bartlett's 球状检验	近似卡方	250.873
	df	45
	Sig.	0.000

从表 2.3 中可以直观看出变量之间存在相关性，但是仍然要做数学检验。从表 2.4 中可以看出，KMO 值为 0.677，接近 0.7，这表示变量之间存在较强的偏相关性。同时，Bartlett's 球状检验的 $P<0.001$，认为相关矩阵不是单位矩阵，因此可以拒绝原假设。综合两个检验结果，可以认为标准化后的指标具有相关性，可以进行主成分分析，并且能够得到较为可靠的研究结果。

2.提取主成分和公因子

通过相关系数矩阵可以计算得到其特征值、方差贡献率以及累计贡献率，进而可以确定提取的公因子个数，以及公因子能解释方差的百分比。

从表 2.5 中可以看出，只有两个公因子特征值(分别为 7.622、1.505)大于 1，因此选定主成分个数为 2。这两个主成分累计贡献率大于 85%，所以认为本次公因子提取情况良好。

表 2.5　解释的总方差

成份	初始特征值			提取平方和载入			旋转平方和载入		
	合计	方差/%	累计贡献率/%	合计	方差/%	累计贡献率/%	合计	方差/%	累计贡献率%
1	7.622	76.215	76.215	7.622	76.215	76.215	6.760	67.599	67.599
2	1.505	15.053	91.268	1.505	15.053	91.268	2.367	23.670	91.268
3	0.368	3.682	94.951	—	—	—	—	—	—
4	0.170	1.697	96.648	—	—	—	—	—	—
5	0.137	1.375	98.023	—	—	—	—	—	—
6	0.134	1.335	99.358	—	—	—	—	—	—
7	0.056	0.558	99.916	—	—	—	—	—	—
8	0.005	0.054	99.970	—	—	—	—	—	—
9	0.002	0.018	99.989	—	—	—	—	—	—
10	0.001	0.011	100.000	—	—	—	—	—	—

注：提取方法为主成分分析法。

图 2.1 是输出的碎石图，其横坐标是成分个数，纵坐标是特征值。由图 2.1 可直观看出，成分 2 之前部分比较陡峭，所含的信息较多，特征值较大；从成分 3 之后逐渐平缓，所含信息较少，特征值也较小。

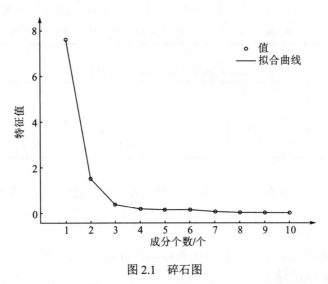

图 2.1　碎石图

故本节选取成分 1 和成分 2 为主成分，它们合计能解释 91.268%的方差。

3.因子旋转

通过对原始成分矩阵进行旋转，将各个因子和原始指标之间的关系重新分配，从而可以更加清晰地看出各个因子荷载的具体含义。同时把相关系数规范化到 0～1，从而便于研究各个因子荷载的真实意义。本节进行因子旋转的具体方法是最大方差法（表 2.6、表 2.7）。

表 2.6　旋转成分矩阵	成分	
	1	2
Z(C11)	0.928	0.005
Z(C12)	−0.668	−0.643
Z(C13)	0.916	0.264
Z(C14)	0.838	0.518
Z(C15)	0.914	0.393
Z(C21)	−0.958	−0.040
Z(C22)	0.721	0.598
Z(C23)	0.121	−0.957
Z(C24)	−0.907	0.083
Z(C25)	0.897	0.422

注：①提取方法为主成分分析法。②旋转法为具有 Kaiser 标准化的正交旋转法，旋转在 3 次迭代后收敛。

表 2.7　成分得分系数矩阵	成分	
	1	2
Z(C11)	0.190	−0.169
Z(C12)	−0.019	−0.255
Z(C13)	0.140	−0.014
Z(C14)	0.077	0.150
Z(C15)	0.116	0.062
Z(C21)	−0.190	0.154
Z(C22)	0.038	0.218
Z(C23)	0.202	−0.586
Z(C24)	−0.202	0.217
Z(C25)	0.107	0.083

注：①提取方法为主成分分析法。②旋转法为具有 Kaiser 标准化的正交旋转法，旋转在 3 次迭代后收敛。

从旋转成分矩阵中可以得到三点结论。

(1)第一主成分在基础性产业占比(C11)、进出口总额(C13)、人均 GDP(C14)、森林覆盖率(C25)和城镇化率(C15)方面具有较高的正向荷载，在第三产业和第二产业 GDP 比值(C21)与第三产业和第二产业就业人数比值(C24)方面具有较高的负向荷载。

也就是说，第一主成分每提高 1 个单位，基础性产业占比会提高 0.928 个单位，进出口总额会提高 0.916 个单位，人均 GDP 会提高 0.838 个单位，森林覆盖率会提高 0.897 个单位，城镇化率会提高 0.914 个单位，第三产业和第二产业 GDP 比值(C21)会下降 0.958 个单位，第三产业和第二产业就业人数比值会下降 0.907 个单位。第一主成分更多反映的是人民生活质量和第三产业发展情况。

(2)第二主成分包含的信息量较少。它和规模以上工业增加值增长速度呈反向相关：第二主成分每提高 1 个单位，C23 就要下降 0.957 个单位。因此，第二主成分反映的是工业的增长情况。

(3)产能消耗水平(C12)在两个主成分上都有较高的负向荷载，说明产能消耗水平越高，越不利于宜宾市产业结构的优化。

因此，如果要提高产业结构优化水平，既要提高基础产业占比，鼓励进出口贸易，提高城镇化率和森林覆盖率，也要降低工业产能消耗，促进第三产业发展。

4.产业结构综合评价

通过回归计算可以得到样本数据的因子得分系数矩阵，见表 2.7。将指标 C11～C25 分别命名为 X_1～X_{15}，可得两个主成分 F_1、F_2 的数学表达式为

$$F_1 = 0.190 \times X_1 - 0.019 \times X_2 + 0.140 \times X_3 + 0.077 \times X_4 - 0.190 \times X_5 \\ + 0.038 \times X_6 + 0.202 \times X_7 - 0.202 \times X_8 + 0.107 \times X_9 + 0.116 \times X_{10} \tag{2.2}$$

$$F_2 = -0.169 \times X_1 - 0.255 \times X_2 - 0.014 \times X_3 + 0.150 \times X_4 + 0.154 \times X_5 \\ + 0.218 \times X_6 - 0.586 \times X_7 + 0.217 \times X_8 + 0.083 \times X_9 + 0.062 \times X_{10} \tag{2.3}$$

由于两个主成分的贡献率不同，因此用其对应的方差贡献率之比作为 F_1、F_2 权重，可得综合评价指标 F 的计算公式为

$$F=0.8351 \times F_1 + 0.1649 \times F_2 \tag{2.4}$$

由式(2.2)、式(2.3)和标准化后的数据可以得到两个主成分的得分，再根据式(2.4)，可以得到宜宾市产业结构综合评分(表 2.8)和产业结构得分变动趋势(图 2.2)。

表 2.8　产业结构综合得分

年份	2015	2014	2013	2012	2011	2010	2009	2008
得分	1.006	0.882	0.681	0.758	0.939	0.680	0.347	0.132
排序	1	3	5	4	2	6	7	8
年份	2007	2006	2005	2004	2003	2002	2001	—
得分	-0.038	-0.289	-0.503	-0.787	-1.101	-1.272	-1.435	—
排序	9	10	11	12	13	14	15	—

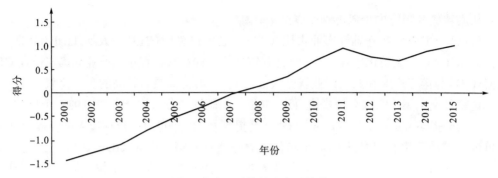

图 2.2　产业结构得分变动趋势

从表 2.8 和图 2.2 中可以得出三点结论。

(1)2011~2015 年，产业结构综合得分排序靠前。这主要由于在已经过去的"十二五"规划中，宜宾市政府加大对生态建设、民生工程、基建改造、技术创新、产业调整等项目的推进。在市民生活水平得到提升的背景下，三次产业占比由 2010 年的 15.4∶59.6∶25.0 调整为 2015 年的 14.5∶58.3∶27.5。第二产业占比和工业产能消耗减少，第三产业占比、城镇化率和森林覆盖率等提高，使得这五年(2011~2015)产业结构综合得分排名位居前五。

(2)2001~2015 年，有 8 年(2008~2015 年)得分为正值，有 7 年(2001~2007 年)得分为负值。整体来看，产业结构综合得分处于稳步上升阶段。只有在 2012 年、2013 年处于下降阶段。从原始数据来看，在其他指标处于整体上升或下降趋势时，基础产业占比、规模以上工业增加值增速(整体上升)与产能消耗水平、第三产业和第二产业的 GDP 比值(整体下降)等 4 个指标产生反向波动，共同作用造成 2012 年、2013 年产业结构综合得分出现波动。

(3)图 2.3 反映的是 2005~2015 年，宜宾市三次产业占比和产业综合得分变化情况。2005~2011 年，产业结构综合得分处于上升阶段。此时，第二产业占比升高，第一产业和第三产业占比降低。从 2012 开始，第一产业占比依然降低，第三产业占比开始升高，第二产业占比由升变降，使得产业结构得分先降低后升高。在不同时期，产业结构得分受三次产业占比的升降变化的影响程度有所不同。

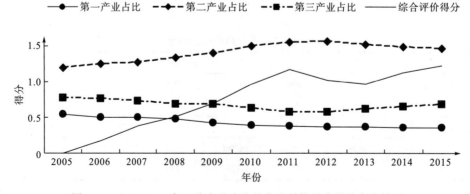

图 2.3　2005~2015 年三次产业占比及产业结构综合得分变化情况

2.2.4 小结

2.2 节首先对产业结构合理化、高度化的文献进行梳理，基于文献梳理得出：在构建宜宾市产业结构综合评价体系时，要选择能够相对客观描述宜宾市产业合理化和高度化的指标。其次在构建指标体系的基本原则下，构建了宜宾市产业结构综合评价体系。该体系旨在全面反映宜宾市产业结构变动情况，包含了产业合理化、产业高度化在内的二级指标，同时也将每个二级指标细化为可以量化的三级指标，并且在指标体系中加入了能够反映环境因素的相关指标。最后对 10 个三级指标的相关数据运用主成分分析法，在筛选出主成分的基础上写出主成分的数学表达式，再根据数学表达式计算 2001～2015 年共 15 年产业结构综合评价得分。

从得分结果可以看出，虽然宜宾市的产业结构综合评分不高，但是明显处于一个上升的趋势。同时，宜宾市政府应该在制定产业发展政策时，鼓励发展基础性产业，促进绿色、节能、低碳类新型产业的发展，促使高污染、高能耗产业通过技术创新进行产业结构优化。

2.3 宜宾主导产业选择研究

主导产业的研究分析方法有很多，比如偏离-份额分析法、层次分析法、投入产出法等。这些方法或多或少存在以下不足之处：①权重赋值方法较为主观；②数据需要大样本，样本过少就很难找出相对应的统计规律；③要求彼此不相关的数据样本，服从某个典型的概率分布；④定量分析结果与定性分析结果出现偏差，这会使得数据失去自身原有的逻辑关系或系统规律。然而，我国数据统计的现状是：样本十分有限，并且现有数据的不确定性较大，再基于一些不可规避的主客观条件，造成样本数据并不符合典型的数学分布。因此，采用这些数理统计方法较难实现预期目标。

本节采用熵值法和 TOPSIS 法筛选宜宾市主导产业，并根据结果求出主导产业所占地区生产总值（GDP）比例。熵值法是依据现有指标的观测值所提供的信息量来确定权重，避免了人工赋权的主观性。TOPSIS 法是在现有的研究对象中进行相对优劣评价的一种方法，它是依据评价指标与理想化目标的接近程度进行排序。这两种方法组合运用，避免因为数据量少、数据简单造成结果失真。

本节数据来自 2001～2015 年的《宜宾统计年鉴》《四川省统计年鉴》，以及相关部门的政策文件。宜宾市在 2014 年根据相关行业分类标准，将农林牧渔服务业由原来的第一产业调整到第三产业；开采辅助活动、金属制品、机械和设备修理业由原来的第二产业调整到第三产业。由于变动数额不大，为了让各年数据保持一致性，2014 年之后的数据未做调整。同样在运算指标时，将各数据做不变价处理。

2.3.1 产业发展现状

2001～2015 年，宜宾市经济发展迅速。2015 年，宜宾市全年地区生产总值为 1525.9 亿元，比上年增长 8.5%，位居全省第四。其中，第一产业增加值为 216.4 亿元，增长 3.9%，对经济增长的贡献率为 5.2%，拉动经济增长 0.4 个百分点；第二产业增加值为 889.9 亿元，增长 8.6%，对经济增长的贡献率为 64.1%，拉动经济增长 5.5 个百分点；第三产业增加值为 419.7 亿元，增长 10.3%，对经济增长的贡献率为 30.7%，拉动经济增长 2.6 个百分点。人均地区生产总值为 34060 元，增长 8.2%。可以看出，第二产业对宜宾市经济增长的贡献程度较大，但是第三产业增加值增速已经高于第二产业。因此在制定产业发展政策时，不可忽视第三产业对经济增长的潜在推动。

图 2.4 是 2001～2015 年四川省和宜宾市地区生产总值的变化情况，宜宾市和全省的经济增长趋势大致相同。从增长率可以看出：2001～2011 年，四川省的经济增长率整体处于上升趋势，但在 2008 年处于低谷，而宜宾市并未受到影响。2008 年，受到世界金融危机和地质灾害的双重影响，四川省部分市县的经济发展受到阻碍，因此导致这一年全省经济萎靡。但由于宜宾市地理位置距离"5·12"汶川地震震区较远，受到影响较小。从 2012 年开始，全省经济增速处于下滑趋势。同年，空气污染情况愈加严重，世界金融危机转向东方，再加上欧债危机、新兴市场低迷等影响，全国经济增长预期首次被下调。也正是在这一时间段，我国经济进入由高速发展换挡为中高速发展的新常态，由依靠数量变为重视质量的集约型增长模式。而宜宾市除了面对国际大环境的影响，还受到相关法律法规的影响。面对严峻复杂的形势，宜宾市以科技创新、绿色低碳为向导，促进产业转型保证经济增长，使得经济增速开始逐渐回暖。

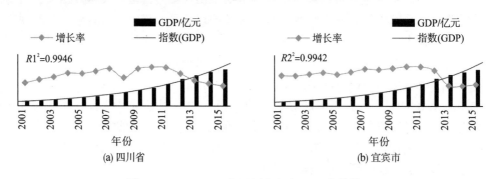

图 2.4 2001～2015 年四川和宜宾 GDP 变化情况

为了更加直观看出三次产业发展趋势，分别对全省和宜宾市的 GDP 做指数型趋势线。可得全省 $R1^2$ 为 0.9946，宜宾市 $R2^2$ 为 0.9942。由于 $R2^2$ 接近 1，可以认为该趋势线预测良好。从宜宾的趋势线可以看出：在 2001～2011 年，趋势线和 GDP 增长拟合良好；在 2012、2013 年，预测值低于真实值；在 2014、2015 年，预测值高于真实值。因此宜宾市相关部门要分析是什么原因导致真实值和预测有一定偏差；全省预测值和真实值拟合良好，但在 2015 年也出现了一定的偏差，应该引起注意。

　　图 2.5 是 2001～2015 年四川省和宜宾市三大产业 GDP 和增速的变动情况。同样从三大产业 GDP 增长指数趋势线，可看出三者的 R^2 均接近 1，虽然三条趋势线均拟合良好，但第三产业的拟合最好。由趋势线可以看出：①三大产业 GDP 均平稳上升；②第一产业趋势线较为平稳，预测值和真实值拟合较好；③近些年，第二产业趋势线开始变得平稳，并且预测值和真实值开始出现偏差；④相对于第二产业，第三产业趋势线拟合较好，也就是说，第三产业 GDP 增加值符合预期变化。

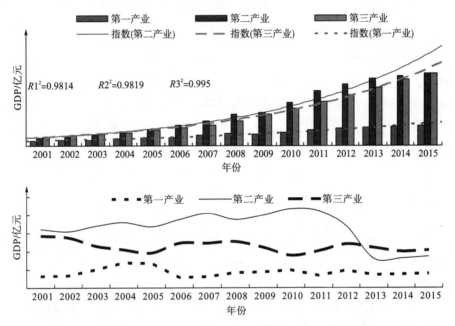

图 2.5　2001～2015 年宜宾三大产业 GDP 及增速

　　从三大产业增速可以看出：①三大产业在 2001～2011 年增速平稳波动，没有出现激增或骤减的情况；②第一产业 GDP 增速在 2004 年、2005 年处于较高水平，之后虽然降低但基本保持平稳状态；③第二产业 GDP 增速在 2011 年以前保持较高水平，虽然在 2005 年和 2008 年出现小幅下降，但仍然处于高速增长状态，增速水平位于三大产业第一位，可见宜宾市的经济发展依然以第二产业为主要驱动力，2012 年以后，第二产业 GDP 增速骤减，属于中高速增长，但增速开始低于第三产业；④第三产业增速一直处于中速增长，但整体趋势属于下降状态。在 2012 年后，第三产业增速高于第二产业和第一产业。虽然如此，但是由于第二产业基数大，其增加值依然高于第三产业，这使得第二产业 GDP 总量或 GDP 增加值仍高于其他产业。因此，在第一产业和第二产业平稳发展的背景下，相关部门应该制定适合的政策促进第三产业的发展。

　　图 2.6 是 2001～2015 年宜宾市三次产业占比变化。可以直观看出：①第一产业占比逐步降低（14%），但仍然高于全省（12%）和全国（9%）水平；②在 2007 年以后，第二产业占比逐渐超过 50%，从 2012 年开始，虽然第二产业增速逐渐降低，但第二产业占比稳定在 60% 左右；③第三产业占比仍然处于较低水平，为 25%～30%。而全省第三产业占比在 40% 左右，全国在 45% 以上并且于 2015 年首次超过第二产业占比。

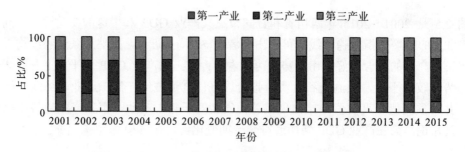

图 2.6　2001~2015 年宜宾三次产业占比

从宜宾市全年 GDP 变化情况、三大产业 GDP 及占比变化情况可以得出：①该地经济总量较高，排全省第四(成都、绵阳、德阳之后)；②在经济新常态下，以科技创新、绿色低碳、全民创业为导向，产业增速不断调整，第三产业增速高于第二产业，第一产业增速保持稳定；③宜宾市三次产业结构较不合理，第一产业和第二产业占比高于全省水平，而第三产业占比低于全省水平。因此，宜宾市相关部门需要注意产业结构优化的重要性。

2.3.2　主导产业的选择基准

美国经济学家赫希曼(1991)在其著作《经济发展战略》中提出，政府所选定的主导产业，要能够对其他产业产生较强的关联和影响。重点扶持主导产业，可以通过一个产业的蓬勃发展影响与其有较强相关性的其他产业。奥地利经济学家熊彼得在《经济发展理论》中用"创新理论"对主导产业进行理论扩展，为主导产业的发展规律做出归纳总结。日本经济学家筱原三代平将收入弹性、生产率作为选择主导产业的基准，为主导产业的选择基准打下坚实基础。之后的专家学者在这两条原则上新增了诸如"市场导向""就业与节能"等主导产业的选择基准。我国于 20 世纪 80 年代开始对主导产业进行研究，国内专家在选择理论和选择标准上进行了大量的探索。学术界普遍认可的是，只有确定相对合理的选择基准，才能准确地将主导产业筛选出来，进而促进经济发展和产业结构优化。

关于主导产业的选择基准研究历程，也是随着社会经济的发展而变化。最早出现了"收入弹性""生产率"基准，之后又产生了"产业关联度"基准、"动态比较优势"基准、"环境标准和劳动内容"基准，到现在的"全要素生产率"基准、"竞争力和潜力"基准等。不同的主导产业选择基准，都是为了更好地把能代表一个地区的主导产业筛选出来。在具体的应用中，选择标准也会因地制宜地做出相应的改变。

关于主导产业的选择方法，也随着社会经济的发展和计量模型的扩展而不断发生变化。主要的方法有因子分析法、灰色关联分析法(傅为忠 等，2013)等方法，近年来又兴起将新经济地理学和产业主导选择结合的方法。一部分方法较为成熟，一部分方法处于起步阶段。这些方法和选择基准一样，也都是在考虑研究对象实际情况的基础上加以改量，以便能更好地进行主导产业的选择。

根据赫希曼对主导产业的基本定义，本节通过分析产业之间关联度来进行主导产业的筛选。根据宜宾市产业的发展特点，本节选取熵值法和 TOPSIS 法对该地区产业之间的关联度进行研究，进而筛选出主导产业。熵值法可以根据所给指标，将每个被考察指标赋予客观权重，这样可以避免诸如专家打分法造成的主观影响。TOPSIS 法算出各个指标的优劣距离，再根据距离进行关联度大小排序，从而选出主导产业。

2.3.3　基于熵值法的权重计算

熵值法是一种依据具体指标观测值所提供的信息量来确定评价指标权重的客观赋权法。主要研究思路如下(孙鑫，2014)：假设有 m 个待评方案，n 项评价指标，形成原始指标数据矩阵 $\boldsymbol{X}=(x_{ij})_{mn}$，对于某项指标 X_j，与其指标值 X_{ij} 的差距越大，则该指标在综合评价中所起的作用越大；如果某项指标的指标值全部相等，则该指标在综合评价中不起作用。

在参考已有文献对主导产业含义和选择基准的研究基础上，再结合宜宾市的实际发展情况，本节选取表 2.9 所示指标对 2001～2015 年数据进行权重测算。

表 2.9　所用指标及其编号 I

指标	编号	指标	编号
第一产业 GDP	X1	建筑业生产总值	X7
第二产业 GDP	X2	财政总收入	X8
第三产业 GDP	X3	财政总支出	X9
公有制经济生产总值	X4	进口总额	X10
非公有制经济生产总值	X5	出口总额	X11
工业生产总值	X6	—	—

1.构建数据矩阵

$$\boldsymbol{A} = \begin{pmatrix} X_{11} & X_{12} & \cdots & X_{1j} \\ X_{21} & X_{22} & \cdots & X_{2j} \\ \vdots & \vdots & & \vdots \\ X_{i1} & X_{i2} & \cdots & X_{ij} \end{pmatrix}_{n \times m} \tag{2.5}$$

式中，X_{ij} 是第 i 个方案的第 j 个指标数值。原始矩阵如表 2.10 所示。

表 2.10　原始矩阵

年份	X1	X2	X3	⋯	X9	X10	X11
2001	508002	861616	636806	⋯	301882	80850	49977
2002	534492	994205	723969	⋯	324903	67739	90757
2003	580874	1179091	816971	⋯	360629	85617	138292
2004	726024	1483504	841180	⋯	464746	70055	181063
2005	798870	1739811	1124557	⋯	565915	51403	221127

续表

年份	X1	X2	X3	⋯	X9	X10	X11
2006	837391	2112150	1290356	⋯	626295	86390	262902
2007	1050124	2665572	1523111	⋯	811752	171227	316904
2008	1215000	3380867	1742948	⋯	1082311	121873	261170
2009	1233680	4022575	1951569	⋯	1416329	114296	228210
2010	1338379	5192137	2177597	⋯	1772053	142857	299016
2011	1632686	6756913	2522202	⋯	2507743	171836	352818
2012	1819439	7739748	2868395	⋯	3037618	148546	341898
2013	1986079	8144612	3298246	⋯	3641511	154861	348343
2014	2068710	8588240	3781165	⋯	3617050	173817	372825
2015	2163486	8898914	4196643	⋯	3584645	196768	396020

注：具体数据详见附件(附表 1)。

2.构建规范化矩阵

$$A' = \begin{pmatrix} X'_{11}/X1 & X'_{12}/X1 & \cdots & X'_{1j}/X1 \\ X'_{21}/X2 & X'_{22}/X2 & \cdots & X'_{2j}/X2 \\ \vdots & \vdots & & \vdots \\ X'_{i1}/Xi & X'_{i2}/Xj & \cdots & X'_{ij}/Xj \end{pmatrix} = \begin{pmatrix} Y_{11} & Y_{12} & \cdots & Y_{1j} \\ Y_{21} & Y_{22} & \cdots & Y_{2j} \\ \vdots & \vdots & & \vdots \\ Y_{i1} & Y_{i2} & \cdots & Y_{ij} \end{pmatrix} \quad (2.6)$$

式中，$X'_{1j} = X_{1j}/\max(X_{11}, X_{12}, \cdots, X_{1j})$

原始数据经过运算，得到规范化矩阵，具体结果如表 2.11 所示。

表 2.11 规范化矩阵

年份	X1	X2	X3	⋯	X9	X10	X11
2001	0.0910	0.1544	0.1141	⋯	0.0541	0.0145	0.0090
2002	0.0841	0.1565	0.1140	⋯	0.0511	0.0107	0.0143
2003	0.0790	0.1603	0.1111	⋯	0.0490	0.0116	0.0188
2004	0.0838	0.1713	0.0971	⋯	0.0537	0.0081	0.0209
2005	0.0782	0.1703	0.1101	⋯	0.0554	0.0050	0.0216
2006	0.0684	0.1726	0.1054	⋯	0.0512	0.0071	0.0215
2007	0.0687	0.1745	0.0997	⋯	0.0531	0.0112	0.0207
2008	0.0658	0.1832	0.0944	⋯	0.0586	0.0066	0.0141
2009	0.0579	0.1888	0.0916	⋯	0.0665	0.0054	0.0107
2010	0.0507	0.1966	0.0825	⋯	0.0671	0.0054	0.0113
2011	0.0481	0.1992	0.0743	⋯	0.0739	0.0051	0.0104
2012	0.0467	0.1989	0.0737	⋯	0.0780	0.0038	0.0088
2013	0.0469	0.1922	0.0778	⋯	0.0859	0.0037	0.0082
2014	0.0463	0.1921	0.0846	⋯	0.0809	0.0039	0.0083
2015	0.0466	0.1917	0.0904	⋯	0.0772	0.0042	0.0085

注：具体数据详见附件(附表 2)。

3.计算信息熵

$$e_j = -k\sum_{i=1}^{m}\left(Y_{ij} \times \ln Y_{ij}\right) \qquad (2.7)$$

式中，e_j 为信息熵；$k=1/\ln m$

根据规范化矩阵，计算得到各年信息熵，具体结果如表 2.12 所示。

表 2.12　各年信息熵

年份	2001	2002	2003	2004	2005	2006	2007	2008
信息熵	0.8852	0.8931	0.8967	0.8672	0.8635	0.8865	0.8890	0.8756
年份	2009	2010	2011	2012	2013	2014	2015	—
信息熵	0.8683	0.8653	0.8643	0.8624	0.8677	0.8662	0.8649	—

4.计算第 j 项指标的差异系数

$$d_j = 1 - e_j \qquad (2.8)$$

根据各年信息熵，计算得到相应差异系数，具体结果如表 2.13 所示。

表 2.13　各年差异系数

年份	2001	2002	2003	2004	2005	2006	2007	2008
差异系数	0.1148	0.1069	0.1033	0.1328	0.1365	0.1135	0.1110	0.1244
年份	2009	2010	2011	2012	2013	2014	2015	—
差异系数	0.1317	0.1347	0.1357	0.1376	0.1323	0.1338	0.1351	—

5.计算指标权重

$$W_i = d_j \bigg/ \sum_{j=1}^{n} d_j \qquad (2.9)$$

根据差异系数，计算得到相应权重并根据权重大小进行排序，具体结果如表 2.14 所示。

表 2.14　各年权重

年份	2012	2005	2011	2015	2010	2014	2004	2013
指标权重	0.0730	0.0724	0.0720	0.0717	0.0715	0.0710	0.0705	0.0702
排序	1	2	3	4	5	6	7	8
年份	2009	2008	2001	2006	2007	2002	2003	—
指标权重	0.0699	0.0660	0.0609	0.0602	0.0589	0.0567	0.0548	—
排序	9	10	11	12	13	14	15	—

从表 2.14 可以看出，"十二五"规划这 5 年权重排序较为靠前；而 2005 年权重排序出现异常，远远高于同期（"十五"规划)其他年份。从三大产业 GDP 增速可以看出，

2012 年第二产业 GDP 增速出现较大波动，2005 年第一产业和第三产业 GDP 增速出现较大波动。由于 GDP 增速波动，使得这两年提供的有用信息较多，造成权重值较大。

2.3.4　基于优劣解距离法的主导产业选择

TOPSIS 法，又称优劣解距离法，是一种逼近理想解的方法。主要分析思路如下（雒海潮 等，2015）：将 N 个影响评价结果的指标看成 N 条坐标轴，由此可以构造出一个 N 维空间，这样可以将每个待评价的对象依照其各项指标的数据在 N 维空间中描绘出唯一的一个坐标点。再针对各项指标从所有待评价对象中选出该指标的最优值和最差值，并用其可以在 N 维空间中描绘出两个点，分别是最优点和最差点。依次求出各个待评价对象的坐标点到最优点和最差点的距离 D_{best} 和 D_{worst}，并运用公式 $B=D_{best}/(D_{worst}+D_{best})$，得到评价参考值 B，若 B 越小，代表评价结果越高。

根据数据获得情况以及前期分析结果，本节共选取三大产业的 21 个产业进行研究。为了方便下文叙述，将 21 个产业进行编号，编号结果如表 2.15 所示。

表 2.15　所用指标及其编号 II

编码	产业名称	编码	产业名称	编码	产业名称
0101	农业	0204	酒、饮料和精制茶制造业	0302	批发和零售业
0102	林业	0205	化学原料及化学制品制造业	0303	住宿和餐饮业
0103	牧业	0206	纺织业	0304	金融业
0104	渔业	0207	非金属矿采选业	0305	房地产业
0201	电力、燃气及水的生产和供应业	0208	通用设备制造业	0306	营利性服务业
0202	煤炭开采及洗选业	0209	其他制造业	0307	非营利性服务业
0203	农副食品加工业	0301	交通运输、仓储和邮政业	0308	建筑业

具体划分如下。

第一产业：农业、林业、牧业、渔业。

第二产业：通过前期对宜宾市规模以上工业总产值的测算，发现建筑业与第三产业的综合关联度要高于与第二产业的综合关联度，因此本节中，第二产业只分析工业，将建筑业纳入第三产业。由于工业类别较多，本节按照宜宾市统计年鉴，将采矿业分为煤炭开采和洗选业、非金属矿采选业；将制造业分成农副食品加工业，酒、饮料和精制茶制造业以及纺织业等；由于供应业与电力、燃气及水的总产值较低，并且在前期测算中和工业关联度较低，因此未拆分。因此，在第二产业分析中，共研究电力、燃气及水的生产和供应业，煤炭开采和洗选业，农副食品加工业，酒、饮料和精制茶制造业，化学原料及化学制品制造业，纺织业，通用设备制造业及其他制造业等多个规模以上工业。

第三产业：根据宜宾市统计年鉴的分类，本节将信息传输，计算机服务和软件业，租赁和商务服务业，居民服务和其他服务业以及文化、体育和娱乐业合并为营利性服务业；将公共管理和社会组织、科学研究、技术服务和地质勘查业、水利、环境和公共设施管理业、教育以及卫生、社会保障和社会福利业合并为非营利性服务业。所以，本节分析的第三产业为：交通运输、仓储和邮政业，批发和零售业，住宿和餐饮业，金融业，房地产业，营利性服务业、非营利性服务业及建筑业。

因此，本节研究的主要产业为：以农业、林业、牧业、渔业为主的第一产业；以电力、燃气及水的生产和供应业，煤炭开采和洗选业，农副食品加工业，酒、饮料和精制茶制造业，化学原料及化学制品制造业，纺织业，非金属矿采选业，通用设备制造业及其他制造业为主的第二产业；以交通运输、仓储和邮政业，批发和零售业，住宿和餐饮业，金融业，房地产业，营利性服务业、非营利性服务业及建筑业为主的第三产业。

地区经济发展情况的一个重要衡量指标是区域 GDP，因此本节将选取 21 个产业的 GDP 或者总产值进行运算。各年权重由 2.3.3 节确定，具体指标如表 2.16 所示。

表 2.16　具体运算指标

权重	年份						
	2001	2002	2003	…	2013	2014	2015
0101	38.5207	39.5415	39.7372	…	153.3825	160.1473	171.0771
0102	2.8275	3.0168	3.2399	…	13.5222	14.7657	16.0177
0103	33.7402	37.3625	42.4962	…	145.1036	154.1472	167.6869
0104	2.1978	2.4197	2.8743	…	11.8475	12.8288	13.5910
0201	8.2745	10.8741	11.4181	…	129.4657	151.1152	161.6946
0202	3.4250	5.2544	7.4023	…	163.7896	159.0221	161.0221
0203	2.2603	2.4026	5.7801	…	105.9640	118.7188	129.9855
0204	80.2927	96.1485	111.8876	…	646.3622	676.6128	719.2837
0205	13.8620	18.1865	27.0647	…	194.6382	211.0261	190.4648
0206	4.1372	7.0561	10.4042	…	92.5085	105.2820	124.8733
0207	4.6927	5.8373	8.0112	…	91.4232	111.6955	126.7758
0208	2.3416	2.5142	1.8322	…	23.8871	19.0929	20.4304
0209	41.7389	30.4219	36.3276	…	255.7929	271.0750	321.4567
0301	12.7060	14.7717	11.8351	…	33.3596	37.3698	39.8362
0302	14.2709	15.8488	15.9634	…	65.7690	71.7112	77.1641
0303	8.2490	9.1611	8.8816	…	32.9868	36.3616	40.1017
0304	5.0515	5.7136	6.2278	…	37.8557	43.6476	50.3488
0305	7.4110	8.7035	9.7479	…	22.2917	22.6089	25.2779
0306	7.1418	8.0644	15.3238	…	50.3365	61.5729	69.1255
0307	16.6591	18.8295	22.3142	…	87.2253	94.7411	107.3171
0308	12.8737	22.5138	25.1979	…	71.4062	78.9638	84.6551

注：具体数据详见附件(附表 3)。

1.指标归一化

$$a_{ij} = x_{ij} \Big/ \sqrt{\sum_{i=1}^{n} x_{ij}^2}$$　　　　　　(2.10)

2.指标赋权

$$Z_{ij} = w_{ij} \times a_{ij}$$　　　　　　(2.11)

式中，Z_{ij} 是指标加权值；w_{ij} 是权值，由 2.3.3 节熵值法确定。

3.确定最优方案和最差方案

从赋权矩阵 **Z** 中，找到各指标的最大值和最小值，即可得到最优方案和最差方案，得

$$\mathbf{Z}^+ = \left(z_{i1}^+, z_{i2}^+, \cdots, z_{in}^+ \right)$$

$$\mathbf{Z}^- = \left(z_{i1}^-, z_{i2}^-, \cdots, z_{in}^- \right)$$

4.计算各个方案和最优方案、最差方案的距离 D_i^+、D_i^-

$$D_i^+ = \sqrt{\sum_{j=1}^{n} \left(Z_{ij} - Z_j^+ \right)^2}$$　　　　　　(2.12)

$$D_i^- = \sqrt{\sum_{j=1}^{n} \left(Z_{ij} - Z_j^- \right)^2}$$　　　　　　(2.13)

5.计算综合评价值

$$B_i = D_i^+ \Big/ \left(D_i^+ + D_i^- \right)$$　　　　　　(2.14)

根据式(2.5)～式(2.14)以及相关表格，可以得到 21 个产业指标与最优方案距离、与最差方案距离和综合评价值，具体如表 2.17～表 2.19 所示。

表 2.17　产业指标与最优方案距离及排序

产业	0204	0209	0205	0103	0101	0202	0307
D^+	0.0000	0.1229	0.1323	0.1369	0.1376	0.1468	0.1650
排序	1	2	3	4	5	6	7
产业	0308	0201	0302	0203	0206	0207	0306
D^+	0.1697	0.1705	0.1720	0.1723	0.1729	0.1752	0.1790
排序	8	9	10	11	12	13	14
产业	0301	0303	0304	0305	0208	0102	0104
D^+	0.1817	0.1849	0.1861	0.1864	0.1901	0.1921	0.1924
排序	15	16	17	18	19	20	21

表 2.18　产业指标与最差方案距离及排序

产业	0204	0209	0205	0202	0103	0101	0307
D⁻	0.1927	0.0740	0.0630	0.0598	0.0592	0.0572	0.0282
排序	1	2	3	4	5	6	7
产业	0201	0308	0203	0206	0302	0207	0306
D⁻	0.0246	0.0245	0.0236	0.0213	0.0212	0.0198	0.0142
排序	8	9	10	11	12	13	14
产业	0301	0303	0305	0304	0208	0102	0104
D⁻	0.0126	0.0084	0.0075	0.0069	0.0037	0.0009	0.0007
排序	15	16	17	18	19	20	21

表 2.19　产业综合评价值及排序

产业	0204	0209	0205	0103	0101	0202	0307
评价值	1.0000	0.3757	0.3227	0.3018	0.2937	0.2893	0.1459
排序	1	2	3	4	5	6	7
产业	0201	0308	0203	0302	0206	0207	0306
评价值	0.1262	0.1261	0.1207	0.1097	0.1095	0.1017	0.0735
排序	8	9	10	11	12	13	14
产业	0301	0303	0305	0304	0208	0102	0104
评价值	0.0651	0.0436	0.0386	0.0356	0.0193	0.0046	0.0034
排序	15	16	17	18	19	20	21

从表 2.17、表 2.18 可以看出：

(1) 与最优方案距离最近(与最差方案距离最远)的前三产业依次是：酒、饮料和精制茶制造业，其他制造业和化学原料及化学制品制造业；

(2) 与最差方案距离最近(与最佳方案距离最远)的产业分别是：渔业、林业和通用设备制造业；

(3) 在与最优方案距离最近的前十项产业中，第二产业占比为 50%，与最差方案距离最近的前十项产业中，第二产业占比为 60%；

(4) 不管在表 2.17 还是在表 2.18 中，农业和牧业排名都较为靠前。

从表 2.19 可以看出：

(1) 酒、饮料和精制茶制造业，其他制造业，化学原料及化学制品制造业，牧业，农业和煤炭开采和洗选业综合评价位于前六；

(2) 综合排名前十的产业中，第一产业占 20%，第二产业占 60%，第三产业占 20%；

(3) 第一产业中，牧业以微弱优势排名第一，其次是农业，第二产业中，酒、饮料和精制茶制造业排名第一，其次是其他制造业，第三产业中，非营利性服务业排名第一，其次是建筑业。

由此可得到三点结论。

(1)对宜宾市来说，虽然第一产业增速较低而且主要以工业为经济发展的主要动力，但是从全市水平看，农业和牧业依旧是部分地区的主导产业。在大力推进第三产业发展、保持第二产业稳定增长的背景下，要将先进的技术、机械和特色旅游业融入第一产业的发展中。促使更多的劳动力进入第二产业和第三产业，同时依靠先进技术、特色旅游带动当地经济增长。

(2)第二产业在现在乃至以后一段时间内，依然是宜宾市的经济助推器，尤其是酒、饮料和精制茶制造业中的白酒产业。一方面，在经济增速换挡、低碳环保以及中央一系列政策的影响下，宜宾市如何摆脱对白酒产业过度依赖值得深思？另一方面，白酒制造增速放缓，在今后一段时间内，宜宾市如果想要做强做优白酒行业，巩固宜宾在"白酒金三角"的龙头地位，就要传承与发扬酿造工艺，整合该地区中小白酒品牌、向周围市县延伸白酒产业链、与相关产业建立白酒产业集群、创新升级营销模式，结合"互联网+"大力发展白酒电子商务。

(3)第三产业在综合评价值排序中排名较为靠后，比较靠前的产业也仅仅位居第七，大部分产业处于较为靠后的名次。这表明宜宾市的第三产业发展比较低迷，尽管第三产业 GDP 增速已经高于第二产业，但是第三产业依旧没有成为宜宾市的主导产业。

6.主导产业占比

由于煤炭开采和洗选业(0202，排名第六)综合评价值为 0.2893，其后从非营利性服务业(0307，排名第七，综合评价值仅为煤炭开采和洗选业一半)开始，产业综合评价值较低，因此本节选取排名前六的产业(2 个第一产业，4 个第二产业)作为宜宾市主导产业。主导产业分别为：酒、饮料和精制茶制造业，其他制造业，化学原料及化学制品制造业，牧业，农业，煤炭开采和洗选业。

$$w = \sum p_i \Big/ \sum P_n \tag{2.15}$$

式中，w 为主导产业占比；P_i 是主导产业 GDP，$i=1,2,\cdots,6$；P_n 是筛选出来的主导产业所在门类的 GDP，$n=1,2,\cdots,6$。在本节中，$\sum P_i$ 是酒、饮料和精制茶制造业，其他制造业，化学原料及化学制品制造业，牧业，农业与煤炭开采和洗选业的总产值之和。$\sum P_n$ 是第一产业与第二产业总产值之和。

由式(2.15)可得表 2.20、图 2.7。

表 2.20 主导产业占比

年份	2001	2002	2003	2004	2005	2006	2007	2008
主导产业占比	0.8878	0.8693	0.8541	0.8577	0.8574	0.8475	0.8520	0.8348
年份	2009	2010	2011	2012	2013	2014	2015	—
主导产业占比	0.8234	0.8188	0.8017	0.8038	0.7689	0.7536	0.7447	—

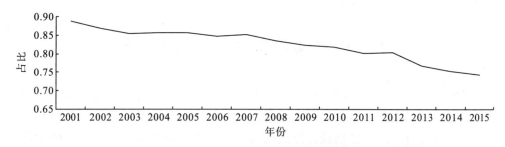

图 2.7　主导产业占比变化情况

从表 2.20 和图 2.7 中可得：2001～2015 年，主导产业占比逐渐降低。

具体原因如下。

(1)本节选取的主导行业为酒、饮料和精制茶制造业，其他制造业，化学原料及化学制品制造业，牧业，农业和煤炭开采及洗选业。第二产业占比为 66.7%，第一产业占比为 33.3%，无第三产业。由 2.3.1 节可知，第一产业占比逐渐降低并且在一个较低的水平趋于稳定，第二产业占比虽然升高但增速逐渐降低，而增速逐渐上涨的第三产业并未在选取的主导产业中。

(2)在经济发展过程中，宜宾市比较依赖以白酒制造业为主的传统产业，为了改变这种局面，宜宾市出台了相应的政策发展其他产业。例如，着力打造综合能源深度开发基地、新型化工轻纺基地、重大装备机械制造基地、绿色食品精深加工基地、战略性新兴产业基地，构建开放、和谐、绿色、可持续发展的物流、金融、交通综合中心。这一系列的目标和措施，促进了产业结构优化，改变了过去单一依赖传统产业的局面。

因此，宜宾市在未来一段时间的发展，应该以合理优化资源配置为目标，重点扶持以节能环保为主的新兴产业，大力发展第三产业，慎重引进污染严重、能耗较高的工业项目，促进主导产业优化更新。

2.3.5　小结

2.3 节主要研究了三部分内容：分析宜宾市产业发展现状、梳理主导产业相关理论、筛选宜宾市主导产业。首先，基于 2001～2015 年已有数据分析宜宾市产业发展现状。根据分析发现宜宾市产业结构并不合理：第一产业、第二产业占比高于全省水平，第三产业占比低于全省水平。同时从 GDP 来看，宜宾市第一产业增速虽然高于全省水平，但增速逐渐降低并稳定在一个相对较低的状态；第二产业在 2012 年以前保持高速增长，而2012 年之后增速由高速变为中高速，并且第二产业在目前乃至以后一段时间仍然是宜宾市经济增长的主要动力；近年来第三产业增速高于第二产业，但其对经济增长的贡献没有发挥出来。其次，梳理了主导产业的相关研究。根据已有文献，本节决定采用熵值法对指标进行赋权，用 TOPSIS 法对指标进行优劣距离排序筛选主导产业。最后，本节进行实证研究，根据实证研究结果发现，宜宾市的主导产业占比是逐渐降低的。分析其原因，是由于宜宾市逐渐摆脱了以传统主导产业为主的经济增长方式，发展其他产业，形成新的经济增长推动力。

2.4　宜宾产业结构优化影响因素分析

我国的产业结构一直不断变化：从以农业为主的小农经济，转变为以重工业为支柱的工业化；随着工业化进程的不断推进，尤其是我国经济发展进入新常态后，第三产业的占比慢慢提升。在推动经济发展的诸多因素中，哪些因素对产业结构优化具有影响是本节的研究重点与难点。本节通过建立向量自回归(VAR)模型，探究不同因素对产业结构优化的影响程度，从而加深对宜宾市经济增长与产业结构优化之间关系的认识。

2.4.1　产业结构优化影响因素的理论内涵

国外专家尤其是发达国家的学者，将影响产业结构优化的因素归结为三类。第一类是经济增长因素：产业结构优化可以促进经济发展，同时经济的快速发展也会推动产业结构向着更有利于经济增长的方向优化。第二类是主导产业因素：主导产业的快速崛起，可以让政府将更多的人力、物力、科学技术等资源优先投入到该行业，同时也吸引了企业家、创业者进入这个行业。第三类是技术进步因素：科技革命和技术进步，是国家、行业保持核心竞争力的重要保障，而它们的广泛运用，则让行业的资源利用率得到极大的提升。在 1985 年杨治把西方的产业经济学思想引入国内后，国内关于产业结构方面的理论研究和实践应用才逐渐开始兴起。我国近些年经济发展迅速，市场多种所有制并存。我国面临的外在挑战和内部压力，也使得关于产业结构优化的有关研究富含深度和广度。

(1)关于经济总量增长与产业结构优化之间的研究。国外的相关专家学者通过对经济总量增长和产业结构变化之间的研究，发现两者存在不同的因果关系。一方面，以库兹涅茨为代表的专家学者认为，经济总量的增加会引起产业结构的变化，如 Audretsch 等(2002)对 1993～1997 年欧盟各国生产总值和产业结构偏离程度的研究，以及 Peneder(2003)对 20 世纪 90 年代 OECD(Organization for Economic Co-operation and Development，经济合作与发展组织)国家国民收入和产业结构之间的研究。另一方面，以罗斯托为代表的专家学者认为，产业结构变化是引起经济总量增长的重要因素。Masakazu 等通过对近 20 年来一百多个国家国民收入和产业结构之间关系的研究，认为国民收入的增加直接导致了对物质、服务等需求的增加，进而使各个国家的发展重点从以制造业为发展导向转变为以服务业为导向，促进了产业结构优化。之后，Kabir 等(2011)通过研究金融发展和经济增长的关系、Riadh 等(2011)通过对比研究"金砖四国"和美国的经济数据、Sajid 等(2012)通过研究南非的经济增长和金融发展之间的关系，均证实经济结构对金融业的发展有重要的推动作用，印证了罗斯托的理论。

国内专家学者的研究更加倾向于罗斯托的研究。李献波等(2016)通过面板回归模型对我国三个不同的经济层级(市、省和城市群)进行测算，结果认为在不同的时间段内，三大产业对不同经济区域经济增长的拉动作用不同。李荣胜(2017)通过 VAR 模型、格兰杰检验和脉冲响应分析郑汴一体化下的产业结构优化现状，认为短期内产业结构优化对经济增长带来的是负面影响，而从长期来看，产业结构优化能够促进经济增长。

国内外专家通过实证或理论研究，认为经济增长和产业结构变动存在以下两种关系：促进和被促进。因此可以认为：经济总量增长和产业结构优化存在着较为强烈的相关关系。由于在市场经济地位确定后，产业结构调整、优化的相关政策也随之变化，所以本节在把经济增长作为影响产业结构变动的因素后，采用的时间数据为市场经济确定后的时期。

(2)关于主导产业和产业结构优化之间的研究。主导产业发展和产业结构优化之间的内在关系，最早是由罗斯托在 1963 年提出的。他认为，主导产业在进行自身发展的同时，应该通过对相关部门的前向效应、侧向效应和后向效应产生不同影响，从而进一步促进产业结构发展。与此同时，如何准确测算、选择发展主导产业成为西方经济学家的研究重点。由于每个国家的资源禀赋、政策制度、社会形态等不尽相同，所以造成在选择主导产业的方式、方法上形成了不同的标准，也使得科学研究形成多样化的结果。Daveri 等(2004)对芬兰的电子服务行业进行的研究、Walwyn(2008)通过对南非政府大规模的 R&D 投入失效现象的研究、Kobayashi(2004)通过对日本泡沫经济时代前后的产业结构变化情况进行的分析，均探讨了主导产业发展和产业结构优化之间的关系，并且认为主导产业会促进产业结构的优化。

我国专家学者兼顾理论研究和实证分析，对主导产业和产业结构优化之间的关系进行了论述。刘伟等(2015)认为在新常态经济增长下我国工业化进程已步入后期，此时第三产业的增长率、经济比例都将高于第二产业，并成为我国主导产业，以调整就业结构带动产业结构优化。王曼怡等(2016)通过 HP(high-pass，高通)滤波和 OLS 回归分析研究了京津冀的金融集聚和产业布局，认为金融相关率越大，越能促进产业结构优化。方茜等(2017)构建了理论分析框架研究成都天府新区的主导产业选择，认为在明确了发展定位后，主导产业将增加区域的竞争力。

(3)技术进步和产业结构优化之间的研究。技术革命与进步，是推动产业高度化发展的重要因素之一。早期筱原三代平、霍夫曼和罗斯托等都希望通过相关的理论或实证研究证明科学技术的变化会影响产业结构，近些年来关于这方面的研究更多的是关注科学技术的溢出效应对产业结构的影响。Watanabe 等(2001)通过研究全球范围内的技术溢出效应对产业发展战略制定的影响提出自己的见解；Carlsson(1989)研究了技术进步理论对不同国家产业结构演变方式的影响；Sharma(2003)研究了技术进步指标中的 R&D 投入对澳大利亚制造业发展的影响。对于测量技术进步对经济增长的贡献率，理论界多数将柯布-道格拉斯生产函数和索洛模型结合起来共同使用。而我国专家学者贺建风等(2017)通过面板模型、索洛余值法、贝叶斯分位数法等数学方法，研究了科技创新与科技进步对产业结构、经济增长的贡献率，认为技术进步对产业结构优化有一定促进作用。

2.4.2　模型介绍及数据处理

1.VAR 模型的背景知识

1980 年，著名计量经济学家 Sims 在其一篇论文中提出向量自回归(VAR)模型。建模的基本思路是将每一个外生变量作为所有内生变量滞后值的函数，再通过将这些函数联立构造相应的数学模型。因为涉及的各个函数方程的右边是没有滞后期的内生变量，所以可以通过最小二乘法来进行相关估计。此外，该模型还需要借助格兰杰(Granger)因果分析、IRF(impulse response function，脉冲响应函数)与方差分解等其他方法进行辅助分析。VAR 模型从提出到现在，已经在经济、金融、货币政策等时间序列中得到广泛应用，也由最初的二维扩展到现在的多维。因此本节将通过该模型，研究相互联系的时间序列之间存在的动态变化规律。

VAR 模型的一般公式为

$$Y_t = C + A_1 Y_{t-1} + A_2 Y_{t-2} + \cdots + A_p Y_{t-p} + \varepsilon \tag{2.16}$$

式中，Y 表示 K 维的内生变量矢量；A 则是与之相对应的系数矩阵；P 为变量的最优滞后期；ε 为随机扰动项；C 为常数项。VAR 模型要求所用的时间序列是平稳的，如果是非平稳序列，则需要检验其一阶差分或二阶差分是否平稳。若差分序列是平稳的，则可以用其建立模型。

2.数据选取及来源

为了使全文数据保持一致，本节同样选取 2001～2015 年共 15 年的样本构建数据库，数据主要来源于 2001～2015 年的《宜宾统计年鉴》。本节采用 Eviews 9.0 进行数据处理。

产业结构优化的影响分析，关键是因变量和自变量的选择。影响产业结构优化的因素较多，如主导行业因素、不同产业占比、资源利用率等。通过文献分析可以发现，经济总量、技术进步、主导产业、外商投资等和产业结构优化之间有着较为显著的关系。而宜宾作为一个西部内陆城市，外商直接投资、对外贸易额等因素对其产业结构优化影响不显著。同时为了避免数据的重复利用，本节也将和 GDP 有关的因素予以剔除，再结合所得数据及宜宾市发展现状，选用以下变量进行分析(表 2.21)。

表 2.21　VAR 模型变量选取及含义

类别	名称	代码	含义
因变量	产业结构发展情况	Y	产业结构综合评价分值
自变量	主导产业变化情况	X1	主导产业占比的倒数
	固定资产投资情况	X2	固定资产投资额
	科技创新应用情况	X3	R&D 经费支出总额

(1)产业结构发展情况(Y)。用前文宜宾市产业结构综合评价数值的结果作为因变量。

(2)主导产业变化情况(X1)。主导产业对一个地区乃至国家经济发展的推动作用不容小觑,而主导产业的变化则直接影响产业结构的变化。为了使指标变化趋势相同,本节采用 1.3 节主导产业占比的倒数分析主导产业的变化。

(3)固定资产投资情况(X2)。通过建造和购置固定资产,国民经济不断采用先进的技术、替换陈旧的设备以及建立新兴的部门,促使该地区的经济结构进行相应的调整。

(4)科技创新应用情况(X3)。科技是第一生产力,科技创新是推动经济发展的不竭动力,也能使经济保持新鲜活力。通过科技创新,一些企业才能淘汰落后设备,提高生产效率,促进企业经济发展。基于宜宾市实际情况,本节选取县级以上政府部门研究与开发机构及情报文献机构经费支出总额作为该指标的具体数据。

为了消除可能存在的异方差,本节将 X1、X2 和 X3 的原始数据取对数得到 LNX1、LNX2 和 LNX3。通过图 2.8 可以看出,自变量和因变量存在相同的变动趋势:随着时间的推移,各项指标值处于上升态势。

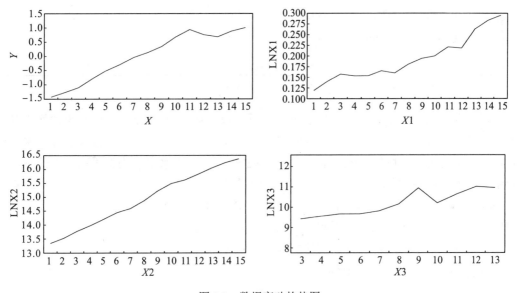

图 2.8　数据变动趋势图

2.4.3　基于 VAR 模型的影响因素分析

1.数据的平稳性检验

如果所用数据是非平稳的时间序列,那用其建立的 VAR 模型则可能存在“伪回归”的情况。从图 2.8 中无法看出 4 个变量是否平稳,因此无法直接建立 VAR 模型。为了判别变量是否为平稳序列,需要对其进行单位根检验,而 Eviews 9.0 采用的是 ADF(augmented Dickey-Fuller,单位根)检验。选择滞后期为 1 时,对变量在原序列、一阶差分和二阶差分的不同情况下,进行 ADF 检验,检验结果如表 2.22 所示。

表 2.22　ADF 检验结果

	变量	ADF检验值	1%水平下的临界值	5%水平下的临界值	10%水平下的临界值	P	结论
原序列	Y	−1.4574	−4.8864	−3.8289	−3.3629	0.7906	不平稳
	LNX1	−1.1334	−4.8001	−3.7911	−3.3422	0.8841	不平稳
	LNX2	−1.6978	−4.8864	−3.8289	−3.3629	0.6932	不平稳
	LNX3	−1.1518	−4.0044	−3.0988	−2.6904	06631	不平稳
一阶差分	D(1)Y	−4.4669	−4.9923	−3.8753*	−3.3883	0.0212	平稳
	D(1)LNX1	−4.6878	−4.8864	−3.8289*	−3.3629	0.0135	平稳
	D(1)LNX2	−2.8103	−4.9922	−3.8753	−3.3883	0.2213	不平稳
	D(1)LNX3	−4.2869	−4.1219*	−3.1449	−2.7137	0.0077	平稳
二阶差分	D(2)Y	−5.1299	−5.1249*	−3.9334	−3.4200	0.0099	平稳
	D(2)LNX1	−4.2780	−5.1248	−3.9333*	−3.4200	0.0314	平稳
	D(2)LNX2	−4.1310	−5.1248	−3.9333*	−3.4200	0.0382	平稳
	D(2)LNX3	−4.0840	−4.2970	−3.2126*	−2.7476	0.0136	平稳

注：D(1)表示一阶差分，D(2)表示二阶差分，"*"表示在该显著性水平下通过检验。

通过表 2.22 可以看出，在滞后期为 1 时，原序列的 4 个变量均没有通过单位根检测，都是非平稳序列。经过一阶差分处理后的 4 个变量，D(1)Y、D(1)LNX1 在 5%的显著性水平下通过了单位根检验，而 D(1)LNX2 在不同显著水平下均不平稳。由于不是一阶单整序列，需要对原序列进行二阶差分。经过二阶差分处理后的 4 个变量，D(2)Y 在 1%的显著性水平下通过了单位根检验，D(2)LNX1、D(2)LNX2 和 D(2)LNX3 则在 5%的显著性水平下通过了检验。因此可以认为，原序列是二阶单整的，符合建立 VAR 模型的基本条件，可以在二阶差分序列的基础上建立 VAR 模型。

2.模型建立及稳定性检验

VAR 模型滞后期的选择十分关键。滞后期 P 过小，残差可能存在自相关，导致参数估计出现不一致性的情况。但是 P 过大，待估参数的数量就会增多，自由度则会严重降低，会直接影响模型参数估计的有效性。因此，最优滞后期的选择非常重要。滞后期的选择方法有很多种，如赤池信息准则(Akaike information criterion，AIC)、施瓦茨贝叶斯信息准则(Schwarz Bayesian information criterion，SBIC)、施瓦茨准则(Schwarz criterion，SC)等。比较常用的判别方法：在 P 不断增加的过程中，使得 AIC 和 SC 同时达到最小。基于样本容量，本节将最大滞后期选为 2，具体判别结果如表 2.23 所示。

根据表 2.23 可以发现，在 P 为 2 时，除 LR，其余判别值均达到最优。因此选择 2 为最优滞后期。将变量 Y、LNX1、LNX2、和 LNX3 做二阶差分，将变换后的数据分别命名为 D2Y、D2X1、D2X2 和 D2X3。

表 2.23　模型最优滞后期的判别

Lag	LogL	LR	FPE	AIC	SC	HQ
0	58.29639	NA	2.77e-09	-8.353291	-8.179460	-8.389021
1	126.9685	84.51956*	9.90e-13	-16.45670	-15.58755	-16.63535
2	168.4220	25.50979	6.01e-14*	-20.37261*	-18.80813*	-20.69418*

注：*表示按标准选择的滞后顺序；LR 表示连续改进的 LR 检验统计量；FPE 表示最终预报误差；AIC 表示赤池信息准则；SC 表示施瓦茨准则；HQ 表示汉南-昆信息准则。

综上所述，式 (2.16) 中最优滞后阶数 P 为 2，Y_t 为 [D2Y D2X1 D2X2 D2X3]。用变换后的二阶差分数据构建 VAR 模型，得到表 2.24。

表 2.24　VAR 模型估计结果

	D2Y	D2X1	D2X2	D2X3
D2Y(−1)	0.079970	0.030496	0.360220	0.318258
	(0.24058)	(0.03266)	(0.31683)	(2.00780)
	[0.33240]	[0.93385]	[1.13695]	[0.15851]
D2Y(−2)	-0.682648	-0.033997	-0.249089	-0.009087
	(0.15966)	(0.02167)	(0.21026)	(1.33243)
	[-4.27573]	[-1.56873]	[-1.18470]	[-0.00682]
D2X1(−1)	-1.967050	-0.745083	-1.291431	-7.818458
	(1.74843)	(0.23733)	(2.30255)	(14.5917)
	[-1.12504]	[-3.13942]	[-0.56087]	[-0.53582]
D2X1(−2)	-0.500648	-0.415927	-1.985626	-5.650238
	(1.24574)	(0.16910)	(1.64054)	(10.3964)
	[-0.40189]	[-2.45971]	[-1.21035]	[-0.54348]
D2X2(−1)	1.644711	-0.118032	-0.346400	2.754078
	(0.58324)	(0.07917)	(0.76808)	(4.86746)
	[2.81996]	[-1.49089]	[-0.45099]	[0.56581]
D2X2(−2)	0.235290	-0.116436	-0.911844	-5.606791
	(0.38962)	(0.05289)	(0.51310)	(3.25163)
	[0.60389]	[-2.20160]	[-1.77711]	[-1.72430]
D2X3(−1)	-0.062779	0.010887	0.129862	-1.425749
	(0.07469)	(0.01014)	(0.09836)	(0.62335)
	[-0.84050]	[1.07380]	[1.32022]	[-2.28724]
D2X3(−2)	-0.025680	0.033256	0.073883	-1.172717
	(0.11535)	(0.01566)	(0.15191)	(0.96267)
	[-0.22262]	[2.12394]	[0.48637]	[-1.21819]
C	-0.023217	0.002763	-0.004592	0.014710
	(0.01637)	(0.00222)	(0.02156)	(0.13661)
	[-1.41835]	[1.24336]	[-0.21300]	[0.10768]
R^2	0.982746	0.979100	0.846887	0.910243

续表

	D2Y	D2X1	D2X2	D2X3
Adj.R^2	0.913730	0.895499	0.234434	0.551215
Sum sq.resids	0.005506	0.000101	0.009549	0.383504
S.E.equation	0.052470	0.007122	0.069099	0.437895
F-statistic	14.23936	11.71156	1.382780	2.535299
Log likelihood	26.19039	48.15758	23.16210	2.851335
Akaike AIC	−3.125526	−7.119560	−2.574927	1.117939
Schwarz SC	−2.799975	−6.794009	−2.249376	1.443490
Mean dependent	−0.017238	0.001460	−0.005954	0.006826
S.D.dependent	0.178642	0.022032	0.078974	0.653658

根据表 2.24 和式(2.16)，可以得出 VAR 模型估计结果表达式

$$Y_t = \begin{bmatrix} -0.02 \\ 0.00 \\ 0.00 \\ 0.01 \end{bmatrix} + \begin{bmatrix} 0.08 & -1.97 & 1.64 & -0.06 \\ 0.03 & -0.75 & -0.12 & 0.01 \\ 0.36 & -1.29 & -0.35 & 0.13 \\ 0.32 & -7.82 & 2.75 & -1.43 \end{bmatrix} Y_{t-1}$$

$$+ \begin{bmatrix} -0.68 & -0.50 & 0.24 & -0.03 \\ -0.03 & -0.42 & -0.12 & 0.03 \\ -0.25 & -1.99 & -0.91 & 0.07 \\ -0.01 & -5.65 & -5.61 & -1.17 \end{bmatrix} Y_{t-2} + \varepsilon \qquad (2.17)$$

在模型建立之后，要通过 AR(auto regressive，自回归)Roots 检验 VAR 模型的稳定性。对于滞后期为 2 的 4 个变量，共有 8 个特征根。通过 AR 根表(表 2.25)可以看出：8个特征根倒数的模均小于 1。AR 根图(图 2.9)则是将 AR 根表中的值反映在单位圆中，可直观看出：绝大部分方程根的倒数几乎均在单位圆内。AR 根表和 AR 根图均表示：本节用二阶差分数据所建立的 VAR 模型具有稳定性。

表 2.25 AR 根表

根	模数
0.243544−0.941934i	0.972909
0.290735−0.917 32i	0.96258
0.290735+0.917632i	0.962588
−0.2 28 9−0.934132i	0.955905
−0.202859+0.934132i	0.955905
−0.733098−0.596269i	0.944971
−0.733098+0.596269i	0.944971
−0.137813	0.137813

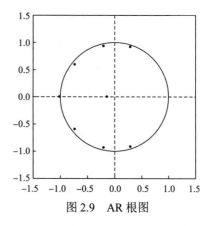

图 2.9 AR 根图

3.格兰杰因果关系检验及协整关系检验

格兰杰因果关系的本质是通过 VAR 模型进行系数显著性检验。该方法可以检验某个

变量的滞后项，是否对其余变量的当期值有所影响。不过，格兰杰因果关系并非真正意义上的因果关系，它所表达的是一个变量对其余变量是否有 "预测能力"，反映的是变量之间在数据上的动态相关关系。如果结果显著，说明该变量对其余变量存在格兰杰因果关系；如果结果不显著，则说明该变量对其余变量不存在格兰杰因果关系。

在进行格兰杰因果关系检验之前，要判断模型内部变量间是否存在协整关系，即是否存在长期均衡关系。如果有，则可以进行下一步操作。协整关系检验的方法有 E-G 两步法和 Johansen 协整检验法。本节采取后一种方法，具体结果如表 2.26 所示。结果显示：在 5%的显著性水平下，原假设 None 表示没有协整关系，该假设下所计算出来的迹统计量为 81.06402，大于临界值 47.85613，并且概率 P 为 0.0000，可以拒绝原假设，认为至少存在 1 个协整关系；原假设 At most 1 表示至多有一个协整关系，该假设下所计算出来的迹统计量为 33.31937，大于临界值 29.79707，并且概率 P 为 0.0189，可以拒绝原假设，认为至少存在 2 个协整关系；原假设 At most 2 表示至多有两个协整关系，该假设下所计算出来的迹统计量为 13.52756，小于临界值 15.49471，并且概率 P 为 0.0968，可以接受原假设，认为存在 2 个协整关系；检验结束。通过迹统计量可以认为，变量之间存在长期的稳定关系。还可以通过最大特征值来判别协整关系的个数，结果和迹统计量相同，在此不予赘述。

表 2.26　Johansen 协整检验

假设	特征值	迹统计量	临界值	P
None *	0.974591	81.06402	47.85613	0.0000
At most 1 *	0.815062	33.31937	29.79707	0.0189
At most 2	0.535296	13.52756	15.49471	0.0968
At most 3	0.239841	3.564954	3.841466	0.0590

注：*表示在 0.05 显著性水平上拒绝假设。

在判别了协整关系个数之后，还可以得到对数似然值的协整关系，如表 2.27 所示。标准化后的协整检验关系表达式，就是将因变量 D2Y 的系数标准化为 1 后的协整关系式。

表 2.27　协整检验关系表达式

1 个协整方程式		对数似然函数值	140.2527
归一化协整系数(括号中为标准误差)			
D2Y	D2X1	D2X2	D2X3
1.000000	10.25862	−1.312106	−0.007707
	(0.27551)	(0.01962)	(0.02992)
调整系数(括号中为标准误差)			
D(D2Y)	−1.258586	D(D2X2)	−0.001892
	(0.54374)		(0.33234)
D(D2X1)	−0.076593	D(D2X3)	3.721220
	(0.06347)		(1.86300)

根据表 2.27 可以写出协整关系方程：

$$D2Y = -10.2586 \times D2X1 + 1.3121 \times D2X2 + 0.0077 \times D2X3 \tag{2.18}$$

从该式可以看出：

(1) 主导产业占比（D2X1 表示主导产业占比的倒数）、固定资产投资和 R&D 经费支出总额与产业结构发展呈正相关；

(2) 主导产业占比每增加 1%，产业结构发展增加 10.26%（其余变量不变）；

(3) 固定资产投资增加 1%，产业结构发展增加 1.31%（其余变量不变）；

(4) R&D 经费支出总额每增加 1%，产业结构发展增加 0.0077%（其余变量不变）。

也就是说，在目前阶段，主导产业占比的倒数和产业结构变化呈负相关，主导产业占比的降低阻碍了产业结构优化；固定资产投资和 R&D 经费支出总额可以促进产业结构优化，但是影响程度较低。尤其是 R&D 经费支出总额对产业结构优化的促进作用微乎其微。

从调整系数中可以看出，D2Y 和 D2X1 的系数为负值，这表示偏离非均衡误差将会得到修正。四个调整系数有正有负，说明协整关系有效，且在短期内产业结构发展变化会受到主导产业占比、固定资产投资和 R&D 经费支出总额长期均衡关系的约束。

在协整检验之后，可以进行格兰杰因果检验。由于本节建立的 VAR 模型是平稳的，因此可以对模型中的变量进行格兰杰因果关系检验，检验的结果如表 2.28 所示。

表 2.28　格兰杰检验结果

因变量：D2Y				因变量：D2X1			
Excluded	Chi-sq	df	Prob.	Excluded	Chi-sq	df	Prob.
D2X1	1.440694	2	0.4866	D2Y	3.023522	2	0.2205
D2X2	8.056054	2	0.0178	D2X2	6.475748	2	0.0392
D2X3	2.741402	2	0.2539	D2X3	9.729625	2	0.0077
All	50.20661	6	0.0000	All	36.39716	6	0.0000
因变量：D2X2				因变量：D2X3			
Excluded	Chi-sq	df	Prob.	Excluded	Chi-sq	df	Prob.
D2Y	2.406186	2	0.3003	D2Y	0.025279	2	0.9874
D2X1	1.544683	2	0.4619	D2X1	0.354747	2	0.8375
D2X3	5.306420	2	0.0704	D2X2	3.524920	2	0.1716
All	6.519649	6	0.3676	All	7.709306	6	0.2602

在 5% 的显著性水平下，根据表 2.28 可以得到如下结果。

(1) 当产业结构发展情况 Y 作为被解释变量时，固定资产投资 $X2$ 和 Y 构成格兰杰因果关系。但是主导产业占比的倒数 $X1$、固定资产投资 $X2$ 和 R&D 经费支出总额 $X3$ 联合对 Y 构成格兰杰因果关系。

(2) 当主导产业占比的倒数 $X1$ 作为被解释变量时，固定资产投资额 $X1$ 和 R&D 经费支出总额 $X3$ 分别对其构成格兰杰因果关系，三个变量也同样联合对其构成格兰杰因果关系。

（3）当固定资产投资 X2 和 R&D 经费支出总额 X3 作为被解释变量时，其余变量不管是单个还是联合，都不能对 X2 和 X3 构成格兰杰因果关系。

因此可以得出：在 5%的显著性水平下，固定资产投资是产业结构变化的格兰杰原因，而固定资产投资和 R&D 经费支出总额是主导产业占比变化的格兰杰原因。也就是说，三个影响因素中，固定资产投资对产业结构发展的影响显著。为了更加直观地分析四个变量之间的关系，本节用以上指标进行脉冲响应分析。

4.脉冲响应函数分析及方差分解

为了进一步考察宜宾市经济增长与产业结构优化的短期动态关系，本节引入脉冲响应函数和方差分解来进一步研究二者的关系。在研究三个自变量对因变量影响的基础上，再观察因变量对三个自变量的影响，从而更好地分析变量之间的内在联系，避免变量之间因为内在的经济联系造成结果出现一定偏差。

图 2.10 是 20 期的 VAR 模型变量冲击响应图。上半部分是产业结构发展受到主导产业占比的倒数、固定资产投资和 R&D 经费支出总额影响的脉冲效果图，下半部分是三个自变量受到产业发展结构变化的脉冲效果图。

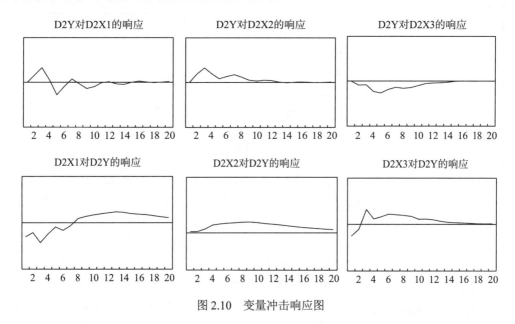

图 2.10　变量冲击响应图

从上半部分来看：主导产业占比的倒数对产业结构变化的影响最初为正向显著并在第 3 期达到最大，之后成为负向影响在第 5 期达到低谷，说明主导产业占比在短期内会阻碍产业结构优化，随着主导产业变化对产业结构优化的影响变为正向；短期内固定资产投资额对产业结构优化有较为明显的促进作用，但随着时间的推移，这种正向作用会减弱。这表示，固定资产投资不会一直是产业结构优化的影响因素；R&D 经费支出总额即技术创新对产业结构优化的影响为负值，也就是说，只有技术创新真正转化为经济增长的动力时，才会影响产业结构优化。

从下半部分来看：产业结构优化对主导产业占比的影响从负向逐渐转为正向，产业

结构优化会促进主导产业占比增加；产业结构优化对固定资产投资额的影响为正向显
著，在第 8 期达到最大后趋于平稳；产业结构优化也会促使技术创新，对其影响由负转
正并在第 3 期达到峰值。

　　总体来说，固定资产投资额对产业结构优化的影响因素最大；而产业结构优化对三
个自变量均有较为明显的影响。

　　图 2.11 是 20 期的模型方差分解图，方差分解可以用来反映外部冲击对内生变量的
影响贡献大小。

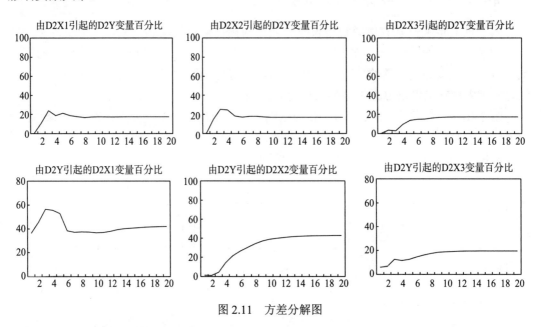

图 2.11　　方差分解图

　　上半部分是产业结构发展受到主导产业占比、固定资产投资和 R&D 经费支出总额
的方差分解图：D2X1、D2X2 和 D2X3 对 D2Y 的影响均为正值，并且 D2X1 和 D2X2 在
短期内迅速上升到峰值后趋于稳定，而 D2X3 则对 D2Y 的影响程度逐渐上涨后趋于稳
定。可以认为，三个自变量对产业结构发展都有一定的贡献。

　　下半部分是产业结构发展对主导产业占比的倒数、固定资产投资和 R&D 经费支出
总额影响的方差分解图：产业结构发展对三个自变量的影响贡献度均为正值，对主导产
业占比倒数在初期就有较大的影响，在第 3 期达到峰值后下降并有上升的趋势。可见，
产业结构优化对主导产业占比的影响贡献度较大；产业结构优化对固定资产投资额及技
术创新的影响贡献度均是由无到有，达到最大值之后趋于稳定。

2.4.4　小结

　　2.4 节主要研究了三个方面：产业结构优化影响因素分析、VAR 模型介绍以及实证
分析。首先，对产业结构优化影响因素进行梳理。在已有文献的基础上，筛选主导产业
占比倒数、固定资产投资和 R&D 经费支出总额作为产业结构优化的影响因素。其次，
介绍了 VAR 模型的背景，并将原始数据进行处理。最后，对处理后的数据进行 VAR 模

型分析、协整分析、格兰杰因果分析和脉冲响应分析。根据分析结果可以得出：固定资产投资额对产业结构优化的影响较为明显，主导产业占比的倒数和 R&D 经费支出总额对产业结构优化的影响程度有限，而产业结构优化对三个因素均有较为明显的影响。

2.5　研究结论与政策建议

2.5.1　研究结论

从 1993 年宜宾市第二产业占比第一次超过第一产业，到 1998 年五粮液集团有限公司上市，宜宾市逐渐形成了以第二产业为主的发展模式。从 2013 年开始，宜宾市第二产业占比首次下降，第三产业增速首次超过第二产业，产业结构开始调整。从以往的传统工业转向以新兴产业、新化工轻纺产业、绿色食品精深加工产业、金融业、物流业为主的新型产业，形成了绿色、低碳、可持续发展的产业结构体系。到 2015 年末，宜宾市生产总值为 1525.9043 亿元，第一产业为 216.3486 亿元(14.18%)，第二产业为 889.8914 亿元(58.32%)，第三产业为 419.6643 亿元(27.50%)；而 2001 年末，宜宾市生产总值为 200.6424 亿元，三次产业生产总值分别是 50.8002 亿元、86.1616 亿元、63.6806 亿元，占比分别为 25.32%，42.94%，31.74%。2015 年和 2001 年相比，第一产业和第三产业占比降低，第二产业占比升高。在全国进入工业化后，宜宾市工业化进程仍在继续。而宜宾市未能形成以第三产业为带动作用的经济发展模式，并且产业结构较不合理。在 2001～2015 年的发展过程中，宜宾市虽然经济发展取得较好的成绩，但是也存在比较多的问题，具体如下。

1.产业结构不合理

宜宾市现在仍然以第二产业为主，没有形成良好的第三产业发展态势：第一产业和第二产业在增速、占比都持续降低的情况下，第三产业的占比有较低水平的小幅上涨。这就造成在以第三产业为主的产业合理化指标中，宜宾市产业结构得分较低。虽然近年来宜宾市政府通过一系列的战略性政策鼓励发展第三产业，但在一段时间内，其产业结构进一步优化是一件比较严峻且困难的任务。

以酒、饮料和精制茶制造业，化学原料及化学制品制造业等为主的传统工业，成为宜宾市的主导产业。其中，以五粮液集团有限公司为首的白酒制造业成为了第二产业甚至是整个宜宾市经济增长的最大贡献者。单一依赖某一种产业，不仅会造成产业结构不合理，也会降低该地区应对风险危机的能力。如今，五粮液集团有限公司面对日益严峻的挑战与风险，也在探索以科技创新、结构优化为主的转型发展模式。宜宾市也应该借鉴五粮液集团的产业结构优化经验，促进第二产业协调发展。

2.主导产业结构失衡

不可否认的是，宜宾是一个以第二产业为主的城市。与此同时，第三产业发展比较缓慢，新兴产业还未形成规模；第一产业又以传统的牧业和农业为主，生产效率比较低下。这些原因使得本节筛选的主导产业中，没有第三产业和新兴产业，没有形成以科技创新为导向的产业集群，造成主导产业结构失衡。而在经济蓬勃发展的背景下，政策扶持开始对第三产业、新兴产业等有所侧重，宜宾市的产业结构开始出现变化。而这一变化的结果就是，以传统工业为主导的第二产业占比开始减少，第三产业占比开始逐渐上升，第一产业占比保持稳定发展。在没有形成新的主导产业时，旧的主导产业占比在逐年降低。到了一定时期，在重新形成推动地区经济发展的产业集群之后，新的主导产业占比会随之增加。

3.产业结构优化的影响因素贡献程度较小

主导产业占比的降低会阻碍产业结构优化：和前文对照来看，本节筛选出来的主导产业没有很好地体现产业合理化的相关指标。毕竟，宜宾市的第二产业占比是第三产业的两倍左右。由 2.2 节可知，生产要素由第二产业流向第三产业，会促进产业趋于合理化。而宜宾市以白酒制造业、化学原料制造业为主的第二产业占据了绝大多数的生产资料，导致第三产业发展缓慢，使得产业合理化程度较低，造成主导产业占比对产业结构优化贡献较小。虽然如此，也可以从 VAR 模型中看出，随着主导产业占比倒数的增长，即主导产业占比的降低，会对产业结构优化产生负面影响。固定资产投资额在一定时间内，会通过建造和购置固定资产，促进先进的技术的发展，更换陈旧设备，促进新兴部门的建立，拉动生产力、生产资料重新分配，对产业结构优化有正向促进作用。但随着时间的推移，在基础建设、新兴部门趋于完善，生产要素流动趋于稳定后，固定资产投资对产业结构优化的影响贡献程度会逐渐降低直至消失。以 R&D 经费支出总额为主的科技创新对产业结构优化的贡献为负值。这就意味着，虽然宜宾市在科技创新上投入了较多的人力、物力，但是科技创新还没有转化为推动经济增长、调整产业结构的有效动力。只有在科技真正成为生产力时，产业结构才能得到更好的优化。

同时，产业结构对主导产业占比、固定资产投资和 R&D 经费支出总额的影响程度不一。虽然这三个因素对产业结构优化的影响较小，但产业结构优化对它们却有相对较强的正向影响。随着产业结构优化程度提高，主导产业的占比先减少后增加。产业结构优化会促进第三产业的发展，使其占比升高，这就导致了主导产业占比会越来越低。直到形成新的主导产业群，主导产业占比才会逐渐升高；同理，产业结构优化会拉动固定资产投资额的增加，也会带动科技创新转化为新的生产力。同样，在一段时期后，产业结构优化的影响程度趋于稳定，对三个因素的影响也逐渐降低。

上述问题是宜宾市经济发展中客观存在的问题，也是该地区产业结构优化中所面临的严峻挑战。有些问题可以通过市场的资源配置和产业演进过程中的自发调节来解决，但是有些问题需要政府出台科学、合理、高效的产业引导政策去改善或解决。为了确保宜宾市产业结构能够朝着合理化、高度化的方向演进，本节依照前文的分析结果，对产业结构优化提出相应的政策建议。

2.5.2　政策建议

政府和市场的关系，并不是简单的谁替代谁的关系，而是相互配合、相互协调的关系。能通过市场资源配置解决的问题，政府不应该过分干预；市场解决不了的问题，政府应该出台相应的政策去促进问题的改善或解决。我国目前阶段，即使处于新常态的经济形势下，市场机制还不是比较完善。在经济发展过程中，需要政府通过立法、监督去弥补市场机制的不足。同时，产业结构优化也需要市场机制和政府政策的有效协作。面对第三产业和新兴产业发展缓慢的现实，政府需要根据产业发展现状、产业结构优化影响因素以及客观存在的各种问题，去制定能有效调整产业结构的相关政策，使人力、设备、材料、资金等各种资源能够有效利用，避免造成不必要的浪费。

影响宜宾市产业结构优化的因素有主导产业占比、固定资产投资和 R&D 经费支出总额。现阶段宜宾市产业发展现状是主导产业较传统、第二产业占比较高、第三产业占比较低和过度依赖单一产业。针对产业优化影响因素和产业发展现状，希望可以出台相应的政策，使第一产业增速保持在较低的水平，使第二产业在保持中高速增长的同时降低自身占比，使第三产业增速保持上涨趋势的同时增加其在 GDP 中的占比。通过调整三次产业占比，增加第三产业市场占有率，更新主导产业集群。依靠固定资产投资拉动新兴部门成长，优化各个生产要素在三次产业中的占比。在科技创新真正转化为经济增长的驱动力后，推动相关主导产业、支柱产业，甚至夕阳产业进行优化转型。在各个部门的协同作用下，推动宜宾市产业结构优化和经济稳定增长。

1.优化产业结构，促进三大产业协调发展

从产业结构综合评价来看，第二产业占比过高，使得相关指标在评价体系中得分较小。在第一产业占比保持小幅下降的情况下，第三产业占比升高时，使得相关指标得分增加。第一主成分较多反映人民生活质量和第三产业发展情况，第二主成分反映的是工业增长情况。同时第一主成分的占比高达 83.51%，而第二主成分的占比只有 16.49%。这也从侧面反映，如果想要提高宜宾市产业结构得分，促进产业趋向合理化与高度化，要格外重视基础产业、进出口产业的发展，同时也不能忽略在产业发展过程中造成的环境问题。

对第一产业发展的政策建议。粮食生产、粮食安全是民生工程，也是其他产业发展的基础。对于第一产业发展政策的制定，要始终坚持以特色现代化为主要目标，因地制宜优化产业布局，构建安全、优质、高效的产业体系，鼓励发展当地特色产业、优势产业。同时也要和物流业、信息业紧密结合，形成集标准化、规模化、信息化为一体的物联网体系，降低运输成本，保障农产品绿色、安全。引进先进的生产设备、管理观念、科学技术，增加对从业人员的技术培训，从而使富余的劳动力流向其他产业。在扶持资金投入、税收减免、生态补贴等措施上，也要对第一产业有所倾斜，使各个区县能错位发展，形成一个多元的产业结构体。

对第二产业发展的政策建议。第二产业作为宜宾市经济发展的重要组成部分，其变化对地区经济增加、产业结构优化有着巨大的作用。但不可避免的是，第二产业在发展的过程中，消耗了大量的资源，同时也造成了较为严重的环境污染。在环保问题日益突出的今天，宜宾市的第二产业发展应该朝着高效、节能、绿色的方向前进。政府在扶持产业时，要重点关注节能、环保、安全的相关产业。比如，应该将基于绿色安全的现代施工技术引入建筑行业。同时要推进产学研合作，将新技术、新材料、新工艺运用在传统产业或者需要优化转型的产业中。对于那些市场占有率低、增长速度缓慢并且耗能高的产业，要重点考察：能通过技术更新提高产量、扩大占有率、降低能耗的，给予重组；反之，可以将这部分产业淘汰或者转移。对于第二产业中的新兴产业，也要重点培育。以高新开发区、工业园区为依托，引进国家重大科技项目，打造新兴产业示范基地，从而集聚更多关联产业，形成不断创新的产业链。而新兴产业的扶持政策，要以补偿风险、鼓励贷款、完善优惠项目为主，努力构建一个良好的发展氛围。

对第三产业发展的政策建议。第三产业污染小、耗能少，对产业结构优化影响大，但是宜宾市第三产业发展情况不是很好。从前文可以看出，第三产业产值增速虽然增加、占比有所升高，但是其对宜宾市的经济增长贡献力仍未发挥出来。因此，在制定产业政策时要注意以下方面。首先，在第二产业占比较大的情况下，为第三产业的发展提供一个良好环境。城镇化率对产业结构有着较为显著的正向作用，所以通过加速城镇化建设、提高市场化水平、完善政府职能，可以促进第三产业的发展。同时，城镇化建设可以促使农村地区的剩余劳动力流向第二产业或第三产业，提高市场化水平有利于产业不断竞争并促进民营企业发展，完善政府职能则可以通过监督、管理等手段避免产业进入恶性竞争。其次，要尽量满足第三产业资金需求。而政府有关部门需要做的，就是扩大对外开放程度，引进外来资金；鼓励民营资金流入重点扶植产业。最后，努力提高第三产业有关行业的科学技术。构建科技平台，设置启动资金，吸引先进的科学技术用于宜宾市第三产业的发展中。同时也要依托科技平台，对第三产业进行技术支持，帮助其完成科技更新。

2.提高主导产业占比，加大固定资产投资，鼓励新兴产业发展

根据 2.4 节实证结果，在短期内固定资产投资增加会促进产业结构优化，而主导产业占比、R&D 经费投入的增加却对其有着负向作用。从长期来看，在主导产业占比的正向促进作用会慢慢显著，而固定资产投资的促进作用会随着时间的推移慢慢消失，但以 R&D 经费投入为主的技术创新对产业结构优化仍是负面影响。与此同时，产业结构的优化对提升主导产业占比、拉动固定资产投资和促进技术创新有较为明显的影响。因此在制定产业发展政策时，要更新主导产业构成并增加其占比，加大固定资产投资，鼓励新兴产业发展。

但是宜宾市目前主导产业占比在逐渐降低，这不利于该地区产业发展。在筛选出来的主导产业中，以第二产业为主的传统产业占比较大，第三产业没有成为宜宾市的优势产业甚至是主导产业。宜宾市的主导产业结构比较单一，抵抗潜在经济风险的能力较差，也没有形成对该地区其他关联行业的带动作用，这也就导致目前的主导产业占比对产业结构优化没有促进作用。在大力发展第三产业的经济新常态下，现在筛选出来的主导产业占比必然处于下降的趋势。主导产业占比在初期会阻碍产业结构优化，但随着时

间的推移会促进产业结构较快地优化。宜宾市产业发展已经处于中后期，因此在制定产业发展政策时，要以更新产业结构为导向。用新技术、新工艺、新材料促进第二产业创新发展，同时大力发展第三产业和新型农业、新兴产业，使得这些产业逐步替代目前以传统第二产业为基础的主导产业，形成新的主导产业并促使其产业占比增加，从而推动产业结构优化。

固定资产投资额在初期对产业结构优化有正向促进作用，之后作用便逐渐降低。在这段时间内，要善于通过拉动固定资产投资额去促进产业结构优化。所以，更新主导产业结构、扩大固定资产投资、促进新兴产业发展，是突破宜宾市产业结构优化瓶颈的关键。对于目前存在的资源密集型产业(如采矿业、牧业等)，必须以生态化、低碳化的绿色、环保理念为政策核心，引进现代科学技术和生态系统工程，提升相关产业自主创新能力，深化关联产业合作形成产业集群，加大固定资产投资，使得这些产业向技术密集型产业转变。加大生态补贴、用水用电用气等能源价格改革，在制定税收、信贷、投资等政策时，政府要充分考虑这些行业的实际需求。只有政策向这些行业倾斜，它们的增长率才能提高，市场份额也才能随之扩大。此外，还要重点培育以高新技术产业为主的新兴产业，加大这些产业与其他产业的合作。生产技术与经济收益增加，才能提高这些产业的核心竞争力，促进主导产业结构的更新。

3. 优化科研经费投入，促进科技成果转化

西部地区多数以传统产业为主，而其中的重化工产业更是许多地区的支柱产业。而作为西部地区以白酒产业闻名的宜宾，更是典型的代表。如何均衡发展传统产业与新兴产业，并使两者都能成为经济增长的驱动力，科技创新成为解决这个问题的关键。目前对科技创新的要求，从原来的重数量变成了现在的重质量，并且大力提倡科技成果转化。科研经费投入的重点，也要从补足缺失资金转变成为吸引科技人才、引进先进技术等。面对经济环境日益严峻和东部劳动力成本上升的形势，宜宾市甚至是四川省迎来了引进高科技企业的关键时期。面对挑战和机遇，只有更好地优化科研经费投入，才能促进现有科技成果转化为新产品、新工艺、新材料，为产业结构优化增加正向影响，加快产业转型优化。在谨慎论证之后，增加科研经费投入、降低准入门槛、优惠税收政策、调整环保标准，这一系列的措施都可以将具有高水平、高科技、高附加值的产业或者机构引进宜宾，从而加速科技成果的转化，进而优化产业结构。

通过对影响产业结构优化的影响因素和三大产业的分析，本书提出了以上的政策建议。希望能通过这些措施，更新主导产业结构，使更合理、更高效的产业集群成为主导产业，加大对新兴产业和第三产业的资金投入，使这些产业能够切实推动经济发展，提高科学技术水平、加快科技成果转化，使科技真正成为第一生产力。产业结构优化是一项艰巨、漫长而又非常严峻的任务，希望在改善这些影响因素之后，宜宾市的产业结构能更加优化，从而能较为显著地拉动地区经济增长。

第3章　泸州市物流需求组合预测研究

改革开放以来，物流业伴随着我国经济整体实力的壮大而持续快速地发展，并在推进国民经济发展方面做出了重要贡献。区域物流是区域经济发展的物质技术基础。随着物流的产业地位在各级政府层面的确立，区域物流的发展水平逐渐成为衡量一个区域经济实力的重要标志。作为推动区域经济增长的重要因素，区域物流的发展受到各级政府和企业越来越多的关注，相关利益主体也在各个层面上对物流活动进行设计和规划。而区域物流需求是物流活动设计、规划的基础，准确的区域物流需求预测结果能为各方进行物流政策制定和规划提供有力的理论依据。

本章在区域物流需求概念、预测方法和预测步骤等相关理论研究基础上，通过定量分析和定性分析相结合的方式，从众多影响因素中选取影响泸州市物流需求的六个经济指标。同时，由于物流需求量至今没有一个明确的统计指标，本章通过对区域经济与区域物流间内在联系的理论分析，说明了区域物流与区域经济的发展是紧密联系的，并通过构建排序指标模型，从货运量和货物周转量中优选出与区域经济联系程度更大的货运量作为物流需求量化指标。接着，本章通过分析泸州市物流指标特征、梳理相关文献，最终选取了主成分回归、GM(grey models，灰色模型)(1,1)和 BP(back propagation，反向传播)神经网络这三个模型来分别对泸州市物流需求进行预测分析。结合各单项模型预测结果，为提高物流需求预测结果精度，本章综合组合预测方法和 Shapley 值法优点，构建基于 Shapley 值法下的关于前述三个预测方法的组合预测模型，并将其应用于泸州市物流需求的预测。最后，将组合预测模型结果与三个单项模型结果对比分析，发现组合模型预测值的平均相对误差有明显降低，且拟合值的相对误差波动有明显减弱，证明了采用基于 Shapley 值法下的组合预测形式来提高预测精度是科学有效的，其预测结果可为泸州市物流需求发展规划提供参考。最后，结合模型结果，本章提出相应政策性建议。

3.1　绪　　论

3.1.1　研究背景

改革开放 40 多年来，伴随着我国经济的腾飞，物流产业也实现了空前的发展。在我国物流产业发展的初始阶段，物流活动以传统的存储、运输为主。此时的物流作为商品生产与流通的辅助环节，不仅成本高，而且效率低下。伴随着我国物流市场的逐步形成，物流产业规模得到了大幅扩张。进入 21 世纪以来，区域间经济活动更深层次的融合，以及信息网络技术的进步与推广，使得物流业从依附商贸生产流通的从属地位中逐渐分离出来，形成一个拉动区域经济发展的全新的行业领域。物流产业逐渐发展成为经济社会的"第三利润源泉"，其发展水平已成为衡量一个国家或地区经济发展先进程度的标志。与此同时，物流业的发展将受到政府和更多相关利益群体的普遍重视。

随着物流业的迅猛发展，其在经济活动中的重要地位日益凸显。同时，伴随区域间经济竞争强度的加大，区域间物流产业的竞争也日益加剧。在国家层面，为了更加科学合理地规划物流产业发展方向、加强对物流产业的正确引导和有效扶持，中共中央和国务院相继颁布了《物流业调整和振兴规划》《关于深化流通体制改革加快流通产业发展的意见》和《物流业发展中长期规划(2014—2020 年)》等物流产业发展政策。为响应国家大力支持、发展物流业的号召，各级政府也纷纷制定各自区域内的物流发展纲要。例如，泸州市人民政府为贯彻落实《四川省人民政府关于印发四川省物流业发展中长期规划(2015—2020 年)的通知》精神，从 7 个方面、53 个细节对促进物流业发展的主要任务做了分解。

制定区域物流科学合理规划方案离不开对物流需求的定性和定量研究，其中定量研究主要体现在对物流业的发展规模即物流需求的测算上。综上认为，为促进泸州市物流业发展，对其物流业需求量做预测研究是十分必要的。

3.1.2　研究意义

本章在区域物流相关理论分析基础上，结合区域物流发展现状，构建影响区域物流需求的指标体系，并通过定量分析方法找出相对更适合代表区域物流需求的量化指标。再通过预测方法研究，构建合理有效的预测模型来分析区域物流未来发展变化趋势，这对实现区域物流的统筹规划和区域经济的可持续发展意义重大。

(1)从政府宏观层面，物流需求预测是制定泸州市物流发展战略目标的前提，政府在结合当地经济发展水平的基础上，通过物流需求预测，能够对泸州市物流进行更加合理的规划和布局。

(2)从区域内物流资源整合层面，由于泸州市物流信息平台建设相对滞后所造成的物流市场与物流企业信息不对称，导致区域内物流资源浪费现象严重，大大增加了物流成本。而有效的区域物流需求预测能够及时让信息使用者把握区域物流发展动向，为物流资源的有效整合提供参考和指导，提高区域物流资源利用效率。

(3)从区域物流预测理论的角度看，目前研究川南城市群物流需求预测的研究很少，本章结合统计学和计量经济学中的预测方法，构建基于 Shapley 值法的组合模型来进行泸州市物流需求预测分析，丰富了川南城市群物流需求研究的内容。

3.1.3　国内外研究现状

学者 Coyle(2002)指出早在 20 世纪 70 年代，美国就提出了大量物流预测模型和方法。多年来，在对物流需求预测理论进行研究的基础上，胡小建等(2017)结合物流需求的数据特征，成功地应用了各种预测方法实现了物流需求预测。按预测形式划分，物流需求预测可分为独立性预测和关联性预测。独立性预测是结合一定预测方法，利用物流需求自身变量做物流需求预测。关联性预测则是通过先分析影响物流需求的各种经济、政治等因素，再构建能反映物流需求与各影响因素间线性或非线性关系模型的方式来做预测分析。

常用的独立性预测方法有：指数平滑法、灰色预测和 ARIMA（autoregressive integrated moving average model，自回归积分滑动平均）。学者倪金升等（2003）结合河南省物流需求数据分布特点，采用双指数平滑法对河南省四种运输模式的物流需求进行预测。谢晓燕等（2013）根据预测对象的历史数据特征，选用二次指数平滑法进行呼、包、鄂三角区物流需求预测，并依据平方和误差和均方根误差最小原则确定指数平滑系数。Adrangi 等（2001）利用灰色理论，提出 GM(1,1) 和 GM(n,1) 灰色模型来对航空需求进行预测。何国华（2008）通过构建 GM(1,1) 预测模型来研究东北三省物流需求规模，并在预测中将该方法同平均增长率法和回归分析法进行综合比较，得出灰色预测法在区域物流需求的中短期预测中有较高的精确度。黄敏珍等（2009）对上海市物流需求 GM(1,1) 预测结果进行马尔可夫改进，增加了预测结果可信度。黄毅（2010）通过灰色关联分析法分析所列物流需求影响因素对物流需求的影响程度，并将 GM(1,1) 模型与马尔可夫链相结合，反映物流市场总体动态趋势，提高模型预测结果准确度。Babcock 等（1999）建立 ARIMA 模型预测短期铁路货运量。汤兆平等（2014）针对 A、B 两省铁路货运量占全国比例逐年降低现象，采用 ARIMA 模型对两省物流需求进行预测，并为两省制定相应货物运输营销策略提供参考依据。

独立性预测方法在研究对象变动趋势稳定的情况下，往往有较好的预测结果，但对变动波动较大、规律性不强的数据，预测精度较差。且在社会经济活动关系日益紧密的今天，独立性预测方法无法实现对物流需求与社会经济活动关系的分析。于是，更多的学者将物流需求预测的研究方向转向关联性预测。

常用的关联性预测方法有：回归分析法、神经网络预测法和组合预测方法。Fite 等（2002）提出用逐步线性回归模型来做货物需求量的预测。黄滨（2015）基于逐步回归方法，构建多元线性回归模型对成都市物流需求做预测分析。武进静等（2015）使用多元逐步回归方法得到物流需求预测方程，并结合时间序列自回归模型求得江苏省未来 10 年物流需求量。Partovi 等（1993）早在 1993 年就依据神经网络原理进行物流需求量预测分析。Teräsvirta 等（2005）基于实证分析，证明神经网络模型具有较高拟合精度。Gutierrez 等（2008）将神经网络和支持向量机等技术应用于末端供应链的扭曲需求预测中。后锐等（2005）构建 MLP（multi-layer perception，多层神经网络）模型，揭示了物流需求与经济之间的内在非线性关系，并通过实证分析验证模型具有较高的精确度。黄虎等（2008）在分析物流需求与其影响因素内在关系基础上，建立"影响因素-物流需求"支持向量机预测模型进行上海市物流需求预测。刘智琦等（2012）构建主成分-BP 神经网络模型，采用因子分析方法对物流需求影响因素进行降维处理，消除因子间多重共线性问题，并将结果作为 BP 神经网络输入，提高了 BP 神经网络学习速率和预测结果精度。

然而，单一预测模型的适用范围及假定条件总存在着各种不同的局限性，如回归预测方法基于变量间具有线性变化规律特征的问题研究，神经网络方法能处理但未能解释变量间复杂的不确定关系。于是，学者们从模型改进的思路出发，提出组合预测方法。

组合预测方法是将各单项预测模型看作代表不同信息的片段，通过一定方法将不同信息进行集成。该方法能充分利用各单项预测方法的有用信息，实现模型间优势互补，最终达到提高区域物流需求预测精度的目的。

Aburto 等(2007)应用的移动平均法和 MLP 算法的混合预测系统方法显著提高了预测精度。Makridakis 等(1983)通过研究 111 个时间序列，发现将单个时间序列模型与单个经济计量模型组合后，使得组合预测值的拟合精度高于两者中最好的预测值的拟合精度。曹萍等(2012)利用遗传算法改进 GM(1,1)模型参数选择和 BP 神经网络权值选定，构建组合模型对福建省物流需求进行预测，实现灰色预测方法与人工神经网络方法间的优势互补。万励等(2011)选用线性回归、移动自回归和支持向量机三种单项模型分别对上海市物流需求的线性变化规律、周期性变化规律和非线性变化规律进行预测，最后通过 BP 神经网络确定各单项模型权重的方法完成上海市物流需求组合预测。曾艳(2012)选用变异系数法确定三种单项模型权值，并结合灰色预测、指数平滑和回归预测三个单项模型所求的物流需求预测结果，加权得出物流需求量组合预测值。吴必善等(2017)针对单一预测方法处理不确定性因素不充分问题，提出指数平滑法和神经网络法的组合预测技术。

在运用上述预测方法研究中，会涉及物流需求量化指标和物流需求影响因素的确定问题。

在物流需求量化指标确定上，限于我国物流统计数据的不完善或数据获取难度较大，一般采用灰色关联分析法、相关分析法或将两者相结合的方法从货运量和货物周转量中确定物流需求量化指标。

在物流需求影响指标构建上，学者一般凭借经验判断，从定性分析角度选出一些与物流生活联系紧密的经济指标(张衡 等，2018)。一些学者在此基础上，结合灰色关联分析等定量分析方法，从众多影响因素中筛选出与物流需求关联度较大的指标(邱慧 等，2016)。常用影响因素指标有：国内生产总值、第一产业总产值、第二产业总产值、第三产业总产值、交通运输、邮政仓储业固定资产投资额、进出口贸易总额、全社会固定资产投资额和社会消费品零售总额。

综上所述，目前将计量经济学和统计学的预测方法应用于物流需求预测的研究很多，学者们从不同角度对预测对象提出了不同的观点。然而，在实际应用过程中仍存在许多不足。一方面，采用独立性预测方法，其预测精度容易受到外部因素影响。另一方面在应用各单项模型时往往忽略了模型的适用条件，如在进行多元线性回归分析时，缺少变量的多重共线性检验、异方差自相关检验，未能证明所建模型的可靠性。在做灰色预测分析时，需要进行数列的准光滑性检验。神经网络分析时，要合理判断预测结果是否出现过拟合或欠拟合情况。基于独立性预测方法无法体现社会经济活动对物流业发展的联动作用，以及上述单一预测模型各自优势和不足，本章选用主成分回归、BP 神经网络和 GM(1,1)预测方法预测泸州市物流需求。并在此基础上，利用 Shapley 值法将这三个单项模型进行组合预测，实现模型间的优势互补及模型预测精度的提高。

3.1.4 本章研究的主要内容、创新点

1.主要内容

本章在论述区域物流需求预测相关理论、分析区域物流需求预测指标体系及区域物流需求预测模型基础上，基于 Shapley 值法构建关于主成分回归、GM(1,1)和 BP 神经网络三种预测形式的组合预测模型来做泸州市物流需求预测分析，并根据预测结果提出泸州市物流发展建议。

3.1 节：参阅物流需求预测相关文献资料，从预测方法、物理需求量化指标的确定和物流需求影响指标的构建三个方面展开对物流需求预测问题的国内外研究现状概述。

3.2 节：论述区域物流需求及物流需求预测概念的界定及各自的特点，综合介绍物流需求预测的步骤及常用的定性定量研究方法。

3.3 节：分析和介绍区域物流需求影响因素、物流需求预测指标选取原则，依据上述原则和泸州市区域物流发展现状，构建物流需求预测指标体系，并通过构建排序指标模型筛选出需求量化指标。

3.4 节：在前文相关方法、理论分析基础上，结合泸州市物流现状，选取主成分回归、GM(1,1)和 BP 神经网络三种预测模型对泸州市物流需求进行预测分析。

3.5 节：详细介绍组合预测方法原理，提出基于 Shapley 值法的组合预测模型，并结合泸州市相关数据，进行泸州市物流需求预测分析。结果表明，组合模型能结合各单项模型优点，平缓各模型的预测误差。在此基础上，结合三次指数平滑法所求的各自变量未来预测值，求得各种模型形式下泸州市未来 5 年货运量值。最后结合主成分回归模型结果，提出泸州市物流发展建议。

3.6 节：总结本章内容，并结合模型结果给出相应政策性建议。

2.主要创新点

(1)在物流需求量化指标选取上，区别于以往常用的定性分析方法，通过结合灰色关联分析法和相关系数法构建排序指标模型，从定量方法角度优选指标。

(2)在物流需求预测模型的选择上，选取的三个单项模型间优势互补。主成分回归模型有非常好的统计意义和解释力；在存在不确定性因素和数据量少的情形下，GM(1,1)灰色模型具有较高的预测精度；BP 神经网络具有很强的非线性拟合和泛化能力，能弥补主成分回归模型未能考虑变量间非线性因果关系的缺陷。而针对三个模型各自不足，同时为提高物流需求预测精度，结合 Shapley 值法构建关于上述三个方法的组合预测模型，丰富了组合预测问题研究。

(3)研究内容上，川南城市群作为川渝滇黔结合部区域经济中心，对其经济系统中物流子系统的研究不多，本章以川南城市群中的泸州市为例，结合相关文献和方法对其物流需求预测问题进行研究，丰富了川南城市群物流发展的研究内容。

3.2　区域物流需求预测相关理论分析

3.2.1　区域物流需求概述

物流是伴随经济发展而产生的。在不同的历史阶段，社会经济对物流需求的要求不尽相同。即使在同一历史阶段，也因为不同的研究团体各自不同的观点和角度，使得对物流的定义有所差别。而且，区域物流的区域属性也因研究者各自知识领域和研究层面的不同，尚未形成统一的定义。因此，研究区域物流需求预测，有必要对区域物流需求预测相关概念做出明确的界定。

1.区域物流需求的概念

物流需求是社会经济发展的产物，受社会经济发展水平的影响和制约，是一种派生需求。区域按内聚力不同分类，可分为行政区域、自然区域和经济区域等。区域物流是在物流需求的基础上，在一定区域范围内受多种因素共同作用形成的一种有效需求。这种需求通常体现在对生产物资和服务进行加工、包装、运输、仓储等物流活动的需要。本章选择泸州市物流需求作为研究对象，重点探究泸州市自身经济因素与本区域内物流需求的相互作用，故本章将区域物流需求界定在泸州市行政区域范围内。

2.区域物流需求的特点

(1)派生性。在社会经济活动中，任何活动都离不开资金流、商品流和信息流，而商品流的实现需要强大的物流系统来支撑。区域物流需求是伴随社会经济活动的发展产生的，物流需求量受社会经济活动活跃程度的影响很大，因此区域物流需求是一种派生需求。

(2)多样性。物流主客体、内容、方式和对象的多样化决定了区域物流需求的多样性。例如，在物流需求主客体方面，物流主体对物流需求的要求不尽相同，物流客体的种类更是纷繁多样；在需求内容方面，物流需求涵盖货物装卸服务需求、运输服务需求、仓储服务需求等多方面。

(3)层次性。区域物流需求可分为基本物流需求和增值物流需求。其中，基本物流需求主要体现在加工、包装、运输、仓储等基本环节。增值物流需求则是伴随着区域产业结构升级而产生的，其主要体现在物流信息化、物流服务个性化等方面。

(4)不平衡性。区域物流需求的不平衡性主要体现在时间和空间两方面。时间上的不平衡性是指在不同的发展阶段，物流活动的强度必然存在差异。在空间上的不平衡性是指在同一时间，由于区域间地理位置、资源分布差异等因素的存在而形成的物流需求的空间不平衡性。

3.2.2　区域物流需求预测理论概述

1.区域物流需求预测的概念

区域物流需求预测是在分析区域发展现状、分析区域物流与影响该区域物流需求因素间关系的前提下，利用一定的研究方法，在找寻出影响因素与区域物流内在关系或区域物流需求自身发展规律后，探寻区域物流需求未来发展趋势(刘婷，2016)。区域物流需求预测实质上是通过分析区域物流需求的数据特征，选用合适的预测方法来推演其未来发展趋势。

2.区域物流需求预测的特点

(1)预测指标的选取具有局限性。目前，由于我国还未建立系统的物流统计制度，缺乏物流统计量化依据，可供查找且能够反映物流需求的数据少之又少。但是为了分析问题，常用现有的货运量和货运周转量来代替，尽管用这两个指标来衡量物流需求有一定的科学性，但仍不足以反映物流需求的全貌。

(2)影响因素间关系错综复杂。基于物流需求的派生性特点，物流行业不可避免与其他行业有着众多的交集，这使得影响物流需求的因素变得复杂而多元。这些因素间具有相对的独立性和关联性，所以在物流需求影响因素选取时要进行多方面对比和衡量。

(3)模型的选择需综合考量。由于影响因素的纷繁复杂，使得物流需求变化具有很大的随机性，从而导致其发展趋势可能具有非线性的特征。所以，要根据其发展特征选择适合的方法和模型。

(4)定性与定量方法相结合。一些定量指标，如物流总费用，在实际运作中难以操作。而有些指标，如相关经济政策无法进行量化。因此，在进行物流需求预测分析时，将定性与定量方法相结合使用会更加科学合理。

3.区域物流需求预测的步骤

(1)确定物流需求预测目标。物流需求预测目标的确定是开展后续工作的前提，预测目标主要包括预测对象、预测精度等。

(2)建立物流需求指标体系。物流需求指标体系的构建包括确定物流需求影响因素指标和物流需求量化指标两方面。指标体系的建立是以因素分析为基础，影响物流需求的因素繁多。为构建合理指标体系，需要使用合适的分析方法找出更具使用价值的因素。

(3)搜集相关数据、资料。在确定预测目标和分析影响因素的基础上，开始有针对性地搜集相关数据和资料，并灵活地按照获取信息的完整性、准确性等原则来适当调整变量。

(4)选择合适模型方法。预测模型方法的选择会直接关系预测结果的准确性和可靠性，通常做法是研究以往文献资料，选择不同类型预测方法进行对比研究，找出合适的模型方法。

(5)预测结果分析与修正。预测结果需要进行精度检验，精度检验往往通过误差分析来实现。当预测误差较大时，需对模型参数、相关因素或者模型形式进行调整，直至达到目标精度。

3.2.3 研究方法

1.定性预测方法

定性预测方法是在历史统计资料缺乏的情况下，通过对已有信息的分析，依靠研究者自身的综合分析能力和经验进行预测。定性预测分析方法能考虑无法定量的因素，在缺乏足够统计资料的情况下，能通过定性预测得到从资料上无法直接得到的信息。但定性预测方法也存在其不足：凭借研究者自身经验判断，不可避免地会使得预测结果带有一定主观性，进而使得结果的准确性很难把握。常用的定性预测方法有德尔菲法和推断预测法。

(1)德尔菲法。德尔菲法又称专家调查法，其核心思想是通过专家匿名反馈课题意见，并将反馈意见进行不断归纳总结，再次反馈至专家，直至得到一致意见。德尔菲法集思广益，其匿名反馈方式能很好地将各位专家的意见分歧表达出来。

(2)推断预测法。推断预测法包括类推预测法和主观概率预测法。类推预测法是将预测对象与其相似的事物进行对比分析，根据事物及环境因素的相似性，推断预测对象未来发展趋向与可能性水平的一种预测方法。主观概率预测法是分析者对事件发生的概率做出主观估计，然后计算其平均值，以此作为事件发展趋势分析结论的一种定性分析方法。

2.定量预测方法

定量预测方法是利用统计和计量的方法来揭示数据间联系，进而通过建立数学模型做预测推断的一种方法。定量预测使用的是已知可靠数据资料，相较于定性预测，其主观性极小。本章主要使用的定量预测方法有四种。

(1)回归分析预测法。回归分析预测法是一种分析各种经济现象因果关系的方法。它依据回归分析理论，建立自变量和因变量之间的回归方程，并将回归方程作为预测模型，根据自变量在预测期的数量变化来预测因变量。依据自变量个数的不同，回归分析被分为一元回归预测分析和多元回归预测分析。依据因变量与自变量相关关系的不同，回归分析被分为线性回归预测和非线性回归预测。

(2)灰色预测法。灰色预测法是一种对含有不确定因素的系统进行预测的方法。灰色预测通过鉴别系统因素之间发展趋势的相异程度，并对原始数据进行累加或累减处理形成有较强规律性的数据序列。然后通过分析找寻系统的变动规律，建立相应的微分方程模型，对事物未来发展趋势的状况进行预测。

(3)神经网络预测法。神经网络预测法是神经网络通过不断学习，从未知模式的大量复杂数据中发现规律，利用神经网络映射、泛化能力进行非线性建模的方法。神经网络分析法具有很强的处理非线性问题的能力，其无严格的假设限制，克服了传统分析过程中选择适当模型函数形式的困难。

(4)指数平滑预测法。指数平滑预测法是在移动平均法基础上发展起来的一种时间序列预测法。指数平滑预测法与移动平均法的不同在于：指数平滑预测法会赋予近期数据以较大的权重。指数平滑预测法是通过计算指数平滑值，结合一定的时间序列预测模型来实现研究对象的未来值预测。

3.2.4　小结

3.2 节首先通过对区域物流需求预测相关理论的分析，明确了区域物流需求与区域物流需求预测的相关概念，并说明了两者各自的特点。接着，总述区域物流需求预测步骤，指出预测目标的确定是前提，物流需求预测指标体系和预测模型构建的合理与否是物流需求预测成功与否的关键，而指标体系的构建和模型形式的选择需要利用不同类型的预测方法进行对比研究。最后，对物流需求预测研究中常用的定性和定量分析方法做了重点研究。3.2 节旨在通过对相关概念、模型方法和相关原则的介绍，为后文物流需求预测实证问题研究提供理论依据。

3.3　区域物流需求预测的指标体系分析

3.3.1　区域物流需求的影响因素

分析区域物流需求影响因素是物流需求预测的重要内容，从纷繁复杂的指标体系中寻求与物流需求关联性较强的指标，是建立物流需求预测模型的重要前提和基础。在对区域物流需求影响因素进行分析时，一般将其分为经济因素和非经济因素。但在实际问题研究中，考虑到区域物流需求与区域经济发展之间密切的相关性，区域相关经济指标常被作为影响物流需求的主要因素。

1.常用经济因素

1)区域经济发展规模

区域经济发展水平是区域经济发展规模最直接的体现，区域物流需求作为区域经济发展过程中产生的一种派生需求，其发展状况必然受到区域经济发展规模的影响。且近年来，不少研究表明，区域物流需求与区域经济发展规模呈明显的正相关关系。

2)区域产业结构

区域物流需求的规模、层次、要求与区域产业结构特征紧密相连，在第一产业占主导地位时，对物流需求层次较低，以装卸、运输和搬运等基本要求为主。在第二产业作为区域经济主体时，除了基本的运输、装卸需求外，对物流的配送、加工仓储等方面要求更高，此时物流需求开始向精细化方向发展。当第三产业占主导地位时，服务业的产品价值主要体现在抽象劳动上，此时对传统物流活动的依赖越来越小，但这时对物流信息的服务要求越来越高。

3) 社会固定资产投资

作为拉动经济发展的三要素之一，社会固定资产投资的加大必然会带动与之相关价值链的发展。对物流业的投资可直接提高区域物流运作效率，而通过对其他行业投资所产生的后向效应，最终会影响以后年度区域经济运行效率，从而间接影响区域物流的发展。

4) 社会消费品零售总额

社会消费品零售总额是各行业通过多种商品流通渠道向居民和社会集团供应的生活消费品的总量。社会消费品零售总额是构成区域经济规模的一个重要组成部分，它在一定程度上能反映一个区域的经济景气程度。因此，社会消费品零售总额越大，物流需求也会越大。

2. 常见非经济因素

1) 区域地理位置

区域地理位置的差异，往往是造成区域间经济发展水平差异的关键，客观上能反映一个地区的经济发展潜力。例如，沿海、平原等有利的地理因素相较于非中心区域，其在物流运力成本上占据绝对优势。

2) 政策制定

物流业的发展离不开政策的指导，相关经济政策和管理体制的变化对物流需求将产生刺激或抑制作用。在社会经济活动中，应实时关注相关政策导向，让物流业发展有的放矢，进而扩大物流需求量。

3) 技术进步

科学技术的进步，自始至终都起着推动经济发展的作用。其中，物流技术的进步所带来的新型自动化物流设备取代传统手工操作，在降低物流成本的同时极大提高了物流服务效率。同时，技术进步带来的物流服务水平的专业化也会不断刺激区域内的物流需求量。

3.3.2 区域物流需求预测指标的选取原则

物流需求预测模型的精度不仅取决于模型的选择，指标体系的建立也十分关键。为得到更有效的预测结果，在物流需求预测指标选取时，应遵循以下原则。

(1) 相关性原则。一方面，在选取物流需求指标时，所选指标一定是与预测对象存在一定相关性的，无相关性的指标用于预测是没有意义的。另一方面，在全面地考虑了影响物流需求的因素后，从中选取与预测对象相关性程度高的指标来预测，往往能提高预测精度。

(2) 全面性原则。基于区域物流与区域经济发展之间相辅相成的内在联系，影响物流需求的因素必然纷繁复杂。单纯的一个或两个影响因素无法反映物流需求的全貌，用其进行物流需求的预测必然不够严谨。

(3) 连续性原则。所选的指标数据在统计上应是连续的，不具有连贯性的数据往往很难发现其发展规律，进而影响预测结果。

(4)可操作性原则。可操作性指的是所选取的物流指标的获取在实际统计调查中切实可行。由于我国物流业发展起步较晚，物流统计制度还不完善，很多相关的统计数据资料还很难或无法获取。因此，在选取物流需求指标时要意识到获取指标的可操作性。有时为分析问题的需要，常用相关数据指标代替使用。

3.3.3　区域物流需求的指标体系构建

1.区域物流需求影响因素指标体系

物流活动在经济生活中有较广的渗透性，使得与物流相关的经济指标复杂多样。本章通过梳理物流需求影响因素相关文献，发现学者们常从一些易于获得且可量化的经济指标中选择用于研究区域物流需求的指标。学者们常用的指标有：地区生产总值、产业结构、地区财政收入、全社会固定资产投资总额、社会消费品零售总额、进出口总额等。本章在文献梳理和指标选取原则等理论分析的基础上，综合区域物流与区域经济相互促进的关系，选取 6 个占区域经济比例较大的经济指标作为泸州市物流需求影响因素，并以此构建泸州市物流需求影响因素指标体系(表 3.1)。

表 3.1　物流需求影响因素指标体系

分类	产业结构	地区财力保障	固定资产投资	商贸
影响指标	第一产业产值 第二产业产值 第三产业产值	地方财政收入	全社会固定资产投资总额	社会消费品零售总额

首先，三大产业产值既能反映一个地区的经济总量情况，同时也是当前产业结构状态的主要表现。一个区域的经济总量水平越高，其对物料的流通需求也会越高；各产业对物流需求功能、物流需求层次等要求不一，会使得产业结构的差异导致物流需求量的较大差异。同时，三大产业产值的总和也能反映区域经济发展总体规模对区域物流的影响作用。

其次，财政收入是国家实现公共基础设施建设、提供公共服务等带动经济活动的有力保证。全社会固定资产投资额的增加会刺激民间资本向社会流入，促进社会经济的发展，从而带动社会物流需求。

最后，因商业流通也是物流需求的一个重要组成部分，故将社会消费品零售总额纳入指标体系。

基于表 3.1 构建的物流需求影响因素指标体系，查阅泸州市统计年鉴等数据资料，本章选取泸州市 1990～2015 年 26 年间的相关历史数据进行问题研究。为使结论分析具有可比性，本章将原始变量量纲为万元的变量统一为以亿元为单位。相关数据如表 3.2 所示。

表 3.2　泸州市 1990～2015 年物流需求影响因素汇总表　　　　　（单位：亿元）

年份	第一产业产值	第二产业产值	第三产业产值
1990	15.8253	12.1970	9.0046
1991	16.4116	14.7384	10.5310
...	...	...	...
2005	70.6361	110.154	104.3664
2006	74.2066	137.0816	121.4981
2007	88.3891	178.3312	141.3487
2008	101.6446	246.1065	164.7542
2009	100.687	303.101	183.8156
2010	108.8078	403.713	202.2672
2011	130.8258	538.1615	231.8793
2012	143.6016	624.0278	262.8244
2013	155.5961	684.3704	300.515
2014	159.8527	758.9336	340.9448
2015	167.8418	806.7361	378.8354

年份	地方财政收入	全社会固定资产投资总额	社会消费品零售总额
1990	3.4538	4.8379	17.1455
1991	3.8832	6.5089	18.5952
...	...	...	...
2005	11.0844	95.1473	115.8129
2006	14.0056	121.5596	133.7658
2007	19.2803	155.835	158.0287
2008	24.6057	223.6559	194.8664
2009	32.1166	351.167	222.9309
2010	47.5888	460.4037	266.5362
2011	65.4047	525.2755	321.6359
2012	82.7882	671.151	374.9188
2013	109.6014	866.3556	432.1029
2014	115.9216	1180.991	491.3963
2015	128.2653	1463.712	559.6624

注：数据来源于 2014～2016 年的《泸州市统计年鉴》。

2.区域物流需求量化指标选取

1）区域物流与区域经济发展关系

区域经济是区域物流发展的基础，区域物流是区域经济发展的支撑，二者相互依存、相互促进。物流作为现代商贸流通方式的主要渠道、沟通生产和消费的重要枢纽，在降低城市空间阻隔、提升经济效率等方面起着重要作用（张广胜，2015）。在理论方面，国内学者对区域物流与区域经济之间关系的研究较多。其中，高秀丽等（2012）运用协整理论和格兰杰因果检验，研究得出广东省物流业发展与经济增长之间保持着长期协整关系。戚晓峰等(2016)从不同维度分析区域物流与经济发展的关联特性。张中强等(2013)利用协同学分析二者协同发展状态，构建出区域经济与区域物流协同发展的状态和调控模型。李文生(2016)以珠三角地区为例，运用计量经济学中边际与弹性理论论证区域物流与区域经济发展之间存在着协同效应。以上学者利用不同的方法，从不同角度分析、论证了区域物流与区域经济的正向促进关系。基于此，本章选取代表区域经济发展水平的经济指标——地区生产总值作为物流需求强关联因素，为后续物流需求量指标选取提供理论支撑。

2)物流需求量化指标

物流需求量化指标体系大多通过价值量和实物量两种度量体系获得。价值量指标中包含社会物流总额、社会物流总费用和物流相关行业业务收入；实物量指标则包括货运量和货物周转量。具体分类如表 3.3 所示。

表3.3　物流需求量化指标

分类	价值量指标	实物量指标
量化指标	社会物流总额、社会物流总费用、物流相关行业业务收入	货运量、货物周转量

表 3.3 所列指标解释如下。

社会物流总额是指在报告期内，进入社会的各种物流物品的价值总额。社会物流总额在很大程度上决定社会物流产业活动的规模，它的增长变化一定程度上反映了物流需求的增长变化。

社会物流总费用是指在报告期内，国民经济用于社会物流活动的各项费用支出的总和。

物流相关行业业务收入是指在报告期内，物流相关行业提供社会物流服务所取得的业务收入总额。

货运量是在一定时期内，各种运输工具实际运送的货物数量。货运量是反映运输业为国民经济和人民生活服务的数量指标，也是制定和检查运输生产计划，研究运输发展规模和速度的重要指标。

货物周转量是在一定时期内，各种运输工具运送的货物数量与其相应运输距离的乘积之和。货物周转量是反映运输业生产总成果的重要指标，在一定程度上能够反映社会物流量规模。

综合现有相关文献，并没有明确的定论指出需要用哪种类型的指标来表征物流需求。由于我国物流统计渠道还不够畅通，多数地区还未建立完善的物流统计制度，使得获取物流价值量指标难度较大。在实际问题研究中，学者们大多选用易于获得的实物量指标——货运量或货物周转量来表征物流需求量。

二者中哪一个指标更能反映物流需求？谢炜等(2015)学者针对该类指标优选问题，提出了一种基于灰色关联度和相关系数来建立排序指标模型的方法。本章借鉴谢炜等学者的研究思路，通过构建关于泸州地区生产总值的排序指标模型，从货运量和货物周转量中优选出物流需求量化指标。

3)排序指标模型的构建

综上，本章选取泸州市 1990～2015 年的地区生产总值、货运量和货物周转量进行排序指标模型分析。数据如表 3.4 所示。

表 3.4 泸州市 1990～2015 年物流需求量化指标

年份	地区生产总值/万元	货运量/万吨	货物周转量/万吨公里
1990	370269	1012	18891
1991	416810	1727	19012
...	...	...	...
2005	2851565	3004	253126
2006	3327863	3101	377028
2007	4080690	3858	488283
2008	5125053	4806	548898
2009	5876036	5271	743237
2010	7147880	5345	1035778
2011	9008666	6366	1188166
2012	10304538	7418	1380984
2013	11404815	8477	1932326
2014	12597311	9106	2314599
2015	13534133	8817	2506380

注：数据来源于 2014～2016 年的《泸州市统计年鉴》，2014 年前为调研数据。

排序指标模型优选物流需求量化指标的方法步骤如下。

(1)灰色关联分析。将参照数列地区生产总值记为 $X_0 = \{x_0(t)\}$，$t = 1, 2, \cdots, n$，比较数列货运量和货物周转量记为 $X_i = \{x_i(t)\}$，$t = 1, 2, \cdots, n$，$i = 1, 2$。根据表 3.4 所列数据可得参照数列：

$$X_0 = \left(X_0(1), X_0(2), \cdots, X_0(26)\right)^{\mathrm{T}} = (370269, 416810, \cdots, 13534133)^{\mathrm{T}}$$

比较数列：

$$X_1 = \left(X_1(1), X_1(2), \cdots, X_1(26)\right)^{\mathrm{T}} = (1012, 1727, \cdots, 8817)^{\mathrm{T}}$$

$$X_2 = \left(X_2(1), X_2(2), \cdots, X_2(26)\right)^{\mathrm{T}} = (18891, 19012, \cdots, 2506380)^{\mathrm{T}}$$

(2)原始数列无量纲化处理。由于各变量存在量纲的不同，不便于分析比较，或在比较时难以得到正确结论。因此在灰色关联分析时，通常将各变量原始数列做无量纲化处理。常用的数列无量纲化处理方法有：均值化处理、标准化处理和初值化处理。其中，初值化方法适用于较稳定的社会经济现象的无量纲化，因为这样的数列多数呈稳定增长趋势(孙芳芳，2010)。分析数列 X_0、X_1、X_2 的时间趋势图(图 3.1～图 3.3)，发现数列 X_0、X_1、X_2 随时间变化呈稳定增长趋势。依据上文对数据无量纲化方法选择问题的分析，本章选择对数列 X_0、X_i 采用初值化处理。

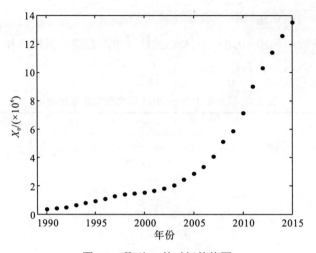

图 3.1　数列 X_0 的时间趋势图

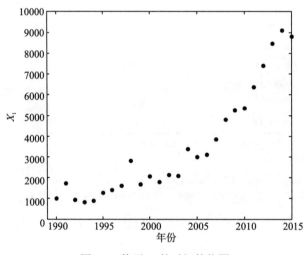

图 3.2　数列 X_1 的时间趋势图

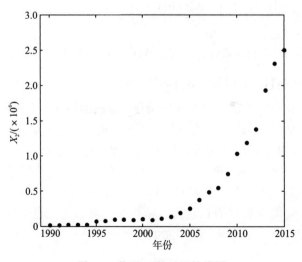

图 3.3　数列 X_2 的时间趋势图

将初值化处理后的数列记为 X_0' 和 X_i'。利用如下初值化公式进行初值化处理：

$$X_i' = \frac{X_i}{X_i(1)} = \left(X_i'(1), X_i'(2), \cdots, X_i'(26)\right)^{\mathrm{T}}$$

初值化后各数列形成如下矩阵：

$$\left(X_0', X_1', X_2'\right) = \begin{bmatrix} X_0'(1) & X_1'(1) & X_2'(1) \\ X_0'(2) & X_1'(2) & X_2'(2) \\ \vdots & \vdots & \vdots \\ X_0'(26) & X_1'(26) & X_2'(26) \end{bmatrix} = \begin{bmatrix} 1.1257 & 1.7065 & 1.0064 \\ 1.3075 & 0.9338 & 1.1909 \\ \vdots & \vdots & \vdots \\ 36.5522 & 8.7125 & 132.6759 \end{bmatrix}$$

（3）计算灰色关联系数。当 $t = k$ 时，数列 X_i' 与数列 X_0' 间灰色关联系数表示为

$$\zeta_i(k) = \frac{\Delta(\min) + \rho\Delta(\max)}{\Delta_{0i}(k) + \rho\Delta(\max)} \tag{3.1}$$

式中，$\Delta(\min)$ 为数列 X_i' 与数列 X_0' 中对应年份数值做差后的最小值；$\Delta(\max)$ 为数列 X_i' 与数列 X_0' 中对应年份数值做差后的最大值；$\Delta_{0i}(k) = |X_{0k}' - X_{ik}'|$ 被称为"Hamming 距离"，其倒数被称为反倒数距离，灰色关联的本质就是通过反倒数大小来判断关联度（孙剑青，2016）：$|X_{0k}' - X_{1k}'| = (0, 0.5808, \cdots, 27.8397)^{\mathrm{T}}$ $|X_{0k}' - X_{2k}'| = (0, 0.1193, \cdots, 96.1237)^{\mathrm{T}}$；$\rho$ 为分辨系数，ρ 越小，关联系数间差异越大，区分能力越强，且 $\rho \in (0, 1)$，ρ 通常取 0.5。

于是得到：

$$\Delta(\min) = 0, \quad \Delta(\max) = 96.1237$$

$$\zeta_1(k) = \frac{\Delta(\min) + \rho\Delta(\max)}{\Delta_{01}(k) + \rho\Delta(\max)} = (1, 0.9881, \cdots, 0.6332)^{\mathrm{T}} \tag{3.2}$$

$$\zeta_2(k) = \frac{\Delta(\min) + \rho\Delta(\max)}{\Delta_{02}(k) + \rho\Delta(\max)} = (1, 0.9975, \cdots, 0.3333)^{\mathrm{T}} \tag{3.3}$$

（4）计算关联度。用数列 X_i' 与 X_0' 各时期关联系数的平均值来定量反映货运量和货物周转量与地区生产总值之间关联程度，计算公式为

$$r_{1i} = \frac{1}{n} \sum_{k=1}^{n} \zeta_i(k) \tag{3.4}$$

式中，r_{11} 表示货运量与地区生产总值间灰色关联系数；r_{12} 表示货物周转量与地区生产总值间灰色关联系数。

将式（3.2）、式（3.3）计算结果代入式（3.4），求得 $r_{11} = 0.8845$，$r_{12} = 0.8195$

相关系数能反映两个变量之间的线性相关程度。记参考序列为 x_0、比较序列为 x_i，x_0 与 x_i 之间相关程度可表示为

$$r_{2i} = \frac{\sum_{n=1}^{k} \left(x_i(n) - \overline{x_i}\right)\left(x_0(n) - \overline{x_0}\right)}{\sqrt{\sum_{n=1}^{k} \left(x_i(n) - \overline{x_i}\right)^2 \sum_{n=1}^{k} \left(x_0(n) - \overline{x_0}\right)^2}} \tag{3.5}$$

式中，i 为比较数列个数；r_{2i} 表示 x_0 与 x_i 间相关系数值，其取值范围为 $(-1, 1)$；r_{2i} 的绝

对值越大，说明两个变量间线性关系越强。

本章记地区生产总值为 x_0，货运量和货物周转量分别为 x_1、x_2，分析货运量、货物周转量与地区生产总值之间相关系数，结果如表 3.5 所示。

表 3.5　货运量和货物周转量相关系数表

	x_0	x_1	x_2
x_0	1.0000	—	—
x_1	0.9867	1.0000	—
x_2	0.9846	0.9632	1.0000

即有 $r_{21} = 0.9867$，$r_{22} = 0.9846$。

基于前面的灰色关联与相关系数分析，构建如下排序指标：

$$r_i = \frac{r_{1i} + r_{2i}}{2} \tag{3.6}$$

将 r_{1i}、r_{2i} 计算结果代入式(3.6)，得货运量和货物周转量 r_i 及其排序结果，详见表 3.6。

表 3.6　物流需求量化指标及其排序

指标	r_{1i}	r_{2i}	r_i	排序
货运量	0.8845	0.9867	0.9356	1
货物周转量	0.8195	0.9846	0.9021	2

表 3.6 显示，泸州市货运量与地区生产总值的综合关联度结果 $r_1 > r_2$，可认为货运量在对物流需求量的代表性上稍优于货物周转量，故选用货运量作为物流需求量化指标。

3.3.4　小结

物流需求影响因素和物流需求量化指标选取上的差异，不仅会影响预测模型方法的确定，还可能会直接影响模型预测精度。3.3 节以物流需求指标体系为主要研究内容，一方面，在物流需求影响因素指标体系构建问题中，从经济因素和非经济因素两方面分析了影响区域物流需求影响的主要因素。3.3 节还结合已有研究文献，依据区域物流需求预测指标选取时所遵循的相关性、全面性和可操作性等原则，构建出泸州市物流需求预测影响因素指标体系。另一方面，在物流需求量指标选取问题上，3.3 节从传统的物流量化指标经验性选择方式转向对可获数据信息的挖掘，即本章在区域物流与区域经济关联性分析基础上，构建关于灰色关联分析法和相关系数分析法的排序指标模型，结合相关历史数据，从可获指标货运量和货运周转量中优选出与区域经济发展关系更紧密的货运量作为物流需求量化指标。该方式使得指标的选取更具科学性。

3.4　物流需求预测模型研究

基于前文对物流需求预测指标的确定、模型方法及相关理论的介绍，结合本章研究对象数据特征，本节最终选择多元线性回归预测、GM(1,1)灰色预测和 BP 神经网络预测三种方法分别对泸州市物流需求进行预测分析。其中，多元线性回归预测中多重共线性问题的分析处理、GM(1,1)灰色预测的光滑度检验问题以及模型的可靠性问题是本节重点研究内容。

3.4.1　主成分回归模型

本节拟采用多元线性回归方法来分析货运量和物流需求影响因素间是否存在某种线性关系。在实证研究中，因系统全面分析问题需要，我们必须考虑众多影响因素，即统计分析中的自变量。然而在实际经济问题中，各变量间常存在一定的线性关系，这种关系即计量经济学中所谓的多重共线性。为避免多重共线性对模型可靠性的影响，常用的补救措施有剔除变量法、逐步回归法和主成分分析法。

其中，剔除变量法和逐步回归法都是通过剔除变量达到降低多重共线性效果。然而，每个变量都在不同程度上反映了研究问题中的某些信息，若剔除的变量为重要变量，则可能引起模型的设定误差。主成分分析(principal component analysis，PCA)则是利用降维的思想，通过分析原来较多可观测指标所反映的个体信息，把多指标转化为少数几个综合指标，这几个综合指标互不相关，并且能够最大限度地反映原多指标信息。主成分分析方法既能避免变量间信息的高度重叠问题，又能有效保留原指标因素所含信息。

本节针对变量间多重共线性问题，考虑到分析各物流影响因素与被解释变量相互关系的需要，提出主成分回归模型。主成分回归模型的建模思路是：首先对各物流影响因素做主成分分析，并依据主成分提取原则选取变量主成分，最后对提取出的主成分与因变量进行线性回归分析。

1.主成分分析

1)多重共线性检验

记泸州市货运量为因变量 y，泸州市第一产业产值、第二产业产值、第三产业产值、财政收入、全社会固定资产投资总额和社会消费品零售总额分别为自变量 $x_1, x_2, \cdots, x_6$。

在进行主成分分析前，对 y 与 $x_1, x_2, \cdots, x_6$ 做多元线性回归分析，分析结果如表 3.7 所示。

结果显示可决系数 $R^2 = 0.9847$，调整后的可决系数 $\bar{R}^2 = 0.9798$，表明回归模型总体拟合效果很好。但在 $\alpha=0.05$ 的显著性水平下，除 x_1 外，自变量回归系数 t 检验的 p 均大于 0.05；表明模型中单个自变量对因变量影响不显著。综上分析，推断出自变量间可能存在多重共线性。

表 3.7　回归分析表

y	coef.	Std.Err.	t	$p>\|t\|$	[95%Conf.Interval]		R^2	$\bar{R}^2$
x_1	33.78	21.25	1.59	0.128	−10.70	78.25		
x_2	12.34	650	1.90	0.075	−1.26	25.93		
x_3	59.28	27.39	2.16	0.043	1.94	116.61		
x_4	40.51	24.59	1.65	0.116	−10.95	91.97	0.9847	0.9798
x_5	4.48	3.67	1.22	0.237	−3.20	12.17		
x_6	−74.63	38.89	−1.92	0.070	−156.03	6.77		
_cons	795.18	401.31	1.98	0.062	−44.78	1635.14		

依据表 3.2 及表 3.4 中相关数据，按照如下方法检验变量间多重共线性。

2) 简单相关系数检验法

利用 Stata13 统计分析软件求得自变量 $x_1\sim x_6$ 的相关系数值，如表 3.8 所示。

表 3.8　自变量相关系数表

	x_1	x_2	x_3	x_4	x_5	x_6
x_1	1.0000	—	—	—	—	—
x_2	0.9648	1.0000	—	—	—	—
x_3	0.9898	0.9802	1.0000	—	—	—
x_4	0.9282	0.9870	0.9562	1.0000	—	—
x_5	0.9075	0.9669	0.9506	0.9840	1.0000	—
x_6	0.9758	0.9933	0.9938	0.9815	0.9751	1.0000

表 3.8 中变量间相关系数均大于 0.90，反映出各影响因素间存在严重的多重共线性。

3) 方差扩大因子法

对原始因变量和自变量进行线性回归后，计算自变量 $x_1\sim x_6$ 的方差扩大因子，结果如表 3.9 所示。

表 3.9　自变量方差扩大因子

变量	VIF	1/VIF
x_6	6774.88	0.000148
x_3	1607.64	0.000622
x_2	500.22	0.001999
x_5	364.29	0.002745
x_1	182.39	0.005483
x_4	159.47	0.003271

经验表明，VIF≥10 时，说明变量间存在严重的多重共线性。表 3.9 最小的 VIF 为 159.47，远大于 10，说明 $x_1, x_2, \cdots, x_6$ 间存在严重多重共线性。依据前文对多重共线性问题处理方法的分析，本章决定在多元线性回归分析中引入主成分分析方法。

2.主成分分析步骤

上文分析得出变量 $x_1, x_2, \cdots, x_6$ 间存在严重多重共线性。根据对多重共线性问题探究，最终选择对变量组 $x_1, x_2, \cdots, x_6$ 做主成分分析，具体分析步骤如下。

原始数据标准化。在进行主成分分析前，对各变量原始数据做标准化处理，以消除变量量纲不同所带来的影响，标准化公式为

$$Zx_i = \frac{x_i - \overline{x}_i}{\sigma_i} \tag{3.7}$$

式中，$\overline{x}_i$ 为变量 x_i 的均值；σ_i 为变量 x_i 的标准差。

计算自变量相关系数矩阵。

计算特征值。计算出各影响因素特征值 $\lambda_i, i = 1, 2, \cdots, n$。

计算特征向量。分别求出对应特征值 λ_i 的特征向量 e_i（$i = 1, 2, \cdots, n$），要求 $\|e_i\| = 1$。

计算主成分贡献率及累计贡献率。

计算主成分载荷矩阵。主成分载荷矩阵计算公式为

$$l_{ij} = \sqrt{\lambda_i} e_{ij} \qquad (i = 1, 2, \cdots, q; j = 1, 2, \cdots, n) \tag{3.8}$$

主成分分析适用性检验(傅德印，2007)。常用检验方法有：Bartlett's 球状检验、相关系数矩阵的直观检验、KMO 检验。

根据表 3.2 所列物流需求影响因素，将标准化变量记为 $zx_i (i = 1, 2, \cdots, 6)$。按照上述主成分分析步骤，得到 6 个成分(component)的特征值(eigenvalue)、贡献率(proportion)及累计贡献率(cumulative)。其中各成分(component)均为标准化后变量(表 3.10)。

表 3.10　主成分分析表

component	eigenvalue	proportion	cumulative
Comp1	5.84541	0.9742	0.9742
Comp2	0.122804	0.0205	0.9947
Comp3	0.0245424	0.0041	0.9988
Comp4	0.0051555	0.0009	0.9997
Comp5	0.00197615	0.0003	1.0000
Comp6	0.000113124	0.0000	1.0000

本章选用相关系数矩阵的直观检验和 KMO 检验方法对变量组 $x_1, x_2, \cdots, x_6$ 做主成分适用性检验。Kaiser 所给的 KMO 度量标准如表 3.11 所示。

表 3.11　KMO 度量标准表

KMO	主成分分析的适用性
0.90~1.00	非常好
0.80~0.89	好
0.70~0.79	一般
0.60~0.69	差
0.50~0.59	很差
0.00~0.49	不适用

通过自变量相关系数表 3.8 中反映的变量 $x_1, x_2, \cdots, x_6$ 间较强的线性关系，初步判断变量组 $x_1, x_2, \cdots, x_6$ 适合做主成分分析。同时，在对 $x_1, x_2, \cdots, x_6$ 做主成分分析后，进行主成分分析适用性检验，得到 KMO 为 0.7314。参照表 3.11 中 KMO 度量标准可知，变量组 $x_1, x_2, \cdots, x_6$ 适合做主成分分析。

3.主成分分析结果

在对变量组 $x_1, x_2, \cdots, x_6$ 做多重共线性检验且主成分分析适用性检验通过的基础上，提取主成分。

主成分分析中，一般选取特征值大于 1 的成分作为主成分，并将各主成分记为 $Z_1, Z_2, \cdots, Z_p (p \leqslant n)$。观察表 3.10 主成分贡献率及累计贡献率结果，可知第一个成分（Comp1）的贡献率（97.42%）已远超 85%。故提取第一个成分（Comp1）作为唯一的一个主成分，并将其记为 Z_1。同时得出各变量在主成分 Z_1 上的载荷矩阵（表 3.12）。

表 3.12　因子载荷系数表

主成分	zx_1	zx_2	zx_3	zx_4	zx_5	zx_6
Z_1	0.4027	0.4115	0.4100	0.4077	0.4040	0.4134

根据表 3.12 因子载荷系数，得主成分 Z_1 与标准化后自变量 $zx_1, zx_2, \cdots, zx_6$ 间关系式为

$$Z_1 = 0.4027zx_1 + 0.4115zx_2 + 0.4100zx_3 + 0.4077zx_4 + 0.4040zx_5 + 0.4134zx_6 \quad (3.9)$$

4.主成分回归模型的建立

主成分回归分析的原理是将因变量和主成分分析法下提取的主成分进行线性回归，从而得到关于因变量和主成分的线性回归模型。由于在主成分分析中，主成分间不存在相关关系，且能保留原变量绝大部分信息，故将主成分作为新的变量参与回归分析能使得模型结果更加可靠。

依据上述原理，下面介绍主成分回归分析的步骤。

（1）对所研究的变量做主成分分析，根据主成分提取原则，选出 p 个主成分 $(Z_1, Z_2, \cdots, Z_p)$，得出各主成分与自变量间的线性关系式。3.3 节已完成该步骤，相应主成

分与自变量间线性关系式见式(3.9)。

(2)按照标准化公式(3.7)对因变量 y 进行标准化处理,并将标准化后因变量 y 记为 Zy,结合多元线性回归模型构建方法,构建关于 Zy 与主成分 $Z_1, Z_2, \cdots, Z_p$ 的多元线性方程。

对 Zy、Z_1 做线性回归,得到关于 Zy 与 Z_1 的主成分回归模型:

$$Zy = 0.4061Z_1 \tag{3.10}$$

(3)模型检验及问题处理。

①对模型进行拟合优度检验、F 值检验和回归系数的显著性检验——t 检验,结果如表 3.13 所示。

表 3.13　模型检验结果

Zy	coef.	Std.Err.	t	p>|t|	[95%Conf.Interval]		R^2	$\bar{R}^2$
Z_1	0.4061	0.0157	25.94	0.000	0.3739	0.4384	0.9642	0.9627

结果显示可决系数 $R^2 = 0.9642$,调整后的可决系数 $\bar{R}^2 = 0.9627$,表明回归模型对观测值拟合程度较好。在给定的显著性水平下,回归系数 t 检验的 p 趋于零,显著性通过检验。

上述对线性回归模型的估计、检验均是以完全满足古典假定为前提。然而在社会经济活动中,最小二乘法下的 5 个基本假定并非都能满足。针对此种情况,需在满足回归模型统计检验基础上进行回归模型异方差性及自相关性检验。

②异方差检验。

方法一:残差图形分析法。做出残差 e 与拟合值 $\hat{y}$ 的散点图,如图 3.4 所示。

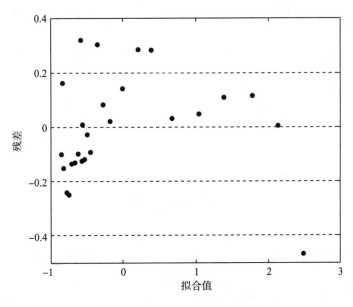

图 3.4　残差与拟合值的散点图

　　观察图 3.4 可以看出，拟合值 $\hat{y}$ 取值较小时，随着 $\hat{y}$ 的增大，残差 e 随机波动较大；随着 $\hat{y}$ 取值的增大，残差 e 随机波动相对减缓，由此认为模型很可能存在异方差。

　　方法二：White 检验。利用 Stata 软件对模型进行异方差检验，结果如表 3.14 所示。

表 3.14　White 检验结果

来源	Chi2	df	p
异方差	5.46	2	0.0654
偏度	12.97	1	0.0003
峰度	0.01	1	0.9100
总计	18.44	4	0.0010

　　检验结果显示 p 为 0.0010，即在 5%的显著性水平上拒绝"同方差"原假设，进一步确认模型存在异方差。

　　③自相关检验。

　　方法一：残差自相关图分析法。做出残差 e 自相关图，结果如图 3.5 所示。残差自相关图显示模型可能不存在自相关。

　　方法二：BG 检验。利用 Stata 软件进行 BG 检验，结果如表 3.15 所示。

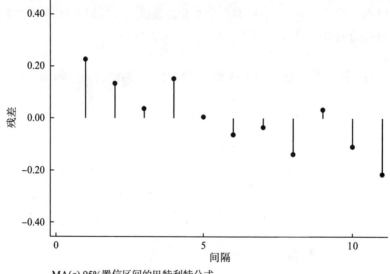

MA(q) 95%置信区间的巴特利特公式

图 3.5　残差自相关图

表 3.15　BG 检验结果

Lags(p)	Chi2	df	Prob>chi2
1	2.004	1	0.1569

BG 检验结果显示 p 为 0.1569，可在 5%的显著性水平下接受"无自相关"原假设，认为模型不存在自相关。

方法三：Q 检验。利用 Stata 软件进行 Q 检验，结果如表 3.16 所示。

表 3.16 Q 检验结果

白噪声(混合 Q 检验)
Q 统计量=6.6640
$p(11)=0.8256$

Q 检验的 p 为 0.8256，同样认为模型不存在自相关。

④异方差问题处理。

使用"OLS+稳健标准误"对异方差问题进行处理，结果如表 3.17 所示。

表 3.17 检验结果

Zy	coef.	Robust Std.Err.	t	$p>|t|$	[95%Conf.Interval]	
Z_1	0.4061	0.0219	18.57	0.000	0.3611	0.4512

虽存在异方差，但使用"OLS+稳健标准误"处理后发现结果较稳健，故可认为所建模型可信度较高。

(4)经过前文对主成分回归模型式(3.10)的可靠性检验及误差修正后，结合式(3.9)主成分与因子关系式和式(3.9)主成分模型关系式，得到关于 $\hat{y}$ 与 $x_1, x_2, \cdots, x_6$ 的方程为

$$\hat{y} = 982.30 + 9.03x_1 + 1.71x_2 + 4.00x_3 + 11.34x_4 + 1.11x_5 + 2.79x_6 \qquad (3.11)$$

5.主成分回归模型预测

根据前文建立主成分回归模型所得到的 $\hat{y}$ 与 $x_1, x_2, \cdots, x_6$ 的关系式(3.11)，结合历史数据，对泸州市 1990~2015 年货运量进行预测，预测结果如表 3.18 和图 3.6 所示。

表 3.18 主成分回归预测结果对比

年份	实际值	预测值	残差	绝对相对误差/%
1990	1012	1274.91	-262.91	25.98
1991	1727	1301.44	425.56	24.64
...	...	...	...	...
2005	3004	2782.61	221.39	7.37
2006	3101	3042.11	58.89	1.90
2007	3858	3486.09	371.91	9.64
2008	4806	4054.15	751.85	15.64
2009	5271	4524.29	746.71	14.17
2010	5345	5262.10	82.90	1.55
2011	6366	6237.65	128.35	2.02

续表

年份	实际值	预测值	残差	绝对相对误差/%
2012	7418	7131.83	286.17	3.86
2013	8477	8174.99	302.01	3.56
2014	9106	9089.37	16.63	0.18
2015	8817	10039.61	−1222.61	13.87

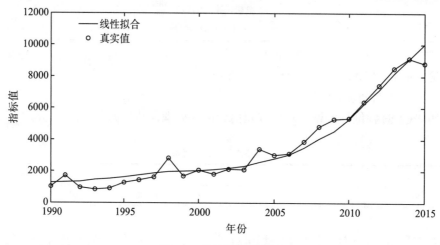

图 3.6　线性回归拟合图

　　观测表 3.18 和图 3.6 线性回归拟合结果，发现在近 10 年，特别是在近 5 年内，其拟合值十分接近真实值。依据表 3.18 数据，得到近 10 年和近 5 年模型的平均相对误差分别为 8.616% 和 4.697%，表明所建立的回归模型对货运量的短期拟合情况较好。而在 1990～2000 年，模型拟合值与真实值之间偏离较大。本章从影响物流需求的非经济因素考虑，认为在不同的历史发展阶段，因政策导向等因素影响，可能会使得影响区域物流需求的主要经济因素发生变化。亦或是自变量组与货运量之间存在某种更显著的非线性关系。针对此问题，本章通过观察 1990～2015 年货运量真实值变化趋势特征，发现货运量在该期间呈类似于指数增长趋势。后文将分别从独立性分析角度利用 GM(1,1) 模型，在寻求因变量自身发展规律基础上预测泸州市未来货运量；从关联性分析角度利用 BP 神经网络强大的非映射能力探寻自变量组与货运量间可能存在的非线性关系。

3.4.2　GM(1,1)灰色模型

　　GM(1,1) 是指利用 GM(1,1) 灰色模型对系统的发展变化规律进行估计和对特定时期内发生的事件的未来分布情况进行预测。GM(1,1) 灰色模型在本质上是一阶微分方程，这一特性使其更多地适用于初始数据序列变化趋势呈单调变化的情况。观测图 3.6 泸州市货运量真实值变动趋势，发现其呈类似于指数函数增长。且 GM(1,1) 灰色模型在进行预测时所需原始数据量小，故在通过 GM(1,1) 灰色模型方法适用性检验前提下，考虑使用该模型做泸州市物流需求预测分析。

1.GM(1,1)灰色模型介绍

目前，GM(1,1)灰色模型已经成为社会、经济、技术等众多领域进行预测、评估、规划、控制和建模的重要方法之一。GM(1,1)灰色模型是基于灰色系统理论，通过将观测数据进行累加生成等处理，挖掘出系统潜藏的有序的指数规律所构建的模型。GM(1,1)灰色模型能用有限的表征系统行为特征的外部元素，分析系统的内在规律，这一特性使得它无须像其他预测法那样需要大量的数据信息。由于该模型在本质上是指数函数，对于已经呈指数变化趋势的原始数据，其 GM(1,1)灰色模型精度主要受限于数据序列不满足光滑离散函数的条件(童新安，2012)。

2.GM(1,1)灰色模型预测

GM(1,1)模型预测流程图如图 3.7 所示。在建立 GM(1,1)灰色模型之前需对原始序列做准光滑性检验和准指数规律判断。在满足 GM(1,1)灰色模型预测条件下，对原始序列做一次累加处理，数据的累加生成主要是为弱化原始序列的随机性(邓聚龙，1993)。然后，建立微分方程并对微分方程的解与生成的一次累加数据进行最小二乘拟合，以此确定微分方程的系数，构造 GM(1,1)灰色模型。本章按图 3.7 步骤进行模型预测分析。

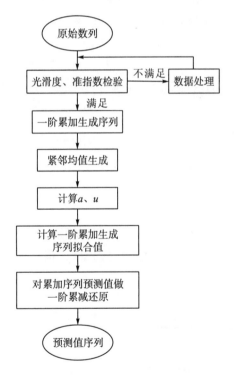

图 3.7　GM(1,1)灰色模型预测流程图

利用 GM(1,1)灰色模型进行预测时，由于 GM(1,1)灰色模型对样本量较少的数列拟合效果较好，故本章选取泸州市 2002～2015 年的货运量原始数据作为模型原始序列，并记为 $x^{(0)}$：

$$x^{(0)}=\left\{x^{(0)}(1),x^{(0)}(2),\cdots,x^{(0)}(14)\right\}=\{2132,2085,\cdots,8817\}$$

对 $x^{(0)}$ 做一次累加得新的序列 $x^{(1)}$：

$$x^{(1)}=\left\{x^{(1)}(1),x^{(1)}(2),\cdots,x^{(1)}(14)\right\}=\{2132,4217,\cdots,73168\}$$

其中，$x^{(1)}(i)=\left\{\sum_{j=1}^{i}x^{(0)}(j)\Big|i=1,2,\cdots,14\right\}$

准光滑性检验如下所述。

对一个系统，设 $x^{(0)}=\left\{x^{(0)}(1),x^{(0)}(2),\cdots,x^{(0)}(n)\right\}$ 为系统真实行为序列，而观测到的系统行为数据序列可表示为

$$x=\left\{x(1),x(2),\cdots,x(n)\right\}=\left\{x^{(0)}(1)+\varepsilon_1,x^{(0)}(2)+\varepsilon_2,\cdots,x^{(0)}(n)+\varepsilon_n\right\}=x^{(0)}+\varepsilon$$

式中，$\varepsilon=\left\{\varepsilon_1,\varepsilon_2,\cdots,\varepsilon_n\right\}$ 为冲击扰动项。为有效克服冲击扰动项的作用，灰色系统常采用灰色序列生成方法生成新的序列，以弱化其随机性，显现其规律性。而判断生成的序列是否呈现规律性，需要采用序列光滑性判断。

对于序列 $x^{(0)}=\left\{x^{(0)}(1),x^{(0)}(2),\cdots,x^{(0)}(n)\right\}$，称

$$\rho(k)=\frac{x^{(0)}(k)}{\sum_{i=1}^{k-1}x(i)}\qquad(k=2,3,\cdots,n)\tag{3.12}$$

为序列 $x^{(0)}$ 的光滑比。

若序列 $x^{(0)}=\left\{x^{(0)}(1),x^{(0)}(2),\cdots,x^{(0)}(n)\right\}$ 满足：

(1) $\dfrac{\rho(k+1)}{\rho(k)}<1$　　$(k=2,3,\cdots,n-1)$；

(2) $\rho(k)\in[0,\varepsilon]$　　$(k=3,4,\cdots,n)$；

(3) $\varepsilon<0.5$，

则称 $x^{(0)}$ 为准光滑序列。

依照上述方法，对货运量序列 $x^{(0)}$ 做准光滑性检验。

对原始货运量序列 $x^{(0)}$ 做一次累加生成序列 $x^{(1)}$，根据式 (3.12) 计算得到货运量序列 $x^{(0)}$ 的光滑比 $\rho(k)$，结果如表 3.19 所示。

表 3.19　光滑度检验指标

年份	k	$x^{(0)}$	$x^{(1)}$	$\rho(k)$	$\rho(k+1)/\rho(k)$	$\sigma^{(1)}(k)$
2002	1	2132	2132	—	—	—
2003	2	2085	4217	0.9780	—	1.9780
2004	3	3382	7599	0.8020	0.8201	1.8020
2005	4	3004	10603	0.3953	0.4929	1.3953
2006	5	3101	13704	0.2925	0.7398	1.2925

年份	k	$x^{(0)}$	$x^{(1)}$	$\rho(k)$	$\rho(k+1)/\rho(k)$	$\sigma^{(1)}(k)$
2007	6	3858	17562	0.2815	0.9626	1.2815
2008	7	4806	22368	0.2737	0.9721	1.2737
2009	8	5271	27639	0.2356	0.8611	1.2356
2010	9	5345	32984	0.1934	0.8207	1.1934
2011	10	6366	39350	0.1930	0.9980	1.1930
2012	11	7418	46768	0.1885	0.9767	1.1885
2013	12	8477	55245	0.1813	0.9615	1.1813
2014	13	9106	64351	0.1648	0.9094	1.1648
2015	14	8817	73168	0.1370	0.8312	1.1370

表 3.19 结果显示，当 $k>3$ 时，$\rho(k+1)/\rho(k)<1$；且 $\rho(k)\in[0,\varepsilon]$；$\varepsilon<0.5$；结果表明货运量序列 $x^{(0)}$ 符合准光滑性条件。

检验 $x^{(1)}$ 是否具有准指数规律。

对于序列 $x^{(0)}=\left\{x^{(0)}(1),x^{(0)}(2),\cdots,x^{(0)}(n)\right\}$，记 $\sigma^{(1)}(k)=\dfrac{x^{(1)}(k)}{x^{(1)}(k-1)}$，若 $\sigma^{(1)}(k)$ 满足下列条件。

(1) $\forall k,\sigma(k)\in(0,1]$，则称序列具有负的灰指数规律。

(2) $\forall k,\sigma(k)\in(1,b]$，则称序列具有正的灰指数规律。

(3) $\forall k,\sigma(k)\in(a,b],b-a=\delta$，则称序列具有绝对灰度为 δ 的灰指数规律。

(4) $\delta<0.5$ 时，称序列具有准指数规律。

观察表 3.19，当 $k>3$ 时，货运量序列 $x^{(0)}$ 中 $\sigma^{(1)}(k)\in[1,1.5]$，$\delta<0.5$，满足准指数规律，说明货运量序列 $x^{(0)}$ 满足灰色预测条件，可以进行预测。

对 $x^{(1)}$ 做紧邻均值生成。

紧邻均值生成是指将等时距的数据序列中相邻的两个数之和作为平均值，得出一组新的数据序列的过程，设 $z^{(1)}$ 为 $x^{(1)}$ 的紧邻均值生成序列，则有：

$$z^{(1)}=\left\{z^{(1)}(2),z^{(1)}(3),\cdots,z^{(1)}(n)\right\}=0.5\left\{x^{(1)}(k)+x^{(1)}(k-1)\right\} \quad (k=2,3,\cdots,n) \quad (3.13)$$

根据式 (3.13) 求得 $x^{(1)}$ 的紧邻均值生成序列 $z^{(1)}$：

$$z^{(1)}=(3174.5,5908,\cdots,68759.5)$$

称 GM $(1,1)$ 模型的基本形式为

$$x^{(0)}(k)+az^{(1)}(k)=u \qquad (3.14)$$

式中，a 为发展系数；u 为灰作用量。

(5) 灰色建模的途径是一次累加序列 $x^{(1)}$ 通过最小二乘法来估计常数 a 和 u。称 GM $(1,1)$ 模型 $x^{(0)}(k)+az^{(1)}(k)=u$ 的白化方程为

$$\frac{dx^{(1)}}{dt} + ax^{(1)} = u \tag{3.15}$$

若 $\hat{a} = (a,u)^{\mathrm{T}}$ 为参数列，且

$$\boldsymbol{Y} = \begin{bmatrix} x^{(0)}(2) \\ x^{(0)}(3) \\ \vdots \\ x^{(0)}(n) \end{bmatrix}, \quad \boldsymbol{B} = \begin{bmatrix} -z^{(1)}(2) & 1 \\ -z^{(1)}(3) & 1 \\ \vdots & \vdots \\ -z^{(1)}(n) & 1 \end{bmatrix} \tag{3.16}$$

则 $\mathrm{GM}(1,1)$ 模型 $x^{(0)}(k) + az^{(1)}(k) = u$ 的最小二乘估计参数列满足：

$$\hat{a} = \left(\boldsymbol{B}^{\mathrm{T}}\boldsymbol{B}\right)^{-1}\boldsymbol{B}^{\mathrm{T}}\boldsymbol{Y} \tag{3.17}$$

根据式(3.16)、式(3.17)得

$$\boldsymbol{Y} = \begin{pmatrix} 2085 \\ 3382 \\ \vdots \\ 9106 \\ 8817 \end{pmatrix}, \boldsymbol{B} = \begin{pmatrix} -3174.5 & 1 \\ -5908.0 & 1 \\ \vdots & \vdots \\ -59798.0 & 1 \\ -68759.5 & 1 \end{pmatrix}$$

$$\hat{a} = \left(\boldsymbol{B}^{\mathrm{T}}\boldsymbol{B}\right)^{-1}\boldsymbol{B}^{\mathrm{T}}\boldsymbol{Y} = \begin{pmatrix} a \\ u \end{pmatrix} = \begin{pmatrix} -0.11 \\ 2239.63 \end{pmatrix}$$

用时间响应方程计算拟合值 $\hat{x}^{(1)}(k)$。

将估计值 a 和 u 代入白化方程 $\dfrac{dx^{(1)}}{dt} + ax^{(1)} = u$ 得到时间响应方程为

$$\hat{x}^{(1)}(k+1) = \left[x^{(1)}(1) - \frac{u}{a}\right]e^{-a(k)} + \frac{u}{a} \tag{3.18}$$

根据式(3.18)及已知结果，计算 $\hat{x}^{(1)}(k+1)$ 为

$$\begin{aligned} \hat{x}^{(1)}(k+1) &= \left[x^{(0)}(1) - \frac{u}{a}\right]e^{-ak} + \frac{u}{a} \\ &= 22435.70e^{0.11k} - 20303.70 \end{aligned} \tag{3.19}$$

(6)通过对 $\hat{x}^{(1)}(k+1)$ 做一次后减运算还原求出 $x^{(0)}$ 的拟合值，即

$$\begin{aligned} \hat{x}^{(0)}(k+1) &= \hat{x}^{(1)}(k+1) - \hat{x}^{(1)}(k) \\ &= \left(1 - e^a\right)\left(x^{(0)}(1) - \frac{u}{a}\right)e^{-ak} \qquad (k = 1,2,\cdots,n-1) \end{aligned} \tag{3.20}$$

当 $k = 1,2,\cdots,n$ 时，由式(3.20)算出的 $\hat{x}^{(0)}(k)$ 为拟合值；

当 $k > n$ 时，$\hat{x}^{(0)}(k)$ 为预测值。

根据式(3.20)求得 2002～2020 年货运量预测值，结果如表 3.20 所示。

对 2003～2015 年货运量拟合值作图如图 3.8 所示。

表 3.20　GM(1,1)灰色模型预测结果

年份	观测值 $x^{(0)}$	预测值 $\hat{x}^{(0)}$	残差 $\varepsilon(k)$	相对残差 Δ_k
2002	2132	2132	0	0.00
2003	2085	2454	−369	17.70
2004	3382	2764	618	18.27
2005	3004	3112	−108	3.60
2006	3101	3503	−402	12.96
2007	3858	3945	−87	2.26
2008	4806	4441	365	7.59
2009	5271	5000	271	5.14
2010	5345	5630	−285	5.33
2011	6366	6339	27	0.42
2012	7418	7137	281	3.79
2013	8477	8036	441	5.20
2014	9106	9048	58	0.64
2015	8817	10187	−1370	15.54
2016	—	11841	—	—
2017	—	13376	—	—
2018	—	15109	—	—
2019	—	17068	—	—
2020	—	19280	—	—

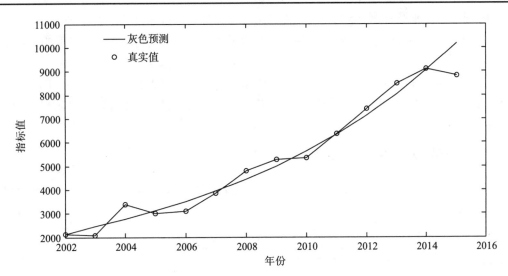

图 3.8　GM(1,1)灰色模型拟合图

通过 GM(1,1)模型预测，观察表 3.20 和图 3.8 发现，在 GM(1,1)系统下，所求的泸州市 2003～2015 年货运量拟合值的变动趋势与真实值的方向总体保持一致。除 2003 年、2004 年和 2006 年货运量拟合值出现明显偏离真实值外，其余年份拟合值的绝对相

对误差均控制在 5%附近，故可以初步判定，使用该方法进行泸州市物流需求预测是可行且有效的。

精度检验如下。

得到模型结果后，需要通过模型诊断来判断模型的可靠性。目前常用的诊断方法是模型残差检验和后验差检验。残差检验是通过计算模型平均相对残差对模型进行诊断，当平均相对残差值落于模型精度可靠范围内，即认为模型结果可靠。后验差则是通过计算均方差比值 C 和小误差概率 P 来对模型进行诊断，当 C 和 P 落于可靠的范围，则可根据模型对货运量进行预测。

(1)残差检验。

残差：

$$\varepsilon(k) = x^{(0)}(k) - \hat{x}^{(0)}(k) \qquad (k=2,3,\cdots,n) \tag{3.21}$$

相对残差：

$$\Delta_k = \frac{|\varepsilon(k)|}{x^{(0)}(k)} \qquad (k=2,3,\cdots,n) \tag{3.22}$$

若全部的 $\Delta_k < 0.01$ ，则认为预测达到了较高要求；

若全部的 $\Delta_k < 0.02$ ，则认为预测达到了一般要求。

平均相对残差：

$$\bar{\Delta} = \frac{1}{n}\sum_{k=1}^{n}\Delta_k \tag{3.23}$$

一般情况下，当 $\bar{\Delta} < 0.1$ 时，称模型为残差合格模型。

根据上述残差计算公式，得到 2003 ~ 2015 年预测结果的平均相对残差 $\bar{\Delta} = \text{MAPE} = 0.0757 < 0.1$ ，可见该模型残差检验达到了合格的标准，计算结果如表 3.20 所示。

(2)后验差检验。后验差检验属于统计类检验(马萍，2007)。记 $x^{(0)}$ 和 $\hat{x}^{(0)}$ 的绝对关联度为 ε ，对于给定的 $\varepsilon_0 > 0$ ，若 $\varepsilon > \varepsilon_0$ ，则称模型为关联度合格模型。记 $\varepsilon^{(0)}$ 为 $x^{(0)}$ 和 $\hat{x}^{(0)}$ 的残差序列。

$x^{(0)}$ 的均值和方差为

$$\bar{x} = \frac{1}{n}\sum_{k=1}^{n}x^{(0)}(k), \quad S_1^2 = \frac{1}{n}\sum_{k=1}^{n}\left[x^{(0)}(k) - \bar{x}\right]^2 \tag{3.24}$$

残差的均值和方差为

$$\bar{\varepsilon} = \frac{1}{n}\sum_{k=1}^{n}\varepsilon(k), \quad S_2^2 = \frac{1}{n}\sum_{k=1}^{n}\left[\varepsilon(k) - \bar{\varepsilon}\right]^2 \tag{3.25}$$

$C = S_2/S_1$ 为均方差比值，$P = P\left(|\varepsilon(k) - \bar{\varepsilon}| < 0.6745S_1\right)$ 为小误差概率。一般情况下，当 $C < 0.35$ 或 $p > 0.95$ 时，认为模型精度好。通过式(3.24)和式(3.25)计算得到模型的后验比 $C=0.199$ 和小误差概率 $P=1$，可知模型预测结果可信度高。

3.4.3　BP 神经网络预测模型

在关联性分析方法上，前文所讨论的主成分回归模型整体拟合效果较好，但在个别年份出现了异常值，本章考虑变量间可能存在某种很强的非线性关系。GM(1,1) 模型作为一种单变量模型，对变量的复杂关系的解释能力有限。基于此，本节结合神经网络能够模拟任意非线性函数的特点及其相关理论原理，选用应用较为广泛的 BP 神经网络来表达变量间复杂的非线性关系。

1.人工神经网络介绍

人工神经网络(artificial neural network，ANN)是一种模仿生物神经网络行为特征进行分布式信息处理的数学模型，它能够拟合任意的非线性函数，并具有强大的自适应与自组织功能、学习功能、联想功能和容错功能，这些优点使其在模式识别、语音综合和智能机器人控制等领域得到了广泛的应用。

在应用方面，随着实际问题复杂程度的不断提高，数学模型的复杂度和计算量越来越大。这时，人工神经网络对某些实际问题的解决显示出一定的优势。首先，人工神经网络不需要任何数值算法来建立模型，它仅仅通过对样本数据的学习就能建立输入和输出的映射关系。其次，针对数学模型的复杂性问题，人工神经网络固有的非线性数据结构和计算过程使其非常适于处理非线性映射关系，再加上网络自身的计算方法，只要训练数据齐备，即使复杂的网络也能很快建立，这些都是许多传统方法无法比拟的。后文将从人工神经网络的基本组成单元、人工神经网络结构和人工神经网络学习方法三个方面介绍人工神经网络。

1)人工神经元

人工神经元是神经网络的基本构成单元，它是一个多输入、单输出的非线性组件。类似于人脑神经网络，人工神经网络是由多个人工神经元连接而成的网络结构。人工神经元输入输出关系用图 3.9 表示。

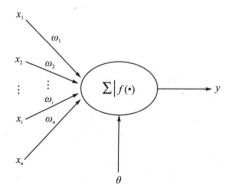

图 3.9　人工神经元模型

图 3.9 中，$x_i(i=1,2,\cdots,n)$ 表示来自外部的信息或者其他神经元对本神经元的输入信号；ω_i 表示各外部信息或输入信号到本神经元的连接权值，或称加权系数，它表示神经

元之间的连接强度；θ表示神经元的内部阈值，或称偏置；$f(\bullet)$为激活函数，它决定了神经元节点的输出，是构建神经网络过程中的重要环节。

以下是几种常见的激活函数。

线性函数：

$$f(x) = kx + c \tag{3.26}$$

阈值函数：

$$f(x) = \begin{cases} 1, & x \geqslant 0 \\ 0, & x < 0 \end{cases} \tag{3.27}$$

S型函数：

$$f(x) = \frac{1}{1+\exp(1-\beta x)} \qquad (\beta > 0) \tag{3.28}$$

记I为神经元的输入，y为神经元的输出，则有神经元的输入与输出的关系：

$$I = \sum_{i=1}^{n} \omega_i x_i - \theta$$
$$y = f(I) \tag{3.29}$$

2）人工神经网络结构

如前文所介绍，人工神经网络是由多个人工神经元连接而成的网络结构。研究者模拟人脑神经元之间形成的网络结构，利用人工神经元构成了不同拓扑结构的神经网络。目前，人工神经网络的连接方式主要分为前馈型神经网络和反馈型神经网络。其网络结构如图3.10和图3.11所示。两者是按人工神经网络的学习方式不同所做的划分。

其中，前馈型神经网络是一种有导师学习的系统。有导师学习算法的核心是对样本输入和期望输出的学习调整过程。它是通过将一组训练集送入网络，计算得到实际输出。如果网络的实际输出与期望输出间的误差不满足预先设定的精度要求，则依据相应的输出误差来调整控制权值连接强度，使输出误差向更小的方向发展，经过这样多次训练，直至输出误差满足初始设定的输出误差判定规则。这类网络主要用于解决有训练样本的实际问题。

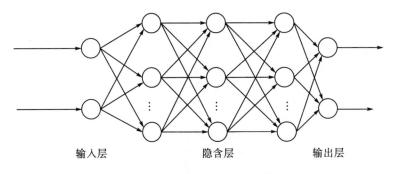

图3.10　前馈型神经网络结构

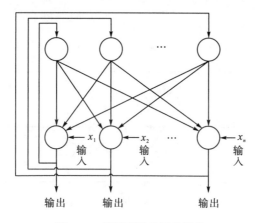

图 3.11　反馈型神经网络结构

反馈型神经网络则是一种无导师学习的学习系统。在无导师学习中，由于网络事先没有先验数据，即网络只有输入数据而没有与之相对应的输出数据，致使网络无法采用有导师学习的方法，而只能通过按照网络预先设定的规则来自组织自适应地改变网络参数和结构。无导师学习方法是直接将网络置于环境之中，无需外部的影响来调整权值，此时学习规律的变化服从连接权值的演变方程。其主要用于解决没有训练样本的实际问题。

3）人工神经网络学习方法

人工神经网络拟合任意的非线性函数，其实现过程就是先确定网络结构，给出输入到输出加权系数的调整规则和输出误差判断规则，并通过学习将网络中的各个加权系数求解出来。

加权系数的求解过程叫做网络的学习，一般将人工神经网络的学习方法分为有导师学习和无导师学习，具体内容见前文。目前，人工神经网络通常采用误差逼近法求解加权系数，通过给定调整加权系数的方法来逐渐调整加权系数，直至期望输出与实际输出的误差落在允许范围内。而输入到输出加权系数的调整规则和输出误差判断规则称为学习规则，一般情况下，人工神经网络的学习规则是随着人工神经网络算法的提出而提出的。本节将在介绍具体网络结构时再对其学习规则进行说明。

综上，本章的物流需求问题研究中，训练样本齐备，符合前馈型神经网络条件。故选择前馈型神经网络中应用最为广泛的 BP 神经网络来做物流需求预测分析。

2.BP 神经网络介绍

BP 神经网络是一种具有三层或三层以上的多层前馈型神经网络，它的左右各层之间各个神经元实现全连接，而上下神经元之间无连接，且每一层可由若干个神经元组成。

典型的三层 BP 神经网络结构如图 3.12 所示。

BP 算法是一种出色的有导师学习算法，其学习规则是：网络的输出误差判定采用最小二乘法；各层加权系数的调整基于所选的训练函数。BP 算法的学习过程主要由四部分组成，其算法推导过程如图 3.12 所示。

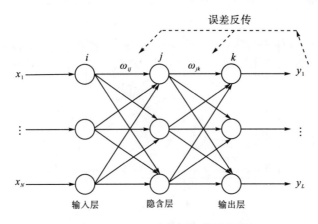

图 3.12   三层 BP 神经网络结构图

（1）信号的正向传播。给定输入信息，将输入信息向前传播至隐含层的节点上，经过激励函数运算后，把隐含节点的输出信息传播到输出节点，最后计算输出结果。

（2）误差的反向传播。若在输出层未能得到期望的输出值，则从输出层开始根据训练函数修改权系数，以使输出的误差信号最小。修改权系数的过程是由输出层经隐含层传向输入层。

（3）正向传播和反向传播反复交替循环进行。

（4）判定全局误差是否趋于极小值。

3.BP 神经网络预测

（1）BP 神经网络算法计算流程如图 3.13 所示。

（2）本节依据已有物流相关数据变量个数、样本量等情况，做关于泸州市货运量与各影响因素的 BP 神经网络设计。

①将已有样本分为训练集和测试集两类。即将 1990～2009 年 20 年的变量数据作为训练集，其中自变量作为训练集的输入，因变量作为训练集的输出；2010～2014 年 5 年的变量数据作为测试集，同理，自变量作为测试集的输入，因变量作为测试集的输出。此时，训练集以及测试集都已经准备好。在神经网络训练的过程中，可能会出现拟合等情况。针对此问题，建立的测试集能够有效判断神经网络是否发生过拟合现象。比如，在训练阶段模型的输出误差很小，而在对神经网络进行测试时，误差很大，则可以断定此网络存在过拟合情况，同时需要调整网络参数。如果在训练阶段，误差小，同时在进行测试时，测试误差也小，说明该网络的参数设置合理。

②找出训练样本中的最大值（即训练样本的输出最大值和输入最大值）。

③将训练集和测试集的输入、输出样本进行归一化处理（即将它们分别与步骤②获得的训练集和测试集的最大值相除）。其中，对样本数据进行归一化的目的是为了加快训练速度，同时提高网络的收敛性。

④将归一化后的训练集的输入作为神经网络的输入，归一化后的训练集的输出作为神经网络的输出。

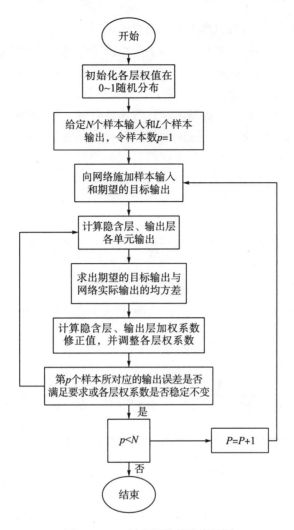

图 3.13　BP 神经网络算法流程图

⑤设置神经网络相关参数。神经网络的参数设置包括：神经网络的输入最大值和最小值、神经网络的输出最大值和最小值、网络层的个数以及对应的激活函数和训练函数。

⑥对上述配置好的神经网络进行训练，同时可以查看对应神经网络的误差率情况。若第 p 个样本对应的输出误差不满足给定要求，返回步骤⑤重新设置参数，直至所有样本的输出误差满足给定要求。

⑦等待网络训练完成。

⑧获得网络的各个参数，并将测试集的输入作为神经网络的输入进行测试，获得的结果即为最终的神经网络的测试结果。求得测试集输出结果的误差率，如果太大，则丢弃网络参数，重新训练，否则保留该网络的各个参数。

(3)上述神经网络的参数调节主要涉及：隐藏层节点数、激活函数、学习率和训练函数的确定。

①隐藏层节点数。不同的隐藏层节点数对应不同的误差率。一般来说隐藏层节点的个数越多，越容易出现过拟合现象，隐藏层节点的个数越少，网络越容易出现欠拟合现象。所以当隐藏层的节点合适的时候，对应较少的误差率和较低的识别率。隐藏层节点数的确定需要实验者根据实验情况不断调整，以接近最佳节点数。

②激活函数。激活函数对于误差率和收敛速度有着显著的影响。然而激活函数的选择更加依赖实验者自身的经验，不同的数据库对应不同的激活函数，故激活函数的选择需要不断去尝试。合适的激活函数会集中出现较小的误差率，反之则不然。例如，若在试验中发现 purelin 函数相对于其他函数如 compet、logsig 来说，具有较小的误差率，同时较小的误差率几乎都集中出现在 purelin 函数上，则认为 purelin 对本数据集具有良好的稳定性。

③学习率。学习率是网络加权系数调整中的一个关键因子，好的学习率能够提高网络的收敛能力和收敛速率。学习率偏大容易导致网络无法收敛，较小的学习率容易导致网络收敛速度偏慢或者训练早熟，使得网络陷入局部极小。

④训练函数。训练函数和学习率一样，会影响网络的收敛速度以及收敛性。好的训练函数既可以收敛，也拥有较快的训练速度。

经过多次调参，本实验最终得到的参数如表 3.21 所示。

表 3.21　BP 神经网络模型参数

隐含层层数	神经元个数/个	激活函数	训练函数	最小误差	学习率
单层	3	purelin	traincgp	10^{-6}	0.005

为验证本实验参数的有效性，对上述参数进行多次训练，实验结果均达到预期效果。

(4)通过上述 BP 神经网络的参数，得到 1991～2015 年的训练数据及测试数据的期望值，结果如表 3.22 所示，BP 神经网络拟合图如图 3.14 所示。

表 3.22　BP 神经网络模型预测结果对比

年份	观测值 $x^{(0)}$	拟合值 $\hat{x}^{(0)}$	残差 $\varepsilon(k)$	相对残差 Δ_k
1990	1012			
1991	1727	1118	609	35.263
...	...	...	...	...
2005	3004.00	2961	43.00	1.431
2006	3101.00	3446	−345.00	11.125
2007	3858.00	3954	−96.00	2.488
2008	4806.00	4626	180.00	3.745
2009	5271.00	5310	−39.00	0.740
2010	5345.00	5307	38.00	0.711
2011	6366.00	6272	94.00	1.477
2012	7418.00	8330	−912.00	12.294

续表

年份	观测值 $x^{(0)}$	拟合值 $\hat{x}^{(0)}$	残差 $\varepsilon(k)$	相对残差 Δ_k
2013	8477.00	9126	−649.00	7.656
2014	9106.00	9760	−654.00	7.182
2015	8817.00	8354	463.00	5.251

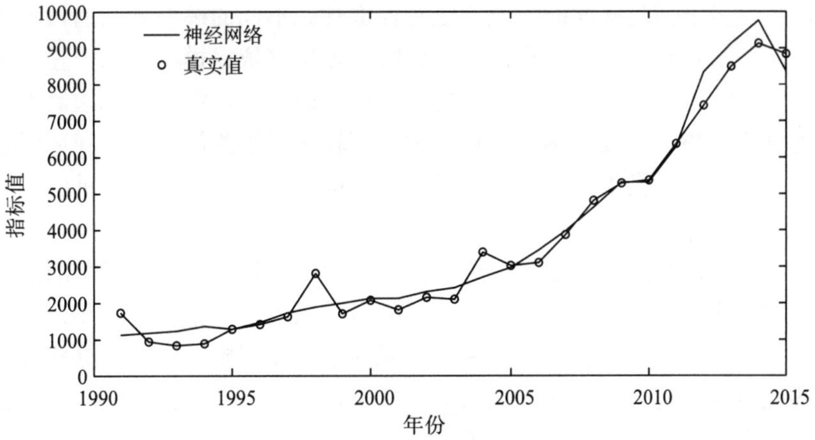

图 3.14　BP 神经网络拟合图

通过 BP 神经网络的拟合，从表 3.22 和图 3.14 中可观测得到，BP 神经网络较好地反映了模型变量的非线性变动趋势，但在个别年份中，货运量拟合值的异常变动影响了模型整体的拟合精度。

3.4.4　小结

3.4 节是在前文理论分析基础上结合泸州市相关数据进行的预测模型研究。3.4 节基于物流需求研究目的及对泸州市物流需求相关指标数据的分析，选用多元线性回归、GM(1,1) 预测和 BP 神经网络预测 3 种方法来做物流需求预测分析。其中，主要针对多元线性回归中自变量间存在的多重共线性，提出主成分回归模型，该方法有效解决了多重共线性问题，且主成分回归结果显著通过模型检验。同时，在泸州市 2002～2015 年货运量数据序列满足 GM(1,1) 预测模型的准光滑性检验前提下，利用 GM(1,1) 方法得到 2003～2020 年货运量预测值。最后，按照 BP 神经网络预测步骤，在满足设定误差条件下，最终得到货运量 1991～2015 年的输出值。

3.4 节按照三个单项模型的模型方法、步骤，依次求得三种模型形式下泸州市的货运量预测值。在对预测结果分析时，发现主成分回归模型能够较好解释各影响因素对物流需求的影响，GM(1,1) 和 BP 神经网络能较好地拟合货运量的非线性变动趋势。但从预测结果上看，三个模型对货运量真实值的拟合误差波动较大，严重影响了三个模型的预测精度。为有效提高预测结果精度，本章综合上述三个模型特点，在 Shapley 值法确定权重基础上构造出关于主成分回归、GM(1,1) 和 BP 神经网络的组合预测模型，对泸州市货运量进行预测分析。

3.5 Shapley 值法组合预测模型

3.5.1 组合预测方法介绍

目前，物流需求预测研究的模型方法有很多种。不同的模型方法通常反映研究对象的不同信息。在选择较优模型进行问题分析时，如果仅依据模型预测误差，简单地将预测误差较大的方法舍弃掉而选用单一精度较高模型做预测，将会造成预测方法选择的片面化，使得预测结果存在较大偏差。目前常用且较为科学的做法是：利用组合预测能够综合利用各种方法所提供信息的优点，通过合理确定单项预测方法权重的方式来尽可能地提高预测精度。

组合预测方法是对同一问题，采用两种或两种以上预测方法进行预测的方法。它可分为：多种定性方法的组合、多种定量方法的组合以及定性预测方法和定量预测方法的组合。组合预测方法一般先通过建立多个独立的单项预测模型，再将这些单项模型进行线性或非线性组合，构造相应的线性或非线性函数来进行组合预测。本章主要应用了线性组合的方法，此方法的核心是如何确定各单项模型的权重，并且要求各模型的权重必须最大限度地反映各自对总体预测结果的影响。通常表现为，误差越大的预测方法，其在组合预测模型中的权重就越小，反之则越大。

设预测对象采用 n 个单项预测方法，利用各单项预测方法所得到的预测值记为 $\hat{y}_i$，$i = 1, 2, \cdots, n$。上述线性组合预测表示为

$$\hat{y} = \lambda_1 \hat{y}_1 + \lambda_2 \hat{y}_2 + \cdots + \lambda_n \hat{y}_n \tag{3.30}$$

式中，λ_n 表示第 n 个单项预测方法的加权系数。

将式(3.30)变形得

$$\hat{y}_k = \sum_{i=1}^{n} \lambda_i \hat{y}_{ik} \qquad (i = 1, 2, \cdots, n) \tag{3.31}$$

式中，y_k 表示研究对象在第 k 个样本上的组合预测值；λ_i 表示第 i 种预测方法在组合模型中所占的权重；i 表示组合模型所用预测方法的个数；y_{ik} 表示第 i 种预测方法在第 k 个样本上的预测值。

第 i 种预测方法的平均相对误差为

$$E_i = \frac{1}{k} \sum_{j=1}^{k} |e_{ij}| \tag{3.32}$$

式中，E_i 表示第 i 种预测方法的平均相对误差；k 表示样本量个数；e_{ij} 表示第 i 种预测方法在第 j 个样本上所对应的相对误差值。

组合预测方法的平均相对误差为

$$E = \frac{1}{n} \sum_{i=1}^{n} E_i \tag{3.33}$$

组合预测模型对预测结果的影响，可通过总的平均误差 E 进行初步反映。各单项模

型对总的预测结果的影响，即权重的确定有多种方法。本章利用 Shapley 值法求权重并确定易于被各方所接受的优点，选用 Shapley 值法确定各单项预测方法在组合预测模型中的权重。

3.5.2 Shapley 值法组合预测模型构建

Shapley 值法最早是由美国洛杉矶大学教授罗伊德·夏普利提出的用于解决多人合作对策问题的一种数学方法，它主要应用在合作收益在各合作方之间的分配。在多人合作决策问题中，Shapley 值法实现的是算出每个合作成员对该合作联盟的贡献大小。Shapley 值法的最大优点在于其原理和结果易于被各个合作方视为公平，结果易于被各方接受。Shapley 值法确定各单项模型权重的计算原理如下。

(1) Shapley 值法定义如下。设有 n 个单项预测模型进行组合预测模型构建，记 I 代表 n 个模型的集合，即 $I = \{1, 2, \cdots, n\}$；S 代表 n 个单项模型可能组成的组合，有 $S \subseteq I, i \subseteq S$。

(2) Shapley 值法误差分摊公式为

$$E_i' = \sum_{S \subseteq S_i} W(|S|)\left[E(S) - E(S_i)\right] \qquad (i = 1, 2, \cdots, n) \tag{3.34}$$

$$W(|S|) = \frac{(n - |S|)!(|S| - 1)!}{n!} \tag{3.35}$$

式中，E_i' 表示第 i 种预测模型所分摊的误差；S_i 表示包含第 i 种预测模型的所有子集；$W(|S|)$ 表示子集 S 中第 i 种预测模型所分担的组合边际贡献；$E(S)$ 表示子集 S 中含有第 i 种预测模型的子集相对误差；$E(S_i)$ 表示子集 S 中不含有第 i 种预测模型的子集相对误差；$|S|$ 表示子集 S 中元素的个数；n 表示集合 I 中元素的个数。

(3) 计算各单项预测方法在组合预测模型中所占比例：

$$\lambda_i = \frac{1}{n-1} \cdot \frac{E - E_i'}{E} \tag{3.36}$$

(4) 结合式 (3.31) 得 Shapley 值法组合预测模型表达式为

$$\hat{y}_k = \sum_{i=1}^{n} \lambda_i \hat{y}_{ik} \tag{3.37}$$

本章以泸州市物流需求预测为研究内容，Shapley 值法组合预测步骤如下。

确定组合模型中单项模型个数和类型。本章选取主成分回归模型、GM (1,1) 灰色模型和 BP 神经网络模型进行组合问题研究，三种单一模型的优缺点如表 3.23 所示。

表 3.23 三种单一模型的优缺点比较

模型	优点	缺点
主成分回归	能有效解决变量间存在的多重共线性问题、有效分析多因素分析问题	忽略了变量间非线性因果关系
GM (1,1) 灰色	适用于分析信息量少及不确定性问题	随着预测期变长，扰动项会对系统产生重大影响
BP 神经网络	自组织和适应能力强，具有很强的非线性拟合和泛化能力	收敛速度慢，易陷入局部极小点

综合表 3.23 中三个模型的优缺点，可发现主成分回归方程能实现各影响因素对物流需求影响程度分析，GM(1,1) 灰色模型能弥补前者无法捕捉物流需求量非线性数据信息的不足，BP 神经网络模型不同于 GM(1,1) 灰色模型单变量分析方法，能够完成多影响因素参与下的非线性拟合。本章选用主成分回归模型、GM(1,1) 灰色模型和 BP 神经网络模型来构建组合预测模型，以提高物流需求预测精度。

Shapley 值法组合预测模型计算公式为

$$\hat{y}_k = \lambda_1 \hat{y}_{1k} + \lambda_2 \hat{y}_{2k} + \lambda_3 \hat{y}_{3k} \tag{3.38}$$

式中，$\hat{y}_k$ 表示第 k 个样本对应组合预测结果；$\hat{y}_{1k}$ 表示第 k 个样本对应主成分回归模型预测结果；$\hat{y}_{2k}$ 表示第 k 个样本对应 GM(1,1) 灰色模型预测结果；$\hat{y}_{3k}$ 表示第 k 个样本对应 BP 神经网络模型预测结果；λ_1 表示主成分回归模型在组合模型中所赋权值；λ_2 表示 GM(1,1) 灰色模型在组合模型中所赋权值；λ_3 表示 BP 神经网络模型在组合模型中所赋权值。

由表 3.18、表 3.20 和表 3.22 结果汇总，得到表 3.24。

表 3.24　单项模型预测结果及误差比较

年份	观测值	主成分回归模型拟合值	GM(1,1)灰色模型拟合值	BP 神经网络模型拟合值	主成分回归模型绝对相对误差/%	GM(1,1)灰色模型绝对相对误差/%	BP 神经网络模型绝对相对误差/%
2002	2132	2200.70	2132	2307	3.223	0.000	8.208
2003	2085	2324.29	2454	2417	11.477	17.698	15.923
2004	3382	2580.51	2764	2703	23.699	18.273	20.077
2005	3004	2782.61	3112	2961	7.370	3.595	1.431
2006	3101	3042.11	3503	3446	1.899	12.964	11.125
2007	3858	3486.09	3945	3954	9.640	2.255	2.488
2008	4806	4054.15	4441	4626	15.644	7.595	3.745
2009	5271	4524.29	5000	5310	14.166	5.141	0.740
2010	5345	5262.10	5630	5307	1.551	5.332	0.711
2011	6366	6237.65	6339	6272	2.016	0.424	1.477
2012	7418	7131.83	7137	8330	3.858	3.788	12.294
2013	8477	8174.99	8036	9126	3.563	5.202	7.656
2014	9106	9089.37	9048	9760	0.183	0.637	7.182
2015	8817	10039.61	10187	8354	13.867	15.538	5.251
平均相对误差 E_i/%					8.379	7.573	6.931

注：E_i 计算范围为 2003~2015 年预测值相对误差。

(5) 计算组合模型子集误差。将主成分回归模型、GM(1,1) 灰色模型和 BP 神经网络模型三个单项模型分别记为模型 1、模型 2 和模型 3，三种预测模型的集合表示为 I=(1,2,3)。按照前文组合模型子集误差计算公式，得到该组合模型的子集误差。结果如表 3.25 所示。

表 3.25　组合模型的子集误差

序号	子集	平均相对误差值
1	$E(\{1\})$	8.379
2	$E(\{2\})$	7.573
3	$E(\{3\})$	6.931
4	$E(\{1,2\})$	7.976
5	$E(\{1,3\})$	7.655
6	$E(\{2,3\})$	7.252
7	$E(\{1,2,3\})$	7.628

(6) 构建组合预测模型。根据式(3.34)、式(3.35)及表 3.25 结果，求得三种预测模型在组合模型中分摊的平均相对误差值为 $E_1'=3.106$，$E_2'=2.501$，$E_3'=2.020$，且有 $E=E_1'+E_2'+E_3'=7.627$；

将 E_1'、E_2'、E_3'、E 代入式(3.36)求得三种预测模型在组合模型中所占的比例为：$\lambda_1=0.296$，$\lambda_2=0.336$，$\lambda_3=0.368$；

将 λ_1、λ_2、λ_3 代入式(3.38)得组合预测模型为

$$\hat{y}_k=0.296\hat{y}_{1k}+0.336\hat{y}_{2k}+0.368\hat{y}_{3k} \tag{3.39}$$

将表 3.24 中模型 1、2、3 中泸州市货运量预测值代入式(3.39)，求得组合模型预测结果。为说明组合预测模型的有效性，将各单项模型与组合模型预测结果进行对比。选用 2002～2015 年数据进行对比，结果如表 3.26 和图 3.15 所示。

表 3.26　模型预测结果及误差比较

年份	观测值	主成分回归模型拟合值	GM(1,1)灰色模型拟合值	BP神经网络模型拟合值	组合模型拟合值	主成分回归模型绝对相对误差/%	GM(1,1)灰色模型绝对相对误差/%	BP神经网络模型绝对相对误差/%	组合模型绝对相对误差/%
2002	2132	2200.70	2132	2307	2216.69	3.223	0.000	8.208	3.972
2003	2085	2324.29	2454	2417	2401.96	11.477	17.698	15.923	15.202
2004	3382	2580.51	2764	2703	2687.20	23.699	18.273	20.077	20.544
2005	3004	2782.61	3112	2961	2958.87	7.370	3.595	1.431	1.502
2006	3101	3042.11	3503	3446	3345.45	1.899	12.964	11.125	7.883
2007	3858	3486.09	3945	3954	3812.30	9.640	2.255	2.488	1.185
2008	4806	4054.15	4441	4626	4394.35	15.644	7.595	3.745	8.565
2009	5271	4524.29	5000	5310	4972.96	14.166	5.141	0.740	5.654
2010	5345	5262.10	5630	5307	5402.24	1.551	5.332	0.711	1.071
2011	6366	6237.65	6339	6272	6284.33	2.016	0.424	1.477	1.283
2012	7418	7131.83	7137	8330	7574.00	3.858	3.788	12.294	2.103
2013	8477	8174.99	8036	9126	8477.86	3.563	5.202	7.656	0.010
2014	9106	9089.37	9048	9760	9321.98	0.183	0.637	7.182	2.372
2015	8817	10039.61	10187	8354	9469.54	13.867	15.538	5.251	7.401
			平均相对误差 E_i/%			8.379	7.573	6.931	5.752

注：E_i 计算范围为 2003～2015 年预测值相对误差。

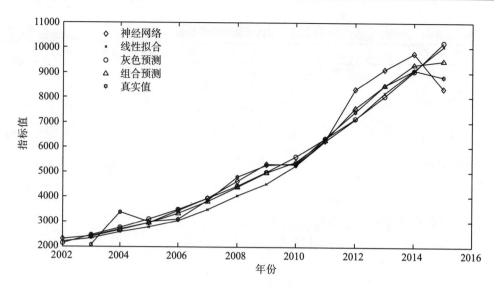

图 3.15　多种模型预测结果比较图

观测表 3.26 和图 3.15 可以看出，组合预测模型对真实值的拟合程度较好。对比单个样本下的误差情况发现，组合预测模型的绝对相对误差值相较于对应年份下的三个单项模型，均有所改善。整体上看来，由于 Shapley 值加权的作用，使得组合预测模型的误差水平保持在一个稳定状态，极少出现异常值。对比模型的平均相对误差值，组合模型的平均相对误差为 5.752%，相较于三个单项模型的预测结果，预测效果最佳。综上，本书认为使用 Shapley 值法组合预测模型来预测泸州市物流需求量要优于其他三个单项预测模型。

3.5.3　Shapley 值法组合预测模型预测

使用主成分回归模型和 BP 神经网络模型实现货运量未来 5 年预测值的计算，需要事先获取各自变量未来 5 年数值。本章选取指数平滑法预测各自变量未来值。

指数平滑法是生产预测中常用的一种方法，也是移动平均法中的一种，常被用于研究对象的中短期发展趋势预测。指数平滑法与移动平均法不同的是，它给较近期观测值的权数比较远期观测值的权数要大，即随着时间向过去推移，其权数按指数规律递减（夏贵进 等，2014）。根据平滑次数不同，指数平滑法分为一次指数平滑法、二次指数平滑法和三次指数平滑法等。

一般来说，一次指数平滑法适用于具有水平趋势的时间序列，二次指数平滑法主要适用于具有线性趋势的时间序列，当时间序列的变动呈现出二次曲线趋势，则需要采用三次指数平滑法进行预测。

从 1990～2015 年自变量 x_1～x_6 趋势可知，从整个时间上看，变量均呈现出明显的二次曲线增长趋势，故本章选取三次指数平滑法进行预测。预测过程如下。

1.初始值的确定

本章取序列的首个数值为一次指数平滑的初始值。

2.平滑系数 α 的确定

平滑系数 $0<\alpha<1$，本章将针对 $\alpha=0.1$、$\alpha=0.2$、$\alpha=0.3$、$\alpha=0.4$、$\alpha=0.5$、$\alpha=0.6$、$\alpha=0.7$、$\alpha=0.8$、$\alpha=0.9$ 来进行试算。结合预测误差最小化原则，经过反复测算，确定平滑系数 α。

3.预测值计算

利用 MATLAB，求得 2016～2020 年变量 x_1～x_6 预测值。结果如表 3.27 所示。

表 3.27　2016～2020 年自变量预测值

自变量	2016	2017	2018	2019	2020
x_1	184.0337	196.7843	209.9941	223.6632	237.7916
x_2	842.9452	865.1133	873.3855	867.7616	848.2417
x_3	405.8683	443.2387	482.2476	522.8948	565.1805
x_4	145.5208	163.1740	181.7311	201.1921	221.5570
x_5	1755.8523	2053.4137	2356.5272	2665.1927	2979.4104
x_6	603.0485	665.3570	730.6191	798.8348	870.0041

将表 3.27 中自变量预测值分别代入主成分回归方程式(3.11)和训练好的 BP 神经网络模型，求得以上两个单项模型下泸州市 2016～2020 年的货运量预测值。结合表 3.20 GM(1,1)灰色模型所求出的 2016～2020 年货运量预测值，并使用 Shapley 值法组合预测模型求出泸州市未来 5 年货运量。结果如表 3.28 所示。

表 3.28　2016～2020 年货运量预测值

年份	主成分回归模型	GM(1,1)灰色模型	BP 神经网络模型	组合预测模型
2016	10990.74	11841	9313	10659.74
2017	11997.59	13376	9789	11648.86
2018	13016.03	15109	10272	12710.74
2019	14046.06	17068	10763	13854.70
2020	15087.69	19280	11261	15089.88

3.5.4　预测结果分析

分析表 3.26 和图 3.15 组合预测模型及各单项模型预测结果可知，与三个单项模型相比，Shapley 值法组合预测模型所求得的货运量总体误差变化曲线较平稳，平均相对误差为 5.752%，明显低于各单项模型的平均相对误差。以上结果说明 Shapley 值法下组合预测模型预测结果较为可靠，可为泸州市物流发展规划问题提供理论参考。

观测表 3.28 发现，组合模型所求得的未来 5 年货运量在以 9.08% 的平均增速变化，低于其在 1990～2015 年的平均增速 12.69%。货运量增速有所下降，这与国家调整产业结构的大背景一致，进而说明组合预测模型结果的合理性。同时，依据主成分回归模型预测结果，说明物流产业发展应该保质增速稳定，与第二产业和第三产业发展模式保持一致，将工作重心从粗放型增长模式逐步向精细化增长模式转变。

3.5.5　小结

3.5 节为提高预测结果精度，结合组合方法与 Shapley 值法各自优点，构建 Shapley 值法下的组合预测模型进行泸州市货运量预测。将组合模型预测结果与各单项模型预测结果进行对比分析，证明了 Shapley 值法组合模型能有效提高预测结果精度。接着，将三次指数平滑法下所求得的影响因子 $(x_1 \sim x_6)$ 2016～2020 年的预测值分别代入主成分回归模型及 BP 神经网络模型，得到这两个单项模型下的货运量 2016～2020 年预测值。最后，结合 3.4 节 GM(1,1) 灰色模型货运量 2016～2020 年预测值和 Shapley 值法组合预测公式(3.39)，得到组合预测模型下的泸州市货运量 2016～2020 年预测值，并结合本章相关模型结果进行分析讨论。

3.6　研究结论与政策建议

3.6.1　研究结论

本章的主要研究内容和结论如下。

(1)本章在指标体系的构建上，基于区域物流需求等相关理论研究，从经济和非经济因素两方面分析了区域物流需求影响因素。在选取物流需求影响因素指标时，以指标选取原则为依据，同时结合泸州市物流经济发展特征，并以相同研究领域的研究成果作为参考，构建出物流需求影响因素指标体系。并在区域物流与区域经济关系理论分析基础上，通过构建排序指标模型，从货运量和货物周转量二者中选出货运量作为物流需求量化指标。

(2)在物流需求预测模型的选择上，本章结合泸州市物流发展现状及可获数据资料情况，选取了主成分回归模型、GM(1,1) 灰色模型和 BP 神经网络模型三个模型作为组合预测模型的组成单元。其中，主成分回归模型能够尽可能地将所能获取的指标信息代入模型，直观反映各影响因素对货运量的影响程度。GM(1,1) 灰色模型对分析数据的样本量要求不高，能从货运量自身数据中找寻规律进行预测分析，其对研究对象的短期预测效果较好。BP 神经网络模型强大的非线性映射能力能较好地表达变量间内在的非线性变动关系。

(3)本章综合各单项模型结果分析发现，三个单项预测模型所预测的结果总体上比较理想，但在个别样本下，各单项模型均出现了拟合异常值，使得模型预测误差出现明显波动，从而影响各模型预测精度。故本章基于组合预测方法能够尽可能提高预测精度以及 Shapley 值法赋权易被各方所接受的优点，构建了关于主成分回归模型、GM(1,1) 灰色模型和 BP 神经网络模型的 Shapley 值法组合预测模型。最后，通过泸州市物流需求实证分析，发现该组合预测模型对各单项模型预测结果的误差波动有明显改善，且预测结果的平均相对误差低于各单项模型的平均相对误差值，从而证明该方法可行，能有效提高预测精度，其预测结果可为泸州市物流需求发展规划提供参考。

3.6.2　政策建议

通过上述理论与实证分析，本章对泸州市物流需求相关因素的分析与建议如下。

(1)加大地方财政收入规模。财政收入对泸州市物流需求的边际影响最大，说明泸州市物流经济增长较依赖财政收入。一方面，财政收入作为政府扩大物流基础设施建设的有力保证，泸州市政府应在综合考虑各方利益的基础上，充分调动各方面的积极性，扩大地方财政收入以推动地区物流业的发展。另一方面，作为实体经济的一部分，物流产业的快速、良性发展必然会提高地方财政收入水平。

(2)重视第一产业基础性地位。虽然泸州市近 26 年来第一产业占 GDP 比例逐年下降，但其对物流需求的影响明显高于第二产业和第三产业对物流需求的边际影响，说明物流经济的发展对传统第一产业的依赖较大。同时，说明第一产业的发展仍需要较多的物流服务来支撑。因此，在将物流业建设重心转至第二产业和第三产业时，仍需重视第一产业在社会经济发展中的传统基础性地位，使物流业继续发挥其在第一产业发展中的辅助性功能，以此促进社会经济的发展。

(3)发掘新兴产业发展潜力。地区产业结构优化升级，使得第三产业产值、第二产业产值、社会消费品零售总额及固定资产投资总额等高附加值产业占地区生产总值的比例逐年增加。而其对物流需求量的边际影响却不大，说明与之紧密联系的物流业的发展可能存在滞后性，未能满足第二产业和第三产业对物流服务的需求。所以在经济结构转型的大背景下，应重视服务业、高新技术产业等的物流管理工作，加大第二产业和第三产业等高附加值产业物流基础设施和物流信息平台的建设，以适应泸州市未来经济发展。

第4章　自贡对接成渝产业与创新合作路径研究

成渝经济区作为国家"一带一路"倡议和长江经济带建设联动发展的重要纽带和战略支点，经过发展，初步形成了以成都、重庆两地的现代服务业、先进制造业和高技术产业为中心，辐射带动区域经济协调发展的格局。

4.1　成渝两地产业布局

根据《成渝城市群发展规划》指导文件，成都和重庆两市被确定为"国家中心城市"。从国家中心城市定位来看，成都市定位为四川省省会，副省级市，特大城市，国家重要的高新技术产业基地、商贸物流中心和综合交通枢纽，西部地区重要的中心城市；重庆市定位为长江上游地区经济、金融中心，长江经济带西部中心枢纽，国际航运中心，国际大都市。基于建设国家中心城市思想，成都与重庆两地形成了"中心城区+郊区新城"的空间层次，布局和规划了不同区块产业聚集与协同发展的空间格局。

4.1.1　成都市产业空间格局

1.初步构建起以成都市为中心的 7 大产业链布局

成都市将德阳、眉山、资阳全市域范围以及雅安的雨城区和名山区共 37 个区(市)县统筹考虑，并推动成都、绵阳、德阳、乐山、遂宁、眉山、资阳产业分工协作，共同构建产业链布局，形成七大产业聚集区。

新一代信息技术产业聚集区——以成都、绵阳、乐山、遂宁为核心，依托成都高新技术产业开发区、绵阳高新技术产业开发区、绵阳经济技术开发区、遂宁经济技术开发区、乐山高新技术产业开发区等，建设国家重要的信息、软件等高技术产业基地和军民结合产业示范基地。2017 年，成都高新技术产业开发区内电子信息产业代表性企业有英特尔、格罗方德、戴尔、联想、德州仪器、富士康、华为等一批世界知名企业，重点生产集成电路、新型显示器件、网络设备、新型元器件等产品，并形成集成电路完整的产业生态圈，整个电子信息产业总产值达 3250 亿元，占成都市总产值的 65.2%，占全国总产值的 1.9%。新经济产业，以精准医疗、人工智能、虚拟现实、传感控制、增材制造、大数据、游戏动漫、高效节能、先进环保、金融科技等细分行业为发展对象，实现 1400 亿元产值。

装备制造产业聚集区——以德阳、成都、资阳、眉山为核心，依托德阳经济技术开发区、成都经济技术开发区等，建设以清洁高效发电设备、新能源设备、轨道交通设备、海洋石油钻探设备等为主的国家重要的重大装备制造产业基地。成都经济技术开发区拥有以中节能、环能德美、美富特膜、易态科技、建龙集团、河北先河、格林兰特、长虹格润等为代表的高效节能装备制造、大气污染治理、在线监测设备制造、水污染治理设备制造、固废处理、降噪减振装备制造企业 64 家，以上海同捷、大瀚新能源为代表的新能源汽车制造企业 5 家，成都节能环保产业发展呈现出"速度领先、总量倍增"的良好势头。

汽车制造产业聚集区——以成都、绵阳、资阳等为核心，依托成都经济技术开发区、绵阳高新技术产业开发区等，打造全国重要的汽车及零部件生产研发基地。成都经济技术开发区作为国家汽车产业新兴工业化示范基地，汇集了一汽大众、一汽丰田、吉利、沃尔沃等 11 家整车企业和博世、德尔福、麦格纳等进入全球供货体系的独立零部件配套企业。生产车型主要包括轿车、SUV、商用车。在轿车领域，以新速腾、新捷达、沃尔沃 S60L 三款产品为主；SUV 产品以丰田普拉多、沃尔沃 XC60、神龙 4008、全球鹰 GX7 为主；商用车以丰田考斯特、大运卡车、一汽客车为主。汽车核心零部件围绕五大总成的配套体系，EA211 发动机项目、吉利动力总成系统、德国博世底盘系统等重大主机项目和美国江森、加拿大麦格纳、法国彼欧、日本住友、德国汉高等 200 余个关键零部件项目聚集发展，变速器、底盘控制系统等总成和关键零部件本地配套率达 30%。汇集从事汽车研发设计的美国哈曼国际、德国汽车智创中心、成都瑞华特电动汽车检测中心以及宁波卡培亿电控研发中心、孔辉科技、汽车研究院等一批研发检测项目落户。

航空航天产业聚集区——以成都、绵阳为核心，依托成都高新技术产业开发区、成都经济技术开发区、绵阳高新技术产业开发区等，建设国家民用航空高新技术产业基地，促进民用航空航天产业集聚发展。成都高新技术产业开发区、成都经济技术开发区重点发展飞机设计、飞机零部件制造、航空电子设备制造、商务飞机制造；依托双流机场，大力发展民航客机和直升机整机维修、维护检测设备制造、航空物流业以及临空商务会展业等。

新材料产业聚集区——以成都、乐山、眉山等为核心，依托成都高新技术产业开发区、乐山高新技术产业开发区等，建设国家重要的新材料高技术产业基地。成都高新技术产业开发区已形成规模的企业如表 4.1 所示。

表 4.1　成都市新材料产业分布

重点发展领域	各领域细分行业	相关企业
新型功能材料产业	新型功能涂层材料制造	成都桑瑞斯粉末涂料有限公司；紫荆花制漆(成都)有限公司；成都巴德士涂料有限公司；成都市新津托展油墨有限公司等
	新型膜材料制造	红塔塑胶(成都)有限公司；成都三益新材料有限公司
	特种玻璃制造	成都中光电科技有限公司；成都光明光电股份有限公司
	功能陶瓷制造	成都宏明电子科大新材料有限公司
	电子功能材料制造	成都佳阳硅材料技术有限公司；四川汇源塑光纤有限公司；成都银河磁体股份有限公司；成都恒力磁性材料有限公司
	其他新型功能材料制造	成都硅宝科技股份有限公司；四川蜀羊防水材料有限公司；成都嘉洲新型防水材料有限公司；成都瀚江新型建筑材料有限公司；四川都江堰西马炭素有限公司；四川鑫炬矿业资源开发股份有限公司；成都东骏激光股份有限公司；成都玉龙化工有限公司

续表

重点发展 领域	各领域 细分行业	相关企业
先进结构材料产业	高品质金属 材料加工制造	成都虹波实业股份有限公司；成都易态科技有限公司
	新型合金 材料制造	四川有色金属科技集团有限责任公司
	工程塑料 材料制造	成都多吉昌新材料股份有限公司；成都迈科新材料有限公司
	高性能纤维复合 材料制造	蓝星(成都)新材料有限公司；四川得阳化学有限公司；巨石集团； 四川航天拓鑫玄武岩实业有限公司；成都瀚江新型建筑材料有限公司； 台嘉成都玻纤有限公司；鲁晨新材料科技有限公司
	其他高性能复合 材料制造	四川有色新材料科技股份有限公司；四川朗峰电子材料有限公司 四川国和新材料有限公司；成都硕屋科技有限公司； 成都远见复合材料有限公司；成都晨光博达橡塑有限公司
前沿新材料产业	生物材料制造	四川国纳科技有限公司；成都普川生物医用材料股份有限公司
	智能材料制造	成都汇通西电电子有限公司
	超导材料制造	西南交通大学超导与新能源研究开发中心及 中国科学院光电技术研究所等机构
	纳米材料制造	四川海旺科技有限公司；成都思摩纳米技术有限公司； 成都蜀都纳米材料科技发展有限公司

生物产业聚集区——以成都、雅安、遂宁、眉山等为核心，依托成都高新技术产业开发区、遂宁经济技术开发区等，建设以生物医药创新、中成药研发生产等为重点的生物产业集聚区。成都高新技术产业开发区内生物产业拥有国家中药现代化基地 3 个，形成中药、化学药物、生物技术药物、医药外包服务等特色产业群，培育倍特、地奥、蓉生等高科技医药企业，聚集美敦力、奥泰医疗、迈克生物、西南医用、南格尔等 200 余家生物医用材料与医疗器械高新技术企业，并在生命科技园和天河孵化园汇集近 300 家国内外知名医药企业和机构入驻。

现代服务业聚集区——以成都、绵阳、乐山、遂宁、雅安等为核心，依托成都市高新技术产业开发区和天府新区等构建以金融、会展、服务外包为重点的现代服务业聚集区，以成都物流为主枢纽和乐山、遂宁、雅安为次级枢纽，建设成都、绵阳研发设计服务业聚集区，初步建立了芦山地震灾区国家生态文化旅游融合发展试验区、大峨眉休闲度假旅游区、龙门山山地旅游区、三国文化旅游区、中华大熊猫生态旅游区等。

2.打造国家中心城市产业布局

成都市为建设国家中心城市提出"打造'中心城区+郊区新城'的空间层次"，将成都市分为五个区块：东部新极核(高新区东区、龙泉驿区、简阳、金堂县)、南部新区(天府新区、新津县、邛崃市)、西部区域(都江堰市、大邑县、蒲江县、彭州市、郫都区、崇州市、邛崃市)、北部区域(青白江区)和中部区域(锦江区、青羊区、金牛区、武侯区、成华区、高新区南区、龙泉驿区、双流区、高新区西区、温江区、新都区和郫都区)，如图 4.1 所示。

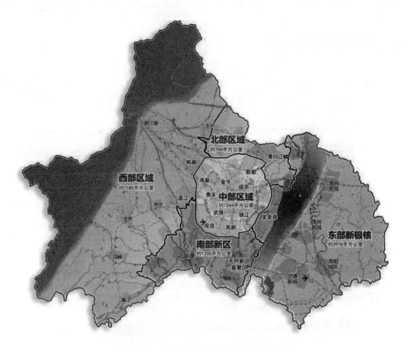

图 4.1　成都国家中心城市区块图

为推动产业差异化布局和集群化发展，增强产业聚集力、辐射力和城市可持续发展能力，根据区块不同的资源与产业特点，提出"东进、南拓、西控、北改、中优"城市产业空间优化思路，从而统筹全成都市工业园区、工业集中区发展方向，全面优化服务业集聚区的空间布局，积极培育现代都市农业产业园区，推动优势产业、优秀企业向园区城市集中，引导优质资源配置向特色园区倾斜，培育优势产业集群。

"东进"：大力发展先进制造业和国际化生产性服务业，重点支持汽车制造、航空航天、节能环保、智能制造等产业，积极发展研发设计、检验检测、航空物流等生产性服务业，建设现代化产业基地。

"南拓"：积极培育高新技术服务业和新经济，发展新一代信息技术、高端装备、生物医药等战略性新兴产业和人工智能等未来产业，加速发展数字经济、生命经济、分享经济、平台经济等新经济，强化国际交往、科技创新、会展博览等城市功能。

"西控"：坚持走绿色产业发展路线，构建绿色、低碳、可循环的产业体系，大力发展低能耗、低排放、高效益、高科技产业，重点支持文化创意、景观农业、休闲运动、康养旅游、绿色食品等产业。

"北改"：重点聚焦开放型经济布局产业，重点支持国际商贸物流产业，积极发展轨道交通、航空航天、先进材料等产业。

"中优"：重点发展生产性服务业和高端生活性服务业，重点支持金融商务、总部办公、文化创意、现代医疗和都市休闲旅游等产业，培育一批现代服务业集聚区、专业楼宇和特色楼宇，促进承载天府文化的特色商贸、文化、教育等生活性服务业精细化、品质化发展。

4.1.2 重庆市产业空间格局

重庆市现已形成电子信息、汽车、装备制造、综合化工、材料、能源和消费品制造等千亿级产业集群。依托国家中心城市建设，重庆市基于九区十一县打造"中心城区+郊区新城"一小时经济圈，如图 4.2 所示。

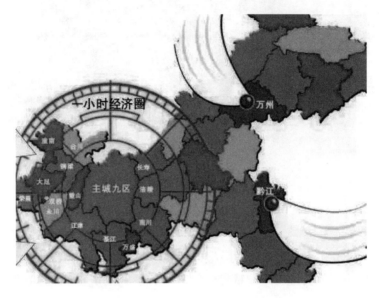

图 4.2　重庆市主城区一小时经济圈

渝中区是行政、商贸、金融、信息中心和交通通信枢纽，重点发展商贸业、金融业、信息产业和中介服务业。

南岸区重点发展五大支柱产业：①现代装备制造业(机电、交通设备、特种汽车、摩托车整车及零部件、船舶及重型装备、新能源装备、核电辅助配套装备、风电和环保设备)；②电子信息产业(移动通信终端设备及产品、物联网和智能家电)；③现代服务业(新兴商贸、重庆南部区域物流中心、金融服务业和生产性服务业)；④都市旅游业(生态旅游休闲、历史文化旅游、都市乡村旅游)；⑤现代都市农业。

九龙坡区定位于高新产业集聚区，重点发展三大产业集群(铝加工、先进制造基地和电子信息产业)以及现代商贸服务业。

沙坪坝区发展新兴优势产业(电子信息产业、现代物流产业)、现代物流业以及传统优势产业(汽摩及装备制造业和商贸流通业)，以及后发优势产业(旅游业、商务服务业、健康产业和创意产业)。

两江新区重点发展轨道交通、电力装备(含核电、风电等)、新能源汽车、国防军工、电子信息等五大战略性产业布局，以及国家级研发总部、重大科研成果转化基地、灾备及数据中心等三大战略性创新功能布局；传统优势项目商贸业、通机气缸头垫、房地产、会展业、总部经济、物流业和旅游业。两江新区"3311"产业体系如图 4.3 所示。

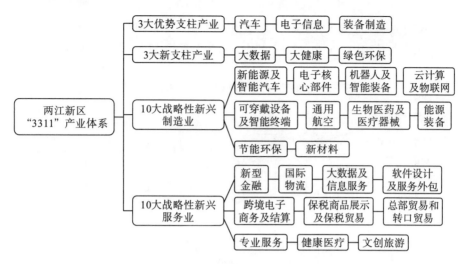

图 4.3　两江新区"3311"产业体系

巴南区重点发展现代制造业(汽车摩托车、装备制造及轻工产业)。

大渡口区重点发展以循环经济为特色的绿色工业、综合物流集散地和文化休闲区，发展重钢集团非钢产业、玻璃纤维制造、电子信息产业等。

江津—合川—璧山板块重点实现与主城区融合发展，承接主城区外溢的区域性服务、物流及科教研发功能，布局国家级产业开发平台，发展电子配套、汽车零部件、机械装备等产业。

永川—大足—荣昌板块重点增强对周边地区的辐射力，培育完善商贸服务、综合物流、职教研发等区域性服务功能，培育消费品、汽车、装备、电子等产业集群。

涪陵—长寿板块，重点打造综合产业基地，引导化工、钢铁、装备、材料、汽车等产业集群发展。

綦江(万盛)—南川板块重点打造资源深加工基地和重要能源基地，承接主城区外溢的商贸物流、现代制造功能，培育休闲旅游与文化交往功能，完善材料工业、能源工业和城郊休闲旅游业。

铜梁—潼南板块重点打造特色产业基地，承接主城区传统工业转移，发展电子配套、汽摩零部件、机械制造等产业，培育商贸物流、生态文化旅游等功能。

4.2　成渝经济区产业贡献及成就

4.2.1　四川省三次产业对经济发展的贡献及成就

1.四川省 2011～2016 年三次产业对地区生产总值的贡献及其发展

经国家统计局审定，四川省 2016 年实现地区生产总值(GDP)32680.5 亿元，按可比价格计算，比上年增长 8.7%(图 4.4)。其中，第一产业增加值 3924.1 亿元，增长 3.8%；第二产业增加值 13924.7 亿元，增长 7.5%；第三产业增加值 14831.7 亿元，增长 9.1%。三次产业对经济增长的贡献率分别为 6.0%、42.5%和 51.5%。人均地区生产总值为 39695 元，增长 7.0%。三次产业结构由上年的 12.2∶44.1∶43.7 调整为 12.0∶42.6∶45.4(图 4.5)。

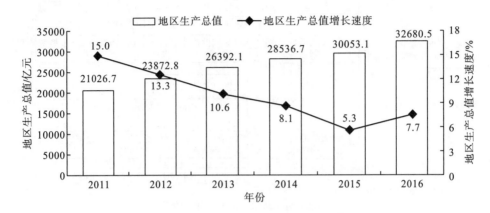

图 4.4　2011～2016 年四川省地区生产总值和增长速度

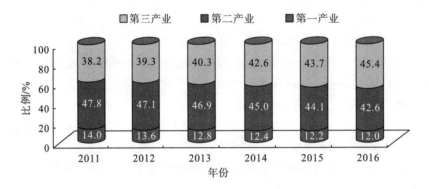

图 4.5　2011～2016 年三次产业增加值占 GDP 比例

其中，2016 年民营经济增加值为 19863.3 亿元，比上年增长 8.1%，占 GDP 的比例为 60.8%，对 GDP 增长的贡献率为 63.9%。其中，第一产业增加值为 1562.7 亿元，增长 2.4%；第二产业增加值为 11399.2 亿元，增长 8.2%；第三产业增加值为 6901.4 亿元，增长 9.3%。

2.四川省农业对地区生产总值的贡献

2016 年全年粮食作物播种面积为 645.4 万 hm^2，与上年持平；油料作物播种面积为 130.7 万公顷，比上年增长 0.6%；中草药材播种面积为 11.7 万公顷，增长 4.0%；蔬菜播种面积为 137.2 万公顷，增长 1.7%。

全年肉猪出栏 6925.4 万头，比上年下降 4.3%；牛出栏 305.2 万头，增长 3.3%；羊出栏 1755.8 万只，增长 3.4%；家禽出栏 67776.9 万只，增长 2.5%。

全年水产养殖面积为 21.5 万公顷，比上年增长 1.6%；水产品产量为 145.4 万吨，增长 4.9%。

年末农业机械总动力为 4450 万千瓦,新增 50 万千瓦。全年农村用电量为 183.0 亿千瓦小时,增长 4.7%。

3.四川省工业和建筑业对地区生产总值的贡献

2016 年全部工业增加值为 11569.8 亿元,比上年增长 4.8%,对经济增长的贡献率为 36.2%。年末规模以上工业企业为 13625 户。全年规模以上工业增加值增长 7.9%(图 4.6)。

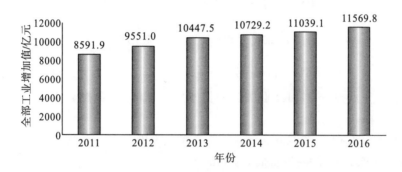

图 4.6　2011~2016 年全部工业增加值

在规模以上工业中,轻工业增加值比上年增长 8.2%,重工业增加值增长 7.7%,轻重工业增加值之比为 1:1.78。

分行业看,规模以上工业 41 个行业大类中有 36 个行业增加值增长。其中,酒、饮料和精制茶制造业比上年增长 11.9%,电力、热力生产和供应业增加值下降 3.5%,计算机、通信和其他电子设备制造业增长 9.4%,非金属矿物制品业增长 10.3%,汽车制造业增长 14.2%,化学原料和化学制品制造业增长 9.0%,农副食品加工业增长 8.5%,石油和天然气开采业增长 21.1%,医药制造业增长 8.1%。

从主要产品产量看,原煤产量比上年下降 3.9%,汽油产量增长 18.0%,天然气产量增长 11.1%,发电量增长 5.3%,铁矿石原矿产量增长 3.1%,成品钢材产量增长 5.0%,水泥产量增长 3.9%,白酒产量增长 8.7%,化学药品原药产量下降 14.7%,汽车产量增长 24.7%,电力电缆产量增长 32.8%,电子计算机整机产量下降 6.4%。全年规模以上工业企业产销率为 96.9%。

全年规模以上工业企业实现主营业务收入 40639.3 亿元,比上年增长 8.4%。盈亏相抵后实现利润总额 2176.1 亿元,增长 5.4%。

全年建筑业增加值为 2473.0 亿元,比上年增长 6.6%。年末施工总承包和专业承包建筑企业为 3991 个,实现利税总额 519.4 亿元,增长 7.5%。房屋建筑施工面积为 54048.3 万平方米,增长 2.4%;房屋建筑竣工面积为 21089.3 万平方米,增长 2.0%。

4.四川省固定资产投资对地区生产总值的贡献

2016 年全年全社会固定资产投资 29126.0 亿元,比上年增长 12.1%,其中固定资产投资(不含农户)28229.8 亿元,增长 13.1%(图 4.7)。

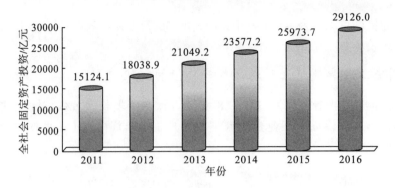

图 4.7　2011～2016 年全社会固定资产投资

分产业看，第一产业投资 1115.1 亿元，增长 32.7%；第二产业投资 8222.4 亿元，增长 10.2%，其中工业投资 8161.7 亿元，增长 10.9%；第三产业投资 19788.5 亿元，增长 12.0%。

全年房地产开发投资 5282.6 亿元，比上年增长 9.8%。商品房施工面积为 41532.1 万平方米，增长 6.5%。商品房销售面积为 9300.5 万平方米，增长 21.2%。

5.四川省国内贸易及旅游对地区生产总值的贡献

2016 年全年社会消费品零售总额为 15501.9 亿元，比上年增长 11.7%（图 4.8）。

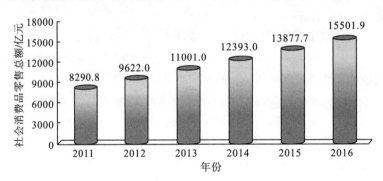

图 4.8　2011～2016 年社会消费品零售总额

按经营地分，城镇消费品零售额为 12435.4 亿元，增长 11.5%；乡村消费品零售额为 3066.5 亿元，增长 12.5%。按消费形态分，商品零售额为 13287.8 亿元，增长 11.5%；餐饮收入为 2214.0 亿元，增长 13.2%。在限额以上企业（单位）中，通过互联网实现的商品零售额为 442.5 亿元，比上年增长 29.8%。

从限额以上企业（单位）主要商品零售额看，粮油、食品、饮料、烟酒类增长 18.8%，服装、鞋帽、针纺织品类增长 4.5%，日用品类增长 24.0%，化妆品类增长 14.3%，金银珠宝类增长 8.2%，家用电器和音像器材类增长 12.8%，中西药品类增长 14.9%，家具类增长 22.2%，建筑及装潢材料类增长 16.0%，汽车类增长 6.4%，石油及制品类增长 3.6%。

四川省全年接待国内游客 6.3 亿人次，比上年增长 7.7%；国内旅游收入为 7600.5 亿元，增长 23.8%。实现旅游外汇收入 15.8 亿美元，增长 33.9%。全年实现旅游总收入 7705.5 亿元，增长 24.1%。

6.四川省对外经济对地区生产总值的贡献

2016 年全年实际利用外资 85.5 亿美元，比上年下降 18.1%。全年对外承包工程新签合同金额 70 亿美元，完成营业额 44.7 亿美元，比上年下降 18.1%。

全年在履约的国内省外投资项目有 9025 个（含往年结转项目），实际到位国内省外资金 9613.6 亿元，增长 5.5%。

全年进出口总额为 493.4 亿美元，比上年下降 3.6%。其中，出口额为 279.5 亿美元，下降 16.2%；进口额为 213.9 亿美元，增长 17.3%（图 4.9）。

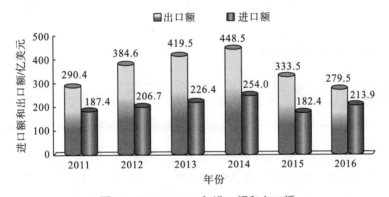

图 4.9　2011～2016 年进口额和出口额

全年以加工贸易方式进出口 273.2 亿美元，比上年增长 17.1%，占全省进出口总额的 55.4%；以一般贸易方式进出口 163.7 亿美元，下降 21.3%，占全省进出口总额的 33.2%。

7.四川省交通、通信和邮电对地区生产总值的贡献

2016 年全年公路、铁路、航空和水路等运输方式完成货物周转量 2403.8 亿吨公里，比上年增长 5.1%；完成旅客周转量 1686.7 亿人公里，增长 1.4%。

全年邮电业务总量为 1870.5 亿元，比上年增长 44.4%。其中，邮政业务总量为 199 亿元，增长 43.6%；电信业务总量为 1671.5 亿元，增长 44.5%。

8.四川省财政和金融对地区生产总值的贡献

2016 年全年地方一般公共预算收入为 3389.4 亿元（图 4.10），比上年增长 1.02%，其中税收收入为 2329.2 亿元，增长 5.0%。一般公共预算支出为 8011.9 亿元，增长 9.8%。

年末金融机构人民币各项存款余额为 65638.4 亿元，比上年末增长 10.9%。全年原保险保费收入为 1712.1 亿元，比上年增长 35.1%。

全年累计实现证券交易额 11.2 万亿元，比上年下降 38.1%。

全年高新技术产业实现总产值 1.6 万亿元，比上年增长 9%，其中规模以上工业总产值为 1.2 万亿元。

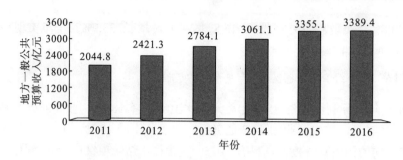

图 4.10　2011～2016 年地方一般公共预算收入

9.人口及城镇化率

据 2016 年全国 1%人口抽样调查资料测算，2016 年末常住人口为 8262 万人，比上年末增加 58 万人，其中城镇人口 4065.7 万人，乡村人口 4196.3 万人。城镇化率为 49.21%，比上年末提高 1.52 个百分点。

4.2.2　重庆市三次产业对经济发展的贡献及成就

1.重庆市 2012～2016 年三次产业对地区生产总值的贡献及其发展

初步核算，重庆市全年实现地区生产总值为 17558.76 亿元，比上年增长 10.7%（图 4.11）。按产业分，第一产业增加值为 1303.24 亿元，增长 4.6%；第二产业增加值为 7755.16 亿元，增长 11.3%；第三产业增加值为 8500.36 亿元，增长 11.0%。三次产业结构比为 7.4：44.2：48.4。非公有制经济实现增加值 10728.77 亿元，增长 10.9%，占全市经济的 61.1%。其中，民营经济实现增加值 8760.49 亿元，增长 12.1%，占全市经济的 49.9%。按常住人口计算，全市人均地区生产总值达到 57902 元，比上年增长 9.6%。

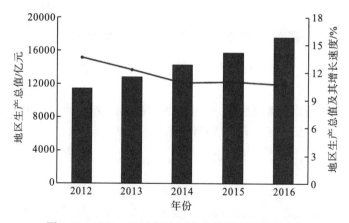

图 4.11　2012～2016 年地区生产总值及其增长速度

2.重庆市农业对地区生产总值的贡献

2016 年全年实现农林牧渔业增加值 1324.66 亿元，比上年增长 4.7%。其中，种植业为 862.30 亿元，增长 4.4%；畜牧业为 320.69 亿元，增长 2.9%；林业为 53.61 亿元，增长 11.3%；渔业为 66.64 亿元，增长 10.2%；农林牧渔服务业为 21.42 亿元，增长 9.8%。

3.重庆市工业和建筑业对地区生产总值的贡献

2016 年全年实现工业增加值 6040.53 亿元，比上年增长 10.2%（如图 4.12），占全市地区生产总值的 34.4%。规模以上工业增加值增长 10.3%。

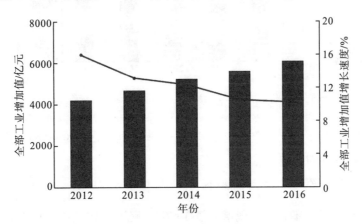

图 4.12　2012～2016 年全部工业增加值及其增长速度

全年规模以上工业中，分行业看，农副食品加工业增加值比上年增长 12.2%，化学原料和化学制品制造业增长 3.9%，非金属矿物制品业增长 10.4%，黑色金属冶炼和压延加工业下降 12.3%，有色金属冶炼和压延加工业增长 8.8%，通用设备制造业增长 11.7%，汽车制造业增长 11.2%，铁路、船舶、航空航天和其他运输设备制造业增长 7.2%，电气机械和器材制造业增长 10.3%，计算机、通信和其他电子设备制造业增长 32.7%，电力、热力生产和供应业增长 4.7%。工业战略性新兴产业增加值增长 27.2%。高技术产业增加值增长 24.2%。

全年规模以上工业企业，实现利税总额 2652.01 亿元，同比增长 7.8%；实现利润总额 1584.97 亿元，同比增长 12.6%；产品销售率为 98.2%，同比提高 0.4 个百分点；总资产贡献率为 14.2%，同比下降 0.6 个百分点；资产负债率为 61.3%，同比下降 0.3 个百分点；资本保值增值率为 112.7%，同比下降 3.8 个百分点。

全年实现建筑业增加值 1714.63 亿元，比上年增长 15.1%。建筑业总产值达 7035.81 亿元，增长 12.4%。全市具有资质等级的总承包和专业承包建筑业企业实现利润增长 9.9%。

4.重庆市固定资产投资对地区生产总值的贡献

2016 年全年完成固定资产投资总额 17361.12 亿元，比上年增长 12.1%（如图 4.13）。其中，基础设施建设投资 5660.87 亿元，比上年增长 30.0%，占全市固定资产投资的 32.6%；民间投资 8858.50 亿元，增长 11.0%，占全市固定资产投资的 51.0%。

全年房地产开发投资 3725.95 亿元，比上年下降 0.7%。其中，住宅投资 2319.97 亿元，下降 3.0%；办公楼投资 166.04 亿元，下降 18.4%；商业营业用房投资 704.37 亿元，增长 14.3%。

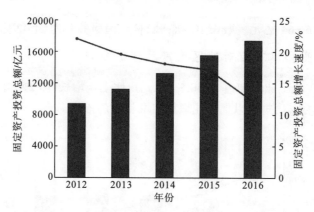

图 4.13　2012～2016 年固定资产投资总额及其增长速度

全年主城区建成公租房 327 万平方米，完成城市棚户区改造 356.64 万平方米，完成农村危旧房改造 6.44 万平方米。

5.重庆市国内贸易及旅游对地区生产总值的贡献

2016 年全年批发和零售业实现增加值 1470.85 亿元，比上年增长 7.9%，占全市地区生产总值的 8.4%；住宿和餐饮业实现增加值 391.19 亿元，增长 7.7%，占全市地区生产总值的 2.2%。

全年实现社会消费品零售总额 7271.35 亿元，比上年增长 13.2%，扣除价格因素，实际增长 11.7%（如图 4.14）。按经营地统计，城镇消费品零售额为 6905.74 亿元，增长 13.1%；乡村消费品零售额为 365.61 亿元，增长 14.8%；按消费类型统计，商品零售额为 6244.40 亿元，增长 13.0%；餐饮收入额为 1026.95 亿元，增长 14.5%。

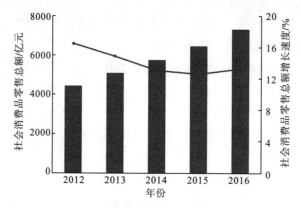

图 4.14　2012～2016 年社会消费品零售总额及其增长速度

6.重庆市对外经济对地区生产总值的贡献

2016 年全年实现货物进出口总额 4140.39 亿元，比上年下降 10.3%。其中，出口 2677.96 亿元，下降 21.6%；进口 1462.43 亿元，增长 22.1%。按美元计算，货物实现进出口 627.71 亿美元，比上年下降 15.7%。其中，出口 406.94 亿美元，下降 26.3%；进口 220.77 亿美元，增长 14.5%。

全年服务外包离岸执行额为 20.53 亿美元，比上年增长 12.9%，其中，知识流程外包为 12.33 亿美元，增长 1.7%。

全年实际使用外资金额为 113.42 亿美元，比上年增长 5.4%。其中，外商直接投资 26.26 亿美元，下降 30.4%。全年实际利用内资项目达 3.56 万个，下降 3.2%。实际利用内资金额 9345.04 亿元，增长 9.6%。

全年对外承包工程签订合同额 27.54 亿美元，比上年增长 1.03 倍；完成营业额 13.35 亿美元，增长 10.5%。

7.重庆市交通、通信和邮电对地区生产总值的贡献

2016 年全年交通运输、仓储和邮政业实现增加值 848.22 亿元，比上年增长 5.8%，占全市地区生产总值的 4.8%。全年完成货物运输 10.79 亿吨，比上年增长 3.7%；完成旅客运输量 6.34 亿人次，下降 1.2%。

全年内河港口完成货物吞吐量 17372.80 万吨，比上年增长 10.9%。空港完成旅客吞吐量 3659.30 万人次，增长 10.6%；空港完成货物吞吐量 36.34 万吨，增长 13.1%。国际标准集装箱吞吐量为 126.94 万标准箱，增长 16.2%。

全年完成邮电业务总量 898.80 亿元，比上年增长 62.7%。其中，邮政业务总量为 79.22 亿元，增长 29.8%；电信业务总量为 819.58 亿元，增长 66.8%。

8.重庆市财政和金融对地区生产总值的贡献

2016 年全年一般公共预算收入 2227.9 亿元，比上年同口径增长 7.1%。其中，税收收入 1438.4 亿元，增长 6.0%。一般公共预算支出 4001.9 亿元，增长 4.9%。

全年金融业实现增加值 1642.59 亿元，比上年增长 10.3%，占全市地区生产总值的 9.4%。其中，新型金融业企业实现增加值 318.11 亿元，增长 29.9%。金融机构资产规模达到 4.7 万亿元，增长 9.4%。

全市共有保险法人机构 4 家，营业性保险分公司 51 家。保费总收入 601.61 亿元。

9.人口及城镇化率

2016 年全市常住人口为 3048.43 万人，比上年增加 31.88 万人，其中城镇人口 1908.45 万人，占常住人口(常住人口城镇化率)的 62.6%，比上年提高 1.66 个百分点。全年全员劳动生产率为 101544 元/人，比上年提高 10.0%。

4.2.3　成渝区际产业分工指数分析

成渝经济区协同发展是当前我国区域发展战略的重要组成部分。本书根据 2014～2016 年的《中国工业统计年鉴》《四川统计年鉴》《重庆统计年鉴》数据为基础(这三年数据最能反映成渝经济区建设规划实施后的效果)，以产业分工度为测度指标 $S_{jk} = \sum_{i=1}^{n} \dfrac{q_{ij}}{q_j}$，$q_{ij}$ 表示 j 地区 i 产业的产值，q_j 表示 j 地区的工业总产值。作为产业分工度指数，S_{jk} 的取值范围为 $[0,2]$，研究以成都市和重庆市两核为中心所构建的产业带之间产

业协同发展关系。理论研究认为：产业分工度越高，反映区域间产业差异化程度越高，区域产业间协同化水平也越高；反之，产业分工度越低，表明区域产业差异化程度越低，区域产业间协同化水平也越低。

1.成渝区际产业分工指数

根据 2013～2015 年《工业统计年鉴》，选取四川与重庆两地工业领域的 39 个具体产业(原 41 个产业，因重庆市有两个产业没有统计数据，没有对比性)，测算了 2013～2015 年四川和重庆两地的产业总体分工指数。具体结果如表 4.2 所示。

表 4.2　四川和重庆区际产业分工指数

区域	年份	产业分工指数	产业分工指数平均值	指数均值方差
四川—重庆	2013	0.5832	0.0150	0.0250
	2014	0.6044	0.0155	0.0257
	2015	0.6203	0.0159	0.0271

产业分工指数区间为[0,2]，分值越高表明两地产业差异性越大，产业之间越具有协同度。由表 4.2 可以看出，2013～2015 年连续三年，成都和重庆两区域产业分工指数分别为 0.5832，0.6044，0.6203，两地整体产业分工指数都偏低(略高于区间阈值的 1/4)，表明两地产业同构化程度较高，产业之间协同度不足；但从三年产业分工指数的变化来看，分工度指标在不断提高，表明两地间产业同构化程度在不断减弱，换言之，两地产业间差异化越来越明显，成渝经济区以成都和重庆为核心所构建的产业带之间开始发生分化(差异化)，彼此产业带间的协同度在提高。结合产业分工指数平均值和方差关系进行分析，产业分工指数平均值较小，而产业指数方差较大，表明两地产业离散程度较高，相当多的产业间同构化现象严重，从另一个角度也反映出少数产业在两地之间差异化越来越明显，且不断在加强，带来整体区间指数的增加(在相关产业门类分工指数中能证明这一现象的存在)。

2.成渝区际相关产业门类分工指数

基于产业分工指数平均值和方差关系，按照 39 个具体产业分工指标的高低进一步筛选四川和重庆两地对产业分工指数贡献度最大的前十五个行业(表 4.3)。

表 4.3　四川—重庆 2013～2015 年产业分工指数前十五位的产业分布

2013 年		2014 年		2015 年	
产业门类	产业分工指数	产业门类	产业分工指数	产业门类	产业分工指数
汽车制造业	0.1357	汽车制造业	0.1423	汽车制造业	0.1546
铁路、船舶、航空航天和其他运输设备制造业	0.0701	铁路、船舶、航空航天和其他运输设备制造业	0.0637	酒、饮料和精制茶制造业	0.0609
酒、饮料和精制茶制造业	0.0603	酒、饮料和精制茶制造业	0.0580	铁路、船舶、航空航天和其他运输设备制造业	0.0535

2013 年		2014 年		2015 年	
产业门类	产业分工指数	产业门类	产业分工指数	产业门类	产业分工指数
计算机、通信和其他电子设备制造业	0.0307	计算机、通信和其他电子设备制造业	0.0463	计算机、通信和其他电子设备制造业	0.0533
农副食品加工业	0.0303	农副食品加工业	0.0296	农副食品加工业	0.0251
电气机械和器材制造业	0.0252	黑色金属冶炼和压延加工业	0.0249	化学原料和化学制品制造业	0.0213
黑色金属冶炼和压延加工业	0.0235	电气机械和器材制造业	0.0210	黑色金属冶炼和压延加工业	0.0208
化学原料和化学制品制造业	0.0182	化学原料和化学制品制造业	0.0205	电气机械和器材制造业	0.0192
通用设备制造业	0.0163	石油加工、炼焦和核燃料加工业	0.0187	电力、热力生产和供应业	0.0190
专用设备制造业	0.0149	有色金属冶炼和压延加工业	0.0161	有色金属冶炼和压延加工业	0.0187
黑色金属矿采选业	0.0146	通用设备制造业	0.0153	石油加工、炼焦和核燃料加工业	0.0169
电力、热力生产和供应业	0.0140	黑色金属矿采选业	0.0148	通用设备制造业	0.0167
非金属矿物制品业	0.0135	专用设备制造业	0.0144	非金属矿物制品业	0.0164
有色金属冶炼和压延加工业	0.0133	非金属矿物制品业	0.0133	食品制造业	0.0133
石油加工、炼焦和核燃料加工业	0.0128	纺织业	0.0132	纺织业	0.0132
合计	0.4934	合计	0.5120	合计	0.5230

对比表 4.3，就产业类别而言，在四川和重庆产业分工指数贡献度三年排名前五名的产业中，五个产业是完全相同的，即汽车制造业，铁路、船舶、航空航天和其他运输设备制造业，酒、饮料和精制茶制造业，计算机、通信和其他电子设备制造业，农副食品加工业。汽车制造业排序均为第一，2015 年，铁路、船舶、航空航天和其他运输设备制造业，酒、饮料和精制茶制造业次序稍微不同。这表明，相对而言，四川和重庆在上述五个产业中具有明显的产业差异性，这五个产业分工度良好，同构化程度较低。从产业分工指数贡献度来看，汽车制造业产业分工指数在 0.1 以上，且指数逐年增长，表明两地的汽车制造业差异化明显，彼此间竞争不激烈，具有很好的产业分工度与产业协同度，且分工度和协同度均在不断提高；其他行业，产业指数贡献度偏低，表明这些产业分工优度欠缺，存在不同程度的产业同构现象；另一方面，铁路、船舶、航空航天和其他运输设备制造业，农副食品加工业的分工指数逐年下降，同构化有日益强化的趋势，而计算机、通信和其他电子设备制造业分工指数逐年增加，表明两地的分工优度在不断改善。

4.2.4　成渝经济区主导产业同构分析

为明确成渝区际主导产业类别、分布结构及区际主导产业的同构情况，借助产业区域配置系数和区位商两个指标，本节细致地对两地主导产业类别及其分布结构做系统分析。由此，结合《中国工业统计年鉴》《四川统计年鉴》《重庆统计年鉴》的数据，测算 2013～2015 年成渝两地工业区域配置系数排名前十五位的主要工业门类及其区位商，发现两地彼此间同构的产业类别以及相关产业的同构程度各不相同。具体可以参见表 4.4、表 4.5。

表 4.4　2013～2015 年四川省工业区域配置系数前十五位的工业门类及其区位商

2013 年			2014 年			2015 年		
产业门类	区域配置系数/%	区位商	产业门类	区域配置系数/%	区位商	产业门类	区域配置系数/%	区位商
计算机、通信和其他电子设备制造业	10.415	1.388	计算机、通信和其他电子设备制造业	10.746	1.391	计算机、通信和其他电子设备制造业	10.199	1.235
农副食品加工业	7.230	1.250	农副食品加工业	7.145	1.242	酒、饮料和精制茶制造业	7.017	4.483
酒、饮料和精制茶制造业	7.083	4.800	非金属矿物制品业	6.743	1.299	非金属矿物制品业	6.987	1.317
黑色金属冶炼和压延加工业	7.035	0.948	酒、饮料和精制茶制造业	6.718	4.543	农副食品加工业	6.816	1.157
非金属矿物制品业	6.643	1.333	黑色金属冶炼和压延加工业	6.520	0.971	化学原料和化学制品制造业	6.448	0.856
化学原料和化学制品制造业	6.640	0.895	化学原料和化学制品制造业	6.498	0.865	汽车制造业	6.030	0.941
电力、热力生产和供应业	5.695	1.069	汽车制造业	5.872	0.958	电力、热力生产和供应业	5.403	1.059
汽车制造业	5.508	0.936	通用设备制造业	4.758	1.120	黑色金属冶炼和压延加工业	5.352	0.942
通用设备制造业	4.768	1.146	电力、热力生产和供应业	3.746	0.726	通用设备制造业	4.892	1.154
专用设备制造业	3.253	1.044	专用设备制造业	3.232	1.027	电气机械和器材制造业	3.296	0.528
电气机械和器材制造业	2.944	0.496	医药制造业	3.055	1.448	专用设备制造业	3.130	0.968
医药制造业	2.885	1.442	电气机械和器材制造业	3.049	0.504	医药制造业	3.113	1.343
煤炭开采和洗选业	2.614	0.830	金属制品业	2.642	0.803	金属制品业	2.649	0.789
金属制品业	2.608	0.817	煤炭开采和洗选业	2.484	0.906	食品制造业	2.432	1.229
纺织业	2.396	0.681	食品制造业	2.314	1.256	橡胶和塑料制品业	2.261	0.809
合计	77.742	19.081	合计	75.526	19.065	合计	76.031	18.815

表 4.5　2013～2015 年重庆市工业区域配置系数前十五位的工业门类及其区位商

2013 年			2014 年			2015 年		
产业门类	区域配置系数/%	区位商	产业门类	区域配置系数/%	区位商	产业门类	区域配置系数/%	区位商
汽车制造业	19.076	3.242	汽车制造业	20.104	3.281	汽车制造业	21.489	3.355
计算机、通信和其他电子设备制造业	13.482	1.796	计算机、通信和其他电子设备制造业	15.373	1.990	计算机、通信和其他电子设备制造业	15.527	1.881
铁路、船舶、航空航天和其他运输设备制造业	8.463	5.264	铁路、船舶、航空航天和其他运输设备制造业	7.8379	4.778	铁路、船舶、航空航天和其他运输设备制造业	6.832	3.972
电气机械和器材制造业	5.467	0.922	非金属矿物制品业	5.4122	1.043	非金属矿物制品业	5.346	1.007
非金属矿物制品业	5.291	1.061	电气机械和器材制造业	5.150	0.851	电气机械和器材制造业	5.216	0.836

2013 年			2014 年			2015 年		
产业门类	区域配置系数/%	区位商	产业门类	区域配置系数/%	区位商	产业门类	区域配置系数/%	区位商
化学原料和化学制品制造业	4.816	0.649	化学原料和化学制品制造业	4.450	0.592	化学原料和化学制品制造业	4.313	0.572
黑色金属冶炼和压延加工业	4.681	0.631	农副食品加工业	4.183	0.727	农副食品加工业	4.310	0.731
电力、热力生产和供应业	4.292	0.805	黑色金属冶炼和压延加工业	4.035	0.601	有色金属冶炼和压延加工业	3.538	0.764
农副食品加工业	4.205	0.727	电力、热力生产和供应业	3.861	0.749	电力、热力生产和供应业	3.498	0.685
有色金属冶炼和压延加工业	3.513	0.776	有色金属冶炼和压延加工业	3.539	0.763	黑色金属冶炼和压延加工业	3.274	0.576
通用设备制造业	3.141	0.755	通用设备制造业	3.232	0.761	通用设备制造业	3.220	0.760
橡胶和塑料制品业	2.541	0.957	金属制品业	2.504	0.761	金属制品业	2.756	0.821
金属制品业	2.400	0.752	橡胶和塑料制品业	2.471	0.914	医药制造业	2.621	1.130
煤炭开采和洗选业	2.352	0.747	医药制造业	2.112	1.001	橡胶和塑料制品业	2.285	0.817
医药制造业	2.046	1.022	煤炭开采和洗选业	1.949	0.711	专用设备制造业	1.900	0.588
合计	85.771	20.113	合计	86.218	19.529	合计	86.131	18.503

1.四川省主导产业类别及分布结构

由表 4.4 可以看出，2013~2015 年四川省主要工业门类呈相对稳定状态，这些产业在工业总产值中的比例也呈现出总体上升的态势。根据王海涛等的观点，即只有区位商大于 1、区域配置系数至少不低于 1%的产业才可列为主导产业，结合发展现实，我们将主导产业区域配置系数标准提高到 2%以上。按照区位商大于 1、区域配置系数大于 2%这样的标准，在四川省工业区域配置系数排名前十五位的工业门类中，2013 年有 8 个产业可以列为主导产业，即计算机、通信和其他电子设备制造业，农副食品加工业，酒、饮料和精制茶制造业，非金属矿物制品业，电力、热力生产和供应业，通用设备制造业，专用设备制造业，医药制造业；2014 年有 9 个产业可以列为主导产业，即计算机、通信和其他电子设备制造业，农副食品加工业，非金属矿物制品业，酒、饮料和精制茶制造业，通用设备制造业，专用设备制造业，医药制造业，金属制品业，食品制造业；2015 年有 7 个产业可以列为主导产业，即计算机、通信和其他电子设备制造业，酒、饮料和精制茶制造业，非金属矿物制品业，农副食品加工业，电力、热力生产和供应业，通用设备制造业，医药制造业。从三年的变化来看，计算机、通信和其他电子设备制造业，农副食品加工业，酒、饮料和精制茶制造业，非金属矿物制品业，通用设备制造业，医药制造业这六大产业一直属于主导产业，具有较强的区位优势，且区位优势不断增强，同时，近几年，汽车制造业也获得了提升，整体占工业总产值的比例及区位优势也取得稳健提升。

其中，按照区域配置系数高低，计算机、通信和其他电子设备制造业，农副食品加工业，酒、饮料和精制茶制造业，非金属矿物制品业四大产业稳居 2013～2015 年四川省主导产业前五名。按照区位商的高低，计算机、通信和其他电子设备制造业，酒、饮料和精制茶制造业，农副食品加工业，非金属矿物制品业，通用设备制造业，医药制造业六大产业稳居 2013～2015 年四川省区位商的前六强，除上述六个产业外，通用设备制造业、食品制造业两个产业也具有较强的区位优势，但最具区位优势的酒、饮料和精制茶制造业有下滑的趋势，从 2013 年的 4.800 下降到 2015 年的 4.483。总体来看，区位商前五强产业的工业总产值占比要低于区域配置系数前五强产业的工业总产值占比。同时入选区位商前五强和区域配置系数前五强的产业有四个，即计算机、通信和其他电子设备制造业，农副食品加工业，酒、饮料和精制茶制造业，非金属矿物制品业。这表明，无论是从产业增加值贡献度看，还是从产业专业化程度看，上述产业在四川省工业体系中的地位都是举足轻重的。

2.重庆市主导产业类别及分布结构

由表 4.5 可以看出，按照区位商大于 1、区域配置系数大于 2%的标准，在重庆市工业区域配置系数排名前十五位的工业门类中，2013～2015 年有 5 个可列为主导产业，均为汽车制造业，计算机、通信和其他电子设备制造业，铁路、船舶、航空航天和其他运输设备制造业，非金属矿物制品业，医药制造业，表明重庆市的主导产业具有较强的稳定性，且汽车制造业的区位优势在不断增强，其他 4 个行业有小幅下滑。从主导产业的数量看，四川省要明显多于重庆市，但相对而言，四川省的主导产业除六大产业比较稳定，其余略有增减，明显有集中化趋势。与之相对应，主导产业的增加值占比，也是重庆高于四川。

与四川省区域配置系数排名前五强的产业类别相比，重庆市具有更大的稳定性，四川省前五强产业类别有所波动。在重庆市主要产业增加值占比中，汽车制造业和计算机、通信和其他电子设备制造业以近 1/3 的工业区域配置系数稳占鳌头。

从区位商指标来看，重庆市主要工业区位商排名前五的产业类别稳定，集中在汽车制造业，计算机、通信和其他电子设备制造业，铁路、船舶、航空航天和其他运输设备制造业，非金属矿物制品业和医药制造业等五大产业。五大产业中区位商最高的是铁路、船舶、航空航天和其他运输设备制造业（2013 年为 5.264），最低的是医药制造业（其 2014 年的数值为 1.001）。这五大产业的增加值占重庆市工业总增加值的比例超过一半。在这一指标值上，重庆市明显高于四川省。明显强势的区位商及其在工业总增加值中的高占比，反映了这五大产业在重庆市产业格局中的绝对优势地位。同时也表明，重庆市主导产业数量偏少，贡献度集中，存在"N 业垄断"的格局。对比成渝两地主导产业涵盖的类别，可以发现，成渝两地存在三个类别的同构产业，即计算机、通信和其他电子设备制造业，非金属矿物制品业和医药制造业。2013～2015 年，上述三个同构产业类别在成渝两地产业格局中占有非常重要的地位。

3.成渝区际对比分析

通过对产业分工指数、产业区域配置系数及区位商的测算、比较和分析，对成渝经济区产业发展分析可以得出以下结论。

(1)成渝两地存在明显且程度不一的产业同构现象，但同构现象在不断改善。从成渝两地区际产业分工指数来看，指数偏低(2013 年为 0.5832；2014 年为 0.6044；2015 年为 0.6203)，反映两地同构现象比较显著，三年区际产业分工指数逐步提高表明两地的产业同构在不断改善，产业之间的协同度在提高。相较于区际产业指数的均值水平，其指数方差较大，表明区际产业离散度较高，区际产业之间具有一定的协同度或异质性。

(2)成渝区际之间协同度或差异化程度较高的产业具有一定的稳定性。以区际某产业分工指数为参照，在所有 39 个产业中，提取相对异质性或协同度较高的前 15 个产业，在这 15 个产业中，汽车制造业，铁路、船舶、航空航天和其他运输设备制造业，酒、饮料和精制茶制造业，计算机、通信和其他电子设备制造业，农副食品加工业排名靠前，且稳居前五，反映这 5 个产业在 39 个产业中异质性最高，其他产业相较而言同构化明显。铁路、船舶、航空航天和其他运输设备制造业，农副食品加工业的分工指数逐年下降，同构化有日益强化的趋势，而汽车制造业，计算机、通信和其他电子设备制造业的分工指数逐年增加，表明两地的分工优度在不断提高。

(3)成渝两地存在各自比较优势突出的主导产业。相较于四川省，重庆市的主导产业相对集中且稳固，主要集中于 5 个产业，即汽车制造业，计算机、通信和其他电子设备制造业，铁路、船舶、航空航天和其他运输设备制造业，非金属矿物制品业，医药制造业。重庆市的汽车制造业的区位优势在不断增强，其他 4 个行业有小幅下滑。从主导产业的数量看，四川省要明显多于重庆市，但相对而言，四川省的主导产业除六大产业(计算机、通信和其他电子设备制造业，农副食品加工业，酒、饮料和精制茶制造业，非金属矿物制品业，通用设备制造业，医药制造业)比较稳定，略有增减(2013 年为 8 个，2014 年为 9 个，2015 年为 7 个)，但明显有集中化趋势，且区位优势不断增强，四川省的汽车制造业在区域配置系数以及区位优势上获得不断提升。在主导产业的增加值占比方面，重庆市略高于四川省。

(4)成渝两地各自比较优势突出的产业增长明显。2015 年，四川省主导产业(按区域配置系数排序)结构不断优化，如酒、饮料和精制茶制造业比上年增长 11.9%，电力、热力生产和供应业增加值下降 3.5%，计算机、通信和其他电子设备制造业增长 9.4%，非金属矿物制品业增长 10.3%，汽车制造业增长 14.2%，化学原料和化学制品制造业增长 9.0%，农副食品加工业增长 8.5%，石油和天然气开采业增长 21.1%，医药制造业增长 8.1%。成都市八大特色优势产业(电子信息、汽车、建材、食品饮料及烟草、机械、轻工、石化产业、高技术制造业)增加值同比增长 5.9%。其中，汽车产业增长最快，同比增长 19.0%，比上年提高 12.7 个百分点；电子信息产品制造业增长 6.1%，比上年回升 6.7 个百分点。高技术制造业增加值增长 7.3%，其中航空航天器制造业增长 14.1%。

重庆市高端行业引领作用增长显著，拉动规模以上工业增长 2.8 个百分点。农副食品加工业增加值比上年增长 12.2%，化学原料和化学制品制造业增长 3.9%，非金属矿物制品业增长 10.4%，黑色金属冶炼和压延加工业下降 12.3%，有色金属冶炼和压延加工业增长 8.8%，通用设备制造业增长 11.7%，汽车制造业增长 11.2%，铁路、船舶、航空航天和其他运输设备制造业增长 7.2%，电气机械和器材制造业增长 10.3%，计算机、通信和其他电子设备制造业增长 32.7%，电力、热力生产和供应业增长 4.7%。工业战略性新兴产业增加值增长 27.2%。高技术产业增加值增长 24.2%。

(5)第三产业的比例不断提升，产业结构不断优化。成渝两地经济发展程度不同，第三产业发展水平也各不相同。从 2013～2016 年数据来看，两地的第三产业增加值占 GDP 比例逐年提高，相较而言，成都第三产业无论是增加值的总额还是比例都高于重庆，均超过 50%(结合自贡三次产业比例，自贡的总量偏低，且比例偏小)。

4.3 自贡市产业发展现状

4.3.1 自贡市三次产业对整体经济发展的贡献及成就

1.自贡市三次产业对地区生产总值的贡献及其发展

经四川省统计局审定，2016 年自贡全市实现地区生产总值(GDP)1234.56 亿元，按可比价格计算，比上年增长 7.7%。其中，第一产业增加值 136.13 亿元，增长 4.0%；第二产业增加值 710.37 亿元，增长 8.1%；第三产业增加值 388.06 亿元，增长 8.3%。三次产业对经济增长的贡献率分别为 5.7%、61.1%和 33.2%。人均地区生产总值 44481 元，按可比价格计算增长 7.0%。三次产业结构由上年的 11.2：58.1：30.7 调整为 11.0：57.6：31.4。全年民营经济实现增加值 702.81 亿元，按可比价格计算增长 8.2%，占 GDP 的比例为 56.9%，对 GDP 增长的贡献率为 60.2%。其中，第一产业增加值为 42.95 亿元，增长 2.6%；第二产业增加值为 434.43 亿元，增长 8.4%；第三产业增加值为 225.43 亿元，增长 8.9%。

2.自贡市农业对地区生产总值的贡献及其发展

2016 年，全年粮食产量为 134.64 万吨，比上年增产 1.5%；油料产量为 6.57 万吨，增产 5.8%；蔬菜产量为 204.04 万吨，增产 2.0%。

全年肉类总产量为 27.78 万吨，比上年下降 0.5%。其中，猪牛羊肉产量为 15.14 万吨，下降 3.5%；生猪出栏 216.56 万头，下降 4.3%；肉牛出栏 4.52 万头，增长 3.3%；肉羊出栏 115 万只，增长 3.3%；家禽出栏 2707.98 万只，增长 2.5%。

全年水产养殖面积为 8090 公顷，比上年增加 207 公顷；水产品产量为 6.79 万吨，增长 4.8%。

年末农业机械总动力预计 128.15 万千瓦，增长 7.08%。

3.自贡市工业和建筑业对地区生产总值的贡献及其发展

2016 年，全年实现全部工业增加值 646.12 亿元，比上年增长 8.1%，对经济增长的贡献率达到 55.7%。全年规模以上工业企业(年主营业务收入 2000 万元以上)增加值增长

8.5%；实现出口交货值 24.03 亿元，下降 20.5%；工业产品销售率为 98.4%；实现主营业务收入 1764.57 亿元，增长 6.3%；盈亏相抵后实现利润总额 62.23 亿元，下降 3.4%。

在规模以上工业中，分轻重工业看，轻工业增加值比上年增长 11.6%，重工业增加值增长 7.7%，轻重工业增加值所占比例为 23.0%、77.0%。

规模以上工业增加值，分行业看：煤炭开采和洗选业增长 3.8%；采盐业增长 2.4%；农副食品加工业增长 11.9%；食品制造业下降 2.8%；化学原料及化学制品制造业增长 14.7%；医药制造业增长 21.1%；化学纤维制造业下降 17.4%；塑料制品业增长 21.6%；非金属矿物制品业增长 4.8%；黑色金属冶炼及压延工业下降 4.2%；有色金属冶炼及压延工业下降 3.9%；金属制品业下降 2.4%；通用设备制造业增长 8.1%；专用设备制造业增长 0.6%；电气机械及器材制造业增长 9.6%；电力热力的生产和供应业增长 14.5%。

在纳入统计的规模以上工业产品中，原盐为 92.52 万吨，增长 1.6%；饲料为 53.28 万吨，增长 17.0%；鲜冷藏肉为 30.67 万吨，下降 10.4%；纱为 3.85 万吨，增长 16.2%；人造板为 56.55 万立方米，增长 23.7%；机制纸及纸板为 3.99 万吨，增长 13.6%；碳酸钠（纯碱）为 9.55 万吨，增长 226.3%；合成氨为 2.77 万吨，增长 193.3%；农用氮磷钾化学肥料为 9.69 万吨，增长 21.2%；中成药为 0.77 万吨，增长 19.0%；化学纤维为 15.72 万吨，增长 0.9%；塑料制品为 45.99 万吨，增长 29.7%；水泥为 156.64 万吨，增长 17.9%；电站锅炉蒸发量为 10.40 万吨，下降 5.6%；金属切削机床为 0.34 万台，增长 6.8%。

全年实现建筑业增加值 67.36 亿元，比上年增长 8.0%。全市建筑业企业户数为 289 户，其中，纳入联网直报统计的建筑业企业有 116 户，完成总产值 242.31 亿元，增长 19.7%；房屋建筑施工面积为 2030.34 万平方米，增长 12.3%。

4.自贡市固定资产投资对地区生产总值的贡献及其发展

2016 年，全年全社会固定资产投资完成 709.84 亿元，比上年增长 11.1%。其中，民间投资 439.68 亿元，增长 12.2%。分产业看，第一产业完成投资 77.68 亿元，增长 15.2%；第二产业完成投资 159.89 亿元，增长 9.0%，其中工业投资 158.09 亿元，增长 10.4%；第三产业完成投资 472.27 亿元，增长 11.2%。

全年房地产开发投资完成 123.87 亿元，比上年下降 1.5%。商品房屋施工面积为 973.18 万平方米，下降 7.7%，其中，住宅施工面积为 629.75 万平方米，下降 12.7%。商品房新开工面积为 278.21 万平方米，下降 11.2%，其中，住宅新开工面积为 177.53 万平方米，下降 11.3%。商品房竣工面积为 396.61 万平方米，增长 151.6%，其中，住宅竣工面积为 254.23 万平方米，增长 113.5%。

5.自贡市国内外贸易对地区生产总值的贡献及其发展

全年实现社会消费品零售总额 555.81 亿元，比上年增长 10.8%。按经营地分，城镇消费品零售额为 429.02 亿元，增长 10.7%；乡村消费品零售额为 126.79 亿元，增长 11.0%。按行业分，批发业零售额为 53.14 亿元，增长 8.2%；零售业零售额为 429.69 亿元，增长 10.9%；住宿业零售额为 2.54 亿元，增长 9.9%；餐饮业零售额为 70.44 亿元，增长 12.0%。

在限额以上批发和零售业零售额中，食品、饮料、烟酒类增长 16.4%，服装、鞋帽、针纺织品类增长 23.8%，化妆品类增长 47.2%，金银珠宝类增长 118.8%，日用品类增长 7.9%，书报杂志类下降 7.3%，汽车类增长 8.1%，中西药类增长 18.4%，石油及石油制品类下降 0.9%，建筑及装潢材料类增长 8.8%，体育、娱乐用品类增长 0.5%，家用电器和音像器材类增长 13.4%，通信器材类增长 8.1%，文化办公用品类增长 11.5%。

全年进出口总额为 39335 万美元，下降 19.7%。其中，出口额为 22478 万美元，下降 15.5%，进口额为 16857 万美元，下降 24.8%。

6. 自贡市交通和邮电对地区生产总值的贡献及其发展

截至 2016 年末，全市公路通车里程为 6537km，其中，高速公路为 235km，一级公路为 111km，二级公路为 176km，三级公路为 314km，四级公路为 4547km，等级外公路为 1154km。全年完成公路客运量 4851 万人，旅客运输周转量为 159667 万人公里；完成公路货运量 5049 万吨，货物运输周转量为 560355 万吨公里。水路客运量为 101 万人，水路旅客运输周转量为 630 万人公里；水路货运量为 221 万吨，水路货物运输周转量为 3932 万吨公里。

全年完成邮电业务总量 45.68 亿元，比上年增长 45.2%。其中，邮政业务总量为 4.48 亿元，增长 42.6%；电信业务总量为 41.2 亿元，增长 45.8%。全年光缆线路长度为 52832 皮长公里，增长 30.9%。年末固定电话用户为 47.32 万户，年末移动电话达到 247 万户。

7. 自贡市财政和金融对地区生产总值的贡献及其发展

2016 年，全年全市财政总收入为 133.61 亿元，比上年增长 25.6%，其中，公共财政预算收入 48.76 亿元，增长 8.8%。公共财政预算支出为 179.81 亿元，增长 3.7%。

年末金融机构人民币存款余额为 1524.05 亿元，比上年末增长 15.5%；全年保费收入 34.38 亿元，比上年增长 31.1%。

截至 2016 年底，证券交易额为 1663.82 亿元，比上年下降 44.3%。

8. 人口与城镇化率

2016 年年末全市户籍人口为 327.39 万人。其中，乡村人口为 195.28 万人，城镇人口为 132.11 万人。年末常住人口为 278.08 万人，比上年末增加 1.06 万人，增长 0.4%。常住人口中，城镇人口为 136.65 万人，乡村人口为 141.43 万人，城镇化率为 49.14%，比上年提高 1.26 个百分点。

4.3.2　高端成长型产业

(1) 节能环保装备产业。加快国家节能环保装备产业示范基地建设，推进节能技术装备、环保技术装备、资源综合利用技术装备产业化。依托东方锅炉股份有限公司、华西能源工业股份有限公司、四川川润股份有限公司等骨干企业，重点发展高效节能锅炉、固体废弃物治理装备、大气污染防治装备、水污染治理装备、清洁能源装备、余热余能利用装备、节能电力装备、资源综合利用和节能环保泵阀装备。到 2020 年，节能环保装备产业达到国内先进水平。

(2)航空与燃机产业。依托海川实业股份有限公司等骨干企业，与中航工业集团有限公司等开展深度合作，重点研发生产高温合金涡轮盘、航空发动机叶片、整体叶轮叶盘、航空发动机机匣等产品，推动航空与燃机零部件制造系列化。加强与捷克伊赫拉瓦飞机制造有限公司等的合作，建设轻型飞机组装生产基地。依托自贡凤鸣通用机场和航空产业园，加快推进航空配套服务体系建设。到 2020 年，航空与燃机产业实现与国际先进水平接轨。

(3)新材料产业。加快国家新材料高新技术产业化基地和国家科技兴贸(新材料)创新基地建设，依托中昊晨光化工研究院有限公司、自贡中天胜新材料科技有限公司等优势骨干企业，大力发展高分子合成材料、金属及复合材料、新型碳材料、精细化工材料、环境友好材料等新材料产业，打造全国知名的有机氟与硅材料基地、聚酰亚胺基地、金属及复合材料基地和焊接材料基地，提高新材料产业整体核心竞争力。围绕五大新材料产业，聚集壮大一批优势骨干企业。聚焦产业配套，扶持一批技术水平高、拥有核心竞争力的中小企业。到 2020 年，优势新材料产业达到国际先进水平。

(4)新能源汽车及零部件产业。依托高端装备及 CNG(compressed natural gas，压缩天然气)、LNG(liquefied natural gas，液化天然气)装备制造优势，大力培育引进汽车产业化及零部件生产配套项目，积极发展整车品牌及配套零部件产品。依托明君汽车产业股份有限公司等重点企业，做强整车制造支撑，重点发展 SUV、轻卡、皮卡，加快研发生产新能源汽车。依托自贡市川力科技股份有限公司等骨干企业，培育一批"专、精、特"中小骨干企业，重点发展与新能源汽车相配套的零部件，打造汽车零部件产业集群。鼓励使用新能源汽车，加快电动汽车成套充电设备制造项目建设，推动充电和换电同步发展。到 2020 年，建成全省重要的新能源汽车制造及应用基地。

(5)页岩气产业。加大重点区块的页岩气勘探开发力度，加强页岩气采集、储存、配送等配套设施建设，加快发展页岩气钻探、输、配、储、运装制造业，积极推进以天然气为原料和燃料的工业项目及分布式能源项目建设，促进页岩气就地高效转化利用。到 2020 年，基本建成全省重要的页岩气产业装备基地和川南国家级页岩气试验区利用基地。

4.3.3　传统优势产业转型升级

机械制造业。依托东方锅炉股份有限公司等骨干企业，重点发展锅炉及容器、泵阀设备、CNG 及 LNG 设备、输送及工程机械、电力输变电设备、金属切削机床等产品链，形成一批具有核心竞争力的高端装备制造产业集群。

(1)盐及盐化工产业。依托四川久大盐业(集团)公司等骨干企业，推动制盐向"盐卤-工业盐-食盐-营养盐(保健盐)"产业链延伸，重点开发液体盐、调味品系列、含盐保健系列、高端含盐护肤日化系列。依托中昊晨光化工研究院有限公司等骨干企业，重点发展两碱下游产品和有机氟、有机硅系列，做大"盐-基础化工-精细化工-硅氟化工-后加工产品"和"盐卤-碱-氯-含氯有机物-聚苯硫醚"两大产业链，打造国内一流的特色氯氟化工基地。

(2)绿色食品加工业。依托四川巴尔农牧集团有限公司、四川龙都茶业(集团)有限公司、四川自贡百味斋食品股份有限公司等龙头企业,重点发展以肉副食品、饮料制品、笋竹及蔬菜制品、特色调味品和粮油等为主的绿色食品加工业,培育和扶持一批中小企业,发挥"富顺香辣酱""自贡火边子牛肉""富顺再生稻"等国家地理标志保护产品品牌效应,促进全市绿色食品加工业健康发展。

(3)生物医药产业。依托四川旭阳药业有限公司、四川安益生物科技有限公司等骨干企业,重点发展生物医药中间体、食品添加剂、动物疫苗、生物农药、兽药,打造成渝经济区重要的生物医药基地。

(4)化纤纺织、建材产业。依托四川汇维仕化纤有限公司、四川百邦盛陶瓷有限责任公司等骨干企业,重点发展纺织用化纤、陶瓷制品,提高产品质量和档次。

4.4 自贡产业发展中存在的问题

对比成渝两地产业布局及规划,自贡市在传统产业上有着明显比较优势,传统优势产业没落明显;在高端成长产业方面,起步较晚,未能形成产业集聚效应。整体而言,自贡市经济发展后劲急需加强。

4.4.1 产业总量偏小

从各相关产业的增长率来看,相关产业的增长率较高,农副食品加工业、塑料制品业、通用设备制造业、电气机械及器材制造业、电力热力的生产和供应业、化学原料及化学制品制造业、医药制造业、塑料制品等产业增长超过 8%,且采盐业、农副食品加工业、化学原料及化学制品制造业、塑料制品业、通用设备制造业、专用设备制造业增长具有一定的比较优势。从自贡市统计年鉴来看,这些企业规模以上企业数量较少,其产业产值难以对产业总产值形成稳定而有效的支撑。尽管自贡市产业经济发展水平得到显著提升,但三次产业及其内部结构还落后于全国平均水平;同时产业规模不够、产业发展的效益与效率不高、产业的空间分布不平衡等困局仍可能在相当长一段时期内制约自贡市的协同发展。

4.4.2 工业增长内生驱动力不足

按企业规模划分,自贡市小型企业的总产值和主营业务收入增长较快,而大型企业总产值和主营业务收入增长较慢,有的出现负增长;小型企业产值增长的利润空间落后于大型企业。一方面,这意味着市场竞争环境存在较大程度的垄断和不公平竞争;另一个方面,反映这些企业的附加价值不高,品牌价值没能很好体现。出现这一问题的一个重要的因素是地理与交通格局制约和影响了企业创新意识与自主创新能力的提升。

4.4.3　产业空间格局极不平衡

自贡市除了农业和工业在区域上存在发展不平衡问题外，其区县工业发展同样极度不平衡。交通条件制约和体制障碍，综合客运和物流枢纽建设也相对滞后，使得自贡市各区县之间的发展相对独立，导致自贡市产业发展存在较大的地区不平衡问题。

工业化和城市化水平的区域发展不平衡问题同样凸显，且两者不匹配情况较为严重。从自贡市整体层面上看，城镇化率比较低(49%)说明自贡市的城市化水平整体上滞后于工业化水平，也严重抑制了第三产业的发展和就业水平的提高。

4.4.4　行业产能和需求矛盾凸显

目前自贡市产业普遍存在"高端不足、低端过剩"的现状，导致化解过剩产能难度增加。现有产能多集中在低端产品领域，加工率偏低，部分产业产能利用率大大低于全国平均水平和国际通常水平。从行业产能和省内市场的有效需求分析来看，盐化工、化学纤维制造业、黑色金属冶炼及压延工业、有色金属冶炼及压延工业等行业的产能过剩并非属于产能绝对过剩，而是由产品单一化引起的结构性过剩和因产品档次低端化导致的周期性过剩。

4.4.5　固定资产投资较少

自贡市对三次产业的全社会固定资本投资相对较低且增速有待提高。从自贡市三次产业增加值占比以及投资增量占比来看，比例明显偏低，这种情况可能导致自贡市的产业结构调整升级缺乏较强的经济支撑力。

4.4.6　战略性新兴产业处于培育期

战略性新兴产业，如新材料、节能环保产业、高端装备制造产业、生物医药产业等产业与成渝区相比产品差异明显，且其发展较为滞后，有的没能形成较为完整的产业链，产业集聚不够，缺乏区位优势(产业配套与整合优势)，如金属及复合材料产业群、高分子合成材料产业群、新型碳材料产业群、精细化工新材料产业群。

航空与燃机产业的定位与成渝两地有明显差异，且与绵阳、德阳在产品定位上差异也明显，成都的定位为：以飞机整机(青羊区)、航空发动整机(新都区)、通用航空产业园(金堂县、崇州市)为核心，全域打造各具特色的通航产业园(基地)。德阳定位为：建设世界最大通用航空授权修理中心、中国最大通航运营基地、中国西部公务机私人飞机基地、中国通用航空服务价格指数发布地。绵阳定位为：航空飞行营地。自贡定位为：川南航空与燃机零部件研发生产基地、西部航空与燃机新材料研发应用基地、西南通用航空飞机制造组装和服务基地。从自贡航空与航天产业园的运行来看，产业发展格局还处于培育期，有的项目还处于论证或启动阶段，产业的发展具有较大的不确定性，未能形成航空与燃机产业或企业的有效集聚。

4.4.7　文化创意产业期待重视与发展

自贡享"千年盐都""恐龙之乡""南国灯城""美食之府"之美誉。每年自贡灯会吸引 60 万～70 万人来观看，然而以井盐文化、恐龙化石、自贡灯会为特色的文化旅游相互缺乏有效的结合，同时，以三大特色为依托的文化创意产业远没有得到重视与发展。

4.5　自贡对接成渝产业与创新合作面临的机遇和挑战

针对中国经济正处在转变发展方式、优化经济结构、转换增长动力的攻关期，党的十八大提出创新驱动发展战略，党的十九大确立了未来中国经济的发展方向为"贯彻新发展理念，深化供给侧结构性改革，加快建设创新型国家，实施区域协调发展战略，实施乡村振兴战略，加快完善社会主义市场经济体制，推动形成全面开放新格局"。由此，自贡市打造产业转型升级示范区城市既充满了机遇，也面临巨大的挑战。

4.5.1　产业合作调整面临的机遇

(1)自贡市入选全国首批产业转型升级示范区城市，将不断释放体制机制改革和政策创新"红利"，为产业升级转型提供政策和制度支撑。

(2)成渝以及成自宜高铁开通后，自贡到重庆缩短到一小时以内，自贡到成都进一步缩短到半小时以内，一小时乃至半小时经济圈形成后，有助于减弱地理与交通格局的制约，有助于自贡市对接大成都城市群以及融入重庆市一小时经济圈。

(3)成都市和重庆市为打造国家中心城市，采取了"区域协调发展战略"，对中心城区和邻近郊区的产业重新进行空间布局与优化重组，避免区块之间的产业同构，这为自贡市学习成都或重庆的产业高端化的政策措施和承接产业转移、实现企业技术更新换代提供了机遇。

(4)党的十九大提出的"贯彻新发展理念，深化供给侧结构性改革"，有助于自贡市加快推进产业结构优化调整和需求结构改善的步伐。

(5)"一带一路"倡议和长江经济带区域发展战略的实施，为自贡市嵌入成都与重庆市所构建的产业空间布局，实现产业协作、互补，进而竞合发展创造了良好的市场环境。

4.5.2　产业合作调整面临的挑战

(1)成都和重庆的产业空间布局会加大各区块之间的虹吸效应，一方面会延缓产业的向外转移，另一方面增加自贡市招商引资的难度。

(2)随着成都和重庆国家中心城市的建设，邻近区域的区位优势更加明显，如巴中、广安、德阳、资阳、乐山等，会增加自贡市对接中心城市产业圈的难度。

(3)成都和重庆为承接产业转移，引进高端产业的竞争会越来越激烈，产业的同构化将更严重,不利于区域之间的产业协同。这种产业的同构化,在省与省、市间,以及在地级市之间的产业规划上体现明显,这可能导致产能过剩,进一步增大区际竞争压力。

(4)自贡市工业企业利润下滑、重点行业增长乏力。自贡市规模以上工业利润增速低于全省平均值,工业企业、中小企业将持续面临结构调整压力,其上行空间有限。

(5)自贡市现代服务业发展相对滞后,将对整个三次产业结构优化调整产生较大的制约。

4.6　自贡对接成渝产业与创新合作的战略目标及任务

4.6.1　产业合作和创新合作的战略目标

1.产业结构转型:由工业拉动型向服务业拉动型转变

服务业的发展是现代市场经济的一个显著特征,也是衡量经济社会发展繁荣程度和现代化水平的重要标志。服务业已成为我国三次产业中增长最快的产业,对国民经济的带动和支撑作用明显增强。自贡市在大力推进新型城镇化发展的大背景下,产业结构转型要由单一的工业拉动型向先进制造业、生产性服务业"双轮"拉动型转变,进而向现代服务业拉动型转变,即通过加快推动经济增长模式的递进式转变,最终建立起以现代服务业为主导的现代产业发展新体系。

2.产业内生驱动力转型:由要素驱动型向创新驱动型转变

当今世界正处于新科技革命的前沿,科技创新出现新态势,技术融合出现新特征,制造方式发生新变化,产业发展孕育新形态。党的十九大明确提出"贯彻新发展理念,深化供给侧结构性改革,加快建设创新型国家,实施区域协调发展战略,实施乡村振兴战略,加快完善社会主义市场经济体制,推动形成全面开放新格局"。自贡市的产业内生驱动力转型要实现由要素驱动型为主导向创新驱动型为核心的动力源转变,即将经济增长的驱动力由过去的生产要素投入驱动转向全要素增长驱动,把科技创新摆在更加突出的位置。

3.产业空间发展模式升级:由离散发展型向协同发展型转变

产业空间发展模式转型要由离散发展型向协同发展型转变,即通过充分释放区域发展潜力,推动各区域产业在更高水平、更深层次和更广领域上实现联动发展,形成全市多点多极支撑发展的良好局面。

4.产业分工模式升级:由价值链低端向价值链高端转变

产业分工模式转型要由价值链低端向价值链高端转变,即通过扩大"技术链"对产业链的延伸升级,从而实现价值链的高端化演进,通过区域品牌、服务贸易的带动作用,促进或形成价值链高端产业升级发展,塑造新的竞争优势。

5.产业发展模式转型：由资源消耗型向资源节约型、环境友好型转变

产业发展模式转型要由资源消耗型、环境影响型向资源节约型、环境友好型转变，即通过建立资源综合利用与节能降耗减排体系，推行循环经济，促进产业绿色化、低碳化发展。

6.产业管理模式转型：由政府主导型向市场主体调节、政府宏观调控型转变

产业管理模式转型要由政府主导型向市场主体调节、政府宏观调控型转变，即通过推进政府职能转变和法治化建设，加快实现由政府主导下的"赶超型产业管理模式"向以市场机制为主、政府调控为辅的"产业调控治理模式"转变。

4.6.2 产业合作和创新合作的核心任务

1.优化产业空间布局，打造区域协同发展

尽快完成横贯东西、便捷高效的城市交通主动脉。以此为依托，围绕"一带一圈两翼"，根据产业园区的定位来统筹产业园区在空间的布局。推进或引导转移产业向相应的产业园区聚集，从而带动富顺和荣县两翼经济的发展，避免过度地聚集于中心城区周边，加剧区域经济发展不平衡。

2.坚持增量优化与存量调整并举，大力改造提升传统产业

产业对接坚持增量优化与存量调整并举，招商引资和招才引智并重，通过技术创新与项目引进，大力改造提升传统产业技术装备能力与自主创新能力。针对产业链紧缺薄弱环节，通过引进关键核心技术与相关重点项目及团队提高产品附加值，延伸产业链条。

3.加快培育发展战略性新兴产业，不断形成新兴增长点

自贡市应重点瞄准六大战略新兴产业的高端环节、重点领域尤其是五大高端成长型产业，在资金投入、政策扶持、要素保障、人才支撑等方面给予重点倾斜，推动其尽快做大规模、做强实力、做高层次、做优品牌。

4.培育壮大生产性服务业，加快构建现代产业发展新体系

自贡市应瞄准五大新兴先导型服务业，重点做好"三个推进"，即推动生产性服务业与先进制造业融合发展，实现由"生产型制造"向"服务型制造"转变；推进市场准入改革，实行"负面清单"管理模式；推进投融资体制改革，重点支持现代金融服务业发展。

5.完善产业发展支撑体系，为产业结构优化调整提供科学高效的服务

自贡市应通过建立产业运行监测预警系统、统计分析平台、要素(含水、电、煤、气、运等)信息化智能调节机制，构建以要素云、产业云等为基础的产业大数据运行调控体系。

4.7　自贡对接成渝产业合作和创新合作路径

4.7.1　探索搭建合作平台

1.积极推动建立产业联盟，发挥企业在对接合作中的主体作用

根据自贡市现有产业的发展现状及产业发展方向，充分发挥现有优势企业和行业协会，引导推动与成都、重庆组建产业研发合作产业联盟、供应链合作产业联盟、市场合作产业联盟、技术标准产业联盟，以实现成渝经济区范围内的产业引导和资源调配，提升自贡现有优势产业和高端制造产业在区域的影响力。①建立航空与燃机产业协会、新能源汽车产业协会、新材料产业协会(合金、碳黑、焊接材料)，进而推动航空与燃机产业联盟、新能源汽车产业联盟、新材料产业联盟的成立；②创办航空与燃机产业论坛、新能源汽车产业论坛、新材料产业论坛，争取以分论坛的形式并入一年一度的成渝经济发展论坛，或者适时独立举办。

2.探索建立产业发展研究中心，精准实施引商招商

借鉴成都模式，建立产业发展研究中心，对全市产业发展现状进行全覆盖摸底，按照产业类型将企业分类，弄清每个企业的发展方向和需求，建立实时滚动更新的自贡市产业发展项目库。依托项目库，与成渝和东部发达地区建立产业发展需求对接机制，并定期向全国、全世界发布，对外展示自贡产业发展优势和产业对接需求，让域外更多的企业能够了解自贡产业、联手自贡企业，同时让自贡的优势企业能通过这个沟通渠道逆向获取域外需求信息，走出自贡发展壮大之路。

3.创新园区共建共享模式，拓展自贡成渝产业对接协作空间

探索与成渝合作共建飞地产业园区模式，通过引入重点项目或者产业集群实现对相关上下游产业链项目的强力吸聚，充分发挥企业聚集的外部经济性和产业集群的规模经济效应，推动园区集约集聚发展；完善项目进入机制与退出机制，以高质量发展为导向，以科技含量、环境影响、投资强度、产业效益作为选资标准，以严把项目入园、退园关作为园区调整升级的重要抓手，着力提升园区发展质量。鼓励基层政府与成渝高校、企业之间创造性共建园区，促进园区跨区域合作，构建"点—线—网络"园区一体化格局，带动区域间人才、资产、技术流动的共赢模式。

4.共同营造适应重点产业发展需求的人力资源环境

人才是自贡市对接成渝重点产业的关键要素之一，要通过产学研结合、筑巢引凤、项目引人，聚集产业发展所需的人才。①深化政产学研用协作。加强与成渝、全国乃至全球的科研院所、高等院校、职业技术学校和研发企业合作，共建或者由其独资建设自贡分支机构、分校、研发分中心。②进一步加强创新平台建设。大力整合资源，探索建设科技创新公共服务平台、企业研发中心、行业重点实验室、研究院、技术成果鉴定和

信息发布中心等创新载体，为创新人才提供创新资源条件和一展所长的平台。③借鉴成都天府新区、重庆两江新区建设先进经验，联手培养研发团队和技术人才，对引进和培养的优秀高层次人才和创新创业人才（团队）及时给予安家补助和生活补助，同时为其家属、子女提供就医、入学、租购房等便利条件。④采取各项鼓励政策支持企业或目标引进企业在高等院校、职业技术学校设立学院、专业等形式，构建委托培养、定向培养机制，以解决企业及目标引进企业对高级技工用工需求。

4.7.2　瞄准重点配套产业

1.寻求和加强与成渝高端制造业的配套合作

工业机床、硬质合金、焊接材料、模型铸造等相关产业是高端制造业发展的基础，也是自贡市传统的优势产业。自贡应定位为：为成渝两地汽车及零部件、航空、新能源等众多工业的高端装备产业集群提供优质、高效的配套服务（包括产品加工服务和技术支持服务）。一方面，应通过强化对工业机床、硬质合金、焊接材料、模型铸造等产业自主创新能力的提升，引导其产业要素向创新驱动转变，提高这些优势产业的集中度与整体竞争力，努力增强高端制造产业配套服务能力，从而夯实装备制造产业引进、发展和壮大的基础。另一方面，要瞄准高端制造业，依托现有的工业基础、产业配套能力，以及位于连接成渝两地的中心区位优势，大力发展同时为成渝两地航空与燃机、新能源汽车等高端制造产业服务的配套产业集群，吸引相关配套产业在自贡落地并集聚壮大，通过大力提高产业集中度，延伸产业链条，打造服务成渝的高端制造产业配套服务中心。

2.加强与成渝生物医药产业合作

自贡和成都、重庆一样，都是把生物医药产业作为支柱产业发展。从总体水平来看，自贡在生物医药方面有几个发展不错的企业，但与成都和重庆的生物医药企业相比，不论是在发展规模还是质量上都还存在较大差距。在对接合作方面，可以两条腿走路。①上门招商引资，通过引进综合实力强的生物医药企业到自贡落户，吸引相关配套项目追随其落地建设，打造产业集群。②主动上门对接需求，根据其上下游产业链发展需要，毛遂自荐提供"一条龙"的配套服务，打造配套服务基地。

4.7.3　制定有效的对接政策

1.拓宽政府间有效合作渠道

建立有效的政府间协调机制和联席会议制度，建立产业转移对接平台，建立重大产业项目协调机制，围绕产业与项目合作、转移、建设定期进行会商和协调，跟踪合作产业发展态势，及时发现并协调解决产业发展中的矛盾和问题。大胆突破行政区划界限，合作共建园区，设立专业合作园区，吸引各类投资主体对园区进行整体开发。

2.构建园区合作共建新机制

鼓励、支持以土地、资金、设备、技术、管理等作为资本金投资入股的合作方式，共同出资建立股权投资基金和联合开发公司进行园区管理、开发建设。在现有开发园区内划出部分土地，建设园中园，按照统一规划，由开发方组织实施，具体运作。将开发园区整体委托，建设托管园区，由受托方进行规划和开发建设。建立合作双方投资促进常态化工作协调机制、一体化的目标责任管理机制，加强在规划、产业、项目、资源等方面的联动，建立地区生产总值划转、地方税收分成、利润分配等共享机制，实现互利共赢。

3.深入推进改革创新

制定产业负面清单，按照"非禁即入"原则，对符合产业政策和环保要求的转移合作项目一律欢迎。强化行政体制改革，对签约后施行行政审批代办、金融服务领办和公共服务快办的"一站式"服务，将转移产业项目列入市级领导对口联系名单进行跟踪服务。推进财政和税收体制改革，简化纳税人跨省(市)迁移手续。推动数据共享惠人，推行企业和人才资质互认、信息互通、数据共享改革，最大限度方便生产要素合理流动。整合全市各类专项基金、加大财政资金投入，对合作企业通过财政补助、贴息、奖励等方式予以大力扶持。

4.鼓励支持各级主体先行先试

鼓励行业主管部门、县(区)和现有企业根据当前产业基础和优势资源，筛选项目，与成都、重庆方面采取技术、资金、管理、人力、设备、原材料等部分要素先行的方式开展合作。对先行合作的要素支持采用作价入股、有偿支付、志愿帮扶相结合模式，条件成熟后再进行整体承接转移合作。支持采取招商外包和购买服务等方式，与成都、重庆区域内符合自贡市产业发展方向的行业商(协)会、企业或专业中介机构建立合作关系，组织引导企业向本市转移。

第5章 川南临港经济技术开发区
战略发展研究

川南经济区地处长江上游、成渝经济区的南侧，是由四川省南部的泸州、宜宾、自贡和内江四市构成多核心经济区，包括乐山市的犍为县、井研县、沐川县、峨边彝族自治县、马边彝族自治县5县(2011年12月31日，四川省人民政府办公厅以川办发〔2011〕94号印发《四川省"十二五"城镇化发展规划》界定范围)组成，总面积约为4.42万平方公里。

川南经济区是四川省五大经济板块之一，位于成渝经济区的南翼、长江上游的川南区域，区位优势独特，是四川通江达海的主要通道。川南经济区现有四个国家级开发区，分别是自贡高新技术产业开发区、泸州高新技术产业开发区、宜宾临港经济技术开发区、内江经济技术开发区。其中，宜宾临港经济技术开发区是唯一以"临港"命名的经济技术开发区。本书以宜宾临港经济技术开发区为例来研究川南临港经济技术开发区的相关问题，在后续的研究报告中均以宜宾临港经济技术开发区作为研究对象(图5.1)。

图5.1 宜宾临港经济技术开发区总体规划图

宜宾临港经济技术开发区地处长江航道零公里处、宜宾市城区东部，2009年12月18日正式成立，2013年1月升级为国家级开发区，定名为宜宾临港经济技术开发区。宜宾临港经济技术开发区总体规划范围为193km²(包括沿江工业园区和港口群)，其中，市本级开发建设范围为99.2km²(包括白沙湾街道办事处和沙坪镇行政区域)，近期重点开发建设范围为 25.9km^2。

截至 2016 年底，宜宾临港经济技术开发区经过近十年的开发，经济社会发展取得了阶段性成就。宜宾港已成为具备 30 万辆滚装泊位、50 万标箱集装箱泊位、1000 吨级的重件泊位等多种功能、内外贸易为一体的综合性港口，开发区基础设施逐步完善。

5.1　宜宾临港经济技术开发区现状与问题研究

5.1.1　宜宾临港经济技术开发区发展概况

宜宾临港经济技术开发区经过近十年的发展，园区建设稳步推进，交通等基础设施日趋完善，基本构建了与国家级开发区相匹配的管理服务、规划定位、港航物流、产业基础、开放创新、发展保障六大发展框架体系。

2016 年，宜宾临港经济技术开发区生产总值（GDP）为 39.81 亿元，规模以上工业总产值达到 83.99 亿元，地方财政收入完成 6.0 亿元，招商引资到位资金 95 亿元，累计投资额达到 536.75 亿元。

（1）构建了西部领先的管理服务体系。宜宾临港经济技术开发区在认真落实国家、省、市关于转型升级、创新发展的改革部署的基础上，强化顶层设计、深化改革创新，不断推进与市场全面对接的能更好发挥政府作用的开发体制、机制的实体化改革，和以市场化为导向的"减少管理层级，完善扁平化机制"的管理模式，以综合制度成本和服务成本最低化为目标，打造了"终身保姆制、贴身管家式"的专业、精准、智能的服务环境，形成领先的"简政放权、特别管理、封闭运行、服务高效"的管理服务体系，商事制度及软环境综合配套优势逐渐凸显。

（2）构建了适度超前的高规格规划定位体系。宜宾临港经济技术开发区坚持规划先行、规划引领，先后邀请美国 AECOM（architecture，engineering，construction management，operations and maintenance）公司等国际一流团队开展总体战略、概念性、控制性等规划研究，以及相关专项规划编制工作，基本形成了具备国际视野、适度超前的规划定位体系，推进了"城态""业态""文态""生态"等"四态合一"以及"城规""土规""发展规划"等"三规合一"体系，为未来开发区的发展提供了引领和保障。

（3）构建了临港型的产业承载体系。宜宾临港经济技术开发区基本形成以设备制造、智能终端和新材料为主导，港口物流业和专业服务业为配套的产业体系。截至 2016 年底，全辖区累计完成固定资产投资 536.75 亿元，累计完成公共预算收入 24.7 亿元，年均增长 30%，园区开发面积达 23km^2，房地产开发总面积为 2.59km^2，累计新建（改扩建）城市道路 50km，建成区绿化覆盖面积达 7.13km^2，绿化覆盖率为 39.8%，户籍人口为 8.23 万人，城镇化率约为 72.5%，产业园区基本实现"七通一平"，具备了承载大产业、大企业入驻的能力。

（4）构建了完善的港航物流体系。宜宾港已成为具备多种功能、内外贸为一体的综合性港口，并获批全国内陆首批进境粮食指定口岸、保税物流中心（B 型）。进港铁路专用线、散货泊位等项目前期工作进展顺利。截至 2016 年底，宜宾港集装箱吞吐量突破 30

万标箱，是长江上游货运量增速最快的港口之一。以四港互动、多式联运、内外贸一体为支撑的港航物流体系基本形成，长江起点航运物流中心建设正加快推进。

(5)构建了多层次的对内对外开放体系。宜宾临港经济技术开发区长期与各类企业、金融机构、商会、高校和政府部门开展交流合作，与商务部投资促进局、浙江大学、国际绿色经济协会、深港投资促进中心等 40 余家具有国际影响力的单位签订了战略合作协议，搭建了强大的开放平台。北大荒、中国物流、欣联物流、恒旭机械、东风欣迪、中环国投等一大批企业强势入驻临港开发区，截至 2016 年底，共签约招商引资项目 73个，累计到位资金 263.5 亿元，到位资金年均增长 74.45%。依托长江经济带，构建了宜宾港与武汉港、重庆港等沿江港口的长江黄金水道战略合作联盟。全域对内对外开放体系基本形成。

(6)构建了全要素的发展保障体系。资金保障能力稳步提升。四川港荣投资发展集团有限公司融资平台加快建设，积极配合项目业主单位开展各类资金申报，推行PPP（public-private partnership，政府和社会资本合作）模式引入社会资本参与开发建设，筹措和融通各类建设资金 160 亿元。土地保障能力不断提高，通过多种方式共获得土地指标 1.39 万亩（1 亩 $\approx$ 666.7m^2），累计征收土地 2.47 万亩，保障了重大项目的落地建设。人才支撑保障不断强化，培养、引进和集聚步伐加快。公共服务和社会事业配套不断完善，全面推进园区水、电、气、道路、通信设施、配套管网、生态环保等生产生活要素保障设施建设。

5.1.2 宜宾临港经济技术开发区基础设施现状与问题

1.发展现状

宜宾市作为川南重镇，自古都是四川南出的交通要道和战略要地，宜宾是四川省 12个次级综合交通枢纽和 13 个二级铁路枢纽之一，是四川向南开放的重要门户。

1)对外交通基础设施建设

(1)铁路。铁路网建设有序推进，铁路枢纽加快形成。截至 2016 年底，已建成内昆线、宜珙线和金筠线三条铁路，全市铁路运营里程达到 241km。成贵高铁（成都—乐山—宜宾—毕节—贵阳）已于 2019 年 12 月正式开通运营。川南城际铁路正加快建设，内自泸段于 2015 年底开工建设，自贡至宜宾段已于 2017 年开始建设。渝昆高铁正加快推进，重庆至宜宾段已于 2017 年底开工建设。宜宾至西昌（攀枝花）铁路、筠盐铁路已纳入《四川省铁路网规划》；宜宾港志城作业区铁路专用线已进入立项阶段。随着铁路项目建设的加快推进，"米"字形铁路网初步显现，为宜宾加快迈入高铁时代、建设全国重要的地区铁路枢纽和全省铁路枢纽次中心打下了坚实基础。

(2)公路。高速公路实现跨越发展。截至 2016 年，已建成 G85 内宜、宜水、G93 乐宜、宜泸四条高速公路，实现与成都、重庆、内江、乐山、自贡、泸州等城市的便捷联系。新建成宜宾绕城高速、S26 宜叙古高速，以城区为中心的放射性高速路网初见雏形。成宜高速（成都—自贡—宜宾）、宜昭高速（宜宾—昭通）已开工建设，正加紧形成完善的高速路网。

干线公路加快建设，国省道大幅增加。截至 2016 年底，已建成宜宾至屏山新县城快速通道、省道 S309 珙县巡场过境公路、省道 S308 长宁县城过境公路、S308 线江安过境线公路、省道 S307 线屏山至新市段、宜宾至长宁旅游公路、沙河至巡场公路等项目。宜宾至庆符快速通道全面开工建设，筠连至巡司快速通道、纳黔高速江门互通至兴文公路、省道 S309 兴文大礼至久庆公路、南溪至阳春坝快速通道等项目按计划有序实施。

普通国省道调整前，宜宾市境内有普通国道 19.69km，普通省道 495.943km，其中，一级公路 32.491km，二级公路 451.299km，三级公路 12.153km。随着《国家公路网规划(2013—2030 年)》《四川省高速公路网规划(2014—2030 年)》和《四川省普通省道网布局规划(2014—2030 年)》的相继颁布实施，境内国道、省道大幅增加，分别达到 620km 和 1323km，完善了干线公路网保障能力。

(3)水运通道。港口航道加快建设，水运能力大幅提升。截至 2016 年，境内有航道 963km，分布于 21 条通航河流，其中，四级以上航道有 176km。港口码头目前主要分布在长江、金沙江和岷江两岸，越溪河、南广河和长宁河有少量简易码头。已完成长江宜宾至泸州段 100km 三级航道建设，向家坝枢纽蓄水后，将进一步改善宜宾段航道，向家坝升船机建设继续推进。志城作业区已顺利完成一期工程建设，建成多用途泊位 4 个、重大件泊位 1 个、滚装泊位 1 个。长江宜泸段建成千吨级航道，志诚作业区开发取得重大突破，集装箱吞吐量连年翻番，2016 年吞吐量突破 30 万标箱，已建成四川省最大的内河枢纽港。

(4)航空。航空运输迅猛发展，机场迁建工作顺利推进。截至 2016 年，宜宾菜坝机场现已开通北京、上海、昆明等城市航班，新增西安—三亚、拉萨—杭州、贵阳—宜昌 3 条航线在宜宾的中转航线，机场运营的航线增加至 11 条。目前正积极推进四川宜宾机场迁建项目工程。

2)开发区内交通基础设施建设

开发区已形成两横多纵(两横：新宜南快速路、沙坪路+港园大道；多纵：护国路、长翠路、龙兴路、牌坊路、荆花路等)的园区路网结构，累计新建(改扩建)城市道路 50km，已建成开发区连接市区的环城路、G93 临港入口连接公路等干线公路，产业园区基本实现"七通一平"，具备了承载大产业、大企业入驻的能力。

公共服务和社会事业配套不断完善，全面推进园区水、电、气、道路、通信设施、配套管网、生态环保等生产生活要素保障设施建设，四川轻化工大学宜宾校区(一期)等一批项目建成，累计投入社会事业发展资金 20 亿元。

2.存在问题

1)交通瓶颈依旧存在

交通基础设施网络仍不完善，结构性矛盾日益突出。同全省其他城市相比，宜宾市公路密度水平位于四川省中等水平，排第八位，二级及以上公路仅占 5.30%，新建提级任务艰巨。截至 2016 年，宜宾市尚有 5 个县仍未通高速公路，县与县之间的快速连接通道尚未形成，县域间互动发展仍存在瓶颈。铁路发展相对滞后，对外通道单一，内昆铁路运能紧张，人均铁路拥有量低于全省平均水平。水运结构亟需调整，截至 2016 年，1000 吨级及以上的泊位仅有 14 个，大多机械化程度较低，岷江、金沙江航道建设协调复杂、推进迟缓，通航条件亟待改善。航线网络尚不健全，菜坝机场已突破理论运力，机场迁建需加快推进。

运输衔接转换仍然不畅，整体效率难以充分发挥。各种运输方式缺乏衔接，港口集疏运体系建设滞后，未建成"零距离换乘"的综合性客运枢纽，以多式联运为主的大型物流园区少，货运衔接水平和运输组织效率低下。宜宾火车站、宜宾北站、菜坝机场等交通枢纽缺乏统一规划和合理建设，公路运输站场与铁路站场、机场间衔接不足，不能有效地保障客、货流在各个节点的高效、便捷转换。城市公交首尾站点严重不足，"港湾式"站点布局不完善，公交停车影响交通现象突出。

2) 城市配套设施尚需完善，产城融合进程缓慢

临港经济技术开发区缺少成熟的行政区依托，地形地貌条件决定难以集中连片发展，基础设施与城市功能配套既面临成本高昂，又面临人口集聚不足带来规模经济边界点难以达到的双重困境，并反过来影响临港经济技术开发区的人口集聚、人气提升与城市化进程。现有城市配套设施难以支撑产业发展，教育、医疗、文化等配套公共服务设施不够完善，商贸、旅游、商务、酒店等生活性服务业规模小、分散且档次不高，公共交通体系不健全，生态景观环境优势未能转化成宜居宜业优势，人口导入态势尚未形成，区域总体人气不足。宜宾临港经济技术开发区城市道路、供水、供气、能源等基础设施建设缓慢，不能满足开发区发展的要求。与港口建设配套的综合运输体系有待完善。

3) 外部环境制约严重

外部环境约束挑战加剧，可持续发展能力不足。临港开发区发展存在所需的资金、土地、环境、人才等要素约束，开发区用地与土地规划矛盾突出。受国家财税体制改革的影响，以往的负债发展模式难以为继。基础设施建设面临不断累积的资金压力，建设与筹措资金矛盾日益突出，应继续推行 PPP 等新的融资模式，进一步完善政府公共财政保障机制。

5.1.3　宜宾临港经济技术开发区产业发展现状与问题

1.发展现状

2016 年，宜宾临港经济技术开发区生产总值(GDP)为 39.81 亿元，规上企业有 24 家，实现工业总产值 83.99 亿元，地方财政收入完成 6.0 亿元。经过近十年的开发建设，临港经济技术开发区已建成面积达 23km²，已吸引一批优势项目入驻发展，原有六大工业产业集群进一步夯实和发展，引进的产业尚处于建设和发展初期，尚未形成集聚效应。

1) 机械制造业

现有以宜宾五粮液集团股份有限公司、四川惊雷科技股份有限公司、四川天工机械成套有限公司、四川宜宾岷江机械制造有限责任公司为基础的装备制造产业集群，滕川

新能源汽车产业园、恒旭机械已入驻开发区发展，临港经济技术开发区机械制造业将进一步提升。

受区域限制和招商引资激烈竞争等因素影响，缺乏科技研发、高新技术、先进制造等项目，原有机械制造企业受政策、资金、人才等因素影响，发展缓慢，尚无法形成有一定优势的龙头企业，亦无法吸引相关上下游产业进入。

2）新材料、新能源产业

现有以普什集团、天原集团、拉法基瑞安集团、环球集团、普拉斯公司等为主的新型建材业基础，以中国石油、中国长江三峡集团有限公司、四川中电福溪电力开发有限公司等为主的新能源产业基础，以四川普什醋酸纤维素有限责任公司、宜宾丝丽雅集团有限公司等为主的新材料产业基础。宜宾临港航宇科技产业园、亚中讯宜宾临港项目、金川电子西部磁电产业园、天原新材料产业园等一批优势项目入驻发展。

截至 2016 年底，与朵唯、天珑、中兴、领歌、垦鑫达等 71 家智能制造企业正式签约，已有 10 家企业正式投产，"宜宾造"第一批朵唯手机、笔记本电脑正式下线，销往越南、印尼等东南亚地区。从宜宾临港新材料产业发展来看，产业创新开发能力不足，应加强与建设中的大学城各科研院所合作，开发极具市场前景和潜力的新品种，弥补新材料产业发展后劲不足的现象。

3）现代物流业

宜宾港志城作业区一期工程已顺利建成，2016 年，集装箱吞吐量突破 30 万标箱。宜宾市随着内河航运、铁路运输体系进一步完善，一批货运站场逐步向具有仓储、停车、装卸作业、信息平台等综合功能的物流园区转变。北大荒粮食物流中心、民生物流、欣联物流等知名物流企业已入驻发展，四川安吉物流、宜宾天畅物流等本土物流企业加速转型。

宜宾港从运行以来实现了快速发展，但宜宾港与上下游的乐山港、泸州港地理位置相近，各港口为了各自的发展都在大力加强基础设施建设，货源拓展速度远远跟不上港口生产能力提高的速度，造成港口的生产能力过剩，由于缺乏统筹考虑和错位发展的思路，加剧了港口间的恶性竞争。开发区内大型物流企业正处于培育阶段，进港铁路尚在规划之中，港口与铁路未实现有效衔接，还未形成"铁、公、水"联输体系。

4）现代商贸业

全国唯一的白酒现货交易平台——四川联合酒类交易所于 2011 年 9 月 16 日开业运营，初步建立了一套标准化质检、评级体系和产品电子交易、结算体系。西部绿色食品商贸城、红鑫凯越国际连锁家居、宜宾楷模家居生活馆、四川工业文明博览馆、中国西南机械装备商贸城、天立汽车城等入驻发展，开发区现代商贸中心已初具雏形。

5）食品饮料业

现有以五粮液、高洲酒业、叙府酒业等为主的白酒产业基础，以叙府茶业集团为主的茶叶产业基础，以庶人食品为主的食品饮料产业基础。三原烟叶 30 万吨烟叶复烤技改项目已竣工投产，红牛饮料已入驻发展。除作为宜宾市六大工业基础产业之一的、以五粮液为龙头的白酒产业外，其余总体规模偏小，未能形成真正的集群效应。

6) 化工产业

现有以四川威力化工、天原化工、四川北方红光化工为基础的化工产业集群。宜宾地处长江上游，受国家保护长江上游生态和共建生态屏障政策影响，现有产业需投入更多的环保治理费用，发展受到一定限制。

2. 存在问题

开发区经济总量偏小，占全市经济总量比例低。2016 年，临港经济技术开发区生产总值约为 39.81 亿元，占宜宾市生产总值的 2.41%，与发达地区国家级开发区地域经济贡献度 10%的平均指标差距较大。临港经济技术开发区作为全市经济发展增长极和排头兵的地位尚未显现，对全市经济发展和产业集聚辐射带动效应不显著。

产业总体不强，集群集聚不够。受新常态下宏观经济总体下行影响及区域和临港开发区自身产业基础薄弱的制约，重大项目在招引、落地、建设中与计划还存在较大差距，规划的装备制造等主导工业产业"空心化"问题突出，工业增加值连续下降，产业体系处于初步构建阶段。临港经济技术开发区服务业增加值占比总体偏低，与主城区等其他服务业集聚区差距较大，现代物流、总部经济、城市生活性服务业的引领地位尚未显现。农业发展仍处于传统阶段，三次产业融合的现代高效农业进程缓慢。

科技支撑薄弱，创新驱动能力不强。临港开发区高新技术企业少，部分科创项目尚处于规划中，科技创新载体平台尚未搭建。企业普遍存在科研机构建设缺失、产学研平台打造滞后、专业人才培养不够、研发经费投入不足的现状，临港开发区总体自主创新能力不强，新产品、新技术的研发、引进步伐不快，已严重制约了技术进步。

区域竞争更加激烈。一方面，川南经济区内的四个城市两两相距不到 100km，均为老工业城市，产业重合度较高。宜宾和泸州为长江沿江城市，由于缺乏协调，港口未能实现错位发展，港口货源重合，竞争加剧。川南经济区处于成渝经济圈的中部，而成渝经济圈的成都天府新区和重庆两江新区规划级别高，政策倾斜力度大，其发展对周边资源产生"虹吸"效应，可能导致成渝经济圈"中部塌陷"。另一方面，各地政府都把开发区作为招商引资优先发展对象，临港开发区面临来自全国 219 家、四川省 8 家国家级经济技术开发区的竞争。由于临港经济技术开发区起步晚、基础弱、差距大，且在产业上与多数国家级开发区，特别是周边地区存在同质化竞争，在新的发展时期提位升级压力较大。

5.2 宜宾临港经济技术开发区发展战略对策研究

5.2.1 注重顶层设计，加强统筹协调

1. 突出临港地位，统筹园区布局

宜宾临港经济技术开发区是整个西部唯一以"临港"命名的经济技术开发区，在建立之初，就确定了"以港兴城、以港兴产、产城融合"的发展思路，是集港口物流、科技服务、研发创新、先进制造、高新技术、商贸服务、旅游休闲、高教培训、生态宜居

等多种功能的城市新区。

临港经济技术开发区作为宜宾市全面深化改革的突破口，应明确"双城发展"定位，落实"科教兴城"的定位要求。围绕功能定位，大力实施"以港兴城、以港兴产、产城融合"发展策略，通过"港-园-城"的合理布局，延续宜宾市"青山环抱、绿水绕城、灵秀柔美、上善若水"的原创气质，塑造宜宾的城市新品牌与城市名片，展现"港口人居创业典范、低碳生态绿色新城区"的城市形象。

宜宾临港经济技术开发区的发展，最根本的就是要把港口经济、工业园区建设放在宜宾市工业发展的突出地位，使其能够享受政府工业规划的优惠政策和资金扶持。以港口及配套设施建设和工业产业园为发展重点，发挥其龙头作用，以点带面，带动宜宾市相关产业发展，包括以下三个方面。

(1)港口经济和工业产业园的优先发展。充分利用临港优势，发展港口经济，在政府的政策扶持下，创建临港产业园区。通过良好的发展条件和工业协同作用，使园区形成新的经济增长点。再经过几年的发展，逐渐发挥其辐射力，形成一条经济增长产业集聚带，成为宜宾市工业经济发展的重要构成。

(2)调整全市工业规划。在确定港口经济和工业园区的优先发展原则后，对全市的工业体系进行合理规划，坚决抑制落后产能，调整优化产业结构，实施"工业为主、工业为重、工业强区、工业富区"的战略。

(3)港口经济和工业园区的龙头作用。工业园区的重大作用体现在带动力上。这种带动不仅是经济发展的增长点，同时也是人才、资金、资本等资源流动的推动器。通过工业园区的协同化发展，共享基础设施，不仅节约了企业成本，也为人、财、物等各种资源的流动提供了便利场所。工业园区内部夯实合作和交流。通过产品的上下游关系以及产业的互补性，实现工业园区内企业的互相交流与合作，充分体现工业园区的优势，发挥工业园区的龙头作用。

2.注重当下机遇，考虑长远规划

目前在全国经济放缓的大形势背景下，开发区的建设应该将当下机遇与长远规划相结合，进行统筹考虑，才能实现宜宾临港经济技术开发区的跨越式发展。

(1)转换思路，发现当下机遇。虽然我国经济增速基本稳定在 7%左右，经济发展进入新常态，但是随着 "一带一路"倡议的提出，以及亚洲基础设施投资银行的成立，我国经济发展又有了新的机遇。宜宾市是万里长江第一城，自然资源得天独厚。宜宾临港经济技术开发区是沿乌蒙山资源富集区通过长江水道联系东部经济发达地区的最佳结合点，也是四川融入"一带一路"建设和长江经济带建设的排头兵。宜宾地处云贵川结合部，是南部古丝绸之路的重要起始地，如宜宾的南广镇，从宋朝开始就是著名的南丝绸之路上的一个水码头，南广古镇的五尺道，就是南丝绸之路通往云南、东南亚的重要通道。宜宾市作为老工业城市，有深厚的工业基础，可以通过"长江经济带"实现经济的新增长点。宜宾市的工业园区，不仅要给予政策优惠，还要同铁路、公路、海运等部门加强联系，为宜宾市工业产品的出口创造良好的外部环境。此外，对经济技术开发区内部工业发展也要进行积极的导向和规划。可以对国家政策进行及时解读，并伴随四川省和宜宾市的工业政策，向工业园区内企业进行宣传和推广，为企业提供最专业、最全面的服务。

(2)勇于创新，构建未来愿景。开发区的规划一定要紧跟国家经济发展大势，同时也要结合自身发展特点，合理构建出未来发展的愿景。就全国而言，经济新常态是大势所趋，为此，工业园区务必构建应对措施，为自身发展提供基础。就宜宾市而言，临港经济技术开发区距宜宾市区 2km，距宜宾火车站 4.5km，距宜宾五粮液国际机场 15km，北靠渝昆铁路，西邻渝贵铁路(高铁)，G93 成渝高速公路(宜泸渝高速公路)东西向横贯全境，市区有宜南、宜泸城市干道与其相连，规划建设的成贵高铁轻轨工程也将从市中心直抵宜宾临港经济技术开发区，宜宾临港经济技术开发区所在的宜宾翠屏区已形成"港口为主"直达上海港，具有便捷的交通条件，这都是宜宾发展外向型经济的优势所在。新建的宜宾大学城位于宜宾临港经济技术开发区内，人才资源、基础设施、交通条件可谓得天独厚，因此园区一定要结合自身已具有的优势条件，规划出具有自身特色的发展战略。

(3)实事求是，直面危机挑战。宜宾临港经济技术开发区的发展不仅有机遇，也面临挑战。就临港经济技术开发区来讲，土地资源紧张，此为不利条件；在建设上，也面临本地区其他工业园以及周围城市及沿江城市的竞争和挑战。为此，工业园区的规划必须直面竞争和挑战，尽量规避自身劣势，发挥自身长处，扬长避短，才能推动宜宾临港经济技术开发区建设走上良性发展之路。

3.坚持市场基础，辅助政府引导

宜宾临港经济技术开发区的建设是宜宾经济发展的重要组成部分，也必须遵循市场规则——以市场配置为基础、以政府调控为辅助的发展模式。为此，应在以下两方面做好相应工作。

(1)强调市场的基础作用。市场是市场经济的基础，起资源配置的主导作用。就宜宾市临港经济技术开发区建设来讲，市场的主体地位体现在土地资源的公平、公开招标，资金、资本的市场化运作，人才资源的合理化流动。市场的基础配置作用，不受人为因素干扰。

(2)完善政府的宏观调控。宜宾临港经济技术开发区虽然由市场主导，但市场毕竟有失灵的情况。为此，政府应发挥其宏观调控的辅助作用。政府的调控主要体现在制定政策、资金支持、税收优惠、园区基础设施建设等方面。

5.2.2　完善基础设施建设，提升开发区综合能力

1.统筹基础设施建设规划，完善设施建设

1)完善城市交通网络

完善宜宾城区与临港经济技术开发区之间的快速通道和过江桥梁建设，建设城市环线，有序规划建设轨道交通。规划建设客货运枢纽，强化城市交通与区域交通网络的连接，全面推进建设城市智能交通设施。大力发展城市快速公交系统，通过优先通行网络

平台建设，完善公交站点设施，提升营运服务水平。

(1)建设快速公交线路。为方便中心城区与开发区的联系，在临港经济技术开发区东西主要通道白沙路、寨子山路、城南快速路、新宜南快速路设置公交专用道，开行公交快线。公交快线以 1000~1500m 的距离设置站点，与普通公交网络相衔接，将极大地方便开发区各组团间的快速出行。

(2)打造宜宾城市夜景水上旅游线路。为充分展示宜宾的城市建设和城市发展形象，更好地融入宜宾大旅游规划，满足人们对长江第一城夜景的游览需求，在宜宾中心城区、临港经济技术开发区等主要景点规划建设旅游客运码头，将临港规划区长江航道和中心城区岷江、金沙江航道串联起来，开设水上观光线路，打造水上旅游通道，特别开展宜宾三江汇合的夜景旅游。

(3)完善道路设施建设。完善长途客运站、货运站场布置，根据开发区的工业发展、港口运输、商贸物流等合理布置长途客运站和货运站场。为解决城市交通拥堵和城市整体布局需要，统筹设置停车场，停车场布局注意空间分布的均衡性，重点布局在交通枢纽、服务中心、商业区等地段。加油站宜以 0.9~1.2km 为服务半径进行布置，选址尽可能选择在交通便利的地方，并且尽量避开居住用地及重要的城市设施用地。在开发区西部入口、中央服务核、西部滨水区设置市政广场，为区内居民提供休憩、娱乐的场地。

2) 强化市政基础设施建设

统一规划建设城市供水、污水排放、电力等市政设施。完善城市垃圾收集、转运体系，加强城市垃圾处理设施建设。优化电网配送体系，推进城镇电网智能化，增设城市电动车充电桩。建设城市清洁能源供应设施，加强城镇燃气管网设施建设改造。

根据临港经济技术开发区规划要求，完善主中心、次中心、社区级中心建设，通过"插入一点、辐射一片"的布局方式，将外部生态环境通过河流、绿道引入规划区内，并形成若干功能复合的公共绿地，构成"珠联绿带、点线面结合"的绿地系统，提升开发区整体环境水平。

根据开发区的发展需要，加快完善市政基础设施，建设污水处理厂二期、工业固废处理站和生活垃圾收集处理系统，完善地下管网改造、高压线迁线等市政工程，完善开发区内城市供水工程、污水收集工程、防洪排涝工程、电力工程、燃气工程等建设，增强产业发展、城市生活的承载力。

2. 统筹交通规划，建设宜宾交通枢纽

1) 加快交通设施建设，完善交通网络

构建区域交通枢纽，打造"铁、公、水、空"立体交通体系，坚持大交通引领大发展，通过"拓展骨架、提升功能、完善路网"，加快交通基础设施建设，构建快捷、高效、安全的综合交通体系，形成川南四市"半小时"、宜宾至成都和重庆"1 小时"、宜宾至昆明和贵阳 "两小时"的交通网络。

(1)铁路。抢抓宜宾列入全国 50 个铁路枢纽之一、国家"八纵八横"高速铁路网中"京昆""兰广"两大重要通道在宜宾交会的重大机遇，加快建设成贵高铁、川南城际铁路(蓉昆高铁)自宜段、渝昆高铁泸宜段。快速铁路路网如图 5.2 所示。

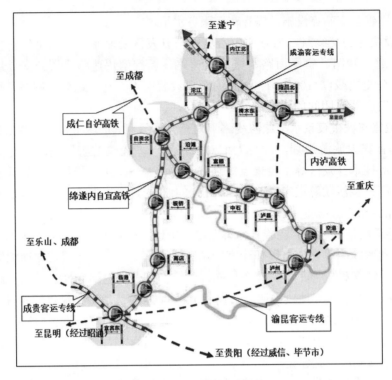

图 5.2　快速铁路规划图

　　加快推进沿成为江铁路、珙县至叙永铁路、盐津至筠连铁路等普通客货混跑线建设；推进宜宾港"进港铁路"建设。着力构建连接云南、贵州、攀西的"四高七普一枢纽"铁路体系，建成全国重要地区铁路枢纽和四川省铁路枢纽次中心。普通客货混跑铁路路网如图 5.3 所示。

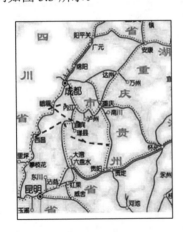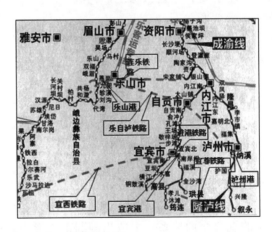

图 5.3　普通客货混跑铁路路网

　　将宜遵铁路的宜宾—叙永段与隆黄铁路连接，在隆黄铁路的叙永—毕节段建设完成后，打通与贵州铁路网的连接。这两条铁路线是区域路网的重要辅助铁路，经过国家大型煤炭基地——云贵基地，同时，项目沿线地区旅游资源十分丰富，分布有乐山大佛、蜀南竹海、石海洞乡、遵义会议会址、赤水河等众多风景名胜区，项目的建设将进一步带动区域旅游业发展，推动宜宾—遵义旅游带的快速形成。

建设"沿江铁路"（宜宾—西昌），该铁路是攀西资源富集区与川南经济区联系的重要通道，可加快金沙江梯级水电资源开发和钢铁资源开发。项目经过的西昌、宜宾地区自然风光秀丽、历史人文景观丰富多样，拥有蜀南竹海、石海洞乡、邛海等著名旅游资源，项目建设极有利于川南与攀西地区旅游资源开发，促进区域经济社会快速发展。

宜宾"进港铁路"为从内昆线引出至宜宾临港经济技术开发区的港口专线铁路，该铁路建设，将实现港口、铁路、公路的高效衔接和实现"铁水"货运联运。

（2）公路。构建宜宾高速公路网，在已有 G85 内宜、宜水、G93 乐宜、宜泸、宜宾绕城高速、S26 宜叙古高速路网的基础上，加快建设宜彝高速、成宜高速、宜威高速，推进宜攀、内富南等高速公路建设。加快推进干线公路网升级改造。高速路网规划如图 5.4 所示。

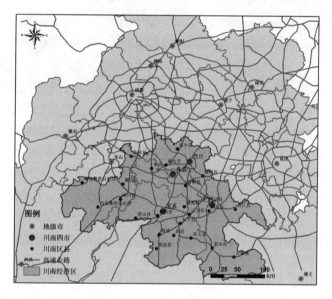

图 5.4　高速路网规划

（3）水运。继续推进宜宾港建设和长江、金沙江航道整治。继续推进宜宾港、泸州港整合发展。从战略高度审时度势、统筹开发港口岸线等水运资源，联合申报政策试点，推进差异化功能分工，共同提升港口的竞争力，充分发挥临港优势对地区经济的辐射带动能力，共同打造川滇黔水运门户、西部综合交通枢纽。

（4）航空。加快航空港建设，建成宜宾"五粮液"新机场，大力发展空港物流和空港经济。

2）完善开发区内部交通网络

宜宾临港经济技术开发区处于长江北岸，现主要通道为横贯开发区东西的 S307 宜南快速路（白沙路），该快速路西与宜宾城市环城路相连，东与志诚路（志诚路与成渝环线高速 G93 相连）相连。随着开发区的发展和人口的聚集，现有道路将不能满足宜宾临港经济技术开发区的需要，需尽快完善开发区内部交通网络。

临港经济技术开发区南靠长江，北依观斗山、龙头山，呈东西带状分布，区内道路路网结构应依据自然空间条件，明确东西向以快速主干道为主、南北向以宜宾港为核心的射线状路网设置思路，形成"四横快速路+多纵"的城市道路网骨架（图 5.5）。

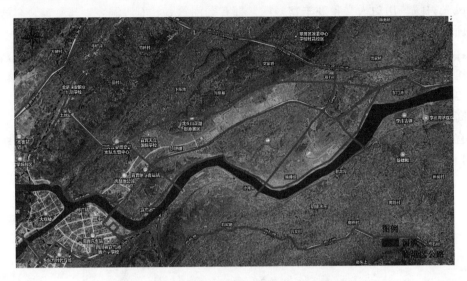

图 5.5　宜宾临港经济技术开发区主要路网图

四横：东西方向上由沿江路、白沙路（老宜南快速路）、新宜南快速路、南坝路四条主干道构成，是承担开发区内联系交通、景观、生活等不同功能的快速通道。

多纵：南北方向形成长翠路、龙头山路、牌坊路、梨花路、广进路、磅礴路、至诚路、犁湾路等多条主干道，将临港经济技术开发区东西向的沿江路、白沙路、新宜南快速路、南坝路和 G93 宜泸高速相连，形成完善的开发区内路网结构。

3) 提升开发区盈利能力，努力拓展融资渠道

为有效解决临港经济技术开发区建设中的资金瓶颈，需拓宽融资渠道，形成银行融资、土地出让、社会投资、政策资金等多元化的融资体系。多渠道筹集发展建设资金，搭建融资平台，夯实金融支撑，大力推行 PPP、BOT（build-operate-transfer，特许权）、TOT （transfer-operate-transfer， 移交-经营-移交）、EPC（engineering procurement construction，设计采购施工)等项目建设模式，引导社会资金、民间资本及国外资金参与开发建设，积极争取省上甚至国家的支持。

(1)改进经营模式，提升开发区盈利能力。宜宾临港经济技术开发区作为推动宜宾老工业城市转型升级和经济社会发展的主引擎，开发区经济发展主角是宜宾港和产业园区，应本着以盈利为目的的经营理念，将经济效益、环境效益和社会效益统筹考虑。在开发区发展的各个阶段，其运作模式和盈利能力有较大的差异。应准确把握各阶段的发展特征，科学合理地安排开发区资本运作模式，抓住盈利点。

经营土地的盈利模式包括土地增值、土地出让、土地租赁等方面，如通过建设标准厂房出租获得收入，通过出售土地开发商业地产和商品住宅实现盈利。

园区增值服务实现的盈利模式主要包括产业技术性服务，如公共性技术平台；产业发展性服务，为园区企业提供的融资、技术咨询、项目孵化、媒体网络宣传、仓储物流、人力资源以及服务外包等；生活配套性服务，为开发区企业和企业职工提供的餐饮、娱乐、商务、购物、医疗等；运营性服务，为开发区企业提供的物业管理等，如污水处理、水电暖的供应。

金融投资实现的盈利模式包括产业投资，此模式可借鉴美国硅谷资本运作方式，由开发区直接投资非上市股权；产业用地资本运作，开发区以土地作价入股的方式参与企业投资经营；产业用房的资本运作，开发区凭借产业用房实施的股权、信托、证券化运作。

利用模式输出的盈利模式，开发区以品牌效益对区外的土地实施的土地熟化和开发、委托经营等方式。

临港经济技术开发区的盈利模式应当是多元化的，在实际操作中往往是多种模式的叠加运用。

(2)搭建投融资平台，解决经济技术开发区融资难题。开发区的融资，仅仅依靠财政支持和上级补助是难以发展的，解决融资难的问题要结合金融贷款、项目融资、土地运营、增值服务，走多元化的路子。搭建投融资平台，成立投融资管理中心，通过市场化运作，缓解开发区融资压力，通过对开发区土地进行熟化、项目开发等形式盘活土地资产，通过向国家开发银行贷款或经批准发放债券等形式，解决开发区建设用款难题，使开发区资本有效循环利用。

3.加强生态文明建设，严格产业准入，建设绿色港城

环境优先包含两个方面的内涵，一是生态环境的兼顾，二是投资环境的改善。实施环境优先战略是与开发区经济效益相辅相成的，是开发区未来可持续发展的基础。实施环境优先战略：①改革现有唯 GDP 是从的管委会高层管理人员的政绩观；②要结合开发区入驻企业的实际情况，在政策保护上予以完善；③提高认识程度，将环境保护规划纳入开发区总体规划和工业布局管理，并作为其他规划的基础；④建立环境保护治理机制，要细化到预警和应急的体系设置。

改善投资环境，首先从服务意识的强化着手，进而改善服务环境、产业发展环境和创新体制环境等，打造开发区与入园企业合心、合力、和谐的发展氛围，将投资环境列入开发区综合竞争力的考核范围之内。

目前，宜宾临港经济技术开发区整体发展水平尚处于发展初期，应综合各方面的优势，发展空间和发展潜力较大，在准确把握发展机遇的同时，更应当看到近几年面临的环境问题，空气质量降低、水质污染、工业垃圾超标排放等问题频频出现于新闻头条，对于工矿企业较为集中的工业园区，更应重视工业企业已经产生或将来可能要产生的环境污染问题。

(1)在招商引资时，应鼓励引进低能耗、污染小、效益高的产业入驻园区发展，并要求入驻企业与园区签订入园企业环保责任书，结合产业特点，将排污要求、环保要求，或污染处置方案，以及未达到环保要求的违约责任纳入责任书；对于在污染治理方面投

入较大的企业，园区应在税收、融资等方面给予激励和支持，以补偿该企业在污染治理方面的投入，维护企业生产的积极性；对于那些工艺落后且不愿进行技术改造、高污染且难处理的项目，或企业不愿在治污方面加大投入的企业，即便经济效益再好、即便税收贡献再高，只要达不到环保要求的，建立污染项目退出机制，园区对其强制实施"腾笼换鸟"的措施。

(2)坚持技改推进。开发区积极开展环境保护法律法规和相关知识的宣传教育工作，强化园区企业环保意识的同时，通过多种渠道，积极为园区企业在污染治理方面提供技术指导。鼓励企业引进先进技术，改进落后生产工艺，研究生产资料循环利用的循环生产模式。

(3)通过 PPP 等新型融资模式引导社会资金参与环保设施建设，鼓励并支持发展环保产业。园区和企业以购买公共服务的方式，加强园区环保基础设施建设。

(4)开展海绵城市建设。推行海绵城市建设理念，选择大专院校、科研机构、住宅小区、公园、道路、湿地等，建设生态屋顶、污水收集设施、雨水花园、人工湿地、可渗透路面、下凹绿地、生态草沟等项目，形成庭院、景观水体和道路三大雨水收集系统，强化绿地、道路等对雨水的蓄渗和吸纳作用。

4.建立人才储备机制，大力引进人才

吸引人才、留住人才和恰当地使用人才是保证园区未来发展的根本，如果把园区比喻成一辆列车，那么人才是开启并驾驭这辆列车的主体，怎么开，往哪开，人才说了算。因此，宜宾临港经济技术开发区要想在未来发展道路上把握自己的话语权，就必须清醒地认识到人才的重要性。体制革新，搭建人才创业平台，让其充分施展拳脚；着眼未来，追求实际效益，建设人才培育体系；采取多种形式，吸纳管理学、金融类等综合性人才，配备以园区中高层管理岗位，打破惯性行政壁垒。

1)建立人才培养储备机制

开发区要实现"跨越式发展"，使园区借助品牌效应，实现经济和社会效益的最大化，仅靠行政体制的命令式或领导层的轮岗是远远不够的，而是应该将人才的培养和储备放在显著位置。人才队伍体制的建立，领导层的选拔应该有一套合理的标准，而标准也是随着市场、宏观政策的改变而调整。此标准应涵盖园区管理的各个领域，包括财务管理、项目孵化、项目运营、市场营销等，而这些岗位的管理人才，一定要有很好的沟通协调能力，一定要懂得研究市场动态，具有开拓精神，一定要懂得营销，懂得品牌效应的应用与维护，另外其他岗位或者辅助管理岗位人员，应熟知项目运营的全过程，熟知项目的合作、洽谈、合同签订等工作。

要吸引人才，并留住人才，重点在于激励机制建立。该激励机制应包括货币激励、股权激励等。对园区建设确实有突出贡献的人才，可以量身定制激励措施。总之，就是要打破行政体制的条条框框，就是要让人才合理流动，就是要打通人才的上升渠道和发展空间，只要是能够切实为园区带来实实在在的效益，能切实抓住园区发展战略布局的人才，就要千方百计地留住、用好。

2)适时引入职业经理人制度

一般来说开发区发展滞后的原因之一，就是行政体制的束缚，政府以委派的形式来任命园区高管，这从管理学的角度来讲并不科学。园区在土地、资金、财税支持等方面，都具有得天独厚的优势，但在园区的发展战略上，经营管理所需的高级管理人才则成为园区发展的短板。

开发区发展靠的是人才，而人才的储备和培养，面对市场的适应和行业的竞争，最直接的做法就是引入职业经理人制度。对于开发区下属宜宾港和工业园区要打破由开发区管委会行政管理层下的一把手负责制，改由董事会下的总经理负责制，作为职业经理人，对园区的经营管理全权负责。

职业经理人可以实现工业园区高级管理人才的市场化配置，减少用人上只注重行政化不注重市场规则的现状，改变地方政府为解决行政缺位而任命不具备相关管理能力和不懂经济的领导，或者为解决个别领导虚位给园区造成的发展滞后的现象。

引入职业经理人制度，要做好两个方面的工作。一是选任完全市场化，职业经理人的选任应是多渠道、多元化的，不仅仅局限于国有企业、民营企业或外资企业家，少看重被选人员的"出身"，多看重被选人员的能力、经验、业绩以及诚信度；二是股权激励或其他激励方式要与园区发展目标相一致，遵循权责一致的原则，设立相应问责制度，要不同于其他岗位人才的激励制度，应加大职业经理人岗位的激励力度，同时也应加强这一岗位的问责力度，以契约合同等制约方式，使得职业经理人在最大程度上发挥管理职能的同时，合理地约束不合规的行为。

5.2.3　建设临港产业城，推动开发区发展

临港经济技术开发区是万里长江第一城的临港型开发区，应充分利用临港优势，发挥开发区港口物流、产业集聚、集散辐射、新型城镇化核心片区的优势功能，坚持"以港兴产、以港兴城、产城融合"的发展策略，重点对港口物流区、工业集聚区、城市功能区、大学城及科创园区进行增量培育，实现各片区相互支撑、联动发展。

实施"以带连点、以带兴面"空间开发模式，构建分层次、网络化区域功能体系。建立区位优势、资源禀赋、市场导向三位一体的产业结构模式，着力进行产业结构调整和优化升级，有效抵消成渝两大中心城市的"虹吸效应"。

1.衔接"自贸区"战略，大力发展港口经济

宜宾市自古就是云贵川结合部的交通枢纽。宜宾是全省次级综合交通枢纽和全省二级铁路枢纽城市之一，是四川省南出的重要门户。独特的区位优势赋予了宜宾作为四川省通江达海枢纽城市的重大历史使命。宜宾市应顺势而为，充分发挥临港区位优势，积极推进港口经济发展。

1)建设临港工业体系

依托临港优势，实现临港工业产业化，是港口发展的必然趋势。宜宾市应抓住老工业城市转型升级和建立国家新型工业化产业示范基地的有利契机，以临港产业园区为依

托，以项目为支撑，结合宜宾市实际，引导选择装备制造、新能源汽车、新型材料、智能化终端等产业向临港布局，建设临港工业体系。

2) 发展优势产业，稳定货源

宜宾市已形成以白酒、化工、能源、机械制造、建材、轻纺为代表的一批优势产业，应做大、做强优势产业，为宜宾港提供稳定的货源，促进港口发展。宜宾地处"中国白酒金三角"的核心，拥有五粮液国家级"金花"和一批"小巨人"酒类企业，应巩固提升以"五粮液"为龙头的"宜宾酒"品牌形象，着力整合白酒品牌、延伸白酒产业链、壮大产业集群。

宜宾矿产资源富集，已探明煤炭储量约为 53 亿吨，天然气和页岩气储量超 2 万亿立方米，硫铁矿约为 15 亿吨。煤炭、天然气、硫铁矿等原料及其产品，均属于运输量大、成本高、能批量生产的大宗商品，适宜水运。

3) 积极打造长江起点航运物流中心

(1) 打造四个中心。依托宜宾港位于"一带一路"与长江经济带交会处的区位优势，打造货物中转、供应链调配、商贸物流、城市配送等四个中心，推动四个中心协调联动发展，构筑物流大通道，推进物流、加工、贸易、配送一体化，实现物流业反向拉动制造业快速发展的新模式。

(2) 做优港口物流。整合港口平台优势，提升志城作业区物流承载力，吸引川南、攀西、滇北、黔西北等川滇黔区域及东南亚重点企业货物在临港开发区中转水运，快速提升散货杂件和集装箱运输量。

(3) 做强商贸物流。重点发展石材、木材、家具、建材、食品等制成品的运输、仓储、装卸搬运、包装、流通加工、配送以及展示和销售等业务。依托高速入口大运量优势，发展成商贸物流货运站、公路港、第三方或第四方物流园，培育电子商务物流集聚区，加强与国内大型物流企业合作，打造川滇黔商贸物流中心。加快新成储物流基地、中国物流宜宾物流中心、欣联物流园、川南邮政网运枢纽功能中心、伟经物流园区、北大荒物流产业园、酒类仓储项目、川南木材石材商贸物流中心等项目的建设与运营。

(4) 做大制造物流。依托川滇黔区域巨大的原材料、工业品市场，重点发展工业品、机械装备、金属及矿产品、原材料等专项物流。推动制造物流向制造加工转变，吸引重大装备企业在临港开发区设立装备基地。

(5) 培育综合物流。加强物流信息、物流金融、物流分销服务，提升物流附加值和竞争力，拓展供应链金融、物流信息、物流人才培训等功能，构建全方位物流服务体系。

4) 发展现代服务业体系

(1) 培育发展金融总部。①大力培育发展金融业，紧抓宜宾市建设川南城市群金融中心机遇，充分发挥金融业对各类产业发展的支撑作用，加快引进大型金融企业、四川省各类银行以及其他金融服务企业，结合开发建设及产业发展需求，拓展融资租赁、担保、大宗商品交易、支付结算中心等业态，将临港开发区打造成川南金融业新兴集聚区。②加快发展总部经济+产业。建设临港国际会展中心，积极举办或承办省市重大博览会、重点企业展览展销会，提升总部基地品牌影响力。

(2) 加快现代商贸集聚。①做大做强专业市场。发展"互联网+专业市场"服务和特色产品会展交易，发展能源设备类、化工建材类、食品类专业商贸，加快专业市场综合服务中心和特色商品会展交易中心建设。以"汽车文化"为特色，重点向汽车改装、整车及零部件销售、汽车休闲娱乐、二手车销售、汽车运动延伸，整合互联网与体验文化，形成汽车商贸+互联网和汽车文旅+体验两大产业功能板块，规划建设酷车商街、汽车 O2O（online to offline，线上到线下）众创空间、汽车休闲综合体、汽车运动公园、酷行小镇等项目。②大力培育电子商务产业。打造川滇黔结合部电商孵化基地。③完善商业综合体，拓展商务办公。以商业综合体的建设为突破点，打造宜宾全新体验式生活圈，形成"商业综合体+社区商业"双元商业体系。

(3) 大力发展现代服务业。①加快培育智慧经济。以"智慧临港"建设为契机，加强与大数据、云计算重点开发商合作，兼顾宜宾市智慧城市建设、宜宾市新兴经济培育、川南地区产业创新中心功能打造，建设川南大数据中心，重点发展信息技术服务、软件及数据分析、大数据产业延伸等生产性服务业，培育 2.5 产业新业态。②培育发展大健康产业。紧抓健康经济新趋势，以健康服务业为主要突破口，布局大健康产业园，重点面向新药企业、精准医疗企业和科研机构（基因测序、细胞治疗）、互联网医疗企业。

5) 推进宜宾港与上下游港口整合发展

川南经济区作为四川省的第二大经济区，拥有四川省两大内河港口泸州港和宜宾港，是四川省通江达海的重要通道。川南港口群的航运情况如表 5.1 所示。

表 5.1　川南经济区水运通道现状

经济区内运输通道	水运航道	航道等级	设计能力	适应性
长江	长江	III 级	—	—
岷江	江口—乐山	VI 级	100 吨级	—
	乐山—宜宾 162km	IV 级	可通行 500 吨级船舶	无法保证大件专用船舶全年顺利通行
沱江	沱江	VII 级	50 吨级	—
	内江—泸州 288km	V-VII 级	—	—
金沙江	水富—新市镇 78km	V 级	—	—
	攀枝花—新市镇 708km	VII-V 级	300 吨级船舶 季节性通航小机动驳船	水流条件差 航道等级低
赤水河	合江—岔角 159km	VI-V 级	300 吨级船舶 100 吨级船舶	无法满足煤炭运输需求

川南三大内河港口地理位置相近，既相互依赖又相互竞争，泸州港位于港口群下游，紧邻重庆港，地理区位最好；乐山港位于港口群上游，主要利用宜宾—乐山 162km 岷江航道，现有航道等级为IV级，目前只能通行 300～500 吨级船舶。宜宾港处于港口群的中间，通过岷江航道与乐山港相连，通过金沙江航道与云南水富港相通，随着宜宾至攀西的高速公路和铁路的建设，充分利用攀西资源富集区优势的宜宾港将大有作为。

重庆港是四川省通江达海必经之地，有先天的航运优势。川南三大内河港口应积极与下游重庆港、武汉港、上海港等港口合作，通过统筹开发港口、岸线等水运资源，联合申报政策试点，推进差异化功能分工，共同提升港口的竞争力，充分发挥临港优势对地区经济的辐射带动能力，实现以港兴城、以港兴区、以港兴带的新局面。

宜宾港应积极与下游口岸联系，争取理解和支持，融入国际港口经济循环圈，加快航道和港口基础设施建设，推进水运结构调整步伐，提高安全应急保障能力，促进宜宾市水运转型发展，形成"一干两支、一主多辅"的内河航运体系，着力提升宜宾港水运综合能力。打造集装箱、大件、滚装等综合性的四川最大的现代内河港，逐步将宜宾打造成为四川综合交通枢纽中重要的水运枢纽和长江起点航运物流中心。通过与水富港、武汉港、南通港、太仓港、南京区域港口群、唐山港等沿江沿海港口建立合作互动机制，开通"水富—宜宾—上海""宜宾—南京—唐山(环渤海湾)"航线，打通了"东粮西进"等东西部大宗物资的江海联运大通道；大力发挥多式联运平台优势，牵头成立四川省公水服务联盟，打造西部现代化公水联运物流平台。

2.明确产业定位，培育核心产业

差异化发展避免产业雷同是各开发区未来的发展方向，集中开发区优势力量，着重发展具有区域竞争力的支柱产业，综合考虑宜宾临港经济技术开发区的区位优势、既有产业基础等因素，明确产业定位，培育核心产业，围绕核心产业配套建设上下游关联产业。随着中汽零、恒旭机械、红牛饮料、西南轻工博览城、北大荒物流中心等项目入驻，临港经济技术开发区要按照"产学研港城"融合发展思路，加快建设产业之城、科教之城、开放之城、宜居之城。

(1)加快大学城建设。与国内重点高校及四川省地方高校进行合作，引进四川大学、电子科技大学、哈尔滨工业大学、西华大学等建立分校、研究院、分中心等，形成全日制高校、独立学院、职业学校等集聚区。注重学校专业设置与宜宾市产业发展诉求相契合，通过高教驱动产业科技创新。以五粮液为龙头的白酒产业是宜宾市的支柱产业，也是四川省"十三五"规划发展的重点产业，而四川轻化工大学拥有全国顶尖的酿造专业，应加强与四川轻化工大学的合作，全面建成四川白酒学院。

(2)推进科创城建设。与大学城一体化联动发展，打造集科研、服务、创新、总部商务为一体的科创城，实现"学—研—创"一体化，吸引科技创新资源入驻，促进各层级共用型研发机构、技术中心等创新要素集聚。进一步深化科技改革，围绕产业发展导向，支持和鼓励大企业建立创新载体平台，以天原集团等为代表，以重点项目为依托，逐步引导有条件的创新型企业建设重点实验室、企业技术中心、工程技术中心等，支持企业创新发展。

(3)做强传统优势产业。加快白酒、化工、机械等现有传统产业改造升级。巩固提升以五粮液为龙头的"宜宾酒"品牌形象，着力整合白酒品牌、延伸白酒产业链、壮大产业集群；协调推进电力、新能源和核燃料等能源产业发展，建设四川综合能源深度开发基地；改造提升粘胶纤维、氯碱化工、精细化工等优势产业，重点培育以恒旭机械为代表的新型节能建材和以普什集团为代表的醋酸纤维素等具有区域竞争力的产业。推进与宜宾市的旅游资源对接，打造宜宾临港水上旅游项目，融入宜宾市的大旅游环线中。推进现代农业建设，大力培育休闲农业、康养农业、农村电商等新产业新业态，重点打造茶叶、休闲观光等特色产业。

（4）全力培育壮大新兴产业。大力发展绿色食品加工和成长型产业。培育轨道交通产业，建设轨道交通车辆的组装、维修、检测服务，推进与成都长客新筑轨道交通装备有限公司、中东集团西部分公司合作，建设临港轨道交通总装产业基地。依托智能终端产业园，发展智能终端产业链，打造智能终端产业示范区。依托普什集团临港合作项目，重点发展高压发频器、智能仪表、数控机床、模具、液压设备、伺服电机等产业。支持恒旭集团、普什集团拓展工业机器人项目，建设机器人生产线，满足各行业智能化改造需要。加快发展新能源汽车产业，加强与中汽零投资管理有限公司合作，重点发展动力系统、汽车模具、车身底盘等零部件制造产业；发展新能源专用车项目，与凯迈集团、普什集团、天原集团合作，发展观光车、化工液体运输车、箱式运输车、物流车和环卫垃圾专用汽车，依托滕川新能源汽车生产基地，打造电动汽车等新能源汽车生产线。集聚发展节能环保装备产业，建设节能环保产业园。

着力实施"十三五"规划服务业发展规划和五大新兴先导型服务业专项行动方案，加快临港国际物流园区、象鼻物流园区、菜坝配送中心等物流节点建设。全面组织实施八大高端成长型产业和绿色食品加工业发展规划，加大项目引进和推介力度，推动具有投资意向的企业尽快签约、落地。

3.注重产业集群的作用

通过延长产业链条，培育产业集群，充分发挥开发区经济集聚效应。具体来说，要培育食品饮料、装备制造、现代物流、现代商贸等产业集群。

食品饮料产业集群：绿色饮料产业主要是在巩固现有以五粮液为龙头的"宜宾酒"品牌形象基础上，整合白酒品牌，延伸白酒产业链，不断开发新的绿色饮料产品。依托宜宾独特的区位和地理品牌，进一步拓宽粮油、特色农产品、竹笋等深加工，实施品牌发展战略，发展壮大以特色农产品为主的产业。茶叶产业链主要是发展以叙府茶叶为代表的四川绿茶品牌，从茶树品种—产业加工—茶叶销售等各方面积极开发和引进高技术，提高知名度、打造区域特色品牌。

装备制造产业集群：包括专业设备制造、通用设备制造两个发展方向。通用设备以大中型整机为主，专用设备制造以压力容器、环保设备、工程机械、汽车装备等相关整件及零配件为主，打造区域品牌。

现代物流产业集群：构建由"物流运输平台、物流服务体系、物流产业链条、物流基地"组成的产业体系。打造货物中转、供应链调配、商贸物流、城市配送等四个中心，推动各中心协调联动发展，构筑物流大通道。①要做优港口物流，整合港口平台优势，提升志城作业区物流承载力，吸引川南、攀西、滇北、黔西区域及东南亚重点企业在临港开发区中转承运，快速提升散货杂件和集装箱运输。②做强商贸物流，重点发展石材、家具、建材、食品等制成品的运输、仓储、装卸搬运等。③做大制造物流，依托该区域巨大的原材料、工业品市场，建设金属及矿产品、重大装备、原材料等物流园区，打造仓储、加工、贸易等功能为一体的产业链，吸引重大装备企业在临港经济技术开发区设立装备基地。在物流产业链条上，主要是前向扩展临港产业的产品供应链，后向完善配套服务，继续推进公用型保税仓库、出口监管仓库的建设，构建完整的物流产业链。

现代商贸产业集群：首先做大做强各种专业市场，结合既有产业基础和集疏运体系优势，发展"互联网+专业市场"服务和特色产品会展交易，如发展能源设备类、化工建材类、食品类专业贸易，加快专业市场综合服务中心和特色商品会展交易中心建设。同时要大力发展新型商贸流通方式和经营业态，做大做强商贸业。完善商业综合体，拓展商务办公，以商业综合体的建设为突破点，打造宜宾全新体验式生活圈，形成"商业综合体+社会商业"双元商业体系。

4.衔接"一带一路""长江经济带"

作为长江第一城来说，宜宾全面融入"一带一路"倡议和"长江经济带"战略，对推进宜宾市新一轮对外开放、加快经济社会发展具有深远意义。"一带一路""长江经济带"将是推动我国西部地区改革的重要支撑，也是强化内陆开放型经济城市的机遇。宜宾要充分发挥区位优势，主动融入"一带一路"和"长江经济带"建设，以国际大通道为依托，以改革实验区为先导，以重大项目为抓手，以体制机制创新为保障，加快向西向南开放步伐，勇当"一带一路"和"长江经济带"发展的"排头兵"，加快建成内陆经济开放战略高地。

1)全面融入长江经济带

(1)加强与沿江港口合作。重点加强与下游重庆、武汉等港口合作，依据市场拓展需求，加强与南京港、张家港、太仓港等长江下游港口合作，重点推动港口物流规划、航线、货物中转、口岸等合作，提升长江沿线连接川滇黔的物流通道，打通长江沿线连接"两廊一圈"的航线，推进与下游港口信息一体化建设，学习先进港口管理经验和运营模式，增强宜宾港的辐射服务能力，为货物转运、信息共享、业务拓展、市场拓展提供有力保障。

(2)推动与泸州港的协作发展。从战略高度审时度势，统筹开发港口岸线等水运资源，联合申报政策试点，推进差异化功能分工，共同提升宜宾港和泸州港竞争力，充分发挥临港优势对地区经济的辐射带动能力。

(3)加强与长江经济带城市合作。依托便利的航运优势，加强与沿江城市的产业合作，与重庆、武汉、南京、上海等地的高端装备、汽车产业、电子信息、现代服务等重点产业建立分工合作关系，重点发展关键部件及集成总装，主动对接、积极承接沿江产业转移项目落户临港经济技术开发区。

2)积极参与"一带一路"倡议

积极参与川滇黔区域协作。为更好融入"一带一路"和培育新的经济增长点，临港经济技术开发区应主动与川滇黔区域各省市进行务实合作，增强相邻经济区共同发展的功能性互补作用，推动相邻地区经济融合发展。积极融入成渝经济区，以港航物流、都市型服务业、新型工业、现代农业和城市基础设施发展为主要方向，深化与成渝经济区中心城市成都、重庆的合作，增强经济发展动力。积极对接中越"两廊一圈"战略，加快宜宾连接云贵的南向通道建设，提升宜宾临港国际物流园区的南向功能和项目配套，打造成四川融入"两廊一圈"的跳板。

3）完善区域交通枢纽，增强互联互通能力

打造区域级流通节点。协同长江上游各市州，加强航道整治，完善水运体系，提升港口承载能力和航道监管水平，继续推进高速公路网、金沙江沿江公路建设，加快与成都铁路局和昆明铁路局建立合作关系，申报推进与成都铁路局的"局市合作试点"，建立"铁公水"多式联运体系，降低物流成本。

推进宜宾"一带一路""长江经济带"物流枢纽节点建设。加强与川滇黔区域重点物流企业合作，争取相关企业在临港经济技术开发区设立物资转运中心，带动更多企业选择在临港开发区进行物流中转，将临港开发区打造成长江上游川滇黔地区参与"一带一路"建设的重要节点。进一步强化物流运输、服务和信息等通道建设，将临港经济技术开发区打造成区域物流中心。提高宜宾港通关能力，加强电子口岸合作，与沿海、沿边及长江沿线口岸共建数据平台，快速推进宜宾临港国家保税物流中心投入使用，推进出口监管仓与公用型保税仓建设。

4）做好"走出去，引进来"，增强对外开放的针对性和实效性

宜宾市拥有五粮液、丝丽雅、中核建中、天原、恒旭等一批国有和民营企业，具备一定的产业优势。鼓励宜宾茶、白酒、机械、化工、纺织等传统优势产业中的各类企业树立开放意识，积极创新"走出去"方式方法，挖掘"一带一路"市场潜力和需求特色，提高自身产品满足"一带一路"市场需求的能力，做好产品在沿线国家、地区的市场布局。同时也鼓励这些企业与"一带一路"沿线国家、地区的企业进行经贸合作、跨境重组、投资入股、直接投资等。鼓励已经走出去的各类企业做强产品品牌和企业品牌，以品牌拉动相关配套企业走出去。

针对宜宾欠缺的高新技术产业，加大招商力度，争取相关企业在临港独资或合作办厂，弥补临港高新产业不足。

政府要提高为企业"走出去，引进来"的服务能力和水平，强化财税支持力度，为企业"走出去，引进来"提供有效信息服务。

5）依托生态区位优势，提高长江上游生态保障能力

生态功能是宜宾"一带一路"倡议和"长江经济带"发展战略中，与国家生态产业政策、区域功能定位和流域地区利益关联最紧密的项目之一，宜宾应加强与沿江城市合作，共同推进长江经济带环境保护与生态治理。根据国家相关扶持补偿政策，从竹、木、茶、水、气等方面设计一揽子生态保障工程，并把宜宾所有发展项目内容都统揽进"绿色化"发展中。

第6章 川南经济区人力资源与产业的支撑关系

6.1 川南经济区人力资源问题及对策：以自贡为例

6.1.1 引言

人的问题在区域经济发展中具有至关重要的战略地位。不仅社会经济发展需要树立以人为本的宗旨，而且特定经济区域的人也是支撑当地经济可持续发展的重要因素。人力资源既是区域经济中最重要的生产要素，同时相应区域不同层次的人的消费也是拉动当地经济的重要力量。近年来，人口红利消失问题引起政府、社会组织及专家学者多方面的关注。虽然全国范围都面临着人口红利消失的问题，但是不同地区、不同城市之间存在着明显的差异。因为人口总体上向东部发达地区、中心城市集聚，东部地区与西部地区之间，中心城市与非中心城市之间，经济发达地区与不发达地区之间存在着明显差异，因此西部不发达城市的人口红利消失问题显得更为突出。

作者以四川省自贡市为例，通过分析上市公司公开招聘的资料、统计年鉴的相关数据以及政府部门的有关资料文献，对当地人力资源市场进行了实地考察并对有关人员进行了深入访谈，在此基础上分析了自贡市在人力资源方面制约经济可持续发展的关键问题，并提出了相应的对策。目前，自贡市面临着全国性人口红利逐步消失的大环境，也面临着成渝两个大城市对于本市人口、人力资源及人才资源的强大的"虹吸效应"，造成城市人口的逆向淘汰现象。这对当地经济的可持续发展形成了严峻的挑战。

6.1.2 自贡市人力资源面临的外部环境

随着人口红利的逐步消失，近年来人力资源的战略地位已经凸显出来。不仅高端人才、技能型人才缺失，普通的蓝领工人也缺失，这些都成为很多企业可持续发展的制约性要素。随着新生代员工成为职场的主力军，社会主导价值观念发生了很大变化，他们更加注重生活品质，将对工作城市的喜爱程度作为择业的标准之一。

对于川南经济区而言，在成都和重庆这两个经济中心强大的"虹吸效应"下，几乎各个层次的人力资源都在向这两个城市集聚。我们观察到，川南经济区很多企业全年都在招工，一些企业则将生产基地迁移到成都或重庆。从这个趋势看，川南经济区不仅面临着人力资源的持续性劣势，更会在产业转移过程中面临与成渝经济区正在加速拉大的差距。鉴于人力资源已经成为所有资源要素中最重要的战略资源，因此区域人力资源状况必然对于其经济发展产生深远影响。

6.1.3　华西能源的招聘情况分析

自贡市是川南经济区乃至四川省具有代表性的以制造业为主导产业的城市。华西能源工业股份有限公司是自贡市一家具有代表性的制造业上市公司。从其网站了解到公司于 2014 年 9 月发布了 15 类共 39 个工作岗位的对外招聘信息，如表 6.1 所示。其中，无年龄限制的岗位有 8 类，分别占类别数和岗位数的 53.3%和 41.0%，45 岁以下的有 2 类，分别占类别数和岗位数的 13.3%和 23.1%，40 岁以下的有 5 类，分别占类别数和岗位数的 33.3%和 35.9%。年龄限制在 45 岁以下及无限制的岗位类别数占总岗位类别的66.7%，相应年龄限制的岗位数占总招聘岗位数的 64.1%，说明年龄限制在 45 岁以下及无年龄限制的岗位，无论岗位类别数还是岗位数都超过64%，而 40 岁则成为所有岗位的最高年龄限制，进一步说明公司对年龄的限制非常宽松。

表 6.1　华西能源公司 2014 年 9 月发布的招聘岗位汇总表

编号	职位名称	年龄限制/岁	最低工作经验要求/年	专业资质	最低学历	招聘数量/人
1	备料工	无	1	无	初中	1
2	起重工	40	1	有	小学	1
3	氩弧焊工	45	2	有	无	4
4	焊工	45	2	有	无	5
5	划线工	40	无	无	初中	2
6	车工	40	1	有	初中	6
7	装配工	无	3	无	中专	5
8	会计	40	2	有	大专	4
9	采购管理员	无	2	无	大专	2
10	预算管理员	40	1	无	中专	1
11	行政专员	无	无	有	中专	2
12	网络管理员	无	1	有	中专	1
13	网页美工	无	无	无	无	1
14	WEB 开发员	无	2	无	无	2
15	安卓开发员	无	2	无	无	2

注：数据来源于华西能源工业股份有限公司主页。

一般工作经验在 2 年以内的都属于较低程度的工作经验。最低工作经验分布情况为，无要求的 3 类占20%，1 年以上的 5 类占33.3%，2 年以上的 6 类占40%，3 年以上的 1 类占 6.7%。无要求、1 年以上及 2 年以上的累计占 93.3%，相应的岗位数占总的招聘岗位的 87.2%，说明该公司对工作经验的要求总体上不高，只在少数岗位要求有较长的工作经验。

专业资质要求分布情况为，无要求的 8 类占 53.3%，有要求的 7 类占 46.7%，相应的岗位数量分别占招聘总数的 41%和 59%，说明无论岗位类型数还是岗位数量都有约一半的比例对资质是没有要求的。

最低学历要求分布情况为，无要求的 5 类占 33.3%，小学学历的 1 类占 6.7%，初中学历的 3 类占 20%，中专学历的 4 类占 26.7%，大专学历的 2 类占 13.3%。无学历要求、小学学历和初中学历累计占 60%，相应的岗位数占总招聘岗位数的 61.5%，说明超过 50% 的岗位类型数和岗位数的学历要求在初中及以下，说明总体上该公司招聘的岗位对学历的要求不高。

6.1.4 自贡市人口及劳动力资源状况

1.自贡市人口变化情况

根据自贡市 2014 年统计年鉴有关自贡市人口统计方面的数据可以发现，自贡市的人口数量对于经济的可持续发展的制约作用已经显现出来。1950 年自贡市总人口为 172.5751 万人，到 2013 年总人口为 329.7293 万人，增长率为 91.06%，年均增长率为 1.45%。1952 年国民生产总值为 1.3208 亿元，2013 年为 1003.6968 亿元，增长了近 760 倍，年均增长 12.46 倍。如果按可比价格计算，2013 年国民生产总值相比 1952 年增长了 110.74 倍，年均增长 181.54%。以 10 年为一个统计区间的分阶段分析数据如表 6.2 所示，说明自贡人口增长率每个十年都有明显下降趋势。而 GDP 增长率在 20 世纪 60~90 年代的较长时间内保持平稳增长水平，保持在 13% 左右，在 2000~2010 年的十年间保持了最快增长，近三年来则呈现增速放缓的趋势。

值得注意的是，自贡市人口数量经过逐年增长，在 2009 年达到 328.4864 万(表 6.2)，之后的 2010 年减少 0.77%，虽然在 2011 年、2012 年有所增加但仍然没有超过 2009 年的水平，直到 2013 年超过 2009 年 0.38%。以 10 年为一个统计区间，对年均人口增长率和年均 GDP 增长率进行对比，如表 6.3 所示。该表显示 1960~1970 年该市年均人口增长最快，此后一直处于下降趋势，年均 GDP 增长率在 2000~2010 年达到最大，此后处于下降趋势。因此基本可以判断自贡市人口规模对经济增长的负面效应已经显现出来。

表 6.2　2000~2013 年自贡市劳动力、人口数量及比例关系

	年份						
	2000	2001	2002	2003	2004	2005	2006
劳动力数量/万人	195.69	196.69	199.43	203.02	205.29	207.34	210.20
劳动力增长率/%	—	0.51	0.39	1.80	1.12	1.00	1.38
人口数/万人	315.01	314.98	314.83	315.30	315.78	317.28	319.95
人口增长率/%	—	-0.01	-0.05	0.15	0.15	0.47	0.84
劳动力占人口比例/%	62.12	62.45	63.35	64.39	65.01	65.35	65.70
	年份						
	2007	2008	2009	2010	2011	2012	2013
劳动力数量/万人	211.73	212.80	214.06	184.15	184.35	185.44	187.64
劳动力增长率/%	0.73	0.51	0.59	-13.97	0.11	0.59	1.18

续表

	年份						
	2007	2008	2009	2010	2011	2012	2013
人口数/万人	322.45	325.58	328.49	325.96	327.11	328.46	329.73
人口增长率/%	0.78	0.97	0.89	-0.77	0.35	0.41	0.39
劳动力占人口比例/%	65.66	65.36	65.17	56.50	56.30	56.46	56.91

注：该表根据 2000~2013 年《自贡市统计年鉴》原始数据整理而成。

表 6.3　以 10 年为统计区间的自贡市人口增长率和年均 GDP 增长率对照表

	1950~ 1959 年	1960~ 1969 年	1970~ 1979 年	1980~ 1989 年	1990~ 1999 年	2000~ 2009 年	2010~ 2013 年
年均人口增长率/%	0.63	2.49	1.73	1.09	0.57	0.35	0.12
年均 GDP 增长率/%	8.5	13.27	12.59	13.49	13.06	24.30	15.52
有统计数据的年数/年	2	9	10	10	10	10	4

注：①该表根据《自贡市统计年鉴》原始数据整理而成；
②人口数量按户籍人口计算；
③GDP 数据按实际购买力计算。

2.自贡市劳动力变化情况

从表 6.2 可以看出，自贡市的劳动力数量 2000~2009 年一直保持增长势头，但是 2010 年大幅度下降 13.97%。2010~2013 年的劳动力数量明显低于 10 年以前的最低年份 2000 年的水平。2013 年劳动力数量为 187.64 万人，比 2000 年 195.69 万人的水平低 4.11%。再观察劳动力占人口总量的百分比，以 2010 年为分水岭，以前的十年间劳动力占总人口的百分比保持在 65%左右，没有大的波动。而 2010 年以后的四年，这一比例则急剧下降并保持在 56%左右。从劳动力数量及增长率看，劳动力的增长潜力有限。从劳动力占人口数量比例看，劳动力在总人口中的比例会随着老龄化等问题进一步下降。

自贡人口总量在川南五市中最少，近年来没有显著增长，自 2010 年以来劳动力数量及劳动力占人口比例明显降低。可能的原因包括人口老龄化、劳动力向市外流出等。劳动力不仅仅是作为一种资源要素投入生产过程从而产生价值，更重要的是人口中的劳动力是社会消费的中坚力量，而人口中的非劳动力不能作为人力资源参与生产过程，其购买能力较弱，因此人口中劳动力的比例结构对于区域经济的拉动作用不可小视。从概念口径上看，劳动力的数量远远大于人才的数量，而人才的数量又远大于紧缺人才的数量，因此从区域经济发展角度看，应把劳动力的充足供给作为一项战略性任务。

6.1.5　自贡市各类人才现状及未来趋势

截至 2013 年底，自贡市各类人才的总量和预测数据如表 6.4 所示。

表 6.4   2018 年各类人才需求预测表

类别	2013 年人才总量/人	预计 2018 年人才需求数量/人	预计 2018 年各类人才增量/人	预计 2018 年各类人才增加百分比/%	预计 2018 年各类人才增量占总增量百分比/%
企业经营管理人才	36949	46125	9176	24.83	12.96
专业技术人才	74617	108000	33383	44.74	47.14
高技能人才	121849	150000	28151	23.10	39.74
农村实用人才	96453	80791	-15662	-16.24	—
社会工作专业人才	170	280	110	64.71	0.16
总计	330038	385196	55158	—	—

注：①本表根据自贡市委组织部的预测数据整理而得；
　　②预计各类人才增量占总增量百分比为减少的农村实用人才除外的其他类型人才的增量与相应类别人才需求总增量的比值。

自贡市 2013 年包括企业经营管理人才、专业技术人才、高技能人才、农村实用人才和社会工作专业人才在内的各类专业人才总量为 33.0038 万人，到 2018 年各类专业人才的需求量将达到 38.5196 万人，缺口为 5.5158 万人，占 2013 年各类人才总量的 16.71%。至 2018 年人才需求增量除农村实用人才下降 16.24%，其余各类人才都有不同程度的增加，其增加幅度依次排名为社会工作专业人才 64.71%、专业技术人才 44.74%、企业经营管理人才 24.83%、高技能人才 23.10%。在这四类净增加的人才中，每类人才预计增量占四类人才总增量的比例从高到低排列依次为专业技术人才 47.14%、高技能人才 39.75%、企业经营管理人才 12.96%、社会工作专业人才 0.16%，说明在增量人才中，最主要的是专业技术人才和高技能人才，二者合计占比高达 86.89%。

6.1.6 自贡市紧缺人才现状及未来趋势

自贡市委组织部的统计资料显示，截至 2013 年底，自贡市战略新兴产业、7 大优势产业等 17 个细分行业人才情况如表 6.5 所示。现有的各类紧缺专业人才总量是 97770 人，预计到 2018 年各类紧缺人才的需求量将达到 105004 人，人才的缺口将达到 7234 人，为现有各类人才总量的 7.40%。17 个细分行业中只有现代农业的紧缺人才到 2018 年会下降 3.63%，其余的行业的需求量增加百分比为 9.79%～97.14%，平均增加幅度为 26.93%。除现代农业的其他行业中，人才需求净增量为 9502 人，其中各行业增加需求量占比排名前八位的行业及相应占比分别是：商贸服务业 13.79%、装备制造业 12.98%、新材料 12.86%、金融服务业 10.38%、能源电力 8.35%、节能环保 8.32%、高端装备制造业 8.25%、油气化工 8.06%，这八个细分行业的人才增量占总增量的 82.99%。如果将服务业的三个细分行业合并统计，则服务业增量占比为 27.47%，14 个行业中，需求人才最多的七个行业累计需求人才的增量占总增量的比例高达 86.29%。

表 6.5　2013～2018 年自贡市各类紧缺人才增量预测及比例结构表

行业	新一代信息技术	新能源	高端装备制造	新材料	生物	节能环保	电子信息	装备制造	饮料食品
2013 年/人	1350	729	3218	5020	642	3329	821	5062	811
2018 年/人	1679	905	4002	6242	798	4120	1021	6295	1008
人才增量/人	329	176	784	1222	156	791	200	1233	197
增加比例/%	24.37	24.14	24.36	24.34	24.30	23.76	24.36	24.36	24.29
人才增量占总增量比例/%	3.46	1.85	8.25	12.86	1.64	8.32	2.10	12.98	2.07

行业	油气化工	钒钛钢铁及稀土	能源电力	汽车制造	服务业 金融服务业	物流业	商贸服务	现代农业	总和
2013 年/人	3147	884	3255	121	1015	3207	2676	62484	97771
2018 年/人	3913	1099	4048	150	2001	3521	3986	60216	105004
人才增量/人	766	215	793	29	986	314	1310	-2268	7234
增加比例/%	24.34	24.32	24.36	23.97	97.14	9.79	48.95	-3.63	7.40
人才增量占总增量比例/%	8.06	2.26	8.35	0.31	10.38	3.30	13.79		

注：①数据来源于自贡市委组织部；
　　②以 2013 年的数据为基础进行预测；
　　③人才增量为预计 2018 年各行业的数据减去 2013 年的数据，增量百分比为各行业人才增量除以 2013 年的数据，再乘以 100%；
　　④需求量减少的行业为现代农业，包含现代农业在内的人才需求增量总和为 7234 人，除现代农业的 16 个细分行业人才净增量为 9502 人；
　　⑤人才增量占总增量的比例为 16 个具有正的人才增量行业与这 16 个行业增量总和的百分比。

6.1.7　问题总结与对策探讨

从以上分析可以看出，在全国人口红利消失背景下，自贡市目前面临着比较典型的人口和人力资源问题。从微观层面的代表性企业反映出的问题是企业招聘人员的年龄、学历、工作经验等条件都在明显放宽，这会对企业的竞争能力的提升构成制约。2013～2018 年来，自贡城市人口总量呈现出总体增长趋势减缓以及局部负增长状况，而 GDP 也呈现出增速减缓的趋势。劳动力的增长率呈下降趋势，劳动力占总人口的比例也明显下降。以 10 年为统计区间的数据显示，年均人口增长率和年均 GDP 增长均呈明显的下降趋势。因此，可以基本确认人口与劳动力因素对 GDP 的负面影响已经显现出来。从人才角度看，该市人才现状与未来需求之间存在着较大的缺口，主要包括专业技术人才、高技能人才和企业经营管理人才。而紧缺人才的缺口达到 7.4%，主要集中在商贸服务、金融服务、装备制造、新材料、高端装备制造、能源电力、节能环保及油气化工等八个行业。

为了应对人才瓶颈问题，自贡市委、市政府出台了《关于加快建设区域人才集聚地的意见》，并出台了具体的落实政策，即自贡市高层次人才"双千计划"（自贡市高层次人才培养"千人计划"和自贡市高层次人才引进"千人计划")。根据自贡市培养"千人计划",到 2018 年,要在市内现有人才中重点培养支持 20 个优秀创业创新团队,重点培养扶持市杰出创新人才 50 名、市优秀专家 80 名、紧缺人才 1000 名左右。而引进"千人计划"显示,到 2018 年,从市外引进顶尖创业创新团队 10 个、领军人才 50 名、优秀专家 80 名、紧缺人才 1000 名左右。"双千计划"的制定和实施表明该市重视人才特别是高层次人才和紧缺人才,如果这两个计划能够有效实施,对于缓解该市紧缺人才和高层次人才的缺口、支撑相关产业的可持续发展具有积极意义。但是在决策层面也反映出存在的不足。①紧缺人才、人才、劳动力、人口在整个城市的人口结构中呈现出明显的金字塔形式。金字塔结构的稳固需要坚固的塔基以及塔基、塔身和塔尖之间呈现合理的比例结构,重视人才但忽视人口和劳动力必然使得人口系统的结构不稳定。前面从案例企业层面以及从人口、劳动力与 GDP 的数据关系层面都显示人口和劳动力增速放缓、劳动力占人口的比例下降已经成为人口红利消失背景下制约该市经济发展的重要因素。②劳动力、人口、人才在全国乃至全球范围内流动,不同城市、不同地区、不同国家都在通过各种措施吸引人口、劳动力及人才。一个城市着眼于本市制定的人才政策,其效果很可能会被其他城市或地区更优惠的政策和条件所抵消。这就是不同城市、地区乃至国家之间在人才、人口和劳动力层面的博弈。

针对该市的具体问题,应从城市人口的金字塔系统结构入手,着眼于人口、劳动力与城市经济的协调发展,针对性地解决相关问题。通过与市委人才办、市委政策研究室、市人力资源市场、高新区管委会、高新区多家公司广泛研讨,应重视并弥补以下政策措施。

1.准确掌握人口、人力资源的基础信息以及其动态变化

及时监控、评估人力资源与经济发展的匹配协调程度,加强人力资源的科学预测工作,有效预测未来人力资源的结构、数量的动态变化,为有关政策提供决策支持。建立健全人力资源管理信息系统,整合分布于人力资源市场、劳动力市场、组织部人才办、人社局、公安局及有关部门的人口及人力资源信息,形成各类人力资源信息的存储、动态更新、查询、分类、统计等功能,控制信息录入过程,保证信息的准确性、完整性和及时性。

2.开展系统的访问调查工作,及时发现相关问题

对本市现有的各单位、各层次的人力资源、居民、外来游客、投资者、外来就业者、外来人才、从本市流失出去的各类人才等进行广泛的调查访问,了解他们对于本市的印象,以及工作、投资、学习、居住等方面的意愿,评价自贡城市各个方面对于人口及人力资源各个方面的优势与不足。

3.创建能集聚人气充满活力的综合环境

可以从自然环境、城市面貌、就业环境、创业环境、生活成本、教育医疗条件、交通条件、文化环境、社会秩序、政策支持等方面与成渝经济区及川南经济区其他城市进

行比较, 弥补自身的短板并发挥自身优势和特色, 逐步动态改进。目的就是要创建人们愿意在此就业、创业、兴业、生活、成长直至终老的以人为本、立足长远、可持续发展的人气旺盛、充满活力的社会综合环境。特别重视大力发展基础教育, 人力资源质量提升的重要途径就是教育。目前, 自贡市的高层次人才外流的原因之一是希望子女在发达城市受到更好的教育。应加强基础教育的建设, 打造川南名校, 为高层次人才解决后顾之忧, 才能更好地稳定现有人才和引进人才。

4.开拓各类人力资源的供给渠道

①要促进农村剩余劳动力本地化就业。通过加强农村剩余劳动力向城市转移、安居、培训、就业及有关政策扶持工作, 为本市经济发展提供劳动力来源。②重视本地化人才培养、发展职业教育。针对劳动力本地化供给持续降低的趋势及存在的结构性矛盾, 首先应鼓励、引导、支持企业内部培训, 可对企业的内部培训提供适当的财政及政策支持。③鼓励及支持发展面向本市的职业教育及学历教育, 加强应用型人才的培养。④加大对高层次人才的引进力度。遴选优秀的硕士、博士和高级专业技术人员, 充实到企事业单位, 并给予薪资待遇、住房、户籍、配偶随迁、子女入学等政策方面的支持。

5.创新用人机制

一方面, 应着眼长远, 对于人才的流动不能囿于本地化思维和思维近视并对其流动设置障碍, 应重视人才的自我选择; 另一方面, 对于特殊人才应以不求所有但求所用的用人理念, 只要能发挥其特殊作用, 都应鼓励。

6.建立各类人才信息库以及相应的遴选机制

目前, 自贡市主要从行政级别的角度建立了县处级干部后备人才库, 这对于人才的管理是远远不够的。应建立 "自贡市高级专业技术人才信息库" "自贡市紧缺人才后备库" "自贡市高层次管理人才后备库", 并每两年遴选一次, 遴选入库的人才, 可享受一定的津补贴, 具有优先培训、职位晋升等机会。

6.2　川南与成都上市公司人力资源结构比较研究

6.2.1　概况

上市公司的经营状况是一个地区经济实力的集中体现, 上市公司报表数据则成为分析一个地区经济状况的重要途径。通过沪深主板市场选出川南四市(内江、自贡、宜宾、泸州)和成都市的上市公司共 69 家, 其中川南四市有 11 家上市公司, 成都有 58 家上市公司, 分别占总量的 15.9%和 84.1%。69 家上市公司涵盖房地产、服务业、互联网、建筑、金属冶炼、能源、软件、商业、食品、医疗、证券、制药和制造业等 13 个行业。69个样本企业主要包括的是制造业和服务业, 分别占 47.8%和 15.9%, 川南经济区上市公司只有食品和制造业, 而成都市则涵盖 13 个行业。从两地的行业分布情况可以看出, 川南经济区的产业结构较为单一，而成都市的产业结构较为全面。被特别处理（special treatment，ST）的情况是，ST 企业有 5 家，占样本总数的 7.2%，非 ST 企业有 64 家，占样本总数的 92.8%。

6.2.2　企业经营状况比较分析

本节对营业收入及人均营业收入、总资产及人均总资产、净利润及人均净利润三方面指标进行比较。

1.营业收入与人均营业收入比较

对川南 11 家公司与成都 58 家公司的营业收入进行方差分析，得到表 6.6 和表 6.7。表 6.6 显示川南上市公司营业收入比成都上市公司略高，但是表 6.7 显示这种差异不具有显著性。表 6.8、表 6.9 显示两地上市公司人均营业收入几乎没有差异，也不存在显著性差异。

表 6.6　营业收入比较分析报告

地区	均值	N	标准差	方差	占比/%
川南	46.0621	11	65.3292	4267.908	16.7
成都	43.4867	58	98.0309	9610.058	83.3
总计	43.8973	69	93.1881	8684.025	100.0

表 6.7　营业收入方差分析表

项目	平方和	df	均方	F	显著性
组间(组合)	61.332	1	61.332	0.007	0.934
组内	590452.361	67	8812.722	—	—
总计	590513.693	68	—	—	—

表 6.8　人均营业收入比较分析报告

地区	均值	N	标准差	方差	占比/%
川南	0.0103	11	0.0083	0.000	14.6
成都	0.0115	58	0.0179	0.000	85.4
总计	0.0113	69	0.0167	0.000	100.0

表 6.9　人均营业收入方差分析表

项目	平方和	df	均方	F	显著性
组间(组合)	0.000	1	0.000	0.043	0.835
组内	0.019	67	0.000	—	—
总计	0.019	68	—	—	—

2.总资产与人均总资产比较

表 6.10 显示川南上市公司总资产均值高于成都的上市公司，而表 6.11 显示这种差异仍然不具有显著性。表 6.12 显示人均总资产水平，成都高于川南，而表 6.13 显示这种差异也不具有统计显著性。

表 6.10　总资产比较分析报告

地区	均值	N	标准差	方差	占比/%
川南	97.5138	11	149.8982	22469.474	16.4
成都	94.4508	58	178.3045	31792.485	83.6
总计	94.9391	69	173.0757	29955.193	100.0

表 6.11　总资产方差分析表

项目	平方和	df	均方	F	显著性
组间(组合)	86.748	1	86.748	0.003	0.958
组内	2036866.367	67	30400.991	—	—
总计	2036953.115	68	—	—	—

表 6.12　人均总资产比较分析报告

地区	均值	N	标准差	方差	占比/%
川南	0.0216	11	0.0170	0.000	10.7
成都	0.0343	58	0.0493	0.002	89.3
总计	0.0323	69	0.0459	0.002	100.0

表 6.13　人均总资产方差分析表

项目	平方和	df	均方	F	显著性
组间(组合)	0.001	1	0.001	0.707	0.403
组内	0.142	67	0.002	—	—
总计	0.143	68	—	—	—

3.净利润与人均净利润比较

表 6.14 显示川南地区上市公司净利润水平高于成都上市公司，表 6.15 表明这种差异在 0.1 的水平上具有显著性。但是表 6.16 及表 6.17 显示人均净利润没有显著差异，说明川南上市公司的员工规模超过成都，较高的利润水平是以更多的用工量为代价的。

表 6.14　净利润比较分析报告

地区	均值	N	标准差	方差	占比/%
川南	8.0006	11	18.4065	338.800	37.7
成都	2.5118	58	6.2837	39.485	62.3
总计	3.3868	69	9.3283	87.018	100.0

表 6.15　净利润方差分析表

项目	平方和	df	均方	F	显著性
组间(组合)	278.564	1	278.564	3.310	0.073
组内	5638.655	67	84.159	—	
总计	5917.219	68	—	—	

表 6.16　人均净利润比较分析报告

地区	均值	N	标准差	方差	占比/%
川南	0.0011	11	0.0019	0.000	13.0
成都	0.0014	58	0.0059	0.000	87.0
总计	0.0013	69	0.0055	0.000	100.0

表 6.17　人均净利润方差分析表

项目	平方和	df	均方	F	显著性
组间(组合)	0.000	1	0.000	0.026	0.873
组内	0.002	67	0.000	—	
总计	0.002	68	—	—	—

6.2.3　两地企业薪酬比较分析

从上市公司报表中可以分别对总薪酬水平、总薪酬占营业收入的比例、人均薪酬等三个指标进行比较分析。表 6.18 和表 6.19 显示川南和成都上市公司的总薪酬水平没有显著差异。表 6.20 显示川南上市公司总薪酬占营业收入的比例高于成都上市公司,表 6.21 显示显著性水平非常接近 0.1,说明在总薪酬占营业收入的比例指标上,川南上市公司与成都上市公司具有比较明显的差异。表 6.22 显示在全员平均薪酬指标上,川南低于成都,而表 6.23 则显示这种差异已经接近 0.1 的显著性水平,说明在全员平均薪酬水平方面,川南上市公司低于成都上市公司。表 6.24 及表 6.25 显示,成都与川南两地上市公司高管薪酬不存在显著区别。

表 6.18　总薪酬水平比较分析报告

地区	均值	N	标准差	方差	占比/%
川南	3.9430	11	8.2753	68.481	16.2
成都	3.8635	58	6.7400	45.427	83.8
总计	3.8761	69	6.9390	48.150	100.0

将表 6.22 与表 6.20 进行比较可以发现,川南上市公司人均薪酬低于成都上市公司,但是川南上市公司薪酬占营业收入的比例却高于成都上市公司,说明川南上市公司人力资源的成本即便较低,人均营业收入没有显著区别的情况下,薪酬成本在营业收入中仍

然占比较高，进一步说明川南上市公司较低的人力资源平均成本并没有相应提升其绩效水平。如果引导产业升级，降低企业的用工量，则可以改进企业的绩效水平。

表 6.19 总薪酬水平方差分析表

项目	平方和	df	均方	F	显著性
组间(组合)	0.058	1	0.058	0.001	0.973
组内	3274.153	67	48.868	—	

表 6.20 总薪酬占营业收入比例的比较分析报告

地区	均值	N	标准差	方差	占比/%
川南	0.3582	11	0.8930	0.797	28.8
成都	0.1680	58	0.1228	0.015	71.2
总计	0.1983	69	0.3672	0.135	100.0

表 6.21 总薪酬占营业收入比例的方差分析表

项目	平方和	df	均方	F	显著性
组间(组合)	0.335	1	0.335	2.538	0.116
组内	8.835	67	0.132	—	—
总计	9.169	68	—	—	—

表 6.22 全员平均薪酬的比较分析报告

地区	均值	N	标准差	方差	占比/%
川南	6.777895	11	3.0447850	9.271	11.0
成都	10.410533	58	7.1280278	50.809	89.0
总计	9.831417	69	6.7636825	45.747	100.0

表 6.23 全员平均薪酬方差分析表

项目	平方和	df	均方	F	显著性
组间(组合)	122.016	1	122.016	2.735	0.103
组内	2988.808	67	44.609	—	—
总计	3110.823	68	—	—	—

表 6.24 高管平均薪酬的比较分析报告

地区	均值	N	标准差	方差	占比/%
川南	32.2765	11	16.0165	256.528	11.2
成都	48.7660	58	63.6602	4052.626	88.8
总计	46.1372	69	58.9216	3471.751	100.0

表 6.25　高管平均薪酬方差分析表

项目	平方和	df	均方	F	显著性
组间(组合)	2514.123	1	2514.123	0.721	0.399
组内	233564.947	67	3486.044	—	—
总计	236079.070	68	—	—	—

6.2.4　两地企业人力资源数量比较分析

对在编人员和支付薪酬的人员进行比较。支付薪酬的人数包括在编人员、需要支付退休金的离退休人员。表 6.26 与表 6.27 的统计指标显示，成都上市公司平均在编人员数量略高于川南上市公司，但是没有统计显著性。表 6.28 与表 6.29 则表明川南上市公司支付薪酬的人数高于成都上市公司，但是没有统计显著性。

表 6.26　在编人员数量比较分析报告

地区	均值	N	标准差	方差	占比/%
川南	4059.64	11	7316.309	5.353E7	15.7
成都	4137.45	58	7761.244	6.024E7	84.3
总计	4125.04	69	7639.722	5.837E7	100.0

表 6.27　在编人员数量方差分析表

项目	平方和	df	均方	F	显著性
组间(组合)	55983.979	1	55983.979	0.001	0.976
组内	3.969E9	67	5.924E7	—	—
总计	3.969E9	68	—	—	—

表 6.28　支付薪酬的人员数量比较分析报告

地区	均值	N	标准差	方差	占比/%
川南	4787.09	11	7307.916	5.341E7	16.7
成都	4524.67	58	8453.933	7.147E7	83.3
总计	4566.51	69	8232.312	6.777E7	100.0

表 6.29　支付薪酬的人员数量方差分析表

项目	平方和	df	均方	F	显著性
组间(组合)	636737.561	1	636737.561	0.009	0.924
组内	4.608E9	67	6.877E7	—	—
总计	4.608E9	68	—	—	—

6.2.5 两地企业人力资源岗位结构分析

1.生产人员

上市公司年报披露的人员结构一般包括生产人员、营销人员、技术人员、财务人员和行政管理人员等。表 6.30 和表 6.31 为两地生产人员数量,虽然川南上市公司生产人员均值高于成都上市公司生产人员均值,但是没有显著性。表 6.32 和表 6.33 为两地在生产人员比例方面的比较情况。川南上市公司生产人员比例不仅高于成都上市公司生产人员比例,并且在 0.01 水平上具有显著性,说明在生产人员比例方面两地具有显著性差异。

表 6.30 生产人员数量比较分析报告

地区	均值	N	标准差	方差/($\times10^7$)	占比/%
川南	2784.64	11	5147.779	2.650	22.8
成都	1785.38	58	3566.617	1.272	77.2
总计	1944.68	69	3833.506	1.470	100.0

表 6.31 生产人员数量方差分析表

项目	平方和	df	均方	F	显著性
组间(组合)	9232642.785	1	9232642.785	0.625	0.432
组内	9.901×10^8	67	1.478×10^7	—	—
总计	9.993×10^8	68	—	—	—

表 6.32 生产人员的比例比较分析报告

地区	均值	N	标准差	方差	占比/%
川南	0.663715	11	0.1131805	0.013	24.9
成都	0.379507	58	0.2528909	0.064	75.1
总计	0.424815	69	0.2578284	0.066	100.0

表 6.33 生产人员比例方差分析表

项目	平方和	df	均方	F	显著性
组间(组合)	0.747	1	0.747	13.261	0.001
组内	3.773	67	0.056	—	—
总计	4.520	68	—	—	—

2.营销人员

表 6.34 和表 6.35 显示虽然两地上市公司营销人员数量均值有差异,但是这种差异没有显著性。表 6.36 和表 6.37 则显示成都上市公司营销人员比例高于川南上市公司,并且在接近 0.1 的水平上具有显著性,说明两地上市公司的人员结构中营销人员具有差异性,成都上市公司营销人员占比更高。

表 6.34   营销人员数量比较分析报告

地区	均值	N	标准差	方差	占比/%
川南	142.36	11	136.281	18572.455	2.6
成都	1008.57	58	3401.013	$1.157×10^7$	97.4
总计	870.48	69	3130.580	9800528.165	100.0

表 6.35   营销人员数量方差分析表

项目	平方和	df	均方	F	显著性
组间(组合)	6937664.448	1	6937664.448	0.705	0.404
组内	$6.595×10^8$	67	9843257.474	—	—
总计	$6.664×10^8$	68	—	—	—

表 6.36   营销人员的比例比较分析报告

地区	均值	N	标准差	方差	占比/%
川南	0.0638	11	0.0514	0.003	7.0
成都	0.1621	58	0.1964	0.039	93.0
总计	0.1464	69	0.1845	0.034	100.0

表 6.37   营销人员的比例方差分析表

项目	平方和	df	均方	F	显著性
组间(组合)	0.089	1	0.089	2.686	0.106
组内	2.225	67	0.033	—	—
总计	2.314	68	—	—	—

3.技术人员

表 6.38 和表 6.39 显示两地技术人员数量方面，川南上市公司略高于成都上市公司，但是没有显著性差异。表 6.40 显示成都上市公司技术人员占比高于川南上市公司，表 6.41 显示这种差异在 0.05 的水平上具有显著性，说明两地企业的人员结构中技术人员的比例具有显著性差异，并且成都高于川南。

表 6.38   技术人员数量比较分析报告

地区	均值	N	标准差	方差	占比/%
川南	771.91	11	1782.951	3178912.691	17.2
成都	705.93	58	1372.398	1883475.258	82.8
总计	716.45	69	1430.690	2046874.516	100.0

表 6.39　技术人员数量方差分析表

项目	平方和	df	均方	F	显著性
组间(组合)	40250.439	1	40250.439	0.019	0.890
组内	$1.391×10^8$	67	2076824.129	—	—
总计	$1.392×10^8$	68	—	—	—

表 6.40　技术人员的比例比较分析报告

地区	均值	N	标准差	方差	占比/%
川南	0.127661	11	0.0629372	0.004	8.7
成都	0.255148	58	0.2065360	0.043	91.3
总计	0.234824	69	0.1963396	0.039	100.0

表 6.41　技术人员的比例方差分析表

项目	平方和	df	均方	F	显著性
组间(组合)	0.150	1	0.150	4.075	0.048
组内	2.471	67	0.037	—	—
总计	2.621	68	—	—	—

4.财务人员

表 6.42 和表 6.43 显示两地财务人员在数量均值上虽有差异，成都高于川南，但是没有显著性。表 6.44 和表 6.45 则表明，成都上市公司财务人员比例高于川南上市公司，并且在 0.05 水平上具有显著性，说明两地人力资源结构中，财务人员占比具有明显差异，成都高于川南。

表 6.42　财务人员数量比较分析报告

地区	均值	N	标准差	方差	占比/%
川南	43.36	11	40.210	1616.855	6.2
成都	124.10	58	265.457	70467.568	93.8
总计	111.23	69	245.342	60192.592	100.0

表 6.43　财务人员数量方差分析表

项目	平方和	df	均方	F	显著性
组间(组合)	60276.365	1	60276.365	1.001	0.321
组内	4032819.925	67	60191.342	—	—
总计	4093096.290	68	—	—	—

表 6.44　财务人员的比例比较分析报告

地区	均值	N	标准差	方差	占比/%
川南	0.0168	11	0.0100	0.000	7.5
成都	0.0393	58	0.0364	0.001	92.5
总计	0.0357	69	0.0345	0.001	100.0

表 6.45　财务人员的比例方差分析表

项目	平方和	df	均方	F	显著性
组间(组合)	0.005	1	0.005	4.112	0.047
组内	0.076	67	0.001	—	—
总计	0.081	68	—	—	—

5.行政人员

表 6.46 和表 6.47 显示两地上市公司行政人员数量上虽然有差异,成都高于川南,但是不具有统计显著性。表 6.48 和表 6.49 显示成都上市公司行政人员的比例略高于川南,但是这种差异也不具有显著性。

表 6.46　行政人员数量比较分析报告

地区	均值	N	标准差	方差	占比/%
川南	299.36	11	287.020	82380.455	11.5
成都	437.02	58	724.137	524374.193	88.5
总计	415.07	69	673.973	454240.274	100.0

表 6.47　行政人员数量方差分析表

项目	平方和	df	均方	F	显著性
组间(组合)	175205.109	1	175205.109	0.382	0.539
组内	$3.071×10^7$	67	458404.978	—	—
总计	$3.089×10^7$	68	—	—	—

表 6.48　行政人员的比例比较分析报告

地区	均值	N	标准差	方差	占比/%
川南	0.1143	11	0.0713	0.005	13.4
成都	0.1406	58	0.0728	0.005	86.6
总计	0.1364	69	0.0727	0.005	100.0

表 6.49　行政人员的比例方差分析表

项目	平方和	df	均方	F	显著性
组间(组合)	0.006	1	0.006	1.216	0.274
组内	0.353	67	0.005	—	—
总计	0.359	68	—	—	—

6.川南与成都上市公司人员岗位结构总体比较

为了对两地上市公司的人员岗位结构进行全面比较,将相关数据进行整理得到表 6.50。其中,各岗位比例数据来自前面关于岗位结构的分析,倍数关系是指成都上市公司相应岗位的比例与川南上市公司相应岗位的比例的比值。

表 6.50　成都与川南上市公司人员岗位结构比较汇总表

项目	生产人员	行政人员	技术人员	财务人员	营销人员
川南	0.6637	0.1143	0.1277	0.0168	0.0638
成都	0.3795	0.1406	0.2551	0.0393	0.1621
倍数关系	0.5718	1.2303	1.9986	2.3394	2.5384
显著性	0.001	0.274	0.048	0.047	0.106

　　为了更直观地对两地上市公司人员结构进行比较，利用表 6.50 中数据绘制成图 6.1 和图 6.2。图 6.1 是两地上市公司不同岗位人员结构折线图。图 6.2 是成都与川南上市公司不同岗位人员比例倍数关系图。对两地上市公司人员岗位结构进行比较后，可以得到一些结论。

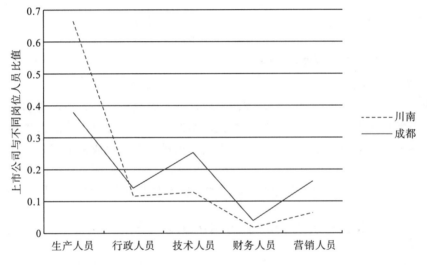

图 6.1　成都与川南上市公司不同岗位人员结构比较

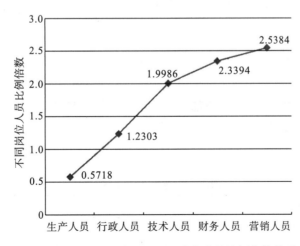

图 6.2　成都与川南上市公司不同岗位人员比例倍数关系

(1)两地不同岗位排序有差异。川南上市公司各岗位人员排序分别是生产人员、技术人员、行政人员、营销人员、财务人员，而成都上市公司的排序是生产人员、技术人员、营销人员、行政人员、财务人员。两地上市公司生产人员、技术人员和财务人员的排序没有变化，只是营销人员和行政人员的排序不同。再结合两地营销人员占比具有显著性差异的情况，可以发现成都上市公司更加重视营销工作。

(2)行政人员没有统计差异显著性，其余岗位都有，说明两地上市公司仅有行政人员的占比是接近的，其余岗位都有明显差异性。

(3)川南上市公司人员构成差异大，而成都上市公司差异较小，各部分人员组成较均衡。川南上市公司的生产人员、技术人员、行政人员占比超过 10%，而营销人员占比较小；成都上市公司生产人员、技术人员、营销人员和行政人员四个部分均超过 10%。从图 6.1 也可以看出，川南上市公司人员岗位结构折线图比较陡峭，而成都上市公司则比较平缓。

(4)从人员构成上反映出企业经营模式的差异性。川南上市公司经营模式属于生产技术型，而成都上市公司则是生产技术营销型。川南上市公司侧重于生产，技术服务于生产，而成都上市公司重视技术和营销。

(5)从成都与川南上市公司各岗位人员占比的倍数关系可以看出，按照倍数逐级升高的顺序依次是生产人员、行政人员、技术人员、财务人员和营销人员，说明两地按照这个顺序在不断拉开人员的结构差异性。首先，两地产业差异性对企业的人员构成产生影响，川南主要是制造业和食品业，对生产人员需求量较大，而成都上市公司涉及多个行业。其次，技术人员、财务人员具有较高专业要求，进而对薪酬有较高的期望，营销人员对薪酬也有较高的期望，这些人才集聚在省会城市要求有更高的薪酬具有合理性。

6.2.6 两地上市公司人力资源学历结构比较分析

根据上市公司年报数据，主要上市公司将人力资源的学历结构划分为硕士及以上学历，本科学历，专科学历，高中、中专及以下学历。根据不同学历人员在总人员数中的占比分析其比例结构。

1.硕士及以上学历

表 6.51、表 6.52 显示两地上市公司硕士及以上学历人数，成都高于川南，但是不具有显著性。表 6.53、表 6.54 显示成都上市公司硕士及以上学历人员比例高于川南上市公司，并且在 0.1 水平上具有统计显著性，说明成都上市公司硕士及以上学历人员比例高于川南。

表 6.51　硕士及以上学历人员数量比较分析报告

地区	均值	N	标准差	方差	占比/%
川南	19.27	11	24.463	598.418	3.1
成都	114.26	58	224.055	50200.651	96.9
总计	99.12	69	208.314	43394.780	100.0

表 6.52　硕士及以上学历人员数量方差分析表

项目	平方和	df	均方	F	显著性
组间(组合)	83423.770	1	83423.770	1.949	0.167
组内	2867421.303	67	42797.333	—	—
总计	2950845.072	68	—	—	—

表 6.53　硕士及以上学历人员比例比较分析报告

地区	均值	N	标准差	方差	占比/%
川南	0.0115	11	0.0155	0.000	4.6
成都	0.0450	58	0.0590	0.003	95.4
总计	0.0397	69	0.0558	0.003	100.0

表 6.54　硕士及以上学历人员比例方差分析表

项目	平方和	df	均方	F	显著性
组间(组合)	0.010	1	0.010	3.469	0.067
组内	0.201	67	0.003	—	—
总计	0.211	68	—	—	—

2.本科学历

表 6.55、表 6.56 显示两地上市公司本科学历人员在数量上具有区别，成都高于川南，但是不具有显著性。表 6.57、表 6.58 显示两地本科学历人员比例方面，成都高于川南，并且在 0.01 水平上具有统计显著性。

表 6.55　本科学历人员数量比较分析报告

地区	均值	N	标准差	方差	占比/%
川南	271.91	11	213.105	45413.891	5.7
成都	852.67	58	1422.698	2024068.400	94.3
总计	760.09	69	1322.568	1749186.934	100.0

表 6.56　本科学历人员数量方差分析表

项目	平方和	df	均方	F	显著性
组间(组合)	3118673.793	1	3118673.793	1.804	0.184
组内	$1.158×10^8$	67	1728746.831	—	—
总计	$1.189×10^8$	68	—	—	—

表 6.57　本科学历人员比例比较分析报告

地区	均值	N	标准差	方差	占比/%
川南	0.1302	11	0.0869	0.008	8.4
成都	0.2688	58	0.1498	0.022	91.6
总计	0.2467	69	0.1502	0.023	100.0

表 6.58　本科学历人员比例方差分析表

项目	平方和	df	均方	F	显著性
组间(组合)	0.178	1	0.178	8.781	0.004
组内	1.355	67	0.020	—	—
总计	1.533	68	—	—	—

3.专科学历

分析表 6.59、表 6.60 可以得知，成都上市公司比川南上市公司专科学历人数均值略高，但是不具有统计显著性。表 6.61、表 6.62 数据表明，从专科学历人数比例看，成都上市公司略高于川南上市公司，但是仍然不具有统计显著性，说明在专科学历层次，成都上市公司与川南上市公司没有显著差异。

表 6.59　专科学历人员数量比较分析报告

地区	均值	N	标准差	方差	占比/%
川南	802.09	11	1251.463	1566160.291	12.3
成都	1082.62	58	2479.684	6148831.222	87.7
总计	1037.90	69	2322.754	5395185.945	100.0

表 6.60　专科学历人员数量方差分析表

项目	平方和	df	均方	F	显著性
组间(组合)	727661.726	1	727661.726	0.133	0.716
组内	3.661×10^8	67	5464850.486	—	—
总计	3.669×10^8	68	—	—	—

表 6.61　专科学历人员比例比较分析报告

地区	均值	N	标准差	方差	占比/%
川南	0.2176	11	0.0861	0.007	13.9
成都	0.2560	58	0.1108	0.012	86.1
总计	0.2499	69	0.1076	0.012	100.0

表 6.62　专科学历人员比例方差分析表

项目	平方和	df	均方	F	显著性
组间(组合)	0.014	1	0.014	1.183	0.281
组内	0.774	67	0.012	—	—
总计	0.788	68	—	—	—

4.高中、中专及以下学历

表 6.63、表 6.64 显示了成都与川南上市公司高中、中专及以下学历人员数量的比较情况，川南高于成都，但是不具有统计显著性。表 6.65、表 6.66 显示成都与川南两地高

中、中专及以下学历人员的比例情况，川南高于成都，并且在 0.01 水平上具有显著性，说明川南地区上市公司高中、中专及以下学历人员占比明显高于成都上市公司。

表 6.63　高中、中专及以下学历人员数量比较分析报告

地区	均值	N	标准差	方差/(×10⁷)	占比/%
川南	2966.36	11	6174.059	3.812	21.2
成都	2091.36	58	4439.109	1.971	78.8
总计	2230.86	69	4714.642	2.223	100.0

表 6.64　高中、中专及以下学历人员数量方差分析表

项目	平方和	df	均方	F	显著性
组间(组合)	7079282.609	1	7079282.609	0.315	0.576
组内	$1.504×10^9$	67	$2.245×10^7$	—	—
总计	$1.511×10^9$	68	—	—	—

表 6.65　高中、中专及以下学历人员比例比较分析报告

地区	均值	N	标准差	方差	占比/%
川南	0.6407	11	0.1532	0.023	22.2
成都	0.4267	58	0.2344	0.055	77.8
总计	0.4608	69	0.2361	0.056	100.0

表 6.66　高中、中专及以下学历人员比例方差分析表

项目	平方和	df	均方	F	显著性
组间(组合)	0.424	1	0.424	8.429	0.005
组内	3.367	67	0.050	—	—
总计	3.791	68	—	—	—

5.川南与成都上市公司学历结构比较汇总

将相关数据整理汇总成表 6.67。从表 6.67 可以发现两地上市公司学历结构的一些规律。可以将川南和成都上市公司各层次学历所占比例绘制成图 6.3。根据表 6.67 绘制图 6.4，可以更加直观地显示两地上市公司各学历层次人员的对比关系。

表 6.67　川南与成都上市公司人员学历结构比较

项目	硕士及以上学历	本科学历	专科学历	高中、中专及以下学历
川南	0.0115	0.1302	0.2176	0.6407
成都	0.0450	0.2688	0.2560	0.4267
倍数关系	3.91	2.06	1.18	0.67
显著性	0.067	0.004	0.281	0.005

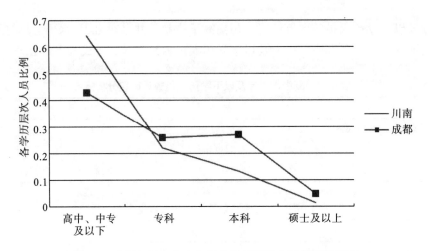

图 6.3   成都与川南上市公司各学历层次人员的比例关系

从表 6.67 和图 6.3 都可以看出，在硕士及以上学历、本科学历的占比方面，成都上市公司都显著高于川南上市公司，而高中、中专及以下学历方面，川南上市公司显著高于成都上市公司。一方面，这与行业和城市吸引力有关系。成都上市公司覆盖 13 个行业，而川南上市公司只有制造业和食品业两个行业。不同的行业对人才学历的需求不同。传统制造业及食品业不需要大量的高学历人才。另一方面，高学历人才从自身职业发展、生活质量等方面考虑，会优先选择在省会城市就业。所以，城市吸引力和行业的多元化需求，是导致成都高学历人才显著高于川南的重要原因。

在专科学历层次，两地上市公司的比例接近，也没有显著性差异，专科是两地上市公司学历差异的关键点，越往上，两地倍数差距越大。

川南上市公司学历结构中主要是高中、中专及以下学历，占比达到 64.07%，而成都上市公司超过一半的人员学历是本科和大专，二者占比合计达到 52.48%，说明两地人才需求结构的主体成分具有明显区别，成都上市公司以高学历为主，而川南上市公司以低学历为主。

在不同学历层次之间的关系上，两地上市公司也存在着明显区别，如图 6.4 和表 6.68 所示。川南上市公司总体上从低层次学历到高层次学历，逐级之间的比例差异在显著增大。两地上市公司的三个指标，本科比例与硕士及以上比例的倍数，专科比例与本科比例的倍数，高中、中专及以下的比例与专科比例的倍数存在明显区别。但是成都上市公司并不是呈现出这样单纯的递增关系，高中、中专及以下占比高于专科，专科占比低于本科，本科占比高于硕士及以上学历，图 6.3 中反映出在专科学历上存在一个局部的凹点。而在图 6.3 中，川南上市公司的折线图中就没有低于两端的任何凹点。这反映出两地上市公司学历结构的重要差异性，即本科学历在成都上市公司中占据非常突出的地位，在数量上比硕士及以上学历和专科学历的占比都高，在整体上其结构关系是中间大并且总体平缓的结构。而川南上市公司，则是随着学历级别的上升，所占比例呈现出金字塔式的比例结构。

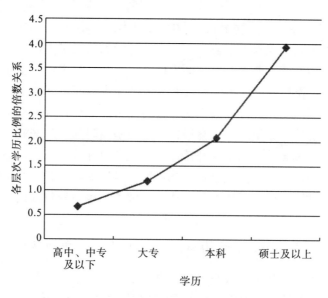

图 6.4　成都与川南上市公司各学历层次比例的倍数关系

表 6.68　相邻学历层次比例的倍数关系

	硕士及以上学历	本科学历	大专学历	高中、中专及以下学历
川南	—	11.32	1.67	2.94
成都	—	5.97	0.95	1.67

6.2.7　结论

在市场配置资源的条件下，资源要素会在川南经济区与成都经济区之间流动，最终川南经济区和成都经济区都会在资源产业方面形成均衡状态。成都经济区虽然在区位条件、交通、城市环境、资源禀赋、政策导向等多方面具有明显优势，但是受制于边际产出递减、规模不经济、环境承载能力约束等多方面因素，资源、产业不会无限度地向省会城市集聚。最终，川南经济区和成都经济区均会形成一定规模的资源和产业集聚水平。从目前两地上市公司的比较来看，资源和产业的流动还没有达到均衡水平，总体趋势是资源和产业还在向省会城市集聚。但是上市公司的盈利水平、人员规模、人员薪酬等指标都显示出资源产业向成都集聚存在着阻力，这些阻力因素有助于减缓集聚过程，最终形成一种平衡态势。

1.川南上市公司低薪酬并没有体现出成本优势

川南上市公司平均薪酬较低，劳动用工量较高，使得总薪酬偏高，进而导致总薪酬占营业收入的比例偏高。一方面，川南上市公司比成都上市公司营业收入略高，总薪酬也略高，但是川南上市公司净利润显著高于成都上市公司；另一方面，川南上市公司人均营业收入、人均净利润都低于成都上市公司，说明川南上市公司人力资源效率低于成都上市公司。低工资情况下，企业对于提升劳动效率的动力不足，导致用工量偏高，但是在总体上薪酬成本并不低，薪酬占营业收入的比例也不低。川南上市公司的营业收入、净利润水平显著高于成都上市公司，一方面是因为用工量大，另一方面与企业的技术生产水平以及其他低成本要素有关，如土地、房租等。这也说明企业在选址时是否一定要选择省会城市是不确定的。省会城市和非省会城市代表了两种不同的经营模式。用工量较大、附加值不高的产业可以选择在非省会城市，依靠较低的薪酬和其他要素成本的优势，赢得竞争优势。如果选择省会城市，则应是高附加值的产业，依靠高工资吸引高素质人力资源，通过高效率的生产经营过程实现竞争优势。低工资并不一定体现出成本优势。特定技术经济条件下，低工资意味着用工量增加，总薪酬成本提高，同时低工资可能直接导致低效率，用工量增加会增加管理成本，也会导致低效率，所以低工资模式下增加用工量不一定能相应增加企业的营业收入。

2.川南上市公司人员岗位结构与成都上市公司存在明显区别

首先，川南上市公司各岗位人员占比从高到低排序是生产人员、技术人员、行政人员、营销人员、财务人员，而成都上市公司的排序是生产人员、技术人员、营销人员、行政人员、财务人员。两地上市公司生产人员、技术人员和财务人员的排序没有变化，营销人员和行政人员的排序不同。再结合两地营销人员占比具有显著性差异，可以发现成都上市公司更加重视营销工作。两地上市公司仅有行政人员的占比是接近的。其次，川南上市公司人员构成差异大，而成都上市公司差异较小，各部分人员组成较均衡。前者的生产人员、技术人员、行政人员占比超 10%，而营销人员占比较小；后者生产人员、技术人员、营销人员和行政人员四个部分均超过 10%。其次，成都与川南沿着生产人员、行政人员、技术人员、财务人员和营销人员这个顺序在不断拉开人员比例结构的差距。

3.川南上市公司产业结构单一，难以集聚高层次学历的人力资源

在硕士及以上学历、本科学历的占比方面，成都上市公司都显著高于川南上市公司，而高中、中专及以下学历，川南上市公司显著高于成都上市公司。两地人才需求结构的主体成分具有明显区别，成都上市公司以高学历为主，而川南上市公司以低学历为主。两地上市公司学历结构也存在重要差异性。本科学历在成都上市公司中占据非常突出的地位，在数量上比硕士及以上学历和专科学历的占比都高，在整体上其结构关系是中间大并且总体平缓的结构。在川南上市公司，则是随着学历级别的上升，所占比例呈现出金字塔式的比例结构。一方面，这与行业和城市吸引力有关系。成都上市公司覆盖 13 个行业，而川南上市公司只有制造业和食品业两个行业。不同的行业对人才学历的需求不同。传统制造业及食品业不需要大量的高学历人才。另一方面，高学历人才从自身职业发展、生活质量等方面考虑，会优先选择在省会城市就业。所以，城市吸引力和行业的多元化需求，是导致成都高学历人才显著多于川南的重要原因。

4.产业发展与人力资源之间存在紧密关系

产业发展与人力资源供给之间相互影响，而城市之间又在产业和人力资源等多个层面进行着竞争，竞争的结果体现出城市的综合实力。川南和成都目前面临着这样的现

状：一是两地产业差异性对企业的人员构成产生影响，川南主要是制造业和食品业，对生产人员需求量较大，而成都上市公司涉及多个行业。二是技术人员、财务人员具有较高专业要求，进而对薪酬有较高的期望，营销人员对薪酬有较高的期望，这些人才集聚在省会城市要求更高的薪酬具有合理性。三是从人员构成上反映出企业经营模式的差异性，川南上市公司经营模式属于生产技术型，而成都上市公司则是生产技术营销型。川南上市公司侧重于生产，技术服务于生产，而成都上市公司重视技术和营销。

从现状看，川南地区的产业发展与人力资源集聚之间似乎进入了一个死循环。一方面，企业岗位结构优化、学历结构优化、薪酬成本控制、劳动生产率的提升乃至区域新兴产业的发展及产业结构优化都需要吸引高学历高素质的人力资源；另一方面，高学历高素质的人力资源又需要相关产业和岗位的支持，但是当前产业和人才都在向省会城市集聚的背景下，川南地区在与成都竞争的过程中存在着明显的逆向选择现象，即只有与成都相比不具有比较优势的产业和人力资源才有可能稳定下来并成为本地经济发展的重要支撑。城市之间的竞争是一种包括产业、人才、资源、区位、政策等多方面的竞争，体现了一个地区的综合实力。一个地区产业和人才的现状是在与其他相邻地区长期动态竞争过程中形成的结果，同时也会在路径依赖机制下对其将来的发展产生制约作用。川南经济区要在产业、人才等方面与成都全面竞争并取得优势是不现实的。

比较现实的选择应该是立足本地产业和人才的实际情况，采取与成都错位发展的思路选择本地特色产业和人才集聚策略，立足川南的产业现状做大做强食品业及制造业。另外，川南企业应比照成都企业在人力资源方面的差距，选好突破口，逐步优化自身的人力资源结构，包括提高营销人员、技术人员、本科及以上学历人员的比例。还有一种思路是遵从区域分工的现实格局，企业可以将技术研发中心、营销中心等需要高素质高学历人才的部门设在人才集聚地成都，把制造中心设在川南，从而实现人才与产业发展的匹配。

6.3　川南经济区科技人才激励政策研究

6.3.1　科技人才激励的方式与影响

激励是指激发动机、引起行为。在管理过程中，激励指为了使员工有效地发挥作用、提高工作积极性而制定各种政策措施、采取特定的行动及投入相应的资源。激励在本质上讲可以理解为组织与员工之间的交易，因此从交易经济学的角度看，组织应当对激励成本、管理成本与从市场购买相应的技术和服务的成本进行比较，从而制定激励的目标和原则。

激励管理是一项系统性的工作，涉及若干因素和环节。从激励的参与者角度可以将有关人员分为管理者与激励对象。管理者就是激励政策的制定者及实施者。在研究激励政策时，往往重视的是激励对象，包括激励对象的需求、动机、能力和行为，重视其工作环境和条件支持，但是容易忽视管理者。就科技人才的激励来说，管理者的能力、意愿、情感关系、资源约束等因素都会对科技人才的激励造成影响。管理者不重视人才、官本位思想、没有管理人才的能力、不能与比自己能力更强的人共事、没有相应的权限、没有足够的财务资源等因素都是制约对科技人才进行有效激励的重要因素。从激励对象方面看，科技人才激励容易出现的问题是，在很多时候受制于能力测评、工作绩效的显示机制等方面的复杂性，以学历代替能力、以资历代替经验、用职称代替水平、重视论文专利等表面指标而轻视实际工作表现、重视理论水平而轻视实践运用等。这些问题与创新驱动的根本目标是不一致的。

从激励的过程可以将激励管理分为引进激励(引起人才)、在岗激励(激励人才完成工作任务)与流动激励(激励人才流动)。这三个环节是相辅相成的关系。理想的目标应该是组织能及时引进所需要的人才；引进后的人才和原有的人才都能有效地开展工作；不能有效发挥作用的人才则不能占据关键岗位，应在组织内部或向外流动。比较突出的问题是虎头蛇尾，即重视引进但是忽视引进后的在岗激励及流动激励，只进不出，没有后续性激励跟进等问题。人才可能看重引进时候的激励进入组织，没有有效的在岗激励，服务期满人才马上离职。不能发挥作用的人才、能力知识跟不上组织任务条件的人才占据关键岗位阻止外来人才的进入都是比较典型的现象。这反映了组织激励在人才流动方面缺乏有效的激励措施，应当激励人才根据能力素质的动态变化适应性调整其岗位，实现人尽其才、能岗匹配的目的。

基于系统视角，激励的过程管理应实现人才在数量与结构方面的动态优化，但是很多组织重视人才的数量、轻视人才的结构。系统原理表明系统的结构是实现其功能的关键。人才的结构包括其年龄结构、知识结构、能力结构、性别结构、地域结构等多方面指标。科技创新过程中所需要的人才结构应体现的基本特征是异质性，只有充分符合异质性特征的人才队伍才是有利于创新活动的。多元化、多视角的智力激励与知识经验的互补是科技创新的关键。因此激励机制的设计应以人才队伍的结构优化为指导方向。政府部门或一些事业单位在制定人才政策时经常出现的问题是，重视高层次人才而忽视一般人才、重视外来人才而忽视现有人才、自己培养的人才占主要地位等，导致人才梯队的结构不合理。

依据激励内容或方式可以将激励分为物质激励和精神激励。从时间维度可以将激励分为短期激励、中期激励和长期激励。从激励的影响面及重要性可以将激励分为战略性激励和战术性激励。从激励方式运用的数量和类型可以将激励分为综合性激励和单一性激励。从激励的方向与作用可以将激励分为正激励(奖励)和负激励(惩罚)。不同类型的激励方式都是人才激励系统中不可或缺的组成部分，并应当形成有效的不同类型及层次的激励结构。合理的激励结构是发挥其功能的关键。实际过程中容易出现的结构性问题是：重视物质激励而忽视精神激励，重视短期激励而忽视长期激励，重视单一性战术性激励而忽视综合性战略性激励，重视正激励而忽视负激励。

还可以将激励从获取的来源分为外在激励(组织给予员工的激励)与内在激励(员工从工作中得到的激励)。一般情况下人们提到激励，总是认为必须给予员工各种类型的奖励，员工才会努力工作。但是麦格雷戈认为，人性并非天生好逸恶劳，并非害怕工作，只要工作条件适当，人们工作起来就像休息和娱乐一样自然。因此在一定程度上可以认为，工作最大的报酬就是工作本身。员工可以在工作中获得满足。这与需求层次论提出者马斯洛的观点是一致的，即包括自尊和自我实现在内的高层次需求使员工从内部得到满足。将内在激励的理论应用于科技人才的激励方式，可以得到的观点是，并不是说任何时候都需要对科技人才进行物质上的或精神上的奖励，只要给他们安排的工作适宜，他们可以从工作中获得成就感。组织如果过于强化外在的物质激励或精神激励，会弱化他们的内在激励，使他们工作的主动性降低，变成依据薪酬待遇条件而被动工作，这对于组织的创新能力、团队协作能力必然造成负面影响。这就是说，对科技人员进行激励的做法并不是在任何时候都是必要的。

在政策设计中应考虑的其他因素包括：激励约束、激励成本、激励强度等。激励与约束应当辩证统一、责权利辩证统一，不能重视一方面而忽视另一方面。组织激励应与组织任务目标、经营绩效、财务实力、成本控制相适宜。组织激励的强度应与工作的难度、资源支持力度等因素相匹配。

6.3.2　硅谷的启示

国内外大量文献从不同角度对硅谷进行过研究，国内外多个高技术园区也在按照一定逻辑思路模仿硅谷的创新模式，并试图复制或超越硅谷，但是目前国内外仍然没有哪个高技术园区能在人才、技术、经济效益等方面全面达到硅谷的水平。吴敬琏等学者曾指出，与硅谷相比，中关村这些年虽然得到了迅速发展，但与硅谷的差距不仅没有缩小，反而在加大。在人才的质量、人才构成的多元化、科技产出、GDP 增加值以及知名企业的数量及全球影响力等方面，硅谷都领先于其他高技术区。

单从个别或部分因素进行比较难以有效解释硅谷成功的原因，因此单从这些个别指标入手进行模仿也就难以实现模仿的目的。从系统的视角看，硅谷的成功实质上可以理解为开放系统多种资源要素及多种机制相互耦合、动态演变的结果。人们往往重视资源要素的比较，而忽视影响资源要素集聚、耦合、动态演变的机制与过程。已经得到公认的支撑科技创新的系统要素包括：①大量的高素质人才集聚；②高等院校及科研院所的大量集聚；③充足完善的风险投资；④良好的自然生活环境；⑤便捷的交通、通信、物流等基础设施；⑥以产权保护为核心的制度体系；⑦开放包容的文化；⑧高效的市场体系。这些要素是支持区域科技创新系统获得成功的必要条件，但不是充分条件。

资源要素形成及演化的原因，促使不同要素之间相互影响、耦合放大的机理则是解释诸如硅谷这样成功的区域创新系统的重要机制。从硅谷的经验中值得总结的重要机制包括：①市场导向机制，即市场在资源配置过程中发挥着基础性、决定性作用，市场引领着技术创新的方向，市场引领着人才、风险资本等关键资源的流动；②产权保护与知识外溢的平衡机制，一方面有完善的法律制度在保护知识产权，另一方面不同组织及个人之间又进行着广泛的信息、知识的交流；③产学研之间的孵化、转化与融合机制；④核心企业的裂变机制，典型的例子就是仙童半导体公司；⑤头羊效应及先动优势。人才是区域科技创新系统的关键资源，自然成为各个国家和地区相互争夺的对象。在正常情况下，每个国家或地区都会对本国本地区的人才特别重视并提供特殊的优惠待遇与政策，那么其他国家或地区想要争夺这些人才难度很大，因此只有在特殊情况下才有可能从外部获得大量的高层次人才。美国在全世界吸引顶尖高科技人才有两个高峰时期，一是第二次世界大战期间吸纳全球犹太科学家，二是 20 世纪 90 年代吸纳大量的苏联（俄罗斯）科学家。这两次都是在特殊情况下，这些科学家处在特别困难的条件下，美国则在其他国家不愿意接纳、不敢接纳的情况下，以较低的代价大量吸纳这些科学家。美国的科技移民具有明显的先动优势。而一些顶尖科学家移民美国往往带领的是一个科研团队及更多的相关科技人员移民美国，体现了明显的头羊效应。

6.3.3　区域创新系统中人才、政府和企业的博弈困局

在发展高新区过程中，人才是一个比资本更重要的因素，人才的集聚也是高新区的一个重要特征。但是人才是市场中组织化程度很低的一类要素。每一个人才都是一个特定人力资本的拥有者。每一个人力资本的拥有者都可以独立地在全国甚至全球人力资源市场进行选择。政府或者企业要实现人才的集聚必然面临着诸多难题。一般而言，政府往往提供两类优惠措施吸引人才到特定区域就业。一是由政府提供物质待遇，包括住房、工资补贴等。二是政府搭建人才与用人单位之间的桥梁，如政府建立博士后科研工作站、挂职锻炼、政府牵头组织人才招聘活动等。此外，政府制定与人才激励有关的配套措施并组织执行，如人才的测评、认定、颁发荣誉等活动。政府试图通过这些举措吸引人才到高新区有关企业就业，并持续发挥作用。而高新区企业也试图通过薪酬待遇、工作平台等措施吸引各类人才到企业发挥作用。一个高新区或者区内企业能否吸引到足够数量的优秀人才受薪酬福利、工作环境、生活环境、交通条件、文化观念、制度约束等多种因素的影响。从人才供给的角度看，高新区的持续发展离不开大量人才的本地化供给源。很多学者取得的一个共识就是，硅谷的成功离不开像斯坦福大学、加州大学伯克利分校等一批知名学府源源不断地提供的高素质人才。近年来，我国政府在人才的培养、激励、引导、产学研的结合等方面做了大量的工作。但是从人才的有效集聚、高效发挥作用方面看，还远未达到预期。从近年来我国人才的流向可以发现一些规律。优秀人才一般优先选择出国、高校及科研院所等事业单位、政府部门、国有企业、外资企业。一部分人才到企业往往也是从事一段时间的工程技术工作之后，按照"技而优则仕"的规律担任各种管理职务。我们可以将人才的择业选择分为首次选择和再次选择。人才从各类学校机构毕业之后，首次选择何种单位和职业是首次选择。在首次选择了单位和职业之后，因为各种原因，再次重新选择单位和职业属于再次选择。从近年来公务员及各类"招考热"当中可以看出在首次职业选择中，各类人才的优先选择单位主要是公务员和事业单位。再次选择中，公务员及事业单位人员较少到企业工作。而首次选择在企业工作的人员极少有能进入机关事业单位工作的，大部分则是从一个企业到另一个企业，从一个地区到另一个地区。从首次选择和再次选择的规律可以判断，如果优秀人才不能在首次职业选择中选择到企业就业，则要在再次职业选择中引导其到企业就业难度很大。

各类人才首次职业选择过程中所反映出来的现象可以从多个方面进行解释。首先，在薪酬福利待遇方面，政府、事业单位、国有企业等单位的薪酬福利待遇是最有保障的，工作也最稳定。在人才的需求结构中，安全需求是主导需求。相反，如果是到企业

工作，则收入的稳定性、工作的稳定性都没有保障，除非企业能提供极高的待遇才能抵消其风险成本。其次，"官本位""稳定"等文化观念根深蒂固，长期影响人才的职业选择。再其次，政府在资源配置中占据着支配性地位，事业单位、国有企业则在资源分配过程中具有先天性优势，管理岗位则具体承担资源配置的职责。可以从硅谷高科技公司的起源上发现一些规律。美国硅谷最早的高科技公司是在跟美国海军和空军做配套研发的过程中发展起来的。这些公司都是民营企业，其中最具有代表性的企业就是洛克希德马丁公司。而我国的军工领域大部分都是由各类国有企业、国有科研机构和事业单位承担，民营企业难以进入军工领域。这些高技术产业被国有企业事业单位垄断，具有很高的利润空间。而民营企业往往涉足的都是完全竞争性产业。其市场地位、收益水平都具有不稳定的特点，因此难以吸引优秀人才。

　　一方面，企业很难招到优秀人才，严重制约其技术创新能力的积累；另一方面，大量的人才、技术都集聚在政府、事业单位和国有企业，因此不仅高新区的企业，还包括各级政府都在考虑以"不求所有但求所用"为用人理念，实施产学研相结合的人才技术战略。为此很多政府部门包括高新区政府都在致力于为人才提供待遇、为人才和用人企业搭建纽带桥梁、设计不同的配套政策等。从观察到的多个案例看，实际情况并不乐观，产学研相结合仍然处在不断的探索阶段。主要因为企业和大学等研究机构属于不同性质的组织。企业的性质决定了所有的行为都必须以市场为导向。而大学等研究机构则是公共服务类组织。在技术研发方面，大学和科研机构重视理论研究、重视技术的前沿性，而企业则强调技术的应用开发，强调技术的经济适用。有很多先进的技术都停留在实验室阶段，没有办法大规模产业化，就是因为产业化的支撑技术没有突破，而这些技术并不是大学实验室研究的重点。同时因为组织目标导向的差异性，大学科研院所的人才所掌握的知识、技术和能力与企业的要求并不完全吻合，就是说企业所定义的人才标准与大学科研院所定义的人才标准是不同的。对于企业面临的某些技术问题，一个技师也许比一个院士更能解决问题。

　　企业与人才在技术合作过程中可能也会面临非技术方面的障碍。外来人才可能因为人际关系冲突、企业技术保密、不适应工作环境、企业重视程度不够、工作方式不能调整等原因难以有效融入企业技术团队。企业对外来人才的态度也处于矛盾状态，既希望其发挥作用解决企业的技术难题，又害怕泄露企业的技术机密，因而可能采取多种措施防范或阻碍外来人才过度介入技术研发过程，这往往导致技术合作半途而废。H 大学从事生物技术研发的陈博士就遇到这样的情况。J 公司是生物发酵领域的国家高新技术企业，设有博士后科研工作站。J 公司的产品有一个非常棘手的问题就是冬季结晶，国内外客户意见很大，出现多次退货索赔事件，给公司造成了不小的损失。J 公司在与陈博士多次洽谈后，双方同意以博士后项目合作的形式开展工作，解决产品结晶问题。陈博士带着研究生进厂开展研究工作。半年后陈博士说工作开展不下去，公司的部分实验室和生产车间工作人员拒绝与他们配合，不让他们到这些区域去观察、提取样品等。经私下沟通，最终得知，这些实验室和生产区域属于公司核心技术机密区域，公司保密管理制度对此有严格规定。与此案例类似，很多产学研合作都存在着外来技术人员很难深入开展工作的问题。

6.3.4　自贡实施创新驱动过程中人才政策的现状及问题

1.对自贡高新区三家上市公司 2013 年年报的分析

自贡市传统上属于以制造业为主导产业的城市，主要产业围绕着东方锅炉、长征机床、久大化工等支柱企业发展而成。自贡市国家高新技术产业开发区现有企业 100 多家，制造类企业占据 60%以上，其中具有代表性的公司有四川大西洋焊接材料股份有限公司(简称大西洋)、四川华西能源工业股份有限公司(简称华西能源)及四川川润股份有限公司(简称川润股份)。三家公司均为上市公司，通过对三家公司 2013 年年报进行分析，可以了解其经营状况、研发投入、人员结构、薪酬状况等，进而可以在一定程度上说明自贡市高新区企业的现状。

1)经营状况

三家公司均属于制造业上市公司，分别从事焊接材料、锅炉、润滑设备、锅炉及压力设备的生产制造。三家公司的基本财务指标如表 6.69 所示。从公司的总资产看虽然都达到了大型企业的标准，但是结合总资产、营业收入两项指标可以看出，三家公司在大型制造类企业中属于一般规模。只有大西洋在全国同行业中具有领先地位。从净利润、每股收益及净资产收益率三项指标可以看出，三家公司盈利能力不是太强，只有华西能源的盈利状况较好。公司所在的行业特点、规模、盈利能力决定了公司在技术创新方面主要着眼于解决生产过程中的技术问题，技术主要是服务于解决生产过程及客户应用过程中的技术问题，还未形成创新驱动的经营模式。企业的盈利能力还决定了公司在技术创新过程中的投入力度。

表 6.69　大西洋、华西能源与川润股份的经营状况

公司名称	行业	营业收入/亿元	营业成本/亿元	净利润/亿元	净资产/亿元	总资产/亿元	每股收益/元	营业净利率/%	净资产收益率/%
大西洋	焊接材料	21.86	18.73	0.40	11.01	22.64	0.19	1.83	3.63
华西能源	锅炉制造	31.37	30.04	1.31	17.64	52.24	0.79	4.18	7.72
川润股份	润滑、锅炉	8.15	8.73	-0.29	12.10	19.75	-0.07	-3.56	-2.39

2)研发投入

表 6.70 从研发资金支出及技术人员两方面显示三家公司的研发投入情况。在研发资金的绝对支出额度上，大西洋和华西能源投入较大，但是从研发投入占营业收入的比例方面，三家公司的投入比例差距不是太大，与国内外实力较强的高新技术企业相比差距较大。从技术人员占公司总人数比例看，三家公司中华西能源比例较大，但是总体上还是生产人员、营销人员及管理人员占绝大多数，达到 80%以上。这说明公司的技术人员在公司员工总体中占比不大，更进一步说明公司属于传统制造类企业。

表 6.70　大西洋、华西能源与川润股份的研发投入情况

公司名称	研发支出/亿元	研发投入占营收比例/%	总人数/人	技术人员/人	技术人员占比/%
大西洋	1.26	5.78	3097	304	9.82
华西能源	1.04	3.32	1878	348	18.53
川润股份	0.17	2.13	1711	171	9.99

3) 人员结构

表 6.71 显示了三家公司人员的学历结构。从三家公司的学历结构可以看出，高中及以下学历人员占多数，均超过 60%，而硕士及以上的高学历人数占比都非常小。高学历人数较少的原因是多方面的，主要与公司的行业技术特点、规模、盈利能力、薪酬状况等因素有关。客观上讲，企业所在的制造行业技术成熟度较高，不需要大量研发人员，生产和销售是其业务重点。

表 6.71　大西洋、华西能源与川润股份的人员结构

公司名称	硕士及以上学历		本科学历		大专学历		高中及以下学历	
	人数/人	占比/%	人数/人	占比/%	人数/人	占比/%	人数/人	占比/%
大西洋	16	0.52	187	6.04	349	11.27	2545	82.18
华西能源	16	0.85	350	18.64	337	17.94	1175	62.57
川润股份	19	1.11	227	13.27	285	16.66	1180	68.97

4) 薪酬状况

年报中没有详细列示各个岗位或类别人员薪酬支付情况。通过现金流量表的支付给员工及为员工支付的现金项目可以基本了解员工的薪酬情况，将其作为员工广义报酬或全面报酬来对待。表 6.72 显示了三家公司的总薪酬、平均薪酬情况。从薪酬占总营业成本的比例指标可以看出，与服务类企业及典型的高科技公司相比，三家公司这一比例都不高，人工成本在公司总成本中的比例并不高。占总成本的主要部分是原材料、能源动力、固定资产折旧等成本支出，这也符合制造业的典型特征。但是在实地调研过程中发现，公司管理层认为人工成本不断攀升对其经营绩效造成的影响很大，这说明制造类公司的很多成本可控性不高，人工成本的增加对公司绩效影响很敏感，公司试图从人工成本的控制方面来控制成本，但是难度很大。

表 6.72　大西洋、华西能源与川润股份的薪酬状况

公司名称	支付给职工的现金/亿元	平均支付给职工的现金/万元	薪酬占总营业成本比例/%	技术人员持股情况	总工程师持股情况	总工程师薪酬/万元
大西洋	1.73	5.59	9.24	无	无	28.22
华西能源	1.32	7.03	4.39	无	持股	44
川润股份	1.03	6.02	11.8	无	无	26.67

三家公司的普通员工或普通技术人员均未持有公司股票。只有华西能源总工程师持有公司股票，其薪酬水平也最高。三家公司的总工程师或技术副总裁的薪酬在公司高管团队中的水平及与公司平均水平比较都没有明显的不合理性。

2.对自贡高新区企业的实地调查

本书对自贡市高新区部分企业及自贡市人才市场、自贡市委组织部等部门进行实地调研，与公司总经理、人力资源经理、技术总监、技术部长等人员进行了广泛沟通交流，对自贡市高新区企业的经营状况、人才状况、薪酬状况、产学研结合等情况及存在的问题进行了较深入的了解。

1) 人员结构

多家企业的人员结构都体现出明显的本地化特征。大部分员工来自本市及周边的内江、宜宾、乐山、泸州等城市，来自省内其他城市的员工较少，来自外省的员工则更少，几乎难以见到来自国外的员工。这种人员结构与硅谷、中关村及深圳的人员结构具有极大的差异。受制于地域劣势、城市环境、成渝两大经济区对人才的"虹吸效应"，自贡高新区要在人才的自由流动过程中实现人才的多元化结构尚有很长的路要走，人才洼地的形成也难以在短期内见到明显的效果。但是从自贡与成渝及川南其他城市的竞争的现实情况看，人才或人力资源的本地化具有合理性。自贡作为一个地级市，离成渝都较远，其辐射带动作用、交通条件、综合经济实力、教育资源等与一线城市均有较大差距，因此对外地人才的吸引力不强，对本地人才的吸引则具有一定的现实可能性。

2) 人员流动

高新区企业员工队伍总体上来说还可以维持目前的经营情况，但是已经呈现出不容乐观的趋势和隐忧。高学历、高职称、技能型人才、年轻人外流趋势明显，这些人因待遇、工作条件、城市环境、子女教育等因素选择到成渝及沿海城市就业定居。企业招工呈现出普遍的高龄化及低学历化特征。很多企业招工的年龄上限在45岁以上。一些企业虽然提供的待遇不低，但是在管理方面缺乏针对新生代员工特点的经验，难以招聘，也难以留住这些人。人员流动的总体趋势呈现出逆向选择的特点。从自贡市人才市场了解到，每年回到自贡的大中专毕业生人数占高考考出去的大中专毕业生人数的30%左右，而这些回流的毕业生很多是学习成绩不好、在外地难以就业的学生。这种趋势对于当地企业的可持续发展提出了严峻的挑战。

3) 产学研结合

园区内多家企业都特别重视产学研相结合以解决自身的技术难题，提升企业的技术水平。合作的相关科研院所的范围也很广，与包括本地、成渝、西安、北京等全国各地的高校、科研机构及企业都有广泛的合作，解决了很多公司的技术问题。一些省内外科研人员也在多家企业担任技术顾问、董事、独立董事等职务。产学研相结合对于企业解决具体技术难题、提升技术水平、培养锻炼人才队伍都发挥了非常重要的作用。但是要从根本上形成自身的核心竞争力，必须要依靠自身的技术力量，这些合作在没有自身较强的技术力量参与的情况下，难以实现有效转化。这些外部科研机构因为距离自贡较远，专家参与企业的研发过程或解决技术问题，往往只能是就事论事，不可能长期深入企业。另外科研院所的专家或技术与产业化的要求也存在不同程度的差异，要成功实施也有风险，因此产学研对于系统性解决企业的技术问题的作用不可过高估计。

4) 薪酬激励

在薪酬结构方面，多家公司对技术人才与一般员工或管理人员没有明显的区分。一般情况下，薪酬都是由固定工资、绩效工资、奖金组成。绩效工资一般的形式就是计件工资、任务提成。奖金则有季度奖、年度奖等形式。绩效工资和奖金都是针对特定的任务或目标而设定的。工资奖金之外，就是五险一金及各种福利。福利形式多种多样，包括节假日福利、生日贺礼、探亲假、年休假等。很多企业依据技术人员的能力和贡献按照评聘结合方式对其进行动态管理，在固定工资中设定技能工资或岗位工资，体现企业对技术能力的认可。这些技术人才与管理人员实行双通道晋升机制，技术人员即使不做管理者，其薪酬也能随其能力、贡献而逐步提高。这种做法对于技术人员的长期激励具有积极作用。在薪酬水平方面，技术人才、技能型人才在所有的公司都处于较高水平。从员工对各种薪酬的态度看，多数员工关注的是薪酬的总体水平及到手的实际收入，对于五险一金、福利、股权激励的重视程度不够。五险一金及各种福利几乎成为员工的"保健"因素，没有不行，有也不会产生明显的激励效果。这种态度随员工的层次不同也有层次性变化。底层员工、低收入员工、新员工、年轻员工不重视，甚至要求不交五险一金，而收入较高的员工、大专及以上学历的员工、技术人员、管理人员则对五险一金认可度较高。

几乎没有企业对技术人员实施过股权激励。一家公司试图对技术人员、管理人员实施虚拟股权的激励方式，最终也没有付诸行动。这反映出的问题在于：①员工对于股权激励的认可度很低，多数人关注的是短期内公司支付的薪酬水平，薪酬的水平及稳定支付是员工普遍关注的重点；②股权激励建立在未来的绩效基础上，未来的绩效水平受很多因素的影响，市场环境、公司战略、股市波动等都会对公司的业绩、股价产生影响，这些影响不是个人可以控制的因素；③从心理层面分析，多数员工风险承担能力有限，如果股权激励只是单向性地大幅度增加其未来收入，那么这肯定是受欢迎的，但是股权激励可能存在的风险很少有人能够接受，这实际上是对股权激励的误解。

技术人员都具有较高的名义收入，但是累进所得税使其实际收入降低不少，因此很多企业都提出政府应该降低或部分减免所得税。一些技术人员在与企业签合同时就要求企业支付的薪酬水平为税后收入。这表明高收入员工对所得税比较敏感。在沿海一带，也有些城市针对引进的特殊人才采取减免所得税的政策。

从不同企业的横向比较来看，一些反常现象值得关注。同是锅炉制造行业，大公司、上市公司、国有企业、多元化经营的企业资本实力比较雄厚，管理也很规范，但是企业反映的情况是人工成本太高，其薪酬水平一般。但是为某大型企业做锅炉配套的一家民营企业，业务单一、规模较小、资金实力不强，其盈利能力很强，员工薪酬水平反而超过大企业的薪酬水平，但是该企业反映资金周转压力很大，因为下游企业拖欠工程款非常严重，这影响了公司发放工资的及时性，有时候企业不得不贷款给员工发工资。大企业、上市公司在薪酬支付方面已经制度化、模式化，但是其灵活性下降及工资刚性制约了公司薪酬管理、人才管理的能力，企业的成本控制能力也因此受到制约。

5) 环境与政策

2014 年 5 月，自贡市委、市政府出台了《关于加快建设区域人才集聚地的意见》。其宗旨是按照高层次人才和重点人才两个层面，分类实施十二项人才计划，自主培养和对外引进相结合，个体开发和团队培养相结合，普遍培养和重点扶持相结合，制定各类人才标准，统筹推进各类别、各领域、各层次人才建设。针对高层次人才，制定了两个"千人计划"，即"高层次人才培养千人计划"和"高层次人才引进千人计划"。最大限度激发现有人才创新创业活力，通过遴选优秀人才，给予重点培养和特殊支持，同时着眼推动核心关键技术突破，引进一批自贡市传统优势产业和战略新兴产业急需的高层次人才。计划到 2018 年在本市现有人才中培育 20 个国际国内领先的创新创业团队、培养支持市杰出创新人才 50 名、市优秀专家 80 名、紧缺人才 1000 名。从市外引进顶尖创新创业团队 10 个、领军人才 50 名、优秀专家 80 名、紧缺人才 1000 名。该计划由组织部牵头落实。此外文件还制订了重点人才培养引进计划，包括企业家培育计划、科技创新人才培育计划、高技能人才培育计划、城乡规划管理人才培育计划、现代服务业人才培育计划、教育名师培育计划、文化名家培育计划、卫生名师培育计划、农业人才培育计划和社工人才培育计划等十个计划，分别由不同的部门牵头负责。从该文件可以看出自贡市委、市政府对于科技人才非常重视，对于自贡市科技人才不足的现状也具有很强的紧迫感和危机意识。在高新区硬件环境方面，自贡市对规划设计、投资建设、运营管理方面也非常重视，按照产城结合、功能分区的理念，为园区企事业单位和人才营造良好的生产生活环境，这些举措都是必要的。但是在全球、全国都在引进高层次人才，都在吸引一般性人力资源的大背景下，每个国家、每个地区都在通过软硬件设施的改进优化吸引人才，自贡的举措显然不具有先动优势，要通过政策及环境优化发挥期待效果，还需要强化工作力度，也更需要在工作思路上进行创新。

6.3.5 对川南经济区加强平台创新建设的建议

从博弈论视角看，制约区域创新系统持续发展的机理是政府、企业、人才多方复杂的互动博弈。首先，政府对资源的垄断供给可能造成企业对资源不以市场为导向的错误配置，而企业以市场为导向的资源配置行为又可能偏离政府对资源定向配置的初衷。其次，政府多层级委托代理关系及多目标决策过程可能使得政府发展高技术产业及高新区的特定目标在特定情况下发生主动偏离，该目标也可能因为政府与企业在博弈过程中处于劣势地位而被动偏离。其次，政府、事业单位、国有企业等在资源配置过程中的支配性地位或优势地位，使得这些部门集聚人才具有天然的优势。产学研合作过程中的技术性障碍在于企业与政府部门、事业单位的目标导向不同，对人才的具体定义也存在差异，而非技术性障碍则可能是外来人才因为人际关系冲突、企业技术保密、不适应工作环境、企业重视程度不够、工作方式不能调整等原因难以有效融入企业技术团队。再其次，基于共享文化的缺失及知识产权保护的无效性，企业资源内化动机与一体化发展战略随着企业规模扩张在不断强化，企业不能在价值链上选择优势环节并选择性配置资源，从而弱化企业核心竞争力并导致企业之间不能错位竞争，使得企业之间从良性竞争向恶性竞争转化，企业之间的资源信息共享与协调创新行为也难以实现。

必须从几个方面综合考虑系统性的解决方案。①应当明确市场在资源配置过程中的基础性作用，明确企业在科技创新及产业化以及与之相关的资源配置过程中的主体性地位，并弱化政府的资源配置职能。②作为发挥市场在资源配置过程中基础性地位的具体举措，国家应当向民资开放军工等高技术行业及垄断行业。其具体逻辑在于，以市场带动产业发展、以市场引导资源配置的方向与效率提升，从而提升企业的创新能力和市场竞争力。③沿着市场化资源配置的思路，政府应从创新过程中若干行政干预性环节退出。比如，针对人才资源不能有效向企业集聚的问题，政府关于人才的评聘导致政府、事业单位与企业对于人才标准的不同定义，并制约人才的流动。④应加强分享合作型文化培育和建设，加强知识产权保护力度，影响企业强化知识、信息等资源内化及一体化战略动机。

6.4　川南经济区与成都经济区差异化发展路径研究

6.4.1　背景

当前我国面临着人口红利消失的大背景，人力资源也因此成为经济发展的一种制约性因素。人力资源在不同的城市之间流动，呈现不同的结构与特点，因此区域产业规划也需要考虑区域人力资源的特点。对于四川省川南经济区与成都经济区而言，包括人力资源在内的资源要素与有关产业会在这两大经济区之间流动。目前需要弄清两大经济区之间人力资源与产业流动的现状、规律、趋势以及存在的问题，如何对两大经济区的人力资源与产业进行匹配协调以实现均衡发展的目的。本书试图在借鉴基于资源的战略理论及战略人力资源理论基础上，对川南经济区和成都经济区的人口、人力资源和产业进行比较分析，提出两个经济区如何依据自身的人力资源现状与趋势对其产业进行差异化发展和协调发展。成都经济区具有明显的区位优势，在资源和产业等方面对周边经济区都具有明显的集聚效应。在经济转型升级的大背景下，川南经济区不可能复制成都经济区的发展模式，但是城市或地区之间同质化竞争已经成为一种比较普遍的现象，因此研究川南经济区如何根据自身的条件与成都经济区实施差异化发展的路径具有非常重要的意义。

6.4.2　区域差异化发展的理论基础

著名的战略管理学家迈克尔·波特曾经担任原美国总统里根的产业竞争委员会主席，也曾参与研究美国多个州及韩国、意大利等多个国家的产业发展规划。他以自己的经验在《国家竞争优势》一书中指出，可以运用战略管理的相关理论来研究中观或宏观层面的经济问题。

1.资源基础理论

组织竞争优势的来源分为基于资源的竞争优势和基于能力的竞争优势。以 Porter(1980)、Wenerfelt(1984)、Barney(1991)、Collis 等(1995)、Hitt 等(2001)为代表所提出的基于资源的观点(resource based view,RBV)认为组织竞争优势来源于组织的资源优势。传统意义上的资源包括原材料、资金、人力资源、设备、技术等,与能力是不同的概念。基于资源的观点从三个范式揭示竞争优势的来源,即以 Porter(1980)为代表的结构-行为-绩效范式(structure-conduct-performance model,SCP)、以 Ricardo(1817)为代表的新古典微观经济学范式及以 Nelson 等(1982)为代表的进化经济学范式。依据 Barney(1991)的观点,要获得可持续竞争优势,组织资源特点必须是有价值的、稀缺的、不可模仿的、能够被组织利用的,即 VRIO(value、rarity、inimitability、organization,价值、稀缺性、难以模仿性和组织)框架。Raphael 等(1993)、Huselid(1995)、Huselid 等(1997)及 Hitt 等(2001)等相关研究认为,随着技术更新速度的加快,在所有的资源中人力资源逐渐成为组织赢得竞争优势的战略资源。从 Prahalad 等(1990)所提出的核心能力的角度看,人力资源也是企业获取核心能力的重要途径。如果将资源基础理论扩展到中观层面的区域与产业,我们发现我国经济发达的省份或一线城市往往都是人力资源集聚的高地,充沛的人力资源不仅支撑其经济快速发展,同时也为其经济转型发展提供强有力的保障。

2.战略人力资源理论

依据 Schuler 等(1987)、Patrick(1998)、Wright 等(1999)及 Lado 等(1994)的观点,战略人力资源管理就是通过人力资源管理实践的横向协调与纵向战略协调实现绩效提升。Lado(1994)则提出人力资源系统或实践与绩效改进有关系。Boxall(1996)提出人力资源管理过程与绩效具有关系。Lepak 等(1999)利用人力资源的价值性和独特性两个维度来解释不同类型的人力资源与组织不同人力资源战略之间的关系。赵曙明(2002)在借鉴 Hitt 等(1985、2001)、Collis 等(1995)的研究基础上,解释了人力资源系统作为竞争优势来源的机理在于两个方面:一是当人力资源管理系统各子系统之间具有内部一致性的时候,竞争对手难以模仿;二是人力资源系统嵌入社会环境之中形成的复杂社会关系网络,从而构成了企业的竞争优势。我们认为从区域人力资源来研究区域经济绩效改进则是战略人力资源管理在宏观应用领域的一个重要探索,即通过设计合理的人力资源政策与内外环境条件的协调,与区域产业发展动态协调,从而实现区域经济的持续发展。

3.差异化战略理论

Porter(1980)首先提出了差异化竞争战略概念,Barney(1991)在此基础上总结相关研究并提出了实施差异化战略的多个路径,包括打造产品的独特特性(Schlender,1992)、建立不同功能之间的联系(Archie,1993)、产品上市时机的把控(Lieberman et al.,1988)、选址(Hottelling,1929、Ricardo,1817)以及声誉培育(Klein et al.,1981、

Levine，1995)。如果将差异化战略的思路应用于区域发展战略方面可以发现，由于多种因素的影响，不同区域的人力资源禀赋存在差异，因而其产业选择的思路应该是差异化发展而不是同质化竞争。差异化发展不仅仅是区域经济的产业类型存在差异，更重要的是其依赖的资源基础具有差异性。

6.4.3　川南经济区与成都经济区的多维度比较

1.两地地区生产总值、国土面积和常住人口反差明显

两地地区生产总值、国土面积和常住人口数据(2015 年)如表 6.73 所示。成都 2015 年地区生产总值为 10801.16 亿元，面积为 12121km^2，常住人口为 1465.08 万人。川南经济区地区生产总值为 5221 亿元，面积为 35273km^2，常住人口为 1528.16 万人。川南经济区的地区生产总值是成都的 48.34%，但是成都的面积和常住人口分别为川南的 34.36%和95.87%。与成都相比，作为四川省第二大经济区，川南经济区在经济发展方面有较大差距，其经济发展水平与常住人口规模不相称。从全省多点多极发展的战略目标看，也不协调。

表 6.73　成都市与川南经济区地区生产总值、国土面积及常住人口比较(2015 年)

	成都	内江	自贡	宜宾	泸州	川南四市
地区生产总值/亿元	10801.16	1198.58	1143.11	1525.90	1353.41	5221.00
国土面积/km^2	12121	5385	4381	13271	12236	35273
常住人口/万人	1465.08	373.62	277.02	449.00	428.52	1528.16

注：相关数据来源于五市 2016 年统计年鉴。

从 2016 年已经公布的部分数据看，川南经济区与成都市在地区生产总值和常住人口方面差距都在同向增加。川南经济区的地区生产总值为 5667.2 亿元，而成都市为12170.23 亿元，川南为成都的 46.57%，比 2015 年下降 1.77 个百分点。而成都市 2016 年末的常住人口为 1591.8 万人，比上年度增加 8.65%。川南经济区各市的常住人口总体上呈现缓慢下降的趋势。这一方面说明成都市地区生产总值的增长与常住人口增长存在正向关系；另一方面，成都 2016 年地区生产总值增长率为 12.68%，高于常住人口增长率，说明成都市人口的过快增长与经济增长之间存在一定程度的不协调，反映出成都市随着人口的增长，其边际产出在下降。从总量上看，成都经济具有明显的优势地位，但是从人力资源的要素投入角度，其增长模式则存在边际产出下降的隐忧，因此也应考虑如何转型升级以及如何调整经济发展的结构等问题。

2.川南经济区地区生产总值、一般预算收入/支出都低于成都，但经济增速较快

2016 年，川南四市地区生产总值为 5667.2 亿元，增速为 8.55%，成都地区生产总值为 12170.23 亿元，增速为 7.7%。川南增速明显高于成都。2015 年川南四市地区生产总

值是成都的 48.34%，2016 年比 2015 年下降 1.77 个百分点。作为四川省第二大经济区，川南经济区地区生产总值总量与成都存在较大差距，并且这种差距呈现出扩大的趋势。这与四川省多点多极均衡发展目标不协调。从增速看，川南经济区地区生产总值增速高于成都市，表明该区具有较好的发展趋势和潜力。2015 年川南经济区一般预算收入为338.3 亿元，占该区域地区生产总值的比例为 6.5%。成都一般预算收入为 1157.6 亿元，占其地区生产总值的比例为 10.7%。川南经济区一般预算收入为成都的 29.2%，远低于地区生产总值的比例。显示川南经济区财政实力明显弱于成都，与地区生产总值的规模也不成比例。2015 年川南经济区一般预算支出为 977.5 亿元，成都一般预算支出为 1468.4 亿元，川南占成都的 66.6%。

3.川南经济区地区生产总值、一般预算收入和一般预算支出的人均指标均低于成都

2016 年川南与成都人均地区生产总值分别为 37085 元和 83068 元，川南为成都的44.6%，表明川南经济区劳动生产率大幅度低于成都。人均一般预算收入，川南经济区为0.22 万元，成都市为 0.79 万元，川南为成都的 27.8%。人均一般预算支出，川南经济区为 0.64 万元，成都市为 1.00 万元，川南为成都的 64.0%。一方面，川南经济区地区生产总值叫量、一般预算收入和一般预算支出的总量都低于成都；另一方面，川南常住人口规模大于成都，因此这三个指标的人均数也低于成都。

4.川南经济区三次产业结构相近，但与成都具有明显差异

两地三次产业结构数据如表 6.74 所示。川南四市第一产业在地区生产总值中比例相近，为 11.2%～15.9%，川南四市第一产业占四市地区生产总值的比例为 13.5%。而成都第一产业的产值占比仅为 3.5%。川南是成都的 3.86 倍，说明川南经济区第一产业占比远高于成都。川南四市第二产业占比更加接近，为 58.1%～59.9%，川南四市第二产业总体占比为 59.0%，而成都第二产业占比为 43.7%，川南是成都的 1.35 倍，说明川南四市第二产业在地区经济中的占比高于成都，但这种差距小于第一产业。川南四市第三产业的比例为 24.2%～30.7%，比较接近，总体占比为 27.5%，为成都的 0.52 倍，说明川南经济区第三产业与成都存在较大差距。川南四市三次产业的结构说明，川南经济区的产业结构相似，由川南四市形成川南经济区协同发展不仅有地理区位相近的因素，还有四市经济规模相近、三次产业结构相近的因素，更重要的是作为四川省第二大经济区，其与成都经济区在规模、结构、空间距离方面都具有明显的差异。

表 6.74　成都市与川南经济区地区三次产业结构比较(%)

	成都	内江	自贡	宜宾	泸州	川南四市
第一产业占比	3.5	15.9	11.2	14.2	12.4	13.5
第二产业占比	43.7	59.9	58.1	58.3	59.6	59.0
第三产业占比	52.8	24.2	30.7	27.5	28	27.5

注：相关数据来源于五市 2016 年统计年鉴。

从三次产业结构比较看，川南经济区第一产业占比偏高，第二产业在三次产业结构中占据主导地位，第三产业占比明显偏低。成都三次产业结构比例，第一产业小于第二产业，第二产业小于第三产业，符合库兹涅茨产业结构演变的高级阶段的特征，而川南经济区则仍然处在演变过程中。

按就业人员划分三次产业结构，成都的第一产业、第二产业和第三产业的比例结构是 12.4%、37.0% 和 50.6%，而川南为 41.2%、29.2%、29.6%。按就业人员划分的三次产业结构，成都也呈现出第一产业、第二产业、第三产业渐次增加的特点，总体上呈现出金字塔式的稳固特征。而川南则第一产业从业人员比例偏大，第二产业和第三产业从业人员比例相近且呈偏小的倒金字塔式结构。

以上分析表明，川南经济区产业结构明显不合理。从事第一产业的人员占比过高，而创造的产值与其人员占比不相称。第三产业则存在两个方面的问题：一是无论是从业人员还是产值都占比过低，二是从业人员占比超过产值占比，表明第三产业的劳动生产率偏低。

5.两地面临人口流入与流出的矛盾

运用两地常住人口与户籍人口进行比较，如表 6.75 所示。成都市常住人口是户籍人口的 1.19 倍，而川南四市常住人口均低于户籍人口，并且常住人口与户籍人口的倍数关系比较接近，川南四市总体上常住人口只是户籍人口的 0.85 倍，说明成都市人口呈现流入状态，而川南四市人口则呈现流出状态。这进一步表明，在人口红利消失的大背景下，川南经济区的人口在流出，而省会成都在流入，两地在人口吸引方面，川南经济区处于明显劣势。两地常住人口与户籍人口存在明显差异性的背后是人口和人力资源由一般城市向省会城市的集聚，这进一步解释了两地地区生产总值呈现明显差异的原因。

表 6.75　成都市与川南经济区常住人口与户籍人口的比较

	成都	内江	自贡	宜宾	泸州	川南四市
常住人口/万人	1465	374	277	449	429	1529
户籍人口/万人	1228	420	327	552	506	1805
常住人口与户籍人口之比	1.19	0.89	0.85	0.81	0.85	0.85

注：相关数据来源于五市 2016 年统计年鉴。

6.两地劳动生产率差异明显

两地劳动生产率如表 6.76 所示。在全社会劳动生产率方面，成都市绝对高于川南四市，高出的比例区间为 64.4%～75.82%。在第一产业、第二产业和第三产业，成都劳动生产率也都绝对高于川南已知数据的两个市——宜宾和泸州。从差距百分比可以看出，成都第三产业比川南的优势明显得多，超过后者 67.75%～68.71%，其次是第一产业和第二产业。劳动生产率受生产技术条件、人力资源的能力素质、管理水平等因素影响。因此，除了两地生产技术条件、人口与人力资源总量方面存在差异，两地人力资源的结构也存在差异性。要优化区域经济发展的质量，依据人力资源与区域经济协调发展的原理，一方面需要依据本地区人力资源的现状来调整优化其产业结构，另一方面也要根据本地产业结构的现实需要调整优化区域内人力资源的结构。

表 6.76　成都市与川南经济区劳动生产率比较

	成都	内江	自贡	宜宾	泸州	两地劳动生产率的差距/%
全社会劳动生产率	131154	32080 24.46%	41447 31.60%	46685 35.60%	31714 24.18%	64.4～75.82
第一产业劳动生产率	27598	—	—	14519 52.61%	14697 53.25%	46.75～47.39
第二产业劳动生产率	168448	—	—	108629 64.49%	86560 51.39%	35.51～48.61
第三产业劳动生产率	139844	—	—	43751 31.29%	45099 32.25%	67.75～68.71

注：相关数据来源于五市 2016 年统计年鉴。表格中的两个数据，第一个为原始数据，第二个为川南占成都的百分比。

劳动生产率的差异性也为区域产业分工提供了重要依据。在省域经济区均衡协调发展的基本前提下，每个主体功能区可以依据效率优先原则发展其最具有比较优势的产业。从表 6.76 可以看出，成都相对于川南最具有比较优势的是第三产业，虽然第一产业和第二产业也具有比较优势，但是要小于第三产业。因此从劳动生产率的角度看，成都经济区在转型升级过程中应侧重于发展第三产业，而川南应侧重于发展第一产业和第二产业。

6.4.4　川南经济区差异化发展的支撑因素

1.区位交通

川南经济区位于四川省东南部，川、渝、滇、黔四省结合部。川南经济区处在成渝经济区腹地、长江经济带上游，是成都经济区通江达海的桥头堡及沿江和南向开放的重要门户。该区域基本形成了航空、水运、高速、铁路和高铁所构成的立体交通网络。

1) 川南经济区将形成民用机场和通用机场组成的机场群

目前该区有军民合用机场两座，分别是宜宾菜坝机场和泸州蓝田机场，均为 4C 标准。两座机场已开通国内北京、上海、广州、深圳等十几条航线，宜宾机场 2015 年旅客吞吐量达 71.6 万人，泸州机场则接近百万人。目前，宜宾与泸州都正在建设新机场，届时还将开辟国际航线。此外该区域已经规划有 14 个通用机场，自贡和内江等地通用机场正在快速建设，并将带动航空装备制造和低空旅游等产业的发展。

2) 水运优势明显

泸州港和宜宾港是川南经济区、成渝经济区乃至中国西部重要的港口。泸州港地处长江、沱江、赤水河交汇处，是四川与泛珠三角地区以及与东南亚地区联系的门户，也是四川公路、水路、铁路出川、出海的南大门，同时也是联系成渝经济区和南桂昆经济区的主要通道之一。泸州港是中国(四川)自由贸易试验区川南临港片区的重要组成部分，是四川唯一的全国 28 个内河主要港和四川第一大港。宜宾港位于长江、岷江、金沙江三江汇合处，货物吞吐量达 1800 万吨，集装箱吞吐量达 30 万标箱。两大港口实现水、铁、空、路联运，向东与沿江沿海港口对接，向西与蓉新欧对接。除了两大港口之外，沱江、金沙江、岷江等长江支流航道正在改造升级，对相关区域发展具有重要作用。

3) 陆路交通优势逐渐显现

区内高速公路有成渝高速、成自泸高速、内宜高速、乐自高速等高速公路。川南城际铁路、成贵高铁、渝昆高铁、成昆高铁等高铁线路通过本区。届时本区内将实现半小时交通圈，一小时到成都、重庆。

根据《川南经济区"十三五"发展规划》，东面以长江、岷江、沱江航道升级和综合开发工程，泸州至荣昌高速公路等建设为重点，构筑融入亚太经济圈的出海大通道；南面以蓉昆高铁、宜（宾）彝（良）高速等铁路与高速公路建设为重点，加速融入中国—中南半岛经济走廊和孟中印缅经济走廊；西面以沿江高速公路建设为重点，构筑连接攀西—六盘水资源富集区的战略资源开发大通道；北面以打通川南—成都—西安—环渤海地区和川南—成都—兰州的运输走廊为重点，对接中蒙俄经济走廊和新亚欧大陆桥经济走廊。

2. 资源条件

1) 自然、文化资源丰富

川南经济区具有丰富的盐、煤、天然气、页岩气等自然资源，并形成了一定规模的产业。区内旅游资源丰富，仅 4A 级景区及全国重点文物保护单位等特色旅游资源就有 20 余处，已经形成风景名胜、历史文化、人文景观、工业旅游、乡村旅游等多种旅游业态。自贡灯会在全国已经具有较高知名度，并走向世界，成为四川省文化产业出口创汇的重要产品。恐龙博物馆、蜀南竹海等旅游景区也在国内形成了较高的知名度。自贡、宜宾、泸州均获得中国优秀旅游城市、国家历史文化名城、国家园林城市等称号。一些旅游项目如自贡灯会已经成为城市名片。

2) 国土面积较广，人口密度较低

川南经济区面积为 35273km²，是成都经济区的 2.91 倍。常住人口为 1528 万人，略高于成都。川南经济区人口密度为 433 人/km²，成都人口密度为 1209 人/km²。较大的国土面积、人口规模以及较低的人口密度为该区经济可持续发展提供了重要的土地资源和人力资源保障。

3) 支撑平台

川南经济区各市在发展过程中已经形成了一批重要的支撑平台，对于该区域经济转型升级及可持续发展具有重要作用。目前，川南经济区有 4 个国家级开发区、2 个省级开发区及 25 个县级以上产业园区。泸州和宜宾正在建设保税物流中心（B 型）。其他的重要支撑平台包括国家新材料产业化基地、西部地区重要的装备制造业基地和盐化工基地等。自贡获批国家首批产业转型升级示范区，对于该区探索老工业城市和资源型城市转型升级以及可持续发展在争取国家及省市资金政策扶持方面具有意义。

3. 经济基础

虽然川南经济区地区生产总值与成都相比具有较大差距，但是该区近年来发展势头较好。与成都相比，川南经济区在固定资产投资、居民可支配收入、规模以上企业数量和工业增加值方面的差距均小于地区生产总值的差距，固定资产投资增速快于成都，规模以上工业企业成本费用利润率等指标，川南高于成都。

2015 年川南经济区固定资产投资 5890 亿元，成都市为 7007 亿元，川南占成都固定资产投资的比例为 84%，高于同期地区生产总值占比（46.57%）。2012～2015 全省固定资产投资平均增速为 11%，成都市平均增速为 4.7%，而川南经济区平均增速达 20%。2015 年川南经济区城镇居民人均可支配收入为 2.6 万元，成都为 3.3 万元，川南为成都的 78.8%，该指标高于同期地区生产总值占比。农村居民人均可支配收入，川南为 1.2 万元，成都为 1.8 万元，川南为成都的 66.7%，高于同期地区生产总值的比例。2015 年川南经济区有规模以上企业 2198 家，完成工业增加值 5689.54 亿元。同期成都规模以上企业数量为 3542 家，完成工业增加值 11932.66 亿元。在规模以上企业数量方面川南为成都的 62%，在工业增加值的比例上，川南为成都的 47.7%。这两个指标也高于同期地区生产总值占比。2015 年全省规模以上企业工业成本费用利润率为 5.98%，成都为 5.07%，川南为 7.2%。该指标反映企业控制成本费用以及盈利的能力，表明川南在这一指标上更具优势。

4. 产业支撑

能源化工、装备制造、节能环保、食品饮料等产业已经成为川南经济区的支柱性产业。相关产业依托长江黄金水道，有效融入长江经济带与"一带一路"倡议，取得了快速发展。泸州和宜宾均处于"中国白酒金三角"，是四川省名优白酒的主要生产基地，在经济转型升级过程中具有很强的盈利能力，对于带动当地经济持续发展具有重要作用。近年来，依托长江黄金水道及金沙江、岷江、沱江等重要航道以及高速公路、铁路形成的立体交通网络，以及川黔滇渝结合部的区位优势，川南经济区物流业发展迅速，对本区转型升级提供有效支撑。旅游业发展迅速，旅游业接待人数和收入都大幅度增长。目前，川南经济区正在大力发展新材料、航空、电子信息、页岩气、新能源汽车、康养等新兴产业。

5. 政策支持

2016 年，四川省人民政府发布《川南经济区"十三五"发展规划》。规划指出，充分发挥川南经济区的交通区位和产业发展优势，建成多中心城市群一体化创新发展试验区、老工业基地城市转型升级示范区、国家重要的先进制造业基地、长江上游生态文明先行示范区、成渝经济区沿江和南向开放的重要门户，打造成渝经济区新兴增长极。

川南经济区已经形成了由省政府、川南经济区联席会议和川南四市各区县政府组成的三级组织架构。由省政府对川南经济区进行顶层设计，负责制定规划，统筹协调，研究重大事项。川南经济区联席会议负责制订规划的实施方案。区县政府负责方案的具体落实。省直有关部门按照职能分工，研究制定规划实施的具体政策措施，在政策实施、项目建设、资金投入和体制机制创新等方面给予支持。规划的出台标志着川南经济区在四川省多点多极发展战略中地位更加重要，川南经济区在发展目标定位、资源及产业规划方面得到了省政府层面的政策支持，也为川南经济区具体落实规划提供了政策依据。

6.4.5　川南经济区差异化发展的制约因素

1.老工业基地遗留问题

川南经济区是四川省重要的制造业基地，具有悠久的历史，曾经有比较齐全的产业门类。在改革开放中，很多地方国有企业因为经营机制不灵活、技术工艺落后等原因不能适应市场竞争，逐渐被淘汰。因为当地产业结构比较单一、政府财力有限，一直以来债务负担、人员安置等问题都成为当地经济发展的历史性制约因素。政府难以在城市基础设施建设、技术更新改造、人才引进等方面进行大量投资，导致相关产业与沿海发达地区差距越来越大，区域经济错失发展的关键机遇期。

川南经济区现有产业结构中机械制造、化工、白酒仍然占主要地位，但是面临着多方面的问题。①与成都企业相比，企业普遍存在人员数量富余但技术人员、高学历人员不足、劳动力成本高等问题。②企业债务负担较重、盈利能力不强，普遍处于亏损或微利状态。③在行业中处于优势的企业较少，产业优势逐渐丧失。

2.区域集聚能力不强，人力资源与产业外迁

近年来，川南经济区出现比较明显的人力资源和产业外迁现象。川南经济区与成都、重庆及经济发达地区相比在资源条件、综合环境方面不具有优势，因此大量人力资源和企业向成渝及其他大城市转移。虽然本地区各市都在加强招商引资工作，但是相关政策不配套，过于重视引进工作，没有考虑企业引进后能否长久生存和发展，没有重视本土企业营商环境的优化。对于人才和人力资源的引进也存在类似问题，重视引进环节，轻视留用环节。一旦引进企业和人才用完了相关优惠条件就可能会离开。这些问题反映了本区域综合集聚能力还不足，没有形成系统化的政策、体制、文化软环境，区域经济发展的硬环境也存在明显制约。对于企业而言，产业配套、物流成本、对市场的及时响应等因素都是其选择是否在本区域布局的基本因素。

3.资金来源有限

目前，整个川南经济区层面的投融资机制都还在探索阶段。与成渝等周边大城市相比，本区域财政实力具有很大劣势。2015 年川南四市一般预算收入为 338.3 亿元，仅为成都的 29.2%。然而在基础设施建设、招商引资、人才引进、转型升级、提升公共服务等方面都需要政府投入大量资金。如果仅依靠本地区政府财政投入作为资金来源的主要渠道，川南经济区难以支撑其发展规划。在房地产行业处于下行的背景下，传统上依赖房地产的土地财政也难以持续。在债务融资方面，目前国家对地方政府债务规模的态度趋于谨慎，在持续控制和收缩，甚至要求一些大型城市项目立即停建。因此资金来源问题成为制约本区域发展的一个重要因素。

4.区内整合协调不足，同质化竞争趋势明显

川南经济区的协调机构是川南经济区联席会议和川南经济区发展协调小组，属于跨越川南四市的松散型组织，对于各市强制约束力不足。当各市之间存在本位利益冲突的情况下，只有依靠省政府才能协调。各市已经形成现实的利益格局，因此不可避免地倾向于考虑自身的利益得失。从2006年四川省"十一五"规划首次提出四川省五大经济区以来，区域协调发展的推进进度离规划目标还存在差距，比如统一电话区号、实施一卡通、共建大数据平台、基础设施互联互通等。在产业布局等深层次问题上涉及各市的既有利益格局，协调难度较大。在招商引资、争取项目及优惠政策时，川南经济区不是依照规划统一争取，而是各市独立行动、相互竞争。各市的产业规划存在趋同现象，导致区内产业发展不能协调，没有形成合力。与成渝等周边大城市也存在产业同质化趋势，存在明显的竞争关系，而不是差异化发展。这样导致资源分散配置，区域整体缺乏合力，川南经济区整体竞争实力不足，难以与成都经济区竞争，最终与成都经济区的差距只能不断拉大。

6.4.6　川南经济区差异化发展的路径选择

1.做大做强产业规模，优化产业结构

川南经济区地区生产总值与成都经济区存在较大差距，与四川省对于本区"率先实现次级突破、率先实现全面小康"的总体要求也有很大差距。因此，川南经济区必须做大做强一、二、三产业，实现地区生产总值较快发展。此外，针对本区产业结构与成都经济区存在的差异，要持续优化产业结构。应当在规模增长的过程中实现产业结构的优化。具体而言，应从五个方面开展工作。

(1)大力推动农业产业化和规模化，大力推进农村人口市民化进程，实施农业人力资源的转化与转移。通过农业产业化和规模化，可以实现第一产业产值增长的同时，降低农业生产成本，提高农业的效益，节省农村人力资源，并有利于农民增收，有利于农业人口的市民化进程。农村人口市民化可以提高本区城镇化水平，进一步带动区域经济发展。农村人力资源转移与转化，可以为本区域第二产业和第三产业的持续发展提供人力资源保障。这样不仅能提升第一产业的产值，提高效益，还可以降低第一产业的就业人口数量，从而在第一产业上规模的同时实现结构优化。为了解决农村人口在本区域范围转化而不是向成都或重庆等大城市转移的问题，需要重视农村人口转移与本区产业发展的对接工作，就是为其提供技能培训和就业机会。还要解决好这些人口在安居、子女教育等方面的后顾之忧。

(2)以落实国家先进制造业基地的战略定位及老工业基地转型升级为契机，做强做大制造业。首先要大力支持本区优势传统产业做大做强，包括白酒、机械制造、节能环保、能源装备、化工等产业。其次，积极发展高端装备制造、新能源和新材料等战略新兴产业。要在产业园区规划、资金、技术改造、人力资源、产学研等要素投入环节对相关产业大力支持。要积极引导相关产业提升技术装备水平，支持相关企业实施名牌战略

和"走出去"战略。目前虽然相关产业在同行业具有一定的优势，但是与国内同行业领先企业相比仍然存在差距，有些企业虽然历史上属于同行业领先企业，但是已经被国内很多同行企业赶超。为了深入研究相关问题的机理并为政府决策提供支持，应成立川南经济区研究院，归属川南经济区联席会议，作为支持川南经济区产业发展的智库。

(3) 对产业链进行多层次的纵向整合与横向整合。产业链纵向整合就是将产业上下游相关企业都集聚到特定区域，有助于特定产业环节规模化经营并降低物流成本。横向整合就是针对产业链的特定环节做大做强。传统上很多城市选择横向整合产业链，但是近年来对产业链进行纵向整合成为一种新的趋势。应根据本区域产业在产业链的规模、技术装备水平等因素方面综合考虑纵向或者横向整合模式。从整合的层次来看，可以从四个层次进行产业链垂直整合，即川南经济区、成渝经济区、长江经济带和"一带一路"。从产业选择来看，应优先考虑本区域具有优势的产业包括名优白酒、装备制造、节能环保、能源化工、文化旅游及物流等产业。应从产业链整合的思路完善区域规划，并落实在老工业基地搬迁改造、转型升级的过程中，落实在招商引资的具体实践中。可以借鉴重庆市近年来在电子信息产业在全球进行产业整合的成功经验。

(4) 大力发展服务业。服务业在川南经济区的三次产业结构中比例偏低，不仅对本地区经济增长造成直接影响，还会影响本地区制造业转型升级。

①川南经济区要根据本区优势资源条件发展相关服务业，包括旅游产业和物流产业。依托独特的旅游资源大力发展旅游业，包括自然景区旅游、人文旅游、工业旅游等。目前，川南正在探索发展智慧城市，可以运用物联网、大数据、移动互联网等新技术，引入国内外资本对相关旅游项目进行深度开发，完善相关基础设施，将特色旅游打造成本地区的城市名片。由于旅游产业具有较长上下游产业链，大力发展本区旅游产业对于提升产业增加值、提升城市品位、提高城市知名度与美誉度都具有重要意义。

②依托宜宾、泸州两大港口以及不断完善的水、陆、空立体交通网络，大力发展物流产业。川南经济区发展物流产业不仅有长江黄金水道得天独厚的优势，还有川南经济区、成渝经济区以及云贵地区等广阔的辐射区域。

③大力发展与本区制造业紧密关联的服务业，包括金融服务业和科技服务业，加强对本区的金融支持和科技产业化。

(5) 产业规划要注重科学选址，要立足人力资源现状进行产业定位。在省会城市和川南选址代表了两种不同的经营模式。用工量较大、附加值不高的产业可以选择在川南，依靠较低的薪酬和其他要素成本的优势，赢得竞争优势。如果选择在省会城市，则选择高附加值的产业，依靠高工资吸引高素质人力资源，通过高效率的生产经营过程实现竞争优势。

2.成立川南投资公司和川南产业引导基金，做好投融资机制设计

川南经济区财政实力有限，难以单纯依靠政府投资来实施本区域规划中的重大工程及各种专项建设。川南经济区联席会议及协调小组在实施《川南经济区"十三五"发展规划》的过程中也需要有具体的手段和资源来保障相关项目的具体落实。投融资机制设计对于规划落实尤为重要。具体可以考虑在川南经济区联席会议之下设立两个机构，即川南经济区投资公司及川南经济区产业引导基金。

投资公司主要对本区公共基础设施、公共服务项目进行投资。投资公司的资金来源包括川南四市财政注资、国有企业资本金、土地、实物资产、资源等，还可以争取国家和四川省的资金投入。投资公司可以通过银行等渠道融资。投资公司专门为政府重大项目和基础设施融资，不为其他企业担保。应积极维护好投资公司的信用。这样就可以以川南投资公司为平台，通过 PPP 模式用政府资本金投入带动银行等社会资本投入实现重大工程投资的目的。在规划好各种项目进度的条件下，要规划好投资公司的债务结构，保持投资公司良好的现金流，使投资公司现金流实现良性循环。

产业引导基金主要用于高新技术产业化、新兴产业等。产业引导基金来源于政府各部门项目资金的结余。不同部门的项目资金结余情况不同。一些项目资金缺乏后续监管也难以看到实效，还导致年末突击花钱等现象，而一些真正需要资金的项目却难以得到资助，因为政府机构难以有效跟踪项目落实，相关人员也不是真正的专业人员。将这些低效资金、结余资金归集成产业引导基金。通过招标选择特定行业的私募基金，按引导基金和私募基金 1∶3、1∶4 或者 1∶5 的比例成立特定的投资基金，由私募基金团队负责管理。协调小组派会计人员进驻投资基金负责财务及项目监督工作。通过产业引导基金可以实现多方面目标。①数倍放大投资规模，实现新兴产业对资金的大规模需要。如果只是政府进行项目支持，资金规模有限，企业难以有效启动相关项目。②减轻政府职能部门烦琐的项目审批工作，减少相关人员寻租行为。③划清政府与市场的边界，避免政府过度插手企业的经营行为，让私募基金的专业人员做专业的事情。

3.重视人才培养与集聚

川南经济区转型升级面临越来越严重的人才及人力资源流失问题。本地区一些战略新兴产业在发展过程中面临本地化人才缺失的困境。一些制造型企业核心技术人才、高技能人才和管理人才的流失，也对这些企业转型升级构成了严重制约。为此应从培养、引进、任用、薪酬福利及配套服务等多方面入手加以解决。

1)完善人才培养、引进、使用、薪酬等方面的制度措施

(1)在培养环节，要加大对本地区大专院校、职业技术学院的支持，引导本地院校培养本地化的专业人才。支持用人单位与本地学校签订对口培养协议。

(2)在人才引进环节，可以组织川南经济区相关用人单位到成渝等大城市召开专场招聘会，也可以针对本地区重大工程和产业组织专场招聘会。川南经济区发展协调小组发挥组织协调、嫁接桥梁作用。

(3)充分利用本地区的高校、博士后工作站、国家工程技术中心、国家检测中心等各种科研技术平台，加强人才的引进工作，可以加强这些平台在人才引进方面的资金支持。

(4)为各种人才在薪酬、福利、安居方面提供配套支持。虽然川南各市政府也有人才引进的相关政策，但是川南各市在待遇福利政策方面不平衡，还存在本区内相互"挖墙脚"的现象。因此协调小组应该对人才引进的相关政策待遇进行协调，要做到在本区内是平衡的，对于本区域外而言是有竞争力的。要引导各种平台采取灵活的用人机制，以

"不求所有、但求所用"为原则，创新人才使用方式，发挥人才的价值。

(5)在留人环境方面，川南经济区比较薄弱的环境在于子女教育、就医，人才流失往往受子女入学和医疗条件的影响。应大力提高本地区的义务教育和高中教育的质量。要比照成都、绵阳等地打造一批名校和名医院。鼓励发展川南经济区人力资源服务业，大力发展人力资源外包服务，让本地区富余的人力资源在本地区及成渝经济区流动，并创造价值。让成渝等大城市的特殊人才短期流动到川南经济区发挥作用。

2)创新人才培养与使用模式

①在培养方面，川南经济区应重视本地化人才的培养，注重订单式人才培养，注重在职培养，减少人才的流失。②以"不求所有、但求所用"为理念，开展广泛的产学研合作，运用各种科研平台发挥外来人才的作用，解决技术研发能力不足的问题。③积极发展人力资源中介服务业，将川南经济区企业富裕的人力资源流动到成都等市场为企业减轻负担也创造价值，同时可以将成都等地的高端技术人才、管理人才短期流动到川南经济区相关企业解决企业的技术管理难题。④川南经济区各市政府应为各类人才在安家、医疗、子女教育、交通等方面提供不同层次的灵活的、便利化的优惠措施。

3)加强转型升级，优化人力资源结构

川南企业的低工资并没有体现出成本优势。低工资条件下增加用工量导致薪酬成本提高，同时低工资可能直接导致低效率，用工量增加也会增加管理成本，还会导致低效率，低工资模式下增加用工量不一定能相应增加企业的营业收入。为此，川南地区企业应加强转型升级工作，提升装备技术水平，提高生产自动化水平，适度降低生产环节人员比例，增强研发、营销、财务能力，加强相关业务的人员配备。

4.支持建设多种孵化基地，支持本土化创新创业，加强科技成果转化

在不同城市因招商引资相互竞争的情况下，很多企业可能会随着各种优惠政策而不断转移，只有本土企业才可能长期扎根下来。川南经济区经济持续发展、产业转型升级以及经济活力的提升都需要大量的本土中小企业和小微企业，需要大量的科技成果在本地转化。在众创时代通过各种孵化器培养各种小微企业是促使科技成果加快转化的一种重要实现途径。关于发展孵化器促进创新创业及科技产业化方面，应重视三个方面的工作改进。

1)要发展多种类型的孵化器

目前，川南四市主要有两种孵化器，即产业园区建设的孵化器和大学科技园。这两种孵化器的创办主体分别是政府和大学。这两种孵化器在服务意识、服务能力、产业选择等方面还存在不足。除了这两种孵化器以外，还应当鼓励企业或投资公司创办孵化器。企业孵化器在商业策划、创业培训、路演培训、投资人对接等方面具有专业优势。为了弥补政府和大学背景的孵化器的不足，可以与国内外知名的孵化器公司合作，对现有孵化器进行改造或者代管。

2)要合理定位孵化器的功能

孵化器的主要功能在于科技成果的产业化转化，处在实验室研究与大规模产业化的

中间环节。因此不一定需要大学科研人员进驻孵化器。创业人员可以利用科研人员的专利技术，利用孵化器提供的设备、设施和场地进行产品层面的开发，一旦开发成功则可以通过上市、收购等途径退出。

3) 要理顺研究人员、转化者和孵化器之间的利益分享机制

政府孵化器或者大学科技园不以盈利为目的，在激励约束方面存在不足。参照国内部分城市的实践，如果是在引进专利技术的情况下，研究者、转化者(创业者)与孵化器三者之间可以按照 1∶1∶1 的比例分享技术转让的收益。引导孵化器、天使投资基金及天使投资人尊重创业者的创业精神，引导创业者与天使投资人之间形成良好的信任关系。

5.以利益共享、责任共担为宗旨完善区域协调机制

川南经济区要真正具有竞争力，需要川南四市在目标、政策上形成合力，但是实际上每个城市的经济条件都不同，传统上又以 GDP 作为对城市发展水平进行排名和考核的主要指标，导致每个城市主要的目标在于自身的发展，难免发生"以邻为壑"的不合作现象。要实现川南经济区区域协调发展的目标，必须以利益共享、责任共担为宗旨完善区域协调机制。

(1) 要增强川南经济区联席会议的决策能力。设立川南经济区研究院作为川南经济区研究智库，研究院独立负责或者委托国内外机构或研究人员对川南经济区的重大项目进行调研及提出决策方案。

(2) 要增强川南经济区联席会议的资源配置能力。设立川南经济区投资公司和产业引导基金，川南经济区投资公司负责川南经济区重大项目投融资，产业引导基金负责战略新兴产业、高新技术产业的投融资。

(3) 要实施川南四市各级、各部门领导人员岗位轮换及交流任职制度。通过岗位轮换及交流任职改变领导人员的本位思想。

6.加强川南经济区与成都经济区产业协同发展

①将成都经济区的高人力成本、低附加值的产业向川南引导，或者利用川南经济区现有的制造业基础为成都的企业代工，成为其制造基地。成都的相关产业则可以将相应的土地变卖用以发展高附加值产业，或者用于技术研发。②成都经济区应积极引导川南经济区的企业在成都建立研发中心和营销中心。③在成都或者川南大力发展面向川南经济区的科技服务业，利用成都经济区的科技人才集聚的优势为川南经济区相关产业服务。

6.4.7 川南经济区与成都经济区差异化发展展望

在市场配置资源的条件下，资源要素会在川南经济区与成都经济区之间流动，最终川南经济区和成都经济区都会在资源产业方面形成均衡状态。成都经济区虽然在区位条件、交通、城市环境、资源禀赋、政策导向等多方面具有明显优势，但是受制于边际产出递减、规模不经济、环境承载能力约束等多方面因素，资源、产业不会无限度地向省

会城市集聚。最终，川南经济区和成都经济区均会形成一定规模的资源和产业集聚水平。从目前两地上市公司的比较来看，资源和产业的流动还没有达到均衡水平，总体趋势是资源和产业还在向省会城市集聚。但是上市公司的盈利水平、人员规模、人员薪酬等指标都显示出资源产业向成都集聚存在着阻力，这些阻力因素有助于减缓这个集聚过程，最终形成一种平衡态势。

6.5　川南高新区发展路径研究：以自贡为例

6.5.1　自贡高新区面临的现状与问题

高新区对自贡市经济社会发展发挥了非常重要的支撑引领作用，对于自贡市经济可持续发展及转型升级具有不可替代的作用。高新区 2014 年的相关数据显示，自贡高新区的企业数量为 122 家，其中高新技术企业为 39 家，上市公司为 3 家，GDP 为 232 亿元，GDP 占全市 GDP 的 21.62%，税收总额为 21.4 亿元。但是在经济新常态下，自贡高新区也面临着一系列问题。①高新区的总产值、税收、规模以上企业数量、高新技术企业数量、知名品牌数量都偏低。据不完全统计，乐山高新区企业数量为 453 家，其中高新技术企业 48 家。成都高新区企业数量达 6 万家，其中高新技术企业 680 家，上市公司 26 家，GDP 为 1266 亿元，占成都市 GDP 的比例为 11.8%，税收总额达 259.7 亿元。因此自贡高新区不仅无法与成都高新区比较，在企业数量、高新技术企业数量指标上与乐山高新区也有明显差距。在高新区 GDP 占全市 GDP 的比例上，自贡高新区几乎是成都高新区的两倍，这一方面说明自贡高新区在全市经济布局中占据十分重要的地位，另一方面，也说明了自贡高新区集聚了全市重要的产业，对高新区外的区县经济具有明显的挤压效应。②从公开渠道获取的资料显示，自贡高新区在全国排名靠后，在省内国家高新区排名也靠后，综合竞争力较弱。③区内企业以传统制造业为主，附加值低，相关行业产能过剩，除少数几家企业外，亏损停产企业较多。④招商引资难度较大，企业外迁、人才外流形势严峻。⑤企业对政府依赖严重。面对经营困境，企业不是紧盯市场寻找出路而是紧盯政府指望在财政、土地等方面获取更加优惠的政策支持。目前，无论是从企业层面还是从本区域层面看，鲜有可以称道的优势或亮点。严峻的形势要求自贡高新区必须探索出一条经济新常态下的发展路径。

6.5.2　制约自贡高新区持续发展的原因

1.外部环境严峻

①在经济新常态下，全球主要经济体经济面临持续性衰退，我国宏观经济增速放缓，传统制造业产能过剩，采取规模化扩张、外延式发展的模式已经走到了尽头。②土地成本、融资成本、人力成本等要素成本持续上升，而企业在品牌、市场地位等方面不具有优势，因此难以转嫁成本。③在高速公路、铁路、水运、航空等立体交通网络中，没有节点或者不属于重要节点，没有独特的具有广泛影响力的资源，因而不具有明显的

区位优势。不仅如此，在省内及川南，自贡有被边缘化的趋势。④成渝两市集聚众多优势，必然对区域内相关城市构成强大的虹吸效应，资源、产业、人才、技术向成渝集聚是一种必然现象，高新区乃至自贡市的发展必须面对外部竞争的严峻挑战，否则自身努力的成效很可能在区域竞争过程中被抵消。

2.高新区内在优势缺乏

①产业结构比较单一，以传统制造业为主，高科技企业、现代服务业等适应于经济新常态的产业薄弱，转型升级的难度较大。②区内自然资源、人力资源、人才资源、技术等要素集聚效应较弱，市级和区级财政实力较弱，对企业转型升级的支持力度有限，而企业经济效益与政府财政收入之间的联动关系使得企业转型升级与财政收入之间呈现出恶性循环。③机制体制僵化。高新区快速发展的重要驱动因素就是灵活高效的机制体制，需要政府解决的问题、提供的条件，应及时做出反应，及时反馈，这也是市场的需要，否则企业就难以对市场变化做出迅速反应。另外，高新区也需要根据国内外形势的变化主动应变，在招商引资、人才引进、政策应变等方面都需要快速反应。但是僵化的体制机制使得高新区的应变能力下降，不仅企业可能错失机遇，高新区也会错失发展机遇。④政策制度的前瞻性、动态性、战略性不足。着眼于高新区或自贡市的问题，就事论事制定政策措施必然会在川南经济区的竞争中丧失优势，在与成渝经济区的竞争中则更会凸显弊端。

3.错失关键发展机遇

与任何事物的发展规律一样，高新区的发展不可能是直线式匀速发展，只能是动态非线性发展。国家及四川省在不同的时期都有不同的发展战略，其政策导向、产业布局与资源配置都是有侧重的。如果能够在关键阶段抢抓机遇，顺势而为，则会赢得发展的先机、少走弯路，如果错失机遇则在以后的追赶过程中如逆水行舟，付出再大的努力也难以超越。不同的城市都在争资金、争项目、要政策，在特定阶段如果决策失误丧失机遇，则不同城市之间的竞争就会脱离平衡点，在马太效应影响下，资源、产业逐渐向优先地区集聚，优先地区与落后地区的差距就会越拉越大。自贡市化工、阀门等行业面临的困境与国家节能环保、市场同质化竞争、人力成本攀升等因素关系密切，同时也显示相关企业在政策环境变化过程中没有正确判断风险与机遇。目前，部分企业或人才向外转移，也与本市基础设施建设没有及时跟进有很大关系，如大件路一直没有落实修建，直接影响一些企业的物流成本，而企业的发展"等不起"，也"耗不起"。

6.5.3 自贡高新区发展路径

1.更新观念

目前，国内各地对于高新区比较通行的做法就是"放水养鱼"，通过将有关行政、税收等权利授予高新区，使其成为一级独立的行政机构。这种做法有助于通过利益机制驱动高新区快速发展，也通过将分散在各个部门的权利进行集成从而实现高新区决策效率与执行效率的提升。自贡高新区面临着各种困难,既有客观条件的影响,也有主观因素的制约。要使自贡高新区走出困局,实施二次创业,实现新常态下的跨越与赶超,必须要有新的思路。观念决定思路,思路决定出路。必须通过观念的更新,激发人的主观能动性。在各种困难与问题中,人的主观能动性的发挥应当是第一位的因素,只有充分调动人的主观能动性才能改变被动局面,才能让高新区注入内在的动力机制。高新区管委会直接面临各种具体问题,处于决策与执行的最前沿,应在明确目标责任的条件下将相关权利下放,实现责权利相匹配,充分发挥高新区管委会的主动性和积极性。如果要把高新区定位于新常态下本市经济可持续发展的龙头,定位于技术创新与人才集聚的高地,那么高新区发展的视野应当跳出川南、跳出四川,面向全国,走向全球。所以在权利分配以及解决高新区发展的动力机制方面,决策者的视野不应局限于自贡、局限于川南,应立足全国、面向全球来找准坐标与定位,不应局限于小圈子、小范围中的比较与权衡,这样高新区的发展才能有大格局,才可能会上台阶。

2.以问题导向引领机制体制创新

在深化体制改革的全国大背景下,体制机制创新在各级党委和政府的工作中居于重中之重的地位。这种体制改革具有明显的“自上而下”的特点,能不能有效结合本地具体条件与实际问题,关系着体制机制创新的落实与成败。高新区发展过程中的机制体制创新更多地受制于本地的区位、资源、历史、产业等因素,因而具有明显的本地化特点,只有从本地实际情况出发、立足高新区面临的具体问题进行的体制与机制创新才能取得实效。这样的机制与体制创新模式具有明显的“自下而上”和问题导向的特点。国内很多重大的体制机制创新来源于基层在面临具体问题和难题时所进行的创新实践。比如,重庆为了解决内地企业出口相比沿海企业在成本与时效方面的劣势,开通渝新欧班列,打通重庆到欧洲的快速陆路通道。现在多条陆海贸易通道的开通上升到国家“一带一路”倡议层面。当年安徽小岗村的土地承包实践,最终上升为改革开放后国家的重大制度创新。而重庆近年尝试的地票制度,则是立足本地实际为解决城市建设用地紧张、耕地保护、城市化等系列问题的重要实践。这些重要的机制体制创新都具有明显的问题导向和本地化特点,可以为高新区发展过程中的机制体制创新在具体思路和切入点上提供借鉴。应通过广泛调查收集并系统梳理高新区面临的诸多具体问题,找出解决问题的突破点,然后上升到机制体制层面的改革,并推动机制体制创新。

3.实施动态竞争战略

高新区在战略谋划方面应解决两个关键问题,就是如何形成自身的特色和如何形成优势。而特色与优势是在动态竞争过程中形成与体现的,没有特色、没有优势,高新区必然会在动态竞争过程中被边缘化直至被淘汰。自贡高新区离不开与其他高新区、开发区等各种经济区的相互影响。在发展过程中,自贡高新区不可避免地要与其他经济区产生竞争。在自身环境条件、综合竞争实力均没有明显优势的情况下想要求生存谋发展,就要在整体战略上选择动态竞争战略。动态竞争战略的要求是,要密切关注与自身构成竞争关系的其他经济区,依据自身资源条件方面的优劣势以及其他经济区的战略选择对自己的影响,选择最优的发展策略。不能忽视自身战略对其他经济区的影响,进而要重视其他经济区对自身战略选择的影响。具体说,自贡高新区在路径选择过程中应注意成渝高新区、成渝城市群、川南其他高新区对自贡高新区的影响,要避免与优势经济区正面竞争,应选择自身具有优势而其他经济区不能有效反击的战略。如果在战略路径选择上,简单步人后尘,或者可以被人简单模仿,则难以形成自己的战略特色,难以形成自身优势。

自贡高新区在发展路径选择方面,应该注重面上培育、点状突破、逐渐积累、集小胜为大胜。面上培育与点状突破就是在符合国家产业政策的前提下,运用风险投资的思路建设各种孵化器、孵化园广泛培育各种产业,努力抓住各种发展机遇,探索多种发展的可能性。一旦在某些局部形成了特色,具备了做强做大的条件,应定向配置资源,加快发展。逐渐积累、集小胜为大胜也是动态竞争战略的重要特点,意味着居于劣势地位的自贡高新区要形成自身的优势与特色,不是朝夕之功,必须要经历较长时间的积累。在长期发展过程中,一方面要坚持自身的战略定力,另一方面要不断积累自身优势,甚至是不被重视的点滴优势,这就是"不积跬步无以至千里"的道理。

从自贡市高新区的环境条件看,人才、科研院所、城市区位、经济发展水平等都不具备明显优势,因此高新技术及其产业化不能成为目前发展的重点。自贡高新区与北京、深圳、成都等的国家高新区在资源条件、现实综合实力等方面差距很大,在发展目标和定位上不应照搬。自贡高新区应暂时搁置具有争议的发展高新技术的目标,做强做大特色产业,大力发展区域经济。待相关条件具备后,再考虑发展高科技产业。

4.多视角系统优化发展环境

人才集聚和投资都需要良好的环境。目前,自贡需要大力发展内河航运、高铁,大力发展物流产业降低物流成本,多渠道改善融资环境,改善企业融资难融资贵的问题。基础设施的完善需要政府加大推进力度,要有紧迫感。在融资方面,高新区不能简单将其推向市场,应创新工作思路,运用市场原理在资金的供需之间架设桥梁建立通道。可以借鉴重庆的经验,政府引导国有企业、投资公司、保险公司等设立投资基金,可以对引进的产业等进行投资,然后可以通过上市、财政逐年还本付息等方式回收投资及获得收益。政府并不是直接进行投资运作,只是在资金的供给方与需求方之间嫁接桥梁。一些大型项目的引进往往面临产业配套的难题,因此应在系统规划的前提下从企业需求、成本、利润、商业机会等多角度综合考虑配套设施、配套产业建设,需要形成密切的产业集群,从而降低企业的物流成本。

人居环境的改善是优化发展环境的另一个重要方面,也是引进人才的一个重要因素。自贡人力资源和人才外流的主要因素是就业机会、子女教育、城市环境等方面的劣势。因此应通过大力发展产业、提高各层次教育质量、提高城市医疗水平、优化城市环境以集聚人才。目前,影响自贡人居环境的两个关键制约因素包括城市环境污染问题及高房价问题。与川南各市相比以及与川内其他城市相比,自贡的环境污染问题比较突出,这不仅与国家生态文明建设的战略导向相悖,对人才与人口的集聚也会直接产生挤出效应。与川南其他城市相比,自贡的房价偏高。高房价不仅对于人才人口集聚造成负面影响，还会降低现有人口的消费水平，推高本地物价水平，进而推高企业经营成本，制约创新与创业。因此改善人居环境不仅是美化的问题，也是影响人们生命健康的问题，还关系着社会的综合成本，是一项涉及方方面面的系统工程。

多视角优化发展环境不是站在政府的角度从上往下看问题。总是站在固定视角，总是面对熟悉的环境，也许就发现不了问题，甚至认为我们的环境还不错。应从问题导向的角度，从企业、投资者、外来人员、居民等多角度发现问题，从顾客、学生家长、患者的角度发现问题，要将自贡与川南各市、成渝、沿海相比，发现自身的差距与不足，要学习和借鉴省内外先进经验。例如，自贡首次尝试智力服务团，设定每人每月补贴200 元。2008 年，河南省委就规定服务单位给相关人员每人每月补贴 1000 元。一些挂职单位甚至认为 1000 元的补贴太低了，不利于提高挂职人员的工作积极性，因此又将补贴提高到 5000 元，并报销交通及通信费用。在广东佛山等地，这样的政策力度更大。与之相比，自贡这样的规定还有意义吗？如何实现后发优势？这样的政策，明显缺乏横向比较，缺乏经验借鉴，也没有听取挂职人员的意见，是"自上而下"制定政策的结果。

5.抢抓机遇与创造机遇并举

自贡高新区目前面临的困境在很大程度上是发展历史上的特定选择在路径依赖条件下所产生的结果，因此要着眼于自贡高新区未来 5 年、10 年甚至以后若干年的可持续发展来审视现在的政策措施，要将现在的政策选择上升到自贡未来发展的战略机遇的高度来考量。首先，自贡高新区要根据目前的环境条件抢抓发展机遇；其次，不应被动等待机遇，要积极创造发展机遇。具体应强化两个方面的工作。

(1)优化产业结构。要充分利用市场机制淘汰落后产能，让扭亏无望、不符合环保节能要求的企业有序退出。要解决单一产业格局绑架区域经济的难题，要根据经济周期规律，培育不同经济周期阶段的产业体系，防止高新区发展随经济周期大起大落。

(2)大力培育本土企业。在经济新常态下，佛山经济保持高速增长，对各地非常重要的启示有两点：①不同产业周期组合的合理产业结构抵消了经济下行状态下单一产业可能造成的风险；②本土企业实力强大，外来企业会基于其利益最大化在不同时期到不同地区寻找发展机遇，很难长期在一个地方立足，当经济环境不利时，很可能转移到更具有政策优势、市场优势和资源优势的地方，这样会对本区经济发展带来不确定风险，而本土企业是本地人发展的企业，其乡土观念、人际关系网络都会制约企业的转移。因此，为了优化产业结构以及大力培育本土企业，高新区应积极响应国家提出的"大众创业、万众创新"的战略，通过多种积极措施大力培植本土创新与创业。

6.强化政府的责任担当和风险承担

高新区与一般的城市经济、省域经济或区域经济在资源配置的方式上具有明显的区别。一般情况下，市场在资源配置中具有决定性作用。但是高新区的发展目标、产业导向与一般的经济区域具有明显的区别。高新区侧重于高新技术及产业化，侧重于新兴产业的培育，相关产业并不是完全竞争的市场结构，因而在发展路径上应与市场资源配置的思路相区别。政府需要深入思考在发展高新区过程中(包括制定合理的政策、提供相关资源、优化产业环境等)承担的职责。从总体上看，在发展高新区的过程中，政府应承担的责任包括两个方面：①在不同市场主体之间发挥桥梁与纽带的作用；②在机制体制层面，以政府的责任担当与信誉为高新区的发展提供保障，并承担相应的风险。在招商引资、产学研相结合、支持创业创新等方面，都存在不确定性。不确定性的存在可能成为发展过程中的瓶颈，并阻碍创新、创业与合作。如果政府凭借其强有力的信誉作为后盾，则可以消除相关方的顾虑，促成合作的达成。这对政府提出了明确的要求：①政府要信守承诺，敢于承诺，要有责任担当；②高新区发展过程中的诸多难题需要政府积极介入，为决策买单，承担最终的风险。比如，重庆市政府在提出发展渝新欧铁路大动脉的过程中，就面临着很多问题。在与铁道部(现国家铁路局)谈判过程中，要求铁道部降低运费。铁道部则要求重庆提升运量，认为运量提高了，运费才能降低。重庆市政府认为只有铁道部降低运费之后才能提高运量。这就是症结所在。为了解决这个难题，重庆市政府提出铁道部首先降低运费，如果运量达不到要求，亏损由重庆市政府补贴。结果运费降低之后，运量增加，重庆市政府也不需要进行补贴。在此过程中，重庆市政府发挥了桥梁纽带作用，更重要的是体现了高度的责任担当和风险承担意识与作为，值得借鉴。

参 考 文 献

白云朴, 李辉, 2015. 资源型产业结构优化升级影响因素及其实现路径[J]. 科技管理研究, (12): 116-122.

包青, 2010. 刍议安徽承接国内外产业转移的原则[J]. 铜陵学院学报, 9(3): 12-14.

蔡凌雁, 2017. 城市化后期城镇建设用地空间演变模拟研究[D]. 南京: 南京大学.

曹萍, 陈福集, 2012. GA-灰色神经网络的区域物流需求预测[J]. 北京理工大学学报(社会科学版), 14(1): 66-70.

曹啸, 2012. 长江上游沿江经济带发展研究[D]. 成都: 四川省社会科学院.

曹子阳, 吴志峰, 匡耀求, 等, 2015. DMSP/OLS 夜间灯光影像中国区域的校正及应用[J]. 地球信息科学学报, 17(9): 1092-1102.

陈东湘, 周生路, 吴绍华, 2017. 基于遥感评价城市扩张对耕地质量等级结构及产能的影响[J]. 农业工程学报, 33(13): 264-269.

陈燕丽, 2012. 地势差与区域互补成长模式研究[D]. 昆明: 昆明理工大学.

程艳, 2013. 长江经济带物流产业联动发展研究[D]. 上海: 华东师范大学.

崔和瑞, 2008. 京津冀地区城市间的经济联系方向研究[J]. 技术经济, 27(10): 32-36.

邓聚龙, 1993. 灰色控制系统[M]. 武汉: 华中工学院出版社.

邓涛, 2014. 宜宾市经济发展的问题及对策研究[D]. 雅安: 四川农业大学.

董晨炜, 曹宇, 谭永忠, 2017. 基于夜间灯光数据的环杭州湾城市扩张及植被变化[J]. 应用生态学报, 28(1): 231-238.

董青, 刘海珍, 刘加珍, 等, 2010. 基于空间相互作用的中国城市群体系空间结构研究[J]. 经济地理, 30(6): 926-932.

杜栋, 庞庆华, 吴炎, 2005. 现代综合评价方法与案例精选[D]. 北京: 清华大学出版社.

杜鑫, 朱梦蓉, 2017. 基于 GM(1, 1)灰色模型的四川省"十三五"民营医院发展趋势预测分析[J]. 现代预防医学, 44(8): 110-115, 125.

方创琳, 2009. 改革开放 30 年来中国的城市化与城镇发展[J]. 经济地理, 29(1): 19-25.

方创琳, 2014. 中国城市群研究取得的重要进展与未来发展方向[J]. 地理学报, 69(8): 1130-1144.

方创琳, 宋吉涛, 张蔷, 等, 2005. 中国城市群结构体系的组成与空间分异格局[J]. 地理学报, 60(5): 827-840.

方创琳, 周成虎, 顾朝林, 等, 2016. 特大城市群地区城镇化与生态环境交互耦合效应解析的理论框架及技术路径[J]. 地理学报, 71(4): 531-550.

方茜, 盛毅, 魏良益, 2017. 城市新区主导产业选择的理论分析框架与实际应用——以天府新区成都片区为例[J]. 经济体制改革, (1): 38-43.

符瑛, 王立新, 2012. 长株潭区域物流需求预测影响因素分析[J]. 中南林业科技大学学报(社会科学版), 6(2): 62-64.

傅德印, 2007. 主成分分析中的统计检验问题[J]. 统计教育, (9): 4-7.

傅为忠, 代露露, 潘群群, 等, 2013. 基于主成分与灰色聚类相结合的安徽省主导产业选择研究[J]. 华东经济管理, 27(3): 18-24.

高天跃, 2015. 新结构经济学下的贵州省产业结构调整与优化路径研究[J]. 宏观经济, 36(10): 104-107.

高秀丽, 王爱虎, 房兴超, 2012. 广东省区域物流与区域经济增长关系的实证研究[J]. 工业工程, 15(1): 60-65.

龚晓菊, 刘祥东, 2012. 产业区域梯度转移及行业选择[J]. 产业经济研究, 40(4): 89-94.

顾朝林, 2011. 城市群研究进展与展望[J]. 地理研究, 30(5): 771-784.

顾朝林, 郭婧, 运迎霞, 等, 2015. 京津冀城镇空间布局研究[J]. 城市与区域规划研究, 7(1): 88-131.

顾朝林, 庞海峰, 2008. 基于重力模型的中国城市体系空间联系与层域划分[J]. 地理研究, 27(1): 1-12.

韩兵, 陈一君, 毕欢, 王俊翔, 2017. 基于因子分析和关联度分析的川南产业科技创新能力评价[J]. 四川理工学院学报(自然科学版), 30(4): 87-95.

何国华, 2008. 区域物流需求预测及灰色预测模型的应用[J]. 北京交通大学学报(社会科学版), 7(1): 33-37.

贺嘉, 2012. 四川内陆临港经济发展研究[D]. 成都: 四川省社会科学院.

贺建风, 吴慧, 2016. 科技创新和产业结构升级促进新型城镇化发展了吗[J]. 当代经济科学, 38(5): 59-68.

赫胜彬, 王华伟, 2015. 京津冀城市群空间结构研究[J]. 经济问题探索, (6): 105-111.

赫希曼, 1991. 经济发展战略[M]. 朝征海, 等译. 北京: 经济科学出版社.

侯仁勇, 胡树华, 2006. 面向中部崛起武汉科技发展的机遇、挑战及政策[J]. 科技创业月刊, (3): 3-5.

后锐, 张毕西, 2005. 基于MLP神经网络的区域物流需求预测方法及其应用[J]. 系统工程理论与实践, (12): 43-47.

胡小建, 张美艳, 卢林, 2017. 物流需求预测模型构建[J]. 统计与决策, (19): 185-188.

胡哲儒, 2013. 公共治理视阈下呼包鄂核心经济区发展研究[D]. 呼和浩特: 内蒙古大学.

华西能源工业股份有限公司, 2014. 华西能源工业股份有限公司2014年社会招聘[OL]. http://www.cwpc.com.cn/show/133.

黄滨, 2015. 基于多元回归方法的成都市物流需求分析[J]. 山西财经大学学报, 37(S2): 61-62.

黄河东, 2017. 中国城镇化与环境污染的关系研究——基于31个省级面板数据的实证分析[J]. 管理现代化, 37(6): 72-75.

黄虎, 蒋葛夫, 严余松, 等, 2008. 基于支持向量回归机的区域物流需求预测模型及其应用[J]. 计算机应用研究, 25(9): 2738-2740.

黄敏珍, 冯永冰, 2009. 冯永冰. 基于灰色-马尔可夫链的区域物流需求预测[J]. 统计与决策, (16): 166-168.

黄毅, 2010. 广西物流需求预测[J]. 经济研究参考, (53): 62-67.

戢晓峰, 张雪, 陈方, 等, 2016. 基于多源数据的区域物流与经济发展关联特性分析——以云南省为例[J]. 经济地理, 36(1): 39-45.

揭仕军, 2018. 区域物流与区域经济的联动发展关系及建议[J]. 商业经济研究, (4): 87-89.

柯文前, 陆玉麒, 俞肇元, 等, 2014. 基于流强度的中国城市对外服务能力时空演变特征[J]. 地理科学, 34(11): 1305-1312.

蓝悦明, 刘会会, 王楠, 2010. 应用模糊综合评价法进行城市布局的评判研究[J]. 武汉理工大学学报(信息与管理工程版), 32(4): 625-627.

李保杰, 颐和和, 纪亚洲, 等, 2012. 基于地学信息图谱的矿业城市空间扩展研究——以徐州市为例[J]. 地域研究与开发, 31(1): 50-54.

李春宵, 王晓娟, 何珊, 2017. 产业结构合理化对全能要素能源效率的影响研究——一个非径向DEA模型分析框架[J]. 工业技术经济, 36(5): 147-155.

李慧玲, 戴宏伟, 2016. 京津冀与长三角城市群经济联系动态变化对比——基于城市流强度的视角[J]. 经济与管理, 30(2): 9-16.

李敏, 陈胜可, 2011. Eviews统计分析与应用[M]. 北京: 电子工业出版社.

李娜, 2016. 基于夜间灯光数据对我国城镇发展的探讨[D]. 兰州: 兰州大学.

李锵, 2012. 山东省战略性新兴产业发展问题研究[D]. 济南: 山东师范大学.

李全林, 马晓冬, 朱传耿, 等, 2007. 基于GIS的盐城城市空间结构演化分[J]. 地理与地理信息科学, 23(3): 69-73.

李荣胜, 2017. 基于VAR模型的郑汴产业结构升级一体化研究[J]. 经济地理, 37(1): 123-128.

李文生, 2016. 珠三角地区区域物流与区域经济协同性研究[J]. 改革与战略, 32(8): 86-91.

李献波, 林雄斌, 孙东琪, 2016. 中国区域产业变动对经济增长的影响[J]. 经济地理, 36(5): 100-106.

李秀婷, 刘凡, 吴迪, 等, 2014. 基于投入产出模型的我国房地产业宏观经济效应分析[J]. 系统工程理论与实践, 34(2): 323-336.

李秀娴, 2015. 浅谈海绵城市的建设[J]. 江西建材, (9): 40-41.

李震, 顾朝林, 姚士媒, 2006. 当代中国城镇体系地域空间结构类型定量研究[J]. 地理科学, 26(5): 5544-5550.

李政, 2010. 试论湛江港口物流发展与对策[J]. 物流工程与管理, 32(7): 14-17.

林勇, 李艳超, 2016. 西北五省产业结构高度化的影响因素分析[J]. 重庆工商大学学报(社会科学版), 33(5): 30-36.

刘建朝, 高素英, 2013. 基于城市联系强度与城市流的京津冀城市群空间联系研究[J]. 地域研究与开发, 32(2): 57-61.

刘俊, 2017. 推进宜宾茶产业转型发展思考[J]. 产业论坛, (3): 8-9.

刘利, 2015. 我国 OFDI 对国内产业结构的影响研究——基于灰色关联理论的实证分析[J]. 产业经济, (21): 132-135.

刘婷, 2016. 山东省物流需求组合预测方法及其应用研究[D]. 北京: 首都经济贸易大学.

刘伟, 蔡志洲, 2015. 我国工业化进程中产业结构升级与新常态下的经济增长[J]. 北京大学学报(哲学社会科学版), 52(3): 5-19.

刘宇, 吴迎学, 党文峰, 2014. 基于多元线性回归的区域物流需求预测研究[J]. 物流工程与管理, (3): 52-54.

刘跃冲, 韩雪峰, 彭中波, 2012. 推进船舶工业发展, 支撑两江新区建设[J]. 重庆交通大学学报(社会科学版), 12(4): 20-22.

刘智琦, 李春贵, 陈波, 2012. 基于因子分析与神经网络的区域物流需求预测[J]. 计算机仿真, (6): 359-362.

卢毅, 李理, 赵勇, 等, 2013. 基于情景分析的城市空间与产业战略布局选择——以宜宾市为例[J]. 经济地理, 33(3): 93-98, 138.

雒海潮, 李国梁, 2015. 河南省城镇化协调发展评价与空间差异分析[J]. 地理科学, 35(6): 749-755.

马梁, 2015. 川南地区发展体育旅游的 SWOT 分析及对策[D]. 成都: 成都体育学院.

马萍, 2007. 灰色系统 GM(1, 1)模型的改进及灰色统计模型研究[D]. 长春: 吉林大学.

马政, 2010. 天津市红桥区服务业发展战略研究[D]. 成都: 西南交通大学.

孟宝, 郭五林, 谢美英, 等, 2015. 白酒文化主题特色旅游深度开发研究——宜宾个例分析[J]. 酿酒科技, (4): 119-123.

倪金升, 狄卫民, 等, 2013. 河南省物流需求预测分析及发展对策研究[J]. 物流技术, 32(9): 178-181.

裴星星, 谢双玉, 肖婉霜, 2014. 山西省旅游业发展的空间错位分析[J]. 地理与地理信息科学, 30(2): 102-106.

邱慧, 黄解宇, 董亚兰, 2016. 基于灰色系统模型的山西省物流需求预测分析[J]. 数学的实践与认识, 46(13): 66-70.

任杰, 张中霞, 贾涛, 等, 2012. 河南省节能环保产业发展对策研究[J]. 中国环保产业, (4): 58-61.

阮清方, 严红梅, 2013. 全球物流枢纽城市建设经验借鉴[J]. 特区实践与理论, (4): 84-87.

单玉丽, 2011. 福建战略性新兴产业发展与闽台合作五大策略[J]. 福建论坛(人文社会科学版), (10): 163-168.

单玉丽, 2012. ECFA 对提升两岸竞争力的作用与福建的因应措施[J]. 发展研究, (9): 57-61.

尚前名, 2013. 市场"决定性作用"的深意[J]. 当代江西, (12): 52-53.

盛洪昌, 唐志武, 2010. 推进长吉图产业集群培育发展的思路探讨[J]. 吉林省经济管理干部学院学报, 24(6): 3-6.

石进平, 兰剑琴, 2015. 新形势下厦门经济特区对接台湾重点产业的策略研究[J]. 工业经济论坛, 2(4): 77-85.

苏方林, 黎文勇, 2015. 产业结构合理化、高级化对碳排放影响的实证研究——基于西南地区面板数据[J]. 西部经济, (11): 114-119.

孙芳芳, 2010. 浅议灰色关联度分析方法及其应用[J]. 科技信息, 2(17): 880-882.

孙继琼, 2006. 成渝经济区城市体系规模结构实证[J]. 经济地理, 26(6): 957-960.

孙剑青, 2016. 北京市物流需求预测研究[D]. 北京: 北京交通大学.

孙鑫, 2014. A 公司基于 TOPSIS 法的供应商评价体系研究[J]. 管理观察, (28): 85-88.

汤兆平, 孙剑萍, 杜相, 等, 2014. 基于 ARIMA 模型的 N 铁路局管内物流需求预测研究[J]. 经济问题探索, (7): 76-81.

童新安, 2012. 基于灰色系统与神经网络的组合预测方法及应用研究[D]. 西安: 西安电子科技大学.

万励, 李余琪, 吴洁明, 2011. 区域物流需求预测的应用研究[J]. 微电子学与计算机, 28(9): 160-164.

王大明, 2014. 川东北经济区实现次级突破的制约因素及对策[J]. 内江师范学院学报, (10): 84-87.

王东岳, 2016. 我国区域经济与物流产业的协调发展研究[J]. 价格月刊, (6): 76-79.

王曼怡, 赵婕伶, 2016. 金融集聚影响京津冀产业结构升级研究[J]. 国际经济合作, (5): 91-95.

王小青, 张武康, 2011. 基于企业战略联盟的西安产业集群发展研究[J]. 科技创业月刊, 24(2): 3-5.

王晓慧, 2013. 基于 DMSP/OLS 夜间灯光数据的中国近 30 年城镇扩展研究[D]. 南京: 南京大学.

王艳红, 何凡, 2013. 基于特色产业集群的老工业振兴路径研究——以自贡盐化工业为例[J]. 四川理工学院学报(社会科学版), 28(6): 27-33.

王艳华, 周樱佬, 2016. 基于灰色理论的张掖市物流需求的预测与分析[J]. 全国流通经济, (1): 37-38.

王莹莹, 童玉芬, 2015. 产业聚集与结构高度化对北京人口规模的影响: 膨胀还是收敛[J]. 人口学刊, 37(6): 5-13.

王志, 2015. 现代新建型制造企业管理创新研究[J]. 科教文汇(中旬刊), (14): 186-188.

魏广龙, 任登军, 2014. 城市空间布局现状与未来趋势探讨[J]. 人民论坛, (2): 241-243.

吴必善, 李士杰, 2017. 供给侧改革下物流需求组合预测技术研究[J]. 沈阳工业大学学报(社会科学版), 10(3): 226-229.

吴福象, 靳小倩, 2015. 技术进步、行业间工资率差异与地区产业结构升级——基于长三角城市群 19 个大类行业数据的实证分析[J]. 河北学刊, (3): 124-132.

吴健生, 赫胜彬, 彭建, 等, 2014a. 基于 DMSP-OLS 数据的城市发展空间特征研究[J]. 地理与地理信息科学, 30(2): 20-25.

吴健生, 刘浩, 彭建, 等, 2014b. 中国城市体系等级结构及其空间格局——基于 DMSP/OLS 夜间灯光数据的实证[J]. 地理学报, 69(6): 759-770.

吴利丰, 高晓辉, 付斌, 等, 2017. 灰色 GM(1, 1)模型研究综述[J]. 数学的实践与认识, 47(15): 227-233.

吴茵, 李满春, 毛亮, 2006. GIS 支持的县域城镇体系空间结构定量分析——以浙江省临安市为例[J]. 地理与地理信息科学, 22(2): 73-77.

武进静, 韩兴勇, 2015. 基于多元线性回归模型对江苏省物流需求的预测分析[J]. 上海农业学报, 31(4): 62-68.

夏贵进, 张曦, 张居梅, 等, 2014. 基于三次指数平滑法的光纤损耗预测研究[J]. 光通信技术, 38(1): 35-37.

夏国恩, 王东蛟, 马璐, 2014. 基于灰色系统理论的广西物流需求预测[J]. 中国管理信息化, (24): 74-75.

肖应旺, 张绪红, 2016. 基于主元分析新统计量的多元统计过程监控(英文)[J]. 计算机与应用化学, 33(6).

谢炜, 李军成, 蒋亚萍, 等, 2015. 基于主成分回归模型的湖南省就业影响因素分析[J]. 数学的实践与认识, 45(20): 35-43.

谢晓燕, 韦学婷, 王霖, 2013. 基于指数平滑法的呼、包、鄂三角区物流需求量预测[J]. 干旱区资源与环境, 27(1): 58-62.

熊彼得, 2000. 经济发展理论: 对于利润、资本、信贷和经济周期的考察[M]. 何畏, 等译. 北京: 商务印书馆.

熊国瑞, 2013. 宜宾市构建川南地区中心城市可行性分析[J]. 知识经济, (20): 58-59.

徐菲, 王岚, 2017. 宜宾竹业调整策略对城市建设的影响[J]. 产业与科技论坛, 16(21): 20-21.

徐慧超, 韩增林, 赵林, 等, 2013. 中原经济区城市经济联系时空变化分析——基于城市流强度的视角[J]. 经济地理, 33(6): 53-58.

徐美, 刘春腊, 李丹, 等, 2017. 基于改进 TOPSIS-灰色 GM(1, 1)模型的张家界市旅游生态安全动态预警[J]. 应用生态学报, 28(11): 3731-3739.

闫卫阳, 王发曾, 秦耀辰, 2009. 城市空间相互作用理论模型的演进与机理[J]. 地理科学进展, 28(4): 511-518.

严虹, 2009. 工业园区产业集群发展问题研究[D]. 重庆: 重庆大学.

杨眉, 王世新, 周艺, 等, 2011. DMSP/OLS 夜间灯光数据应用研究综述[J]. 遥感技术与应用, 26(1): 45-51.

杨雅斌, 2014. 基于灰色理论的福建省物流需求量预测[J]. 物流工程与管理, (2): 25-26.

杨艳琳, 赵荣钧, 2017. 我国产业结构合理化综合评测体系研究[J]. 工业技术经济, 36(8): 74-82.

杨扬, 黄蓉, 喻庆芳, 2017. 区域物流与经济发展动态协整实证研究——以云南省为例[J]. 中国商论, (3): 54-57.

姚士谋, 张平宇, 余成, 等, 2014. 中国新型城镇化理论与实践问题[J]. 地理科学, 34(6): 641-647.

易鸣, 2011. 模块化环境下汽车供应链协作关系研究[D]. 广州: 暨南大学.

于涛方, 吕拉昌, 刘云刚, 等, 2011. 中国城市地理学研究进展与展望[J]. 地理科学进展, 30(12): 1488-1497.

曾鹏, 黄图毅, 阙菲菲, 2011. 中国十大城市群空间结构特征比较研究[J]. 经济地理, 31(4): 603-608.

曾艳, 2012. 基于变异系数的区域物流需求组合预测方法[J]. 统计与决策, (21): 93-95.

曾昭法, 左杰, 2013. 中国省域城镇化的空间集聚与驱动机制研究——基于空间面板数据模型[C]. 中国优选法统筹法与经济
　　数学研究会: 190-196.

张广胜, 2015. 物流竞争力对区域经济发展影响机制研究——基于京津冀、长三角、珠三角经济圈实证研究[J]. 企业经济,
　　(8): 151-155.

张贵, 王树强, 刘沙, 等, 2014. 基于产业对接与转移的京津冀协同发展研究[J]. 经济与管理, 28(4): 14-20.

张衡, 金燕生, 郭航, 2018. 互联网环境下的区域物流需求分析研究[J]. 商业经济研究, (1): 101-104.

张红霞, 王丹阳, 2016. 要素投入、产业结构合理化与产业结构高级化——基于山东省面板数据的动态 GMM 检验[J]. 华东经
　　济管理, 30(3): 57-62.

张捷, 赵秀娟, 2015. 碳减排目标下的广东省产业结构优化研究——基于投入产出模型和多目标规划模型的模拟分析[J]. 中国
　　工业经济, (6): 68-80.

张陆, 高素英, 2014. 多中心视角下的京津冀都市圈空间联系分析[J]. 城市发展研究, 21(5): 49-54.

张楠, 2011. 皖江城市带与长三角经济区的产业对接研究[D]. 南京: 南京师范大学.

张勤书, 曹翠翠, 2010. 中国经济发展面临的"三个转变"[J]. 山东经济战略研究, (5): 28-31.

张微微, 2014. "大成都"一体化战略[J]. 四川党的建设(城市版), (8): 44-45.

张阳, 姜学民, 2016. 人力资本对产业结构优化升级的影响——基于空间面板数据模型的研究[J]. 财经问题研究, (2): 106-113.

张永军, 2011. 不断深化改革 扩大开放[J]. 北方经济, (17): 21-24.

张雨晨, 2016. 基于 DMSP/OLS 夜间灯光数据的中原城市群时空格局分析[D]. 成都: 成都理工大学.

张中强, 宋学锋, 2013. 区域经济与区域物流协同发展状态与调控模型研究[J]. 数学的实践与认识, 43(14): 224-230.

张仲元, 2008. 基于 GIS 的中原城市群空间结构与布局研究[D]. 开封: 河南大学.

赵京, 李立明, 2014. 基于主成分分析法和核主成分分析法的机器人全域性能综合评价[J]. 北京工业大学学报, 40(12): 1763-
　　1769.

赵敏, 2007. "十五"时期无锡服务业税收发展与思考[J]. 华东经济管理, 21(3): 82-87.

赵曙明, 2002. 新经济时代的人力资源管理[J]. 南京大学学报(哲学·人文科学·社会科学版), (3): 34-42.

赵泽良, 2013. 新形势下健全信息安全保障体系的新内涵[J]. 中国信息安全, (12): 92-93.

郑磊, 2010. 重庆两江新区: 未来西部经济起飞的发动机[D]. 天津: 南开大学.

周韬, 郭志仪, 2015. 城市空间演化与产业升级——以长三角城市群为例[J]. 城市问题, (3): 25-30.

周霞, 王德起, 2016. 京津冀城市群低价与产业高度是否正相关[J]. 人民论坛, (30): 94-95.

周一星, 张莉, 2003. 改革开放条件下的中国城市经济区[J]. 地理学报, 58(2): 271-284.

周中稳, 王浩, 2013. 济宁市城镇化发展现状及建议分析[J]. 经济界, 5: 63-67.

朱穆君, 彭洪, 2016. 关于宜宾市花生产业发展的思考[J]. 农业科技通讯, (4): 25-28.

祝井亮, 2015. 基于灰关联分析的区域物流经济影响因素研究[J]. 中国商论, (30): 148-150.

自贡市统计局, 2014. 2014 自贡市统计年鉴[R]. 四川自贡: 自贡市统计局.

邹进贵, 陈艳华, 田径, 等, 2014. 基于 ArcGIS 的 DMSP/OLS 夜间灯光影像校正模型的构建[J]. 测绘地理信息, 39(4): 33-37.

Abernathy W J, Utterback J M, 1978. Patterns of innovation in technology[J]. Technology Review, 80(7): 40-47.

Abraham C, Ashler T, 2004. The relationships between intangible organizational elements and organizational performance[J]. Strategic Management Journal, 25: 1257-1278.

Aburto L, Weber R, 2007. Improved supply chain management based on hybrid demand forecasts[J]. Applied Soft Computing, 7(1): 136-144.

Adner R, Levinthal D, 2001. Demand heterogeueity and technology evolution: Implications for product and process innovation[J]. Management Science, 47(5): 611-628.

Adrangi B, Chatrath A, Raffiee K, 2001. The demand for US air transport service: A chaos and nonlinearity investigation[J]. Transportation Research Part E Logistics & Transportation Review, 37(5): 337-353.

Andrews K R, 1981. Replaying the board's role in formulating strategy[J]. Harvard Business Review, 59(3): 18-27.

Archie B C, 1993. Business and Society Ethics and Stakeholder Nanagement Second Edition [M]. California: South -Western Publishing co.

Arthur W B, 1989. Increasing return sand lockin by historical events[J]. The Economic Journal, 99(394): 116 -131.

Audretsch, David B, Carree, et al., 2002. Impeded industrial restruc——turing: The growth penalty[J]. Kyklos, 55: 81-98.

Babcock M W, Lu X, Norton J, 1999. Time series forecasting of quarterly railroad grain car loadings[J]. Transportation Research Part E Logistics & Transportation Review, 35(1): 43-57.

Barney J B, 1991. Firm resources and sustainable competitive advantage[J]. Journal of Management, (17): 198-210.

Bennett M M, Smith L C, 2017. Advances in using multitemporal night-time lights satellite imagery to detect, estimate, and monitor socioeconomic dynamics[J]. Remote Sensing of Environment, 192: 176-197.

Bertrand J, 1883. Theorie mathematique de la richesse sociale[J]. Journal Des Savants: 499-508.

Bettis R A, Weeks D, 1987. Financial returns and strategic interaction: The case of instant photograph[J]. Strategic Management Journal, 8: 549-563.

Bi F, Liu Y, 2016. Fault diagnosis of valve clearance in diesel engine based on BP neural network and support vector machine[J]. 天津大学学报(英文版), 22(6): 536-543.

Blomstrom M, Kokko A, Zejan M, 1994. Host country competition, labor skills, and technology transfer by muhinationals[J]. Review of World Economics, 130(3): 521-533.

Branstetter L G, 2001. Are knowledge spillovers international or international in scope? Micro-conometric evidence from the U. S. and Japan[J]. Journal of International Economics, 1: 53-79.

Carlsson B, 1989. The evolution of manufacturing technology and its impact on industrial structure: An international study[J]. Small Business Economics, 1: 21-37.

Cobb C W, Douglas P H, 1928. A theory of production[J]. The American Economic Review: 139-165.

Collis D J, Montgomery C A, 1995. Competing on resources[J]. Harvard Business Review, 73: 118-128.

Cournot A, 1897. Researches into the Mathematical Principles of Theory of Wealth[M]. New York: Macmillan.

Coyle J J, Bardi E J, Langley C J, 2002. The management of business logistics: A supply chain perspective[J]. South-Western College.

Daveri F, Silva O, 2004. Not only Nokia: What finland tells us about new economy growth[J]. Economic Policy, 19: 17-163.

Devi S R, Arulmozhivarman P, Venkatesh C, et al., 2016. Performance comparison of artificial neural network models for daily rainfall prediction[J]. International Journal of Automation & Computing, 13(5): 1-11.

Dong X, Fan W, Gu J, 2015. Predicting LTE throughput using traffic time series[J]. ZTE Communications, 13(4): 61-64.

Edwards C D, 1955. Conglomerate Bigness as A Source of Power[M]. Princeton: Princeton University Press.

Elvidge C D, Ziskin D, Baugh K E, et al. , 2009. A fifteen year record of global natural gas flaring derived from satellite data[J]. Energies, 2(3): 595-622.

Eva K, 2005. Sectoral linkages of foreign direct investment finns to the Czech economy[J]. Research in International Business and Finance, 19: 251-265.

Fang W H, et al., 2017. Combined transmission interference spectrum of no core fiber and BP neural network for concentration sensing research[J]. 北京理工大学学报(英文版), 26(2): 267-275.

Ferrier W J, 2001. Navigating the competitive landscape: The drivers and consequences of competitive aggressiveness[J]. Academy of Management Journal, 44: 858-877.

Ferrier W, Smith K G, Grimm C, 1999. The role of competitive action in market share erosion and industry dethronement: A study of industry leaders and challengers[J]. Academy of Management Journal, 42: 372-388.

Fite J T, Taylor G D, Usher J S, et al., 2002. Forecasting freight demand using economic indices[J]. International Journal of Physical Distribution & Logistics Management, 32(4): 299-308.

Friedman J, 1971. A non-cooperative equilibrium for supergame: A correction[J], Review of Economic Studies, 38: 1-12.

Gutierrez R S, Solis A O, Mukhopadhyay S, 2008. Lumpy demand forecasting using neural networks[J]. International Journal of Production Economics, 111(2): 409-420.

Gutierrez R S, Solis A O, Mukhopadhyay S, 2008. Lumpy demand forecasting using neural networks[J]. International Journal of Production Economics, 111(2): 409-420.

Haddad H, 1993. Are there positive spillovers from direct foreign investment? Evidence from Venezuela[J]. Journal of Development Economics, (1): 51-74.

Henderson J V, Storeygard A, Weil D N, 2012. Measuring economic growth from outer space[J]. American Economic Review, 102(2): 994-1028.

Hitt M A, Bierman L, Shimizu K, et al., 2001. Direct and moderating effects of human capital on strategy and performance in professional service firms: a resource-based perspective[J]. Academy of Management Journal, 44(1): 13-28.

Hitt M A, Ireland R D, 1985. Corporate distinctive competence, strategy, industry and performance[J]. Strategic Management Journal, 6(3): 273-293.

Hitt M A, Ireland R D, et al., 1986. Relationships among corporate level distinctive competences, diversification strategy, corporate structure and performance[J]. Journal of Management Studies, 23(4): 150-162.

Hottelling H, 1929. Stability in competition[J]. Economic Journal, 39: 41-57.

Hu Y N, Jian P, Liu Y X, et al., 2017. Mapping development pattern in Beijing-Tianjin-Hebei urban agglomeration using DMSP/OLS night-time light data[J]. Remote Sensing, 9(7): 760.

Huang J, Zhou Z, Gao Z, et al., 2017. Aerodynamic multi-objective integrated optimization based on principal component analysis[J]. Chinese Journal of Aeronautics, 30(4): 1336-1348.

Huang Q, Yang Y, Li Y, et al., 2016. A simulation study on the urban population of China based on nighttime light data acquired from DMSP/OLS[J]. Sustainability, 8(6): 521.

Huselid M A, 1995. The impact of human resource management practices on turnover, productivity, and corporate financial performance[J]. Academy of Management Journal, 38(3): 635-672.

Huselid M A, Jackson S E, Schuler R S, 1997. Technical and strategic human resource management effectiveness as determinants of firm performance[J]. Academy of Management Journal, 40(1): 171-188.

Javidan M, 1998. Core competence: What does it mean in practice[J]. Long Range Planning, 31(1): 60-71.

Jay B Barney, 2001. Resource-based Theories of competitive advantage: a ten year retrospective on the resource-based view[J]. Journal of Management, 27: 643-650.

Jia T, Chen K, Wang J, 2017. Characterizing the growth patterns of 45 major metropolitans in mainland china using DMSP/OLS data[J]. Remote Sensing, 9(6): 571.

Jiang L H, Wang A G, Tian N Y, et al., 2011. BP neural network of continuous casting technological parameters and secondary dendrite arm spacing of spring steel[J]. 钢铁研究学报(英文版), 18(8): 25-29.

Kabir M H, Benito S, Jung S Y, 2011. Financial development and economic growth: New evidence from panel data[J]. The Quarterly Review of Economics and Finance, 51(1): 88-104.

Kippenberg E, 2005. Sectoral linkages of foreign direct investment firms to the Czech economy[J]. Research in International Business & Finance, 19(2): 251-265.

Klein B, Leffler K, 1981. The role of market forces in assuring contractual performance[J]. Journal of Political Economy, （89）: 615-641.

Kobayashi N, 2004. Industrial structure and manufacturing growth during japan's bubble and post bubble economies[J]. Regional Studies, 38: 429-444.

Kreps D, P Milgrom, J, 1982. Rational cooperation in the finitely repeated prisoners' dilemma[J]. Journal of Economic Theory, 27: 245-252.

Lado A A, Wilson M, 1994. Human resource systems and sustained competitive advantage: A competency- based perspective [J]. Academy of Management Review, 19: 699-727.

Lepak D P, Snell S A, 1999. The human resource architecture: Toward a theory of human capital allocation and development [J]. Academy of Management Review, 24: 31- 48.

Levine D, 1995. Reinventing the Workplace: How Business and Employers can both Win[M]. Washington D. C. : Brookings Institution.

Li X, Zhou Y, 2017. A stepwise calibration of global DMSP/OLS stable nighttime light data(1992-2013) [J]. Remote Sensing, 9(6).

Lieberman M B, Montgomery D B, 1988. First-mover advantages[J]. Strategic Management Journal(Summer Special Issue), 9: 41-58.

Liu H, Lin M A, Guoping L I, et al., 2017. Pattern evolution and its contributory factor of cold spots and hot spots of economic development in Beijing-Tianjin-Hebei region[J]. Geographical Research.

Liu Y, Yang Y, Jing W, et al., 2017. A new urban index for expressing inner-city patterns based on MODIS LST and EVI regulated DMSP/OLS NTL[J]. Remote Sensing, 9(8): 777.

MacMillan I C, McCaffery M L, Van Wijk G, 1985. Competitors' responses to easily imitated new products-exploring commercial banking product introductions[J]. Strategic Management Journal, 6: 75-86.

Makridakis S, Winkler R L, 1983. Averages of forecasts: Some empirical results[J]. Management Science, 29(9): 987-996.

Matsuyama K, 2009. Structural change in an interdependent world: A global view of manufacturing decline[J]. Journal of the European Economic Association, 7: 478-486.

Minzberg H, Bruce A, Joseph L, 1998. Strategy Safari: A Guided Tour through the Wilds of Strategic Management[M]. New York: The Free Press: 185-192.

Mohd Z, Van Vinh N, et al., 2017. Ethanol mediated as(III) adsorption onto Zn-loaded pinecone biochar: experimental investigation, modeling, and optimization using hybrid artificial neural network-genetic algorithm approach[J]. 环境科学学报(英文版), 54(4): 114-125.

Mostafa L, Zeinolabedini, et al., 2017. Correlating thermal conductivity of pure hydrocarbons and aromatics via perceptron artificial neural network(PANN)method[J]. 中国化学工程学报(英文版), 25(5): 547-554.

Nelson, R R, Winter, et al., 1982. An Evolutionary Theory of Economic Behavior and Capabilities[M]. Cambridge: Harvard University Press: 195-307.

Partovi F Y, Burton J, 1993. Timing of monitoring and control of CPM projects[J]. Engineering Management IEEE Transactions, 40(1): 68-75.

Patrick M W, 1998. Introduction: Strategic human resource management research in the 21st century[J]. Human Resource Management Review, 8(3): 187-191.

Peneder M, 2003. Industrial structure and aggregate growth[J]. Structural Change & Economic Dynamics, 14: 427-448.

Penrose E, 1959. The Theory of the Growth of the Firm[M]. Oxford: Oxford University Press.

Porter M, 2000. Location, competition and economic development: Local clusters in a global economy[J]. Economic Development Quanedy, 104: 15-35.

Porter, M E, 1980. Competitive Strategy: Techniques for Analyzing Industries and Competitors[M]. New York: Free Press: 247-254.

Prahalad C K, Hamel C, 1990. The core competence of the corporation[J]. Harvard Business Review, 3(68): 79-91.

Qi K, Hu Y, Cheng C, et al., 2017. Transferability of economy estimation based on DMSP/OLS night-time light[J]. Remote Sensing, 9(8): 786.

Raphael A, Paul J H S, 1993. Strategic assetsand organizational rents[J]. Strategic Management Journal, 14: 33-46.

Reuber G H, 1973. Private Foreign Investment in Development[M]. Claredor: Claredon Press.

Riadh A, Mohamed S B A, Duc K N, 2011. Global financial crisis, extreme interdependences, and contagion effects: the role of economic structure[J]. Journal of Banking & Finance, 35(1): 130-141.

Ricardo, D, 1817. Principles of Political Economy and Taxation[M]. London: J. Murray.

Richard F, Charlotta M, Tim G, 2010. Global metropolis: Assessing economic activity in urban centers based on night-time satellite images[J]. Professional Geographer, 64(2): 178-187.

Sajid A, Arusha C, 2012. Financial development, political rights, civil liberties and economic growth: Evidence from south asia[J]. Economic Modelling, 29(3): 974-981.

Schlender B, 1992. How Sony keeps the magic going[J]. Fortune, 24(92): 22-27.

Schuler R S, Jackson S E, 1987. Linking competitive strategies with human resource nanagement practices[J]. The Academy of Management Executive (1987-1989), 1(3): 207-219.

Sengadir T, Kanagamuthu T, 2015. Application of Grey System GM(1,1) model and unary linear regression model in coal consumption of Jilin Province[J]. Global Geology, 18(1): 26-31.

Sharma B, 2003. R&D strategy and australian manufacturing industry: An empirical investigation of emphasis and effectiveness[J]. Technovation, 23: 929-1027.

Siggelkow N, 2002. Evolution toward fit[J]. Administrative Science Quarterly, 47(1): 125-159.

Smith K G, Ferrier, et al., 2001. Competitive dynamics research: Critique and future directions[C]. London: Blackwell Publishers.

Smith K G, Grimm C M, Chen M J, et al., 1989. Predictors of competitive strategic actions: Theory and preliminary evidence[J]. Journal of Business Research, 18: 245-258.

Solow R M, 1957. Technical change and the aggregate production function[J]. The Review of Economics and Statistics, 39(3): 312-320.

Stackelberg, H Von, 1934. Marktform und Gleichgewicht[M]. Vienna: Julia Springer.

Sutton P C, Taylor M J, Elvidge C D, 2010. Using DMSP/OLS imagery to characterize urban populations in developed and developing countries[J]. Remote Sensing of Urban and Suburban Areas: 329-348.

Sutton P, Roberts D, Elvidge C, et al., 2001. Census from heaven: An estimate of the global human population using night-time satellite imagery[J]. International Journal of Remote Sensing, 22(16): 3061-3076.

Teece D J, 2000. Strategies for managing knowledge assets: The role of firm structure and industrial context[J]. Long Range Planning, 33(1): 35-54.

Teräsvirta T, Dijk D V, Medeiros M C, 2005. Linear models, smooth transition autoregressions, and neural networks for forecasting macroeconomic time series: A re-examination[J]. International Journal of Forecasting, 21(4): 755-774.

Teräsvirta T, Dijk D V, Medeiros M C, 2005. Linear models, smooth transition autoregressions, and neural networks for forecasting macroeconomic time series: A re-examination[J]. International Journal of Forecasting, 21(4): 755-774.

Tian J L I, Qiang D U, 2013. Abstract principal component analysis[J]. Science China Mathematics, 56(12): 2783-2798.

Tripathy B R, Tiwari V, Pandey V, et al., 2017. Estimation of urban population dynamics using DMSP/OLS night-time lights time series sensors data[J]. IEEE Sensors Journal, 17(4): 1013-1020.

Ullman E L, 1957. American commodity flow[J]. Land Economics, 33(4): 369.

Walwyn D, 2008. A target for South Africa's business expenditure on research and development based on industry structure[J]. South African Journal of Science, 104: 340-344.

Wang L, Ren T, Nie B, et al., 2015. Development of a spontaneous combustion TARPs system based on BP neural network[J]. International Journal of Mining Science and Technology, 25(5): 803-810.

Wang Y Q, Xu X F, Lei L, et al., 2008. An AHP-based evaluation index system of coding standards[J]. Computer Serviceand Software Engineering, (12): 620-623.

Watanabe C, Bing Z, Griffy B, et al., 2001. Global technology spillover and its impact on industry's R&D strategies[J]. Technovation, 21: 281-291.

Wenerfelt, B, 1984. A resource-based view of the firm[J]. Strategic Management Journal, 5(2): 171-180.

Witt U, 2001. Learning to consume-a theory of wants and the growth of demand[J]. Journal of Evolutionary Economics, 11(1): 23-36.

Wright P M, McCormick B W S, et al., 1999. The role of human resource prac-tices in Petrochemical refinery performance[J]. The International Journal of Human Resource Management, 10(3): 551 -571.

Wu J, He S, Peng J, et al., 2013. Intercalibration of DMSP/OLS night-time light data by the invariant region method[J]. International

Journal of Remote Sensing, 34(20): 7356-7368.

Xie Y, Weng Q, 2016. World energy consumption pattern as revealed by DMSP-OLS nighttime light imagery[J]. Mapping Sciences & Remote Sensing, 53(2): 265-282.

Young G, Smith K G, Grimm C M, 1996. "Austrian" and industrial organization perspectives on firm-level competitive activity and performance[J]. Organization Science, 7(3): 243-254.

Zhang X, Wu J, Peng J, et al., 2017. The uncertainty of night-time light data in estimating carbon dioxide emissions in China: A comparison between DMSP/OLS and NPP-VIIRS[J]. Remote Sensing, 9(8): 797.

附录 川南城市群城市发展研究

附表 1 原始矩阵

年份	X1	X2	X3	X4	X5	X6
2001	508002	861616	636806	1254132	752292	732879
2002	534492	994205	723969	1381832	870834	837943
2003	580874	1179091	816971	1538569	1038367	1011981
2004	726024	1483504	841180	1821207	1329501	1286402
2005	798870	1739811	1124557	2086999	1613353	1504997
2006	837391	2112150	1290356	2332579	1948100	1835709
2007	1050124	2665572	1523111	2779490	2510960	2353533
2008	1215000	3380867	1742948	3189341	3149474	3038700
2009	1233680	4022575	1951569	3486163	3721661	3661247
2010	1338379	5192137	2177597	4059189	4649284	4768930
2011	1632686	6756913	2522202	4918863	5992938	6232581
2012	1819439	7739748	2868395	5484234	6943348	7121686
2013	1986079	8144612	3298246	5798967	7629970	7460550
2014	2068710	8588240	3781165	6160611	8277504	7871564
2015	2163486	8898914	4196643	6486309	8772734	8127132

年份	X7	X8	X9	X10	X11
2001	128737	273440	301882	80850	49977
2002	225138	301496	324903	67739	90757
2003	251979	351837	360629	85617	138292
2004	27117	431573	464746	70055	181063
2005	24618	483792	565915	51403	221127
2006	289508	618546	626295	86390	262902
2007	311713	781141	811752	171227	316904
2008	342167	934904	1082311	121873	261170
2009	361328	1109704	1416329	114296	228210
2010	423207	1585517	1772053	142857	299016
2011	524332	2314750	2507743	171836	352818
2012	618062	2796264	3037618	148546	341898
2013	714062	3201819	3641511	154861	348343
2014	789638	3016111	3617050	173817	372825
2015	846551	2756955	3584645	196768	396020

附表2 规范化矩阵

年份	X1	X2	X3	X4	X5	X6
2001	0.0910	0.1544	0.1141	0.2247	0.1348	0.1313
2002	0.0841	0.1565	0.1140	0.2175	0.1371	0.1319
2003	0.0790	0.1603	0.1111	0.2092	0.1412	0.1376
2004	0.0838	0.1713	0.0971	0.2102	0.1535	0.1485
2005	0.0782	0.1703	0.1101	0.2043	0.1579	0.1473
2006	0.0684	0.1726	0.1054	0.1906	0.1592	0.1500
2007	0.0687	0.1745	0.0997	0.1820	0.1644	0.1541
2008	0.0658	0.1832	0.0944	0.1728	0.1706	0.1646
2009	0.0579	0.1888	0.0916	0.1636	0.1747	0.1718
2010	0.0507	0.1966	0.0825	0.1537	0.1761	0.1806
2011	0.0481	0.1992	0.0743	0.1450	0.1766	0.1837
2012	0.0467	0.1989	0.0737	0.1409	0.1784	0.1830
2013	0.0469	0.1922	0.0778	0.1368	0.1800	0.1760
2014	0.0463	0.1921	0.0846	0.1378	0.1851	0.1760
2015	0.0466	0.1917	0.0904	0.1397	0.1890	0.1751

年份	X7	X8	X9	X10	X11
2001	0.0231	0.0490	0.0541	0.0145	0.0090
2002	0.0354	0.0475	0.0511	0.0107	0.0143
2003	0.0343	0.0478	0.0490	0.0116	0.0188
2004	0.0031	0.0498	0.0537	0.0081	0.0209
2005	0.0024	0.0474	0.0554	0.0050	0.0216
2006	0.0237	0.0505	0.0512	0.0071	0.0215
2007	0.0204	0.0511	0.0531	0.0112	0.0207
2008	0.0185	0.0506	0.0586	0.0066	0.0141
2009	0.0170	0.0521	0.0665	0.0054	0.0107
2010	0.0160	0.0600	0.0671	0.0054	0.0113
2011	0.0155	0.0682	0.0739	0.0051	0.0104
2012	0.0159	0.0718	0.0780	0.0038	0.0088
2013	0.0168	0.0756	0.0859	0.0037	0.0082
2014	0.0177	0.0674	0.0809	0.0039	0.0083
2015	0.0182	0.0594	0.0772	0.0042	0.0085

附表3 具体运算指标

权重	2001	2002	2003	2004	2005	2006	2007	2008
	0.0609	0.0567	0.0548	0.0705	0.0724	0.0602	0.0589	0.0660
0101	38.5207	39.5415	39.7372	49.7851	52.9411	56.1059	68.1171	99.8463
0102	2.8275	3.0168	3.2399	3.4399	3.7189	4.2034	5.1713	6.9136
0103	33.7402	37.3625	42.4962	59.1877	67.6959	72.0312	103.0541	83.7686
0104	2.1978	2.4197	2.8743	3.4885	4.0198	4.4625	5.3441	7.0877
0201	8.2745	10.8741	11.4181	15.6604	17.4084	22.0642	21.7591	23.7326
0202	3.4250	5.2544	7.4023	13.6974	28.9883	37.0709	56.8065	105.4964

续表

权重	2001	2002	2003	2004	2005	2006	2007	2008
	0.0609	0.0567	0.0548	0.0705	0.0724	0.0602	0.0589	0.0660
0203	2.2603	2.4026	5.7801	10.0476	12.1940	15.6097	25.4951	39.7885
0204	80.2927	96.1485	111.8876	139.5236	160.1104	196.8579	247.4101	279.1216
0205	13.8620	18.1865	27.0647	39.0720	63.0421	72.8914	99.7220	109.3913
0206	4.1372	7.0561	10.4042	11.7458	16.8150	19.8703	26.0036	30.3179
0207	4.6927	5.8373	8.0112	8.4304	8.7523	12.1351	16.0961	32.8761
0208	2.3416	2.5142	1.8322	2.3222	3.3873	4.8759	7.9793	14.1376
0209	41.7389	30.4219	36.3276	42.3225	39.1642	41.4496	62.0704	104.9898
0301	12.7060	14.7717	11.8351	14.0790	13.5330	16.5103	18.4651	19.2037
0302	14.2709	15.8488	15.9634	18.3898	25.0180	27.9801	31.7854	37.0046
0303	8.2490	9.1611	8.8816	11.0757	8.6375	9.8951	11.9849	14.4394
0304	5.0515	5.7136	6.2278	6.9406	8.1094	9.1669	10.7786	12.1583
0305	7.4110	8.7035	9.7479	11.3477	9.9403	11.1331	12.2509	12.7823
0306	7.1418	8.0644	15.3238	17.5278	15.2436	16.9890	19.8624	22.7748
0307	16.6591	18.8295	22.3142	25.4661	29.1866	33.5964	39.5590	46.3906
0308	12.8737	22.5138	25.1979	27.1170	24.6180	28.9508	31.1713	34.2167

权重	2009	2010	2011	2012	2013	2014	2015
	0.0699	0.0715	0.0720	0.0730	0.0702	0.0710	0.0717
0101	106.0023	113.5549	126.5129	144.1838	153.3825	160.1473	171.0771
0102	7.6201	8.5843	10.0026	12.1290	13.5222	14.7657	16.0177
0103	80.6246	88.7599	124.6575	133.4895	145.1036	154.1472	167.6869
0104	7.6867	8.3190	9.4400	10.9091	11.8475	12.8288	13.5910
0201	28.9338	40.7783	69.4158	87.7484	129.4657	151.1152	161.6946
0202	120.8084	206.6025	326.9704	296.4116	163.7896	159.0221	161.0221
0203	53.0665	69.0282	105.9348	96.6297	105.9640	118.7188	129.9855
0204	317.6550	408.1540	524.7256	575.6216	646.3622	676.6128	719.2837
0205	131.8431	162.3942	216.0909	214.1279	194.6382	211.0261	190.4648
0206	36.7253	52.8358	94.4049	89.9470	92.5085	105.2820	124.8733
0207	41.9576	56.6367	83.1800	77.5852	91.4232	111.6955	126.7758
0208	17.9127	26.5397	24.7692	17.3510	23.8871	19.0929	20.4304
0209	147.0735	207.7600	286.5735	243.4710	255.7929	271.0750	321.4567
0301	21.5070	22.8005	25.8797	28.9354	33.3596	37.3698	39.8362
0302	39.2204	44.6402	52.0095	59.4696	65.7690	71.7112	77.1641
0303	18.7289	21.2741	25.1258	29.4080	32.9868	36.3616	40.1017
0304	17.9088	20.2907	24.0445	30.7770	37.8557	43.6476	50.3488
0305	15.1210	16.7817	18.8624	20.5058	22.2917	22.6089	25.2779
0306	28.7110	33.0025	38.4168	40.9784	50.3365	61.5729	69.1255
0307	53.9598	58.9700	67.8815	76.7653	87.2253	94.7411	107.3171
0308	36.1328	42.3207	52.4332	61.8062	71.4062	78.9638	84.6551